Ralph Giordano

Ostpreußen ade

Reise durch ein melancholisches Land

Kiepenheuer & Witsch

3. Auflage 2007

Umschlaggestaltung: Barbara Thoben, Köln
Umschlagfoto: © Franz-Josef Rütz
Satz: Kalle Giese, Overath
Druck und Bindearbeiten: Clausen & Bosse, Leck
ISBN 978-3-462-03437-0

Über das Buch:
Nach vier großen Reisen über eineinhalb Jahre hin und 12.000 Kilometern Fahrt zwischen Olszlyn (Allenstein) und Rybačy (Rossiten), Ostróda (Osterode) und Gwardiejsk (Tapiau), kreuz und quer durch den polnischen wie den russischen Teil, schildert Ralph Giordano in diesem atemberaubenden Buch das Drama Ostpreußens. Kaum eine andere Region Europas wurde von der Geschichte so heimgesucht wie diese, und kaum eine andere wird heute von der Vergangenheit so stark geprägt. Giordano dringt tief ein in die Restgesellschaft der Deutschstämmigen und lernt dabei ihre sozialen, politischen und psychologischen Erschütterungen kennen. Er beschreibt aber auch die Zwangsumsiedlung anderer Minderheiten. Der Autor zeigt uns Ostpreußens einmalige Naturschönheit, immer wieder hingerissen von den Wäldern, den Seen und der Tierwelt, ohne zu übersehen, daß diese heute noch weitgehend unberührte Landschaft ökologisch schwer gefährdet ist. Ralph Giordano hat das Buch mit drei Grundgefühlen geschrieben: in Liebe zu einem unvergleichlich schönen Land, in Zorn auf Hitler und seine Anhänger, die es verspielt haben, und in Trauer, weil dieser Verlust unwiderruflich ist. »Es ist sowohl Anspruch wie auch Leistung dieses Buches, das Gebiet Ostpreußen einesteils dem Vergessen durch das mit sich selbst beschäftigte Deutschland zu entreißen, andererseits alle Zweifel darüber zu zerstreuen, daß die Zukunft dieses Landes außerhalb Deutschlands liegt.« (NZZ)

Über den Autor:
Ralph Giordano wurde 1923 in Hamburg geboren. Weil seine Mutter Jüdin war, fiel die Familie unter die NS-Rassengesetze. Es folgten Flucht in die Illegalität und Befreiung durch die Briten am 4. Mai 1945 in Hamburg. Giordano arbeitete als Journalist, Fernsehdokumentarist und Schriftsteller. Er ist Autor zahlreicher Bestseller, darunter *Die Bertinis*, und erhielt zahlreiche Auszeichnungen.

Weitere Titel bei K&W:
Die zweite Schuld, KiWi 586, 2000. *Wenn Hitler den Krieg gewonnen hätte*, KiWi 587, 2000. *Morris*, KiWi 588, 2000. *Israel, um Himmels Willen, Israel*, 1991, KiWi 729, 2002. *Mein irisches Tagebuch*, 1996. *Deutschlandreise*, 1998. *Die Traditionslüge*, 2000. *Sizilien, Sizilien!*, 2002; KiWi 855, 2004.

KiWi
PAPERBACK
854

Inhalt

Ostpreußen
Pionjerskij (Neu-Kuhren)
Jantarnyj (Palmnicken)
S a m
Primorsk (Fischhausen)
Baltijsk (Pillau)
Kaliningradskij Zaliv
(Frisches Haff)
Uschakowo
GDYNIA
(Gdingen)
Nowa Karczma
(Neukrug)
Zalew Wiślany
MAMONOWO
(Heiligenbeil)
BRANIEWO
(Braunsberg)
Frombork
(Frauenburg)
Tolkmicko
(Tolkemit)
GDAŃSK
(Danzig)
Górowo Iławie
ELBLĄG
(Elbing)
ORNETA
(Wormditt)
Kwitajny (Quittainen)
MALBORK
(Marienburg)
DOBRE MIASTO
(Guttstadt)
Morąg (Mohrungen)
WISŁA (WEICHSEL)
PRABUTY
(Riesenburg)
Florczaki (Eckersdorf)
KWIDZYŃ
(Marienwerder)
OSTRÓDA
(Osterode)
IŁAWA
D. Eylau)
0
50km
20°

LITAUEN
POLEN
Njeman
(Memel)
55°
54°
22° östl. L.
ssitten
Kurskij Zaliv (Kurisches Haff)
jesnoj (Sarkau)
gradsk
a n d
GRAD
nigsberg)
SOWJETSK
(Tilsit)
NJEMAN
(Ragnit)
(Inster)
Istruč
Poljessk (Labiau)
Gerojskoje (Gertlauken)
DOBROWOLSK
(Schloßberg)
ČJERNJAHOWSK
(Insterburg)
egolja (Pregel)
GWARDIEJSK
(Tapiau)
NJESTJEROV
(Ebenrode)
GUSJEV
(Gumbinnen)
Kamienka
(Friedrichstein)
ZNAMJENSK
(Wehlau)
DRUŽBA
(Allenburg)
Angrapa
(Angerapp)
agrationowsk
(Preuß. Eylau)
Žjeljeznodrožnyj
(Gerdauen)
Asuny (Assaunen)
GOŁDAP
(Goldap)
BARTOSZYCE
(Bartenstein)
Barciany
(Barten)
WĘGORZEWO
(Angerburg)
Sztynort (Steinort)
J. Mamry (Mauersee)
IDZBARK WARMIŃSKI
Heilsberg)
J. Dargin (Dargeinensee)
Reszel
(Rößel)
isztynek
hofstein)
KĘTRZYN
(Rastenburg)
GIŻYCKO
(Lötzen)
OLECKO
(Treuburg)
Wilczy Szaniec
(Wolfsschanze)
Biskupiec
schofsburg)
J. Niegocin (Löwenthiensee)
MRĄGOWO
(Sensburg)
Mikołajki (Nikolaiken)
Orzysz (Arys)
EŁK
(Lyck)
J. Śniardwy (Spirdingsee)
Piecki
(Peitschendorf)
Kiejkuty Stare
(Alt Keykuth)
Ruciane Nida
(Niedersee)
Piersławek
(Kleinort)
Pisz (Johannisburg)
J. Nidzkie
(Niedersee)
Sawica
r Mühle)
SZCZYTNO
(Ortelsburg)
Wielbark (Willenberg)

Aber wir missen doch zurick, Siechmunt,
wir missen, weil alles auf uns wartet.
die Bäume und Seen, und der Schloßberg und
die Felder und der alte Fluß, der die Flöße trägt.
Nein, Simon, sagte ich, wir werden nicht
mehr erwartet dort in Lucknow; die
anderen, die uns hätten erwarten können,
es gibt sie nicht mehr. Kein Laut, der
dich erinnert, kein Gesicht, das
aufglänzt bei deinem Anblick, keine Hand,
die unentrinnbare Beziehungen erneuert,
weil die anderen fort sind, verschollen
und versunken, darum wird es den
Augenblick nicht geben, auf den du hoffst.

Siegfried Lenz, »Heimatmuseum«

Ankunft im Mai

Prolog

Bei strahlender Sonne mit dem Wagen von Poznań (Posen) kommend, beginnt die Unruhe schon weit vor der Überquerung der Weichsel (Wisła), dort, wo das noch gut 200 Kilometer entfernte Olsztyn (Allenstein) zum erstenmal ausgeschildert ist. Den breiten Strom, grün gesäumt, gewaltig, sehe ich von der großen Brücke in Toruń (Thorn) nur wie durch einen Filter. Ebenso dann, hinter der Stadt auf dem Wege nach Norden, immer nach Norden, die Eichen beiderseits der Straße, mächtige Stämme mit filigranem Junggrün; die prärieweiten Rapsfelder, eine Orgie in Gelb vor unendlichen Waldhorizonten; die blumenbetupften Wiesen; die Schulkinder in den Ortschaften, lärmend, bunt gekleidet. Das alles gleitet an mir vorbei wie in einem Stummfilm, beherrscht von der einen Frage: Wann kommt die Grenze, die alte Grenze, wann der Augenblick, in dem ich sie überschreite? Ist sie doch nicht mehr markiert im Polen von heute, und das schon ein Menschenalter lang, trennt sie doch nicht mehr zwei Staaten wie einst, sondern sieht sich aufgehoben durch die Geographie von Woiwodschaften mit ganz anderen Verwaltungsbezirken als den einstigen deutschen Kreisen.

Aber dort, wo diese Grenze einmal verlief, südlich von Lipnica, dem früheren Leip, und dann auf der Straße nach Ostróda, dem ehemaligen Osterode, dort will mir die Landschaft sichtlich verändert vorkommen, habe ich das Empfinden, in einer anderen Welt zu sein.

Benommenheit deshalb auf der langen Strecke zur Unterkunft in Mrągowo (Sensburg), als hätte es mir die Sprache verschlagen. Das ermländische Olsztyn, die Stadt wird auf der Durchfahrt seltsam schemenhaft erlebt, Schloß und Rathaus als Konturen, als Licht- und Schattenfassaden, nur flüchtig besehen, um rasch hinauszukommen in die Landschaft.

Hinter Barczewo (Wartenburg) dann, mit einem Gefühl zwischen Traum und Wirklichkeit, klettere ich aus meinem Ford-Veteran und trete zum erstenmal an das Ufer eines masurischen Sees. Ein großes blaues Auge unter einem warmen, wolkenbetupften Nachmittagshimmel; ein hölzerner Steg ins Wasser hinein, vorn überdacht; Schilf zur Rechten und zur Linken; noch ufernah ein Schwan, der in seinem Gefieder wühlt, eine Bewegung, die elegante Wellenkreise wirft. Ich rühre mich nicht vom Fleck. Warum? Was ist neu, was ist anders daran, welches unbekannte Element dazugekommen?

Ich weiß es nicht. Ich weiß nur, daß ich tausend Seen erblickt habe in den klassischen Ländern der Seen, in Kanada, in Schweden, in Finnland. Aber keiner von ihnen, nicht einer, war so wie dieser – der Jezioro Dąbrąg (Debrongsee), für den ich auch auf alten deutschen Karten keinen Namen finde, nur den Ort Debrong (Dąbrąg) ganz in der Nähe.

Ich stehe hier am Ufer und gebe mir keine Mühe, meine Bewegung zu verbergen. Der strenge Sarkasmus gegenüber der eigenen Person, die bewährte Selbstironie, die eingefleischte Abneigung gegen jede Form von Sentimentalität, sie sehen sich weit abgeschlagen, alle drei irgendwo untergegangen in der glitzernden Fläche bis zur anderen Seeseite – ich bin da.

Ich bin da, wohin ich schon als Knabe wollte, aber siebzig werden mußte, um den frühen Wunsch endlich erfüllt zu sehen – ich bin in *Ostpreußen!*

*

Am Anfang war ein Foto gewesen.
Schwarzweiß war es und über eine Doppelseite gebreitet, fast in der Mitte jenes dickleibigen Buches, das von so herrlichen Unergründlichkeiten wie Paläontologie, Astronomie, Geologie, Archäologie und Geschichte kündete und das in meinem Leben schon eine Rolle gespielt hatte, lange bevor ich auch nur ein Wort buchstabieren konnte. Dafür aber war dieser Quell unstillbarer kindlicher Neugierde reich bebildert, Magnet eines Forschungsdranges, der sich nach meiner Alphabetisierung noch vertiefte, zumal eine gefällige Ausdrucksweise das Wissenschaftliche verständlich machte. Nicht, daß es in diesem Wälzer mit dem widerstandsfähigsten Einband, den ich je an einem Buch entdeckt habe, keine anderen eindrucksvollen Fotos gegeben hätte, einige davon sogar schon koloriert. Da war, zum Beispiel, die unendliche Hoheit des besiegten Inderfürsten Porus vor dem Thron eines ebenso blauäugigen wie unbesiegbaren Alexanders des Großen; war das Universum tropischen Regenwaldes, Millionen kugelige Baumwipfel, aufgenommen aus einem Flugzeug über Amazonien; waren Lokomotiven und ihre maschinelle Urkraft, glühende Triebköpfe endloser Wagenschlangen bis hinauf zum Mond. Und da waren schließlich, auch farbig, lauter exotische Früchte, mundwässernd aufgeschnitten und wunderbar zerlegt in ihre einzelnen Strukturen, so echt, so nah, als müßte jeden Moment der Saft aufs Papier tropfen – Wunder über Wunder.
Aber keine der Hunderte und aber Hunderte von Abbildungen reichte heran an diese eine – an jenes großformatige Foto ostpreußischer Landschaft: Seen und Wälder, leicht verschleiert und dennoch von magischer Gestochenheit, in unverwechselbarer Anordnung der Natur, Bäume, Wasser, Gräser, zwar für

sich auch überall sonst anzutreffen, aber für mich doch gänzlich herausgehoben aus allen bisherigen Eindrücken.

Der Zauber wich selbst dann nicht, als ich über Jahrzehnte hin durch meine Fernseharbeit die überwältigenden Landschaften fremder Kontinente entdeckte, ihre überlegenen Gebirge und großartigen Wüsten, die üppige Vegetation des Äquatorgürtels, die Mirakel der Wildreservate, die großen Ströme und die kontinentalen Ebenen, die sie durchfließen – der Zauber blieb: Ostpreußen!

Der kindlich-tiefen gesellten sich später neue Dimensionen hinzu, Erweiterungen des Blickfeldes, Politisches, angestoßen durch Mächte unseres Jahrhunderts, die sich, wie mir bald schien, in einem immer unruhiger werdenden Deutschland und Europa dramatisch versammelten und schließlich mit der Gewalt eines historischen Erdbebens explodierten. Ich sah Hitler in Ostpreußen, das Fahnenmeer der Hakenkreuze, die hingerissenen Mienen der jubelnden Massen. Das geschah zwar nicht nur dort, gewiß, sondern bald auch überall im Land. Aber gerade da tat sie mir weher, die Zustimmung zu meinen Bedrohern, war sie nicht in Übereinstimmung zu bringen mit der Urzündung durch das geliebte Bild, das, immer schwerer durch die Wirklichkeit angegriffen, dennoch unantastbar weiterlebte. Nur wuchs etwa ab der zweiten Hälfte der dreißiger Jahre in mir die Überzeugung, daß sich der Nationalsozialismus in Ostpreußen tiefer eingewurzelt hatte als anderswo, ein Impuls, der hartnäckig fortlebte.

Es war die Geschichte unseres Jahrhunderts selbst, die mein Interesse an Ostpreußen wachhielt, trotz der immer weniger meßbaren Distanz zwischen der kindlichen Imagination von einst und dem Einbruch einer Realität, in deren Strudel ich gerissen wurde. Da waren: die kriegerische Aggression Deutschlands mit bis dahin unbekannten Folgen für die Bevölkerung der eroberten Gebiete, und für mein eigenes Leben; die Wende des

Zweiten Weltkrieges, der unaufhaltsame Vormarsch der Roten Armee seit dem Sommer 1943 nach Westen über die verwüstete, ausgemordete Heimat hin auf die Grenzen des Angreifers zu, die im Herbst 1944 erreicht wurden – in Ostpreußen. Da waren: das Drama der großen Flucht vom Januar 1945; das Inferno des Einmarsches; die Vertreibung; die hartleibige Verdrängungsdirektive der Landsmannschaften und ihrer Führung, die zwar stets den Schlußstrich unter die Vergangenheit forderten, aber die verlorenen Gebiete östlich der Oder-Neiße-Linie davon ausgenommen wissen wollten. Da war die mit Willy Brandts Namen verbundene neue Ostpolitik samt ihren unumkehrbaren Verträgen und schließlich der Zusammenbruch der Sowjetunion mit all der ungewissen Zukunft Osteuropas.
Kurz, seit dem verwunschenen Foto von damals hatte es keine Etappe meiner Biographie gegeben, in der das Interesse an Ostpreußen nicht wieder und wieder angefacht worden wäre, erlebte ich keinen Stillstand der zwiespältigen Gefühle eines Erwachsenen vor dem Hintergrund einer kindlichen Liebe und Faszination, die sich nicht besiegen lassen wollten.

*

Und natürlich war da Siegfried Lenz' klingendes »So zärtlich war Suleyken«, 1955, vier Jahre, bevor unsere Freundschaft begann. Die Sprachkraft des Lokalkolorits hatte es mir sogleich angetan: »Dreibastigkeiten«, »jachrig«, »ihr Lachudders« – herrlich das in seiner knorrigen Gewachsenheit, so empfand ich, der mit Hamburger Platt aufgewachsen war. Ein anderer, ganz starker Gedanke bei der Lenzschen Lektüre war der, daß sich in diesen kauzigen Erzählungen sehr undeutsche Typen tummeln, verschroben und vermischt mit anderen Mentalitäten, Angehörige nicht *einer* Nation, sondern das Völkergebräu einer verwunschenen Ecke Europas, angesiedelt im südöstlichen Ostpreußen, in

der Gegend um Lyck (wo Siegfried Lenz 1926 geboren wurde) – *Masuren*, das heute Mazury heißt.
Und erzählt wird das in einem höchst gelungenen »altmodischen« Stil, der exakt paßt zu diesen Leuten, die lachlustig sind, festfreudig, historisch identifizierbar als Zeitgenossen nach 1918, aber noch vor 1933, und – weitgehend unpolitisch. Überhaupt erscheint in »So zärtlich war Suleyken« Politik nur ganz am Rande, nebenbei, aber wenn doch, dann millimetergenau treffend. So der Schneider Edmund Vortz, der in verbohrter Trockenheit hinwirft: Hindenburg sei »in seinen Augen nicht gebildeter als ein Suleyker Huhn«.
Damals, Mitte der fünfziger Jahre, empfand ich die ausgesparte Politik als Defizit, fragte ich, nachdem ich das Bändchen wieder und wieder durchgelesen hatte: Wo waren die Konfrontationen und Kompressionen der Zwischenkriegszeit, die bald blutig aufeinanderstoßen würden? Wo eine Andeutung, daß Hitler schon demnächst gerade hier, im südlichen Ostpreußen, seine größten Wahlerfolge erzielen würde?
Dann, viel später, »Levins Mühle« von Johannes Bobrowski, dem viel zu früh Verstorbenen.
Das spielt zwar im Deutschen Kaiserreich von 1871 und mit der Erwähnung des nördlichen Bogens der Drewenz und Strasburgs eher diesseits als jenseits der Grenze Ostpreußens (wenngleich in unmittelbarer und vertrauter Verwandtschaft). Aber bei Bobrowski kommt ein dunkler Tenor hoch, wird ein Grollen hörbar, individualisiert sie sich, die unheimliche Seite der neuen Großmacht Deutschland, wird sie zu Fleisch und Blut einer von Europas Nationalismen bereits unverkennbar schwer versehrten Grenzbevölkerung.
Hintergründig hier jede Figur, ob nun Willuhn, Habedank oder Glinski. Sie alle müssen sich mühsam zügeln, dem anderen nicht anzutun, was man ihm antun möchte und wovor sich jeder fürchtet, daß es ihm selbst angetan werden könnte. Der all-

tägliche, der offene oder versteckte Aktionismus gegen den Nachbarn, gegen den Mitmenschen schlechthin ist das Exemplarische. Darin sehen sie sich summarisch vereint, die Lutheraner wie die Baptisten, die Methodisten wie die Mennoniten. Und welch ein Menschengewaber - stickig, ewig durstig, im eigenen Sud kochend, des Lebens ganze Scheußlichkeit und Dichte!

Wohl kommt gelegentlich Grundgütiges durch, aber eben nur gelegentlich, wie etwas Vergessenes, das sich mühsam ins Bewußtsein hinaufarbeiten muß - von Dauer jedenfalls sind solche Eigenschaften nicht. Ganz im Gegensatz zu der glaubhaften Abgründigkeit jener Akteure, die dem Levin an die Mühle, also an seine Habe, an seine Haut, seine Existenz gehen wollen, und einige auch an mehr. Hat doch der Jude, der unverschämte, statt »mit seinen sieben Koddern nach Rußland abzuhauen«, den Johann in Briesen angezeigt - wegen Beschädigung mosaischen Eigentums. Deshalb: »Jetzt müssen die Deutschen zusammenhalten!«

Das gibt sich auch bei Bobrowski in dieser nordöstlichsten Ecke des damaligen Reiches nicht etwa reinrassig, definiert sich demographisch auch bei ihm keineswegs genau. Und dennoch sind die Kastenzeichen schon klar erkennbar, reckt sich dominant Deutsches auf, wird bereits der gelbe Stern entworfen, wie auch jenes »P«, das nur einen Lidschlag der Geschichte später Millionen zwangsverschleppten »Polacken« ans Revers geheftet werden sollte.

Noch mausert es sich, tastet erst, hält sich bedeckt, artikuliert sich latent in Nebensätzen, wie bei Pfarrer Glinski, der das Programm so umschreibt: »In unserm Abwehrkampf gegen die polnische Überfremdung, in unserer Position als Eckpfeiler unseres stolzen Reiches, ich will mal sagen: Die Gesetze reichen hier einfach nicht aus.«

Unbesorgt: *noch* nicht! - aber die Zukunft bellt sich bereits ein.

Denn da wird schon *gedacht*, was zu *praktizieren* die wilhelminische Gesellschaft nicht reif war. Da fehlen noch die Voraussetzungen, die mental gebastelte Bombe auch zu zünden, steht der Sprung vom Nationalismus in die Bestialität noch bevor.

Im Mikrokosmos von »Levins Mühle« schält sich kälteklirrend und regional jener deutsche Sonderweg heraus, der dann so überregional wie geschichtsbestimmend werden sollte – mit Folgen, von denen sich kein Teil Deutschlands schwerer getroffen sehen wird als Ostpreußen.

Nach der Lektüre beider Bücher war ich vollends ratlos: Dem einen, Lenz, fehlte der boshafte Biß, dem anderen, Bobrowski, jede Spur von Zärtlichkeit. Von diesem inneren Gegensatz zwischen den beiden Werken war mein Ostpreußenbild lange irritiert worden. Es dauerte eine ganze Weile, bis ich erkannte, daß sich hier zwei Gesichter ein und derselben Erscheinung präsentierten, die Seiten einer Medaille, der Januskopf zusammengehöriger Gegensätze.

Ihre Aufspaltung war die Ursache meiner Verwirrung. Der für mich dann beides zusammenführte, war Siegfried Lenz – in jenem Buchdenkmal, das er den Masuren, Menschen und Landschaft, gesetzt hat: mit einem der gigantischsten Monologe in der Geschichte der deutschen Literatur, dem unstoppbaren Quartalsredefluß des Teppichwirkers Zygmunt Rogalla, der, aus guten Gründen, angezündet hatte, was ihm zum Liebsten seines Lebens geworden war – sein *Heimatmuseum*.

Wie das in Tausenden von Einzelbildern zerlegt, aufgefächert und wieder vereint wird, sich eingefügt findet in die großen und die kleinen Zusammenhänge der masurischen und der Weltgeschichte, das offenbart, neben einem phänomenalen Gedächtnis und einer Fabulierkunst sondergleichen, vor allem die unzerreißbare Nabelschnur des seit 1945 in Hamburg lebenden Erzählers zu seiner ostpreußischen Herkunft.

Ich weiß nicht, wie oft ich nach der Lektüre von »Heimatmu-

seum«, also seit 1978, dem Freund innerlich (und ohne es ihm bis heute eingestanden zu haben) Abbitte geleistet habe – Abbitte dafür, daß ich dachte, er habe mit »So zärtlich war Suleyken« eine beschönigende, entpolitisierte Idylle beschworen – um es dabei zu belassen.
Nun ist es eingestanden.
Ich will nicht prahlen mit der Masse der Bücher, der Aufsätze, Essays, Reportagen in Funk und Fernsehen, die alle von Ostpreußen handelten und die ich über ein halbes Jahrhundert hin gelesen oder betrachtet habe. Es waren viele.
Aber – ich wollte es selbst wissen.

*

Ja, ich wollte es selbst wissen!
Es war wie ein Phantom, das man vor sich herschiebt und auf das die Schar derer, die davon eine Ahnung hatten, liebe Freunde darunter, im Lauf der Zeit immer nachsichtiger, immer gönnerhafter reagierten: »Ach so – das meinst du ... Ostpreußen.«
Und so ging es mir damit wie mit meiner Hamburger Familien- und Verfolgtensaga »Die Bertinis«, an der ich vierzig Jahre arbeitete, von 1942, dem Jahr ihrer Idee, bis 1982, dem Jahr ihres Erscheinens. Niemand glaubte mehr daran, daß das über ein ganzes Leben hin mitgeschleppte Projekt dann auch verwirklicht, der Plan tatsächlich in die Tat umgesetzt werden würde. Bis auf den Autor – der wußte es.
Wußte auch, daß sein Ostpreußenbuch geschrieben werden würde – wenn nicht jetzt, dann später; wenn nicht in diesem Jahr, dann im nächsten, und wenn nicht in der laufenden Dekade – sie wäre ja nicht die letzte.
Es gab manche stichhaltigen Gründe, die Begegnung so dauerhaft aufzuschieben, und viele Vorwände dafür – wie vor einem

langersehnten und doch auch gefürchteten Rendezvous. Nur eines gab es nie: Zweifel, daß es stattfinden würde.

Als ich dann endlich loszog, da nicht, um nach der Rückkehr ganz Neues zu verkünden, nicht, um den besserwisserischen Entdecker zu spielen. Was ich wollte, war, mir die frühe Sehnsucht zu erfüllen, die nie verblaßt ist; war, die selbstgestellte Aufgabe auch durchzuführen; war, zu sehen, zu riechen und zu berühren, was seit dem Anblick jenes doppelseitigen Abbildes, seit meiner Kindheit in mir geleuchtet hatte – nun mit all den dramatischen Veränderungen aus Vergangenheit und Gegenwart.

In diesem Buch wird nicht vom »ehemaligen Ostpreußen«, sondern durchgehend von »Ostpreußen« die Rede sein, obwohl der Begriff heute weder in der polnischen Staatswirklichkeit noch im Bewußtsein der dortigen Bevölkerung existiert, ausgenommen die winzige Zahl der deutschstämmigen Minderheit (und ausgenommen natürlich auch die Millionen heute noch lebender einstiger Ostpreußen, die es kannten, ehe sie es verloren). Aber selbstverständlich fehlt das Adjektiv »ehemalig« nicht aus revisionistischem Grund – daß es ausgespart wird, ist vielmehr ein Ausdruck meiner Trauer und meines Zorns. Der Trauer über einen unwiederbringlichen Verlust und des Zorns gegen alle, die die Wurzel für ihn gesetzt haben: Hitler und seine Anhänger. Sie, ihre Politik, ihr Krieg und ihre Verbrechen sind primär verantwortlich für den Verlust der Gebiete jenseits der Oder-Neiße-Linie, also auch Ostpreußens. Sie schufen die Voraussetzungen für die Entscheidungen ihrer historischen Überwinder in Jalta und Potsdam, wie richtig oder falsch deren Entschlüsse auch immer gewesen sein mögen. Waren Trauer und Zorn aber schon lange vor meinen Reisen nach Ostpreußen in mir, so gesellte sich ihnen auf den 12 000 Kilometern, die ich während eineinhalb Jahren kreuz und quer durch den polnischen und den russischen Teil Ostpreußens zurücklegte, noch

eine Erfahrung hinzu, die von außen kam und die beide anderen Empfindungen in sich einhüllte: Melancholie.
Sie liegt wie ein ungeheurer Mantel über allem, was mit Ostpreußen zu tun hat, diese Melancholie – über Menschen, Landschaften und Geschichte; über dem, was war, und dem, was ist; über Städten wie über Weihern. Sie hat fast alle Gespräche durchzogen, die ich geführt habe, und die eigenen Gedanken mehr und mehr durchtränkt. Sie war allgegenwärtig bei der Arbeit an diesem Buch.
Nicht, daß Begegnungen mit Kraft und Hoffnung gefehlt hätten; nicht, daß kein Lachen, keine Freude, keine Zuversicht zu spüren gewesen wären – wie denn? Natürlich ist all das da, wie überall, wo Menschen sind, und alltäglich. Aber mir schien das Licht verdunkelt und die Anstrengungen zu ihm hin mühsamer als irgendwo sonst.
Ich habe überall, wo ich war und von wo ich berichtete, versucht, ehrlich zu sein. Aber nirgends war der Zwang dazu so stark wie hier. Deshalb lautet der Titel auch nicht »Ostpreußen ade?« Das Buch gibt die Antwort, warum das Fragezeichen fehlt.

*

Es hätte nicht geschrieben werden können ohne die Zusammenarbeit mit Barbara Barlog aus Poznań (Posen). Über mehr als achtzehn Monate, auf vier großen Reisen, ungeachtet erheblicher Strapazen und während aller vier Jahreszeiten, hat die polnische Germanistin gedolmetscht, organisiert, Verbindungen geknüpft, hat sie mitgedacht und mitgehandelt. Ohne ihren Beistand wären die Vorarbeiten für das Buch nicht möglich gewesen.
Deshalb an dieser Stelle auch meinen öffentlichen Dank an Barbara Barlog, die »Koautorin«.

Die Geschichte der Sieglinde H.

Erste Begegnung.
Sie steht da, etwa auf der Mitte des ziemlich steilen Abhangs, der auf einer langen Treppe vom Hotel »Mrongovia« zum Ufer des Sees hinunterführt, an dessen Südzipfel Mrągowo liegt. Sieglinde H. steht da und bietet Stickereien feil, Bernsteinketten, die »Puppe in der Puppe«, kunstvoll aus Stroh geflochtene Kästchen, billige Broschen, Muscheln – eine Art Bauchladenangebot, das rasch ein- und ausgepackt werden kann. Eine große Tasche, mehr ist dazu nicht nötig. So steht sie hier, stundenlang, oft von morgens bis abends, in der Hoffnung, daß die Touristen aus dem Hotel zum See hinabsteigen und ihr etwas abkaufen.
Der Anblick von Sieglinde H. berührt mich. Sie ist gedrungen, eine bäuerliche Erscheinung mit einem breiten, pausbäckigen, grundgutmütigen Gesicht, und sie ist die erste Beziehung, die ich hier zu einem deutschstämmigen Menschen knüpfe. Ihre Muttersprache klingt schwerfällig, hat einen harten Akzent, entspricht aber nicht dem Dialekt, den ich als typisch ostpreußischen im Ohr habe.
Sieglinde H. ist freundlich, aber ihr Vertrauen nicht leicht zu erringen. Schließlich ist sie bereit, über ihr Leben zu sprechen, weigert sich jedoch, das an ihrem Arbeitsplatz zu tun. Auf den Vorschlag, ins Hotel zu kommen, sagt sie: Danach sei sie »nicht angezogen«. Als Sieglinde H. dann doch kommt, ist ein Unterschied in ihrer schweren Kleidung nicht auszumachen. Erst als sie den Mantel auszieht, wird eine Wolljacke sichtbar, mit weißen und organgefarbenen Streifen kreuz und quer grell durchzogen, aber nagelneu.
Langsam, karg, ungeschult, wie in weiter Distanz zum eigenen Schicksal, entblättert sich nach und nach ihr Lebenslauf.
Sieglinde H. wurde 1938 geboren als Kind deutscher Eltern. Der

Vater fiel im Zweiten Weltkrieg, wo, weiß sie nicht. Die Mutter floh mit ihr am 27. Januar 1945 bei tiefem Frost vor dem Einmarsch der Roten Armee, da war sie sieben Jahre. Als sie nicht übers Frische Haff, dem heutigen Zalew Wiślany, kamen, kehrten sie zurück, vier Tage nach der Eroberung von Sensburg. »Die Stadt brannte, es lagen viele Tote herum, Blut floß in den Rinnstein«, erinnert sie sich. »Aber meine Mutter ging die Hauptstraße herunter, ohne Angst. Sie ging da ohne jede Angst.«
Es hört sich an, als wäre es gerade geschehen.
Die Vertreibung der Deutschen bis 1949, die verschiedenen Schübe, die trügerischen Hoffnungen auf Erleichterung, als Władysław Gomułka 1956 Chef der polnischen Kommunisten wurde – all das ging an Sieglinde H. vorbei. Anfangs wollte sie mit der Mutter noch nach Deutschland, aber ohne Nachdruck, wie sie sagt. Sie seien auch nie dort gewesen. Bis zu ihrem siebten Lebensjahr konnte sie nur deutsch, dann mußte sie polnisch lernen – die Sprache, die nun überall gesprochen wurde. »Aber ich habe deutsche Märchenbücher gelesen. Ich kann auch Deutsch schreiben. Und mit der Mutter habe ich immer Deutsch gesprochen, bis zu ihrem Tod.« Sie stockt, zählt nach, sagt dann: »Das war 1975. Seither bin ich allein. Ich habe nie geheiratet.«
Sieglinde H. hat in einem Krankenhaus gearbeitet, siebzehn Jahre lang, war Briefträgerin gewesen und danach in einem Kinderheim beschäftigt. »Aber einen Beruf, einen richtigen Beruf, habe ich nie erlernt.« Mit dreißig ging sie in die Abendschule, es hat ihr nicht geholfen. »Ich habe nie genug verdient, um mir auch nur vernünftige Kleidung zu kaufen.«
Sie sitzt da in ihrer schrecklich karierten Wolljacke, auch auf dem Stuhl noch von mächtiger Statur, rotbäckig und sehr präsent in dem sterilen Hotelzimmer. Dann und wann huscht ein Anflug von Lächeln über das breite Gesicht, als wollte sie sich entschuldigen, keine besseren Nachrichten mitteilen zu können.

»Die haben das Hotel so um 1980 aufgemacht, seither kommen Touristen, meist deutsche. Mit denen kriegt man nur schwer Verbindung, aber manchmal kaufen sie etwas, Stickereien und anderes. Meine Rente ist sehr klein.« Es dauert eine Weile, bis heraus ist, wie klein: umgerechnet 75 Mark im Monat. Als Sieglinde H. die Summe nennt, hat sie die Augen niedergeschlagen.

Früher, sagt sie, hätten die Leute sich mehr geholfen, seien mehr füreinander da gewesen.

»Früher?«

»Ja, als die Deutschen noch hier waren.« Das sei nun nicht mehr so. Dann, zögernd: »Aber vielleicht sind die Menschen ja überhaupt schlechter geworden auf der Welt.«

Auf die Frage nach ihrer Identität antwortet sie, vorsichtig: Nein, als Polin fühle sie sich nicht, aber ebensowenig sei sie noch eine »eindeutige Deutsche«. Dann, spontan: »Ich möchte, daß es so wird wie in meiner Kindheit. Aber so wird es nicht wieder. Wenn meine Generation ausstirbt, ist das Deutsche sowieso weg – dann ist schon keine Spur mehr da.«

Es klingt wie eine Bilanz, aber ohne Feindschaft ihrer Umgebung gegenüber. Und gleich danach, von sich aus, nicht ausgelöst durch eine Frage, sagt Sieglinde H.: »Es war ein mühseliges, schweres Leben.«

»Aber das Lächeln haben Sie nicht verlernt.«

Erstaunen. »Ja? Es kommt mir trotzdem traurig vor, mein Leben, wenn ich so zurückdenke, sehr traurig.«

Ich sah sie dann noch oft, vom Ufer oder von oben her, am Abhang zwischen dem Hotel und dem Jezioro Czos (Schoßsee), ihre dürftigen Waren ausgebreitet und geduldig, unverdrossen auf Käufer wartend – Geschichte eines ungelebten Lebens.

Aber hier, zu Beginn meines Aufenthalts auf ostpreußischem Boden, hatte ich keine Vorstellung davon, wieviel typischen Ingredienzen erst noch zu erwerbender, weit über die Einzelperson hinausgehender, dann aber bleibender Eindrücke ich in Sieglinde H. begegnet war.

Nein, diese Herren sind mir nicht sympathisch

Das gewaltige Bauwerk ist schon von weitem zu sehen – dräuende Türme, Wehrmauern, rote Dächer groß wie Fußballplätze über einem Riesenberg von Backsteinen. Näher wird der Blick möglich in einst wassergefüllte Tiefen, Schluchten, Abgründe von Gräben, und dann über die Holzbrücke und unter dem Fallgitter mit den eisernen Gegengewichten hindurch in die einstige Feste des Deutschen Ritter-Ordens – die Marienburg, heute Malbork!

Eine Museumsreise soll das nicht werden – ich will zu den Urgesteinen, den sichtbaren Zeugnissen der ebenso höllisch heißen wie tief verfrosteten Geschichte Ostpreußens.

Im Innenhof des Mittelschlosses dann, rechts, die Fassade des Hochmeisterpalastes und des Großen Remters, vor mir das Hochschloß mit dem Kapitelsaal und der Marienkirche – geronnener Herrscherwille. Das schießt hier steil aufwärts, mauergeschützt, mit Rundtürmen und Spitzdächern, Erkern und Säulen, daß es einem die Sprache verschlagen will. Und da sind sie auch schon, martialische Gestalten, bronzepoliert, nicht nur Deutsche Ordens-Ritter schlechthin, sondern die berühmtesten Hochmeister des Ordens: Hermann von Salza, Friedrich von Feuchtwangen, Winrich von Kniprode und Markgraf Albrecht von Brandenburg-Ansbach. Bis vor kurzem noch hatten sie vernachlässigt in einer Hofnische gestanden, wie bestellt und nicht abgeholt. Aber nun sind sie eindrucksvoll postiert im Herzen ihrer Hauptfeste und in großer Nähe zu Haufen von steinernen Kugeln, bei deren Anblick man sich fragt, wie diese planeten-

schweren Rundbrocken wohl in Kanonenläufe gelangt sein konnten. Das allerdings war noch nicht die Sorge der Kreuzritter, die 1198 den geistlichen Ordo domus Sanctae Mariae Theutonicorum mit Sitz im morgenländischen Akko aus der Taufe gehoben hatten - dieses Zeitalter kannte noch kein Schießpulver. Dabei hätten die Deutschritter das Monopol darauf gut brauchen können, denn das Ende des Kreuzzugtaumels war bereits absehbar - den Rittern drohte Arbeitslosigkeit.
Deshalb wohl kam Hermann von Salza 1226 nur zu gern dem Ersuchen des polnischen Herzogs Konrad I. von Masowien nach, ihm gegen die »heidnischen Prußen« zu Hilfe zu eilen. Der Preis: die Herrschaft des Ordens über das Culmer Land.
Beschweren konnte sich der Fürst wahrlich nicht - die Deutschen kamen ihrem Auftrag der Unterwerfung und Christianisierung so gründlich nach, daß nur wenige Prußen übrigblieben.
Mir wird übrigens immer ganz schlecht, wenn ich in diesem Zusammenhang von den »heidnischen Prußen« lese - als wären für sie die geharnischten Christen keine Heiden gewesen!
Aber nun war es vorbei mit dem prußischen Göttertriumvirat Perkunos, Potrimpos und Pikollos, mit dem Baumgott Puschkaytos und mit Pergubrios, der das Laub und das Gras wachsen ließ. Auch die Kornmutter Babainsa wurde vom Kreuz gleich mit erschlagen, ebenso wie Topich, der Wassergeist, den die Prußen sich vorstellten als ein kleines Männchen mit rotem Anzug, ewig nassem Haar und immer bereit, sein nächstes Opfer erbarmungslos in einem seiner tausend Seen zu ertränken.
Genauso außer Kraft gesetzt vom Schwert der Deutschritter waren die siebzehn Gebote des Kriwaitos, obwohl sie doch in manchem stark an die zehn des Alten Testaments erinnerten. Zum Beispiel, daß das Weib dem Manne untertan und Ehebruch natürlich nur der Frau zur Last zu legen sei. Was allerdings ganz in diesen Geboten fehlte, war die Nächstenliebe. Aber das

hatte schließlich nichts anderes zu bedeuten, als daß die Prußen sich nicht ständig mit dem Hauptproblem von Christen herumzuschlagen hatten, nämlich ihrem schlechten Gewissen angesichts all der guten Taten, die man hätte tun sollen, aber nie getan hat.

Trotz gemeinsamem Glauben kam es dann zwischen Herzog Konrad und den Deutschrittern zu schwerem Zwist – wollten die Sieger doch nach getaner Arbeit nicht mehr bloß seine Lehensleute, sondern autonome Herren sein. Spätestens bei dieser Eröffnung dürfte dem Herzog aufgegangen sein, welch eiserne Laus sich da mit seiner Hilfe im polnischen Pelz festgebissen hatte.

Dazu noch hatte sich das Zentrum des Ordens innerhalb von vierzig Jahren in bedrohliche Nähe verlagert. Als Montfort, die letzte Christenfeste im Orient, 1271 endlich gefallen war, quartierten sich die Deutschritter erst nach Venedig um und 1309 von dort dann, berstend vor Reichtum und Energie, auf die Marienburg.

Deutsche Lexika, Schul- und Historienbücher pflegen an dieser Stelle rege Kultivierung und Besiedlung des Ordenslandes zu vermerken; löbliche Zivilisierung und Missionierung der Einheimischen oder, genauer, ihrer Reste; einen blühenden Aufschwung der Wirtschaft, der unter dem Hochmeister Winrich von Kniprode in der zweiten Hälfte des 14. Jahrhunderts dann unzweifelhaft einen Höhepunkt erreichte. Aber die Geschichte der Deutschritter und den Schwerpunkt ihres Wirkens vor allem aus diesem Blickwinkel zu beurteilen (wie es die Vertriebenenpresse seit eh und je kategorisch tut), bestätigt nur wieder jene selektive Wahrnehmungsfähigkeit, die in der Sackgasse deutschtümelnder Apologetik steckenbleibt.

Was sich da am nordöstlichen Rand des Heiligen Römischen Reiches (und bald schon weit über dessen Grenzen hinaus im Baltischen) eingekrallt hatte, das war die effizienteste, rück-

sichtsloseste und schlagkräftigste Militärorganisation ihrer Zeit, ein feudaltheokratisch orientierter Staat mit eigenen Gesetzen, geschriebenen und ungeschriebenen. Hier wurde nicht pazifiziert, hier wurde blutig annektiert, war ein Machtzentrum entstanden, das auf Eroberung aus war. Keine seiner imponierenden Investitionen in Bauten und Verwaltung, in Landwirtschaft und Manufaktur kann darüber hinwegtäuschen, daß sich mit dem Deutschen Orden im Ostseegebiet, im Culmer Land, in Pommerellen und hoch hinauf bis Riga eine skrupellose Gewalt eingenistet hatte, ein einziger zielgerichteter und für alle Nachbarn äußerst gefährlicher Expansionsswille. Und die Trutze an der Nogat, die Marienburg – sie war der zu Stein, zu Türmen, Wällen, Mauern gewordene Ausdruck jenes geradezu ungeheuerlichen Überlegenheitsgefühls, das die Gestalten der vier Hochmeister auf dem Innenhof des Mittelschlosses auch noch in der metallenen Nachahmung ausströmen mit ihren steinernen Mienen, den Faltenwürfen ihrer Umhänge über der Rüstung, der ganzen erzgepanzerten Erscheinung.
Nein, diese Herren sind mir nicht sympathisch!
Das ist ein Satz, der sich mir nicht nur spontan während dieses ersten Besuches der Marienburg formte, sondern der auch bei allen folgenden Aufenthalten wiederkehrte – noch jedesmal graute mir vor den Hochmeistern.
Was nicht das mindeste ändert an der Faszination, die ihre Hinterlassenschaft auf mich ausübt, die Großartigkeit der Architektur und ihre erhabene Wucht – die Schloßkirche und die Vorburg; der mächtige Graben zwischen dem Hoch- und dem Mittelschloß; das Brückentor mit seinen spitzen, an Lübecks Holstentor erinnernden Bedachungen; der schlanke Finger des Buttermilchturmes; der Dansker, sozusagen die Sanitäranlage des Komplexes, über dem Fluß.
Aber mehr noch werde ich berührt, wenn der Alltag, wenn Arbeit, wenn Stätten des Gesindes sichtbar werden. Da ist der

Brunnen mit dem Unterbau aus dem 14. Jahrhundert und einer Tiefenausschachtung, die für ihre Zeit eine technische Meisterleistung sondergleichen gewesen sein muß - verdursten jedenfalls konnte hier niemand. Dann die Küche mit ihrem überraschend niedrigen Gewölbe, das Massiv des eisernen Herdes, die Riesentöpfe, Holzschaufeln, irdenen Krüge, die Äxte, um Fleisch und Knochen zu zerteilen. Dann der Tisch! Eine tonnenschwere Platte, gedunkelt in Jahrhunderten, wie aus einem Stück und die Frage provozierend: Aus welchem gefällten Baummonument herausgesägt? Auch hier, und nicht nur in ihren Palästen, haben sie gesessen, die großmächtigen Herren, hier haben sie gefressen und gesoffen und ihre nächsten Pläne ausgekungelt - und sich mehr und mehr Sorgen gemacht. Denn der gut 200jährige Kampf zwischen den Deutschrittern und den vereinten Polen und Litauern, er ging für den Orden verloren. Schon ein Jahrhundert nach Gründung der Marienburg, am 15. Juli 1410, läutete die Schlacht bei Grunwald (Grünfelde), die die deutschen Historiker im nahegelegenen Tannenberg (Sztymbark) ansiedeln, den Niedergang ein - eines der großen, ganz und gar unvergessenen Daten in der Geschichte Polens.

*

Sein Denkmal befindet sich südlich von Olsztynek (Hohenstein), seitab der Straße nach Warschau, vorbei an Seen, durch Felder, Wälder und jene unbeschreiblichen Baum- und Blätterkorridore, die den Ruhm des Landes ausmachen und von denen noch zu singen und zu sagen sein wird - den herrlichen Alleen!

Die Gedenkstätte Grunwald ist schon kilometerweit vorher auszumachen, markiert durch eine Stele, eine Riesennadel, die sich scharf gegen den hellen Himmel abhebt und vom Eingang her, jetzt im Frühling eskortiert von wahren Milchblumentep-

pichen und grellem Vogelgezwitscher, über einen langen Anmarschweg erreicht werden kann. Aber nur, um sich von nahe als einfallsloses Dekor zu entpuppen, als entseelte Äußerlichkeit, sozialistischer Realismus in Reinunkultur. Der Horror wird noch verstärkt durch einen steinernen Block, aus dem kantige Profile, erschreckende Physiognomien herausgehauen sind - gewaltige Nasen, Ritter, Überwinder, Eisenmänner auch sie. Das geht fünf Stufen hoch, auf denen nun polnische Jugend tobt - der Nachlaß einer überwundenen Epoche, für die, wie verschämt, ein Datum steht: Hier wurden am 14. Juli 1973, also 563 Jahre nach der großen Schlacht, Rekruten der I. motorisierten Warschauer Division vereidigt.
Kehrt man sich von den Relikten des polnischen Stalinismus, der nadeligen Stele und den Hammernasen ein wenig ab, so fällt der Blick tröstlicherweise auf zwei flatternde polnische Wappen, deren eines nun wieder die Krone zeigt, Symptom der großen Wende von 1989. Auch hebt sich der Makel der Künstlichkeit sofort auf, gewinnt die Geschichte an Echtheit, wenn einem erklärt wird, was die Anhäufung unzähliger Steine rechts vor dem neuen Monument einmal gewesen war, nämlich Blöcke jenes Denkmals zur Erinnerung an das Jahr 1410, das während der deutschen Besetzung Polens zerstört worden ist.
Schließlich ein amphitheaterhaftes Halbrund mit der Darstellung der feindlichen Lager am Vorabend der großen Schlacht zwischen Polen, Litauern, Russen, Tataren auf der einen Seite und den Deutschrittern mit ihren großräderigen Planwagen auf der anderen. Auch hier Schulkinder, raufend, laufend, sehr miteinander beschäftigt und einfach zu jung, um wirklich beeindruckt zu sein. Ganz anders dagegen der gute Geist bei der Vorarbeit für dieses Buch und die überaus empfindsame polnische Patriotin - Barbara Barlog: Auch stalinistischer Kitsch, vermerkt sie, könne die Bedeutung des 15. Juli 1410 nicht verfälschen. Wohl wahr.

Grunwald sollte der Anfang vom Ende der Deutschritter werden.
1457, nach einem dreizehnjährigen Krieg, zog König Kasimir IV. in die Marienburg ein. An die 300 Jahre wird sie die Residenz polnischer Könige sein, während sich der Orden nur dadurch retten kann, daß er sich 1525 in ein weltliches Herzogtum verwandelt und sich polnischer Oberhoheit unterstellt.
Aber die Burg bleibt Tummelplatz der großen europäischen Tragödie am Eingang in die mörderische Moderne, sie wird belagert, berannt und verbrannt durch Schweden, Kaiserliche, Sachsen und Franzosen. Schon bei der ersten Teilung Polens, 1772, fällt sie an Preußen, bleibt dort auch über die zweite, 1793, und dritte, 1795, und sieht sich erst eineinhalb Jahrhunderte später im Ergebnis des Zweiten Weltkriegs Polen zugeschlagen.
Zuvor, an seinem Ende, von Januar bis März 1945, war fast zwei Monate um die Marienburg gekämpft worden – mit den schwersten Zerstörungen im Lauf ihrer langen und wechselvollen Geschichte. Fotos von damals lassen eine Trümmerlandschaft erkennen, in der kein Stein auf dem anderen geblieben zu sein schien, ein geborstenes Tohuwabohu, dessen einzelne Bauelemente, so schien es, nie wieder zusammengefügt werden könnten, eine Mondlandschaft der Verwüstung. Als wäre es damit noch nicht genug gewesen, zerstörte ein Brand in der Nacht vom 7. auf den 8. September 1959 die Dächer auf dem Nord- und Westflügel des Mittelschlosses. Aber davon ist längst nichts mehr zu sehen. Überhaupt, wer den heutigen Zustand mit den alten Fotos vergleicht, kommt aus der staunenden Bewunderung für die Arbeit der polnischen Restaurateure nicht heraus.
Und so stehe ich denn am Abend dieses Tages am anderen Ufer der Nogat, die wie von Zauberhand geglättet daliegt, gegenüber der Burgkomplex in seiner ganzen Wuchtigkeit, die Mauern sanft gerötet und die Silhouette des Hochschlosses gegen die

untergehende Sonne abgehoben wie ein ungeheurer Scherenschnitt. Dann verdunkelt sich der Himmel, und von dem Symbol geschichtlicher Wandlungen, der Siege und der Niederlagen, der Dauer und des Wechsels, bleibt drüben nur eine erhabene Ahnung. Aber ich gehe noch nicht, sondern denke: Deutschland ... Polen. Denke: Europa ... Denke: Wann wird Frieden sein, endlich, gesichert, unumkehrbar? Wann?
Denn ausgestanden, wirklich ausgestanden, ist die alte Konfrontation immer noch nicht.

Von »Klein-Marienburg«, Parabolspiegeln und Kopernikus

Die Backsteinungetüme – sie sind die eigentlichen Wahrzeichen Ostpreußens.
Wo immer Menschen gebaut, sich versammelt, sich niedergelassen haben, recken sie sich hoch – Kirchen, Festungen, oft Glaubens- und Wehrburgen in einem. Unabhängig davon, daß es hier nur noch eine verschwindende Minderheit von Deutschen gibt, egal auch, ob einst evangelischen oder katholischen Ursprungs – ich habe diese Bauwerke als grunddeutsch empfunden. Sie waren und sind das Herzstück der Altstadt, des Orts- oder Dorfmittelpunktes, wo immer sie sich erheben, und das in unendlicher Distanz zu allem, was später gebaut wurde. Gar nicht zu reden von der unbeschreiblichen Öde jener Wohnplantagen, die wie in der DDR in Plattenbauweise hochgezogen wurden und die, so notwendig sie sicher gewesen sind, mit ihrer abschreckenden Architektur inzwischen fast alle Kommunen in Polen verunzieren. Die Wahrzeichen, um die es mir diesmal geht, die roten Kolosse der Fortifikation und des Glaubens, manche schief, wie vom Alter gebeugt, grüßen schon von der Ferne übers Land hin.
Etwa »Klein-Marienburg«, die alte Feste über Nidzica (Neiden-

burg) in den Masuren, Baudauer 66 Jahre, von 1310 bis 1376, heimgesucht durch Feuersbrünste, Erstürmungen und Belagerungen, auch vergeblichen wie der tatarischen des Jahres 1656. Auf Natursteinfundament die Ziegel. Aus der Mauer buckeln noch Kanonenkugeln heraus wie steinerne Busen, Orden gleich, die sich nach der Art soldatischer Ruhmsucht martialisch angeheftet wurden.

In dieser Stadt ist, so wird hier stolz verkündet, Ferdinand Gregorovius, der große Besinger Italiens, geboren, aber nicht gestorben – das geschah, siebzig Jahre später und fernab von hier, in München.

Als ärgerten sie sich immer noch darüber, vollführen die Krähen in den Baumwipfeln um die Neidenburg zu allen Tag- und Nachtzeiten eine lärmende Kakophonie, so daß man sich fragt, warum die Anwohner sich ihrer nicht längst schon mittels Giftes, Fangnetzes oder auch Einzelabschusses entledigt haben.

Noch imposanter als die Festung an der Nida (Neide) – die Schloßburg in Lidzbark Warmiński (Heilsberg), seit 1350 Residenz der Bischöfe von Warmia (Ermland). Söller, Wälle, Kreuzgänge unter Arkaden, kopfsteingepflasterte Höfe, Ehrwürdiges neben Komischem: im Vorschloß, weiblich und geköpft, eine Statue, von deren historischem Schicksal nichts zu erfahren ist als »In memoriae sanctae Catarina virg. et mart«. Unmittelbar nach der Ungewißheit, die diese Lektüre hinterläßt, fällt der betrübte Blick des Beschauers auf einen Polizeiwagen, der, irgendwie kränkend, hier im Vorschloß postiert ist. Kein Zufall. Denn wie um der Banalität die Krone aufzusetzen, hat sich zwischen all der gotischen Pracht, den alten Wohnpalästen, den Kapitellen und Wallgräben, die Polizei einquartiert.

Dennoch kann die Moderne dem Überkommenen nicht wirklich etwas anhaben, sogar der Parabolspiegel nicht, der aus dem Fenster des großen Söllers an der Außenmauer der Burganlage hervorsticht.

Den gleichen Eindruck von Unantastbarkeit habe ich angesichts der verkehrsumtosten Kirche von Lidzbark Warmiński, einem ungeheuren Bauwerk in glänzend erhaltenem Zustand, das mich mit seinem Dreietagenturm etwas an den Hamburger Michel erinnert.
Drinnen, an der Stirnfront der Empore für den Organisten, ist die Kirche mit einem kolorierten Großfoto des polnischen Papstes geschmückt, während draußen - ich komme gerade noch rechtzeitig hinzu - die goldene Figur auf der Spitze des gewaltigen ermländischen Glaubensmonuments in eine Wattewolke sticht, die am Himmel langsam von Nord nach Süd driftet.
Dann, noch am ehesten dem Vorbild an der Nogat ähnelnd, in der Mitte zwischen Tolkmicko (Tolkemit) und Braniewo (Braunsberg) gelegen, ganz himmelstürmende Gotik - die Kathedrale von Frombork (Frauenburg)!
Mit Ecktürmen, Bastionen, Wallgräben, Fallgittern, mit Mauern, babylonhoch, ist es die zu Backstein erstarrte Riesenwoge einer hochfahrenden Gesinnung, deren Bauherren nichts über sich duldeten, sondern nur den Blickwinkel nach unten kannten, über die geduckten Dächer der Ortschaft und hin über die Ewigkeit der nahen See.
In einer Parkanlage davor - Nikolaus Kopernikus: weit über Lebensgröße, auf einem Steinsockel neben einem Felsblock, hohlwangig, mit geschlossenen Augen, starker Nase und langem Haupthaar, der Begründer des nach ihm benannten sonnenzentrischen Weltbildes. In Kenntnis der erdzentrischen Kirchenlehre erschienen seine »Sechs Bücher über die Kreisbewegungen der Weltkörper« vorsorglich nicht vor seinem Todesjahr, 1543. So ging der Kelch der Inquisition an ihm vorbei, obschon Kopernikus hier in Frauenburg auf die Spur jener kosmischen Wahrheit kam, die der bekennende und unbeugsame Giordano Bruno dann am 17. Februar 1600 auf dem Campo de' Fiori von Rom mit dem Feuertod zu büßen hatte.

Kopernikus, Astronom, Kanzler des Frauenburger Domkapitels und Bistumsverweser, hatte hier in einem der Herrenhäuser gewohnt, außerhalb der Mauern, auf der anderen Seite des westlichen Domgrabens - lang, lang ist's her. Auf dem Wege dahin werde ich abgelenkt durch ein wundervolles Bild der Gegenwart.
Auf dem Dachgestühl eines Turms sehe ich ein Storchennest, flügelschlagende Insassen, noch keine Jungen, nur das Elternpaar, deren einer Teil sich erhebt, abfliegt, Kreise zieht und zurückkehrt. Worauf der andere - Storch oder Störchin? - es ihm oder ihr nachtut. In der gleichen Ellipse wie eben, rauschend, in vollkommener Ruhe segelnd, als werde hier ein touristisches Programm absolviert, so landet der Vogel mit demonstrativ geschwellter Brust in dem geräumigen Nest auf dem Wehrturm.
Die beiden waren, ich hatte gezählt, das 19. und 20. Exemplar ihrer Gattung seit meiner Ankunft in Ostpreußen vor zehn Tagen. So viele Störche hatte ich in Deutschland während meines ganzen bisherigen Daseins nicht erlebt. Es ist nur eines von vielen Zeichen, daß die Natur hier eine andere Musik spielt, einen bei uns fast vergessenen Klang hat, und sei es um den Preis der »Rückständigkeit« - die aber wird nicht andauern. Was dann? Wie groß werden die unvermeidlichen Schäden des sogenannten Fortschritts sein? Gedanken, Befürchtungen wie diese sind in Ostpreußen von der ersten Sekunde an da und werden mich nicht mehr verlassen.
Zuvor, auf der Hinfahrt nach Frombork, zwischen Elbląg (Elbing) und Tolkmicko, hatte die Natur wie aus unerschöpflichem Füllhorn eines ihrer Wunder nach dem anderen offenbart. Links und rechts der Landstraße eine explodierende Vegetation, geradezu urwaldhaft - Tannen, Kiefern, Fichten, Laubbäume, von einer Dichte und Fülle, wie ich sie in diesen Breitengraden noch nie gesehen hatte, Stamm und Blattschmuck von prachtvoller Gesundheit. Auf einem Sandpfad ging es weiter, bis der

neben einer riesigen Eiche an einem Försterhaus endete. Dieser Ort liegt höher. Ich stieg aus, im Rücken eine Front aus Fichten und Birken, nach vorn der Blick frei aufs Meer.

Unten dann, trat ich zum erstenmal an das Ufer des Frischen Haffs.

Der Himmel war bedeckt, die Schwalben flogen tief. Ein kleiner Hafen. Zwischen zwei Molen geht es aufs offene Wasser. Ich betrat die rechte Mole, an deren Ende ein ehemaliges Leuchtfeuer seine rostzerfressenen Metallglieder hängen ließ. Eine Möwe hob schwerfällig ab, als ich mich näherte. Draußen, in mäßiger Höhe, mit anmutig gebogenem Hals, ein Fischreiher.

Die Nehrung drüben, im Norden, war nur noch ein fahler Strich am Horizont.

Am selben Strand, aber viel weiter östlich, im russischen Teil Ostpreußens – die alte Brandenburg.

Nur die Senkrechten stehen noch, oben auf den Rändern wucherndes Grün, leere Fensterhöhlen, gotische Bögen, Berge von heruntergebrochenen Backsteinen, Reste einer Grundmauer, die einst die ganze Anlage einschloß – die Burg, eines dieser Wahrzeichen Ostpreußens, muß ein imposantes Bild geboten haben, sowohl von See her als auch von der Landseite.

Da hinauf führt ein steiler Weg. Drinnen, im Burgareal, hat die Natur gesiegt, Bäume, Sträucher, wucherndes Gebüsch und ein Hund, der hier herumstrolcht und drohend verharrt. Ich steige hinab, gehe in den Ort – Uschakowo (Brandenburg).

Hier ist gekämpft worden, vor fünfzig Jahren, aber noch heute spürbar. Die Ruine einer Kirche, daneben ein Ehrenmal der Roten Armee, die Namen Gefallener auf zwanzig Tafeln, wie üblich. Sonst ist alles verwildert.

Tiefer in den Ort hinein. Brennesseldschungel entlang der Holzzäune, keine Menschenseele zu sehen. Dafür Hühnermajestäten, seltsam keck, darunter ein wahrer Troubadour von Hahn,

der nicht kräht, sondern brüllt. Uralte, verdorrte Misthaufen an den Rändern der Dorfstraße, Abflußrohre ohne Funktion, Verschläge, getürmte Scheite - Holz, Holz, Holz.
Auf die Brücke mit dem stählernen Halbbogen von Ufer zu Ufer - bei Uschakowo fließt die Frisching in das Haff. Dessen gekräuselte Wellen grenzen sich von hier oben deutlich gegen das austretende Wasser ab, bis weit draußen ist die Strömung zu erkennen, eine natürliche Barriere gegen den Wind von seewärts, der Schaumkronen wirft.
Rechts von der Brücke, am gegenüberliegenden Ufer, ein Schrebergarten, in dem ein alter Mann, eine Blechschüssel in der Hand, Rosen schneidet. Dahinter bewegt sich im Wind sausend das Geäst einer mächtigen Eiche.
Links, zum Haff zu, gelbe Seerosen an beiden Seiten des Flusses, vertäute Boote, geduckte Holzhäuser, in der Luft Möwen.
Von hier, von der Brücke aus, läßt selbst das Burgskelett noch auch bei geringer Vorstellungskraft ermessen, welch eindrucksvollen Anblick die heile Feste hoch über Fluß und Dächern geboten haben muß. Daß sie, längst jenseits von Gut und Böse, die Jahrhunderte überdauerte, hat ihr nichts genutzt: erst das unsere hat sie restlos zuschanden gemacht.
Vorbei an einem Tümpel, auf dem eine Ente schwimmt, die rote Augen, einen weißen Kopf und schwarzes Gefieder hat, noch einmal nach vorn, ans Ufer.
Zartes Grün wächst in das Wasser hinein und reckt amphibisch die Hälmchen über den Spiegel hoch. Zur Mündung der Frisching hin ein Schilfgürtel, in dem Vögel nisten, Scharen von Vögeln. Sie fliegen herbei, verschwinden darin und steigen geräuschvoll wieder auf. In ihrer Nachbarschaft, bis über den Euter verdeckt, wie herrenlos und gänzlich deplaziert, eine Rotbunte. Zwei kleine Mädchen, die gebadet haben, trocknen sich zähneklappernd gegenseitig ab.
Übers Frische Haff hin, weit entfernt - die Nehrung. Und ir-

gendwo da drüben, im Norden, da muß es liegen – Pillau, das heute Baltijsk heißt.
Der Name dürfte jedem, der im letzten Winter des Zweiten Weltkrieges dort oder in der Nähe war und überlebte, heute noch kalte Schauder den Rücken heruntertreiben. Damals, im Januar 1945, öffnete sich der Vorhang für den letzten, den ostpreußischen Akt des Kriegsdramas.
Aber begonnen hatte das Stück lange vorher.

Der Mord von Hartigswalde

Jenseits der beiden großen deutschen Schicksalsdaten, des 30. Januar 1933 und des 1. September 1939, stieß ich im Verlauf der Arbeit auf drei spezifisch ostpreußische.
Das erste – der 11. Juli 1920 – führt zu Franciszek Kiwicki in Jedwabno (Gedwangen). Ich suche Informationen über die erste große Volksabstimmung kurz nach dem Ersten Weltkrieg, bei der es darum ging, ob die Bezirke Allenstein und Marienwerder bei Deutschland bleiben oder Polen zugeschlagen werden sollten.
Franciszek Kiwicki, 1919 geboren, kann selbst keine Erinnerung mehr daran haben. Aber es gibt etwas in der überlieferten Geschichte, die das weit zurückliegende Ereignis über das Jahrhundert hin in frischer Erinnerung bewahrt hat. Damals war ein Kiwicki von einem Deutschen erschossen worden – fünf Tage nach dem Plebiszit. Die Sippe hatte zu dem Teil der masurischen Bevölkerung gehört, der für Polen votierte.
Das geschah in Hartigswalde (Dłużek), der Geburtsstätte von Franciszek Kiwicki und damals Wohnort der Familie, vier Kilometer von Jedwabno entfernt. Wir wollen später dorthin.
Freundlicher Empfang durch den heute 75jährigen, aber beneidenswert rotwangigen Franciszek vor seinem Haus. Dann geht

es, vorbei an riesigen Stapeln gespaltener Holzscheite, in ein Zimmer, das vollgestopft ist mit Insignien der Sippenchronik und ihrer Traditionen. Fotos von Männern in polnischer Uniform, polnische Orden; vor allem aber, an den Wänden, auf Schränken, zwischen Ührchen, Gläsern und Stofftieren, koloriert oder schwarzweiß - Heiligenbilder. Der Gekreuzigte, Jesus von Nazareth, vielfach variiert, auch Johannes der Täufer in mehrfacher Ausgabe, an Zahl jedoch übertroffen von den Reproduktionen Marias, der Mutter Gottes. Aber auch sie sieht sich weit abgeschlagen durch die fotografische oder gemalte Allgegenwart eines Landsmanns von Franciszek Kiwicki, Haupt der römischen Kurie und Oberhirte aller Katholiken - den Papst! Johannes Paul II. in allen Formaten, klein und groß, gerahmt und mit offenen Rändern, in Kalendern (jeden Monat ein anderes Foto), in Zeitungsausschnitten, Buchdeckeln und Illustrierten.

Zwischen all dem berichtet Franciszek Kiwicki von der Familienchronik und dem eigenen Leben, ohne zeitliche Ordnung, von Wesentlichem und Unwesentlichem, aber bei beidem mit punktueller Erinnerungskraft. Das ungute Verhältnis zwischen der Gruppe, der sich die Kiwickis zugehörig fühlten, zwar deutsche Staatsbürger, aber polnischen Ursprungs, und den anderen, der »reinen« Deutschen. Ein Stachel aus der Knabenzeit, Mitte der zwanziger Jahre dem noch nicht schulpflichtigen Franciszek zugefügt in der Ortsbäckerei von Hartigswalde, hingeschleudert vor siebzig Jahren, aber noch immer im Ohr haftend: »Für euch Polen gibt's kein Brot.« 1936 dann, nach einem Besuch in Polen, der Entschluß, nicht nach Deutschland zurückzukehren; das Frühstück am Morgen des 31. August 1939 - Marmelade, ein Ei, der Kaffee zu schwach! -, ein Tag vor Kriegsausbruch. Am nächsten plötzlich Schießereien auf dem Marktplatz von Thorn (damals zum »polnischen Korridor« gehörend), vom Kirchturm herab, Deutsche, die sich zu früh hervorgewagt hatten – die Wehrmacht kam nicht so rasch wie erwartet. Standrechtliche Erschießung, fünf Männer und eine Frau. »Ihre Gesichter«, sagt Franciszek Kiwicki, als wäre die Exekution gestern gewesen, »ihre Gesichter!« Weiter mit memorierten Fetzen: Gefangener der deutschen Invasoren, eingesperrt in einer Kirche von Gdingen (Gdynia), deren Sprengung angedroht wurde (er ahmt die Stimme und den Wortlaut nach, in einem ungenauen, verlorenen Deutsch). Ein Deutscher bewahrte ihn vor einem anderen, einem Gestapomann. Die Kraftprobe zwischen den beiden, auch das erzählt, als hätte es sich vor 24 Stunden ereignet. Flucht nach Warschau, Schwarzmarkthandel mit Nahrungsmitteln, bei dem ein Koffer mit der Anschrift eines deutschen Offiziers eine große Rolle spielte. Kampf im Untergrund, dreimal verletzt – eine Handbewegung hin zu den diversen Auszeichnungen, die im Zimmer verstreut sind, an Fotos befestigt, an die Wände geheftet, an Uniformen gesteckt.

Mit Franciszek Kiwicki begegnet mir ein Phänomen, das mir schon bei Sieglinde H. aufgefallen war, mich die ganze Reise begleiten und mir immer wieder begegnen wird, bei Polen wie bei Deutschen hier: ein ungeheures, geradezu sekundengenaues Erinnerungsvermögen an längst Vergangenes. Gespeichert aber sind nicht etwa sämtliche Ereignisse von damals, sondern nur ganz bestimmte. Es handelt sich um eine selektive Wahrnehmungsfähigkeit, die ganz auf das eigene Leid konzentriert ist und sich so selbst den Zugang zum Leid der anderen versperrt – von Ausnahmen abgesehen.

Als wollte er sich als eine solche ausweisen, ja sie demonstrieren, springt Franciszek Kiwicki auf, geht quer durch den Gemüsegarten und wahre Wälder von Brennesseln hinterm Haus auf ein Gelände zu, das trotz seiner Verwahrlosung sofort als Friedhof zu erkennen ist.

Krumme Staketen; alte Gräber, deren Inschriften verwittert oder herausgeschlagen worden sind; Dornen, verrostete Ketten, der Boden überdeckt mit einem Grün, aus dem nur noch Fragmente von Steinen ragen, Sarkophage, halb versunken, eine Stätte grenzenloser Verlassenheit – der evangelische Friedhof aus der Zeit des deutschen Gedwangen.

Hier wachsen die Brennesseln so hoch, daß man sich mit den bloßen Armen in acht nehmen muß.

Um so gespenstischer das einzige Grab, das gepflegt wirkt, blumengeschmückt, mit lesbarem Namen versehen – Bernhard Schulz. Familienangehörige, so Franciszek Kiwicki, kämen hierher seit der Wende in Polen, also seit 1989, und kümmerten sich um das Grab. Sonst sei von den ehemaligen Einwohnern bisher niemand aufgetaucht, aber das vielleicht ja, weil keiner von ihnen mehr lebe.

Ich habe immer Schwierigkeiten gehabt mit Bestattungsritualen, habe eine elementare Skepsis gespürt, weil falsche Gefühle so nahe neben echten liegen, Getue, Heuchelei und Verfeierlichung ganz dicht bei wirklichem Schmerz und Trauerbeflissenheit in großer Nähe zu Empfindungen, für die es keine Worte gibt. Totensonntag, Buß- und Bettag und andere offizielle Weihedaten hatten die Ablehnung nur noch vertieft. Aber hier, auf diesem Schatten von Friedhof in Jedwabno, gibt es keine Zwielichtigkeit mehr, keine Ungewißheit – hier ist nichts als unendliche Traurigkeit.

*

Das Geburtshaus Franciszek Kiwickis in Dłużek, nach kurzer Fahrt erreicht, erweist sich als ein einstöckiges Gebäude, dessen Wellblechdach teils vermoost, teils verrostet ist. Alle im Ort und in der Umgebung wußten damals, daß die Kiwickis bei der Volksabstimmung am 11. Juli 1920 für Polen votieren würden. Die Familie war alteingesessen, einige ihrer Mitglieder führten kleine Läden, die Eltern einen Tanzsaal – »Salon wäre zuviel gesagt«. Davon steht heute nichts mehr, ausgenommen das Haus, in dem Franciszek Kiwickis Wiege stand – »aber das war seinerzeit mehrgeschossig«.

Über die Straße und einen schmalen Ufersaum hinweg – der See. Vorn ein Steg, die Planken so morsch, daß man sie besser nicht betritt, drüben am anderen Ufer Bäume – Ahorne, Tannen, Birken. Davon fast verdeckt ein Haus: der Tatort. Denn von dort war damals eine Gewehrkugel abgefeuert worden auf die Heimstatt der Kiwickis, ohne einzuschlagen, aber in gefährlicher Nähe vorbeipfeifend. Daraufhin war Franciszek Kiwickis Onkel zum Hartigswalder Bürgermeister gegangen, hatte sich bei dem beschwert, daß »so einfach in der Gegend herumgeballert« werden könne, und dann, angesichts äußerst geringen Entgegenkommens auf dem Amt, den Rückweg angetreten. Als er vor dem Haus der Kiwickis angekommen war, tötete ihn ein zweiter Schuß. Der Schütze hieß Stenzel. Von einem Verfahren gegen ihn oder gar einer Verurteilung weiß der betagte Neffe nichts zu berichten. Der Mörder blieb unbestraft.

Am Straßenrand ragt eine mächtige Eiche auf. Einst so etwas wie ein Symbol des Hartigswalder Deutschtums, ist heute im Schatten ihres ausladenden Grüns ein weißes Schild befestigt, auf dem in polnischer Sprache und schwarzer Schrift zu lesen steht: »An dieser Stelle wurde am 16. Juli 1920 Robert Kiwicki von einem deutschen Chauvinisten erschossen. Er war Mitglied einer gesellschaftlichen Organisation, die während des Plebiszits vom 11. Juli 1920 für Polen gestimmt hatte.«

Franciszek Kiwicki steht vor dem Schild, mit dem Rücken zum See, und sagt: »Die Tafel ist oft abgenommen worden, ich weiß nicht von wem, aber ich habe sie immer wieder angeheftet.« Dann geht er langsam auf das Haus zu, in dem er geboren wurde. Er hatte davon gesprochen, es zu kaufen, weil er dort, wo er geboren sei, auch sterben wolle. Aber die Bürokraten hätten ihm Steine in den Weg gelegt – »Behörden in Polen machen im-

mer Schwierigkeiten, ganz egal, worum es sich dreht. Es ist ihre Aufgabe, Schwierigkeiten zu machen«, fügt er grimmig an.
Ich trete noch einmal an das Ufer des Sees. Links, übers Wasser, das Haus, aus dem damals das tödliche Projektil abgefeuert worden war, inzwischen längst von Busch und Baum verdeckt, keine freie Schußbahn mehr. Rechts, am anderen Ufer des Jezioro Dłużek, einst Hartigswalder See, in einiger Entfernung ein Campingplatz; Zelte, Rauchfahnen, Geschrei, erste Frühlingsurlauber in Masuren.
Schwalben huschen dicht über die Wasserfläche, die glatt daliegt. Hinten widerspiegelt sich darin der Wald, hier vorn schwimmen alte Kähne, zernagt von Wind und Wetter.
Auf der Straße ein Panjewagen mit Gummireifen, auf dem Kutschbock ein Mann, die Zigarette im Mund. Das Pferd bleibt stehen, schüttelt die Mähne, wiehert. Der Mann steigt ab, ruckt an der Deichsel, danach geht es zuckelnd weiter.
Auf der Seeoberfläche dann und wann Blasen, Plätschern, verursacht von Fischen, die nach Insekten schnappen. Auf der Chaussee nach Westen, gleich hinter dem Ort, Trumme von Eichen, Mammutbäume, für deren gewaltige Lebensdauer die Zeit, die seit dem Plebiszit verstrichen ist, nicht viel mehr als eine kurze Spanne bedeutet.
In meiner Reihe der drei ostpreußischen Schicksalsdaten ist der 11. Juni 1920 das erste.

Dreck, Läuse und Juden

Die Volksabstimmung war kein bloß regionales, sie war ein nationales Ereignis, das sich mit großem Getöse vollzog – Fahnen, Aufmärsche, Aufrufe! Deutsche Truppen in Allenstein und Osterode, überall auf den Straßen Kränze und Girlanden, Blumen, Beflaggung, Scherpen, Festzüge der Innungen – Brauer,

Zimmerleute, Fleischer, diese in Lyck hoch zu Roß. Schulkinder im Sonntagsstaat, Schützen- und Kriegervereine in ständiger Aktion, Bahnhofsfassaden verdeckt durch riesige Transparente – »Alles für das Vaterland!«

Noch einmal: Es ging dabei nicht um die Frage, ob ganz Ostpreußen bei Deutschland bleiben oder zu Polen kommen sollte, sondern um den südlichen Teil des Ermlandes und um Masuren, Regierungsbezirke mit städtischen Zentren wie Allenstein, Lötzen, Angerburg, Lyck, Johannisburg und Goldap.

Filme, Fotos und Zeitungsausschnitte, fast alle deutschen Dokumente von damals strömen unverkennbar Stoßatmigkeit aus, ja Hysterie. Gemäß dem Versailler Vertrag war ein großer Teil Westpreußens und ein kleinerer Posens bereits ohne Abstimmung als »polnischer Korridor« mit Zugang zur Ostsee abgetrennt worden (wie auch das Memelland, ein Streifen im nördlichen Ostpreußen). Dazu hatte sich Soldau, ein Teilgebiet des Kreises Neidenburg, in einer Art Vorabstimmung mehrheitlich für Polen entschieden. Obschon diese Entscheidung zu tun hatte mit der Zusammensetzung der dortigen Bevölkerung, die nicht identisch war mit der des Abstimmungsgebietes, wurden die Alarmrufe um so schriller, je näher das Datum des Plebiszits über Allenstein und Marienburg-Marienwerder rückte: »Landsleute, denkt am 11. Juli an Soldau. Ihr werdet der polnischen Hölle nur entgehen, wenn ihr alle, Mann wie Frau, für Ostpreußen stimmt.« Panik machte sich breit, nationale Inbrunst, ja, Rassismus wurde sichtbar, hörbar, lesbar, zum Beispiel: »Deutsche! Ihr steht in Sitte, Kultur und Wohlstand weit höher als die Polen. Geben können sie uns nichts, aber nehmen!« – Geld, Eisenbahnen, Straßen, Verwaltungsgebäude, Schulen, Krankenhäuser, Postämter und Telegrafenstationen, die Aufzählung der potentiellen Verluste füllte ganze Kataloge.

Auch diese Töne fehlten nicht: »Wer würde noch an eurem Hab und Gut zehren? Der polnische Jude! Er würde Ostpreußen sofort überfluten und den deutschen Kaufmann, den deutschen Handwerker und den deutschen Arbeiter verdrangen.« Und gleich weiter, noch unverblümter, Antipolonismus und Antisemitismus traut vereinend: »Ihr selbst oder eure Söhne, ihr seid ja im Kriege drüben gewesen, ihr wißt, wie es da aussieht – Dreck, Läuse und Juden!« So auch der Tenor in mancher Ortsgruppe jener »Heimatvereine«, die schon 1919 wie Pilze aus dem Boden geschossen und bis Mitte 1920 auf eine Viertelmillion Mitglieder angewachsen waren:

«Landsleute! Wir sind gerüstet, unsere Heimat durch unsere Stimme zu verteidigen. In jedem Dorf Masurens und des Ermlandes haben sich alle, die entschlossen sind, dem Deutschen Reich die Treue zu halten, zusammengefunden. Politische Parteien kennen wir nicht.«

Nach Artikel 95 des Versailler Vertrages durften am Plebiszit nicht nur die Bewohner der Abstimmungsregionen teilnehmen, sondern aus dem übrigen Reich auch alle, die dort geboren waren und das zwanzigste Lebensjahr erreicht hatten – für sie war die »Liste 2« eingerichtet worden. Da es sich um Hunderttausende handelte, ergab sich die Frage, wie der Transport organisiert und die Kosten verteilt werden konnten. Die eindrucksvolle Antwort: der neugeschaffene »Seedienst Ostpreußen«, der am 29. Januar 1920 den Verkehr mit der durch den »polnischen Korridor« abgeschnittenen Provinz aufnahm. Die Wahlwilligen wurden kostenlos befördert, meist mit dem Zielhafen Pillau, wo noch am 7. Juli 1920 21 Schiffe mit über 13 000 Abstimmungsberechtigten einliefen. Nur ein kleinerer Teil kam, ebenfalls gratis, mit der Reichsbahn ins Abstimmungsgebiet. Aber egal, ob auf Schienen oder Schiffen, es war in jedem Fall eine strapaziöse Anreise, das ganze Unternehmen rein logistisch gesehen eine imponierende Leistung und dazu ein bewegendes Zeugnis jener spezifischen Verbundenheit, mit der die Ostpreußen an ihrer Heimat hingen.

Der Bevölkerungsteil, der für Polen votierte, hatte nie eine wirkliche Erfolgschance. Auch dort bildeten sich Vereinigungen, wurden Komitees gegründet, patriotischen Gefühlen Zunder gegeben und katholisch motivierte Appelle verfaßt, etwa wenn es hieß: »Ermländisches Volk, schlafe nicht. Siehst du immer noch nicht, daß Gott Polen wiedererweckt und die Deutschen in alle Winde zerstreut hat?« Es blieben hilflose Anrufungen, die nur eine programmierte Niederlage verkünden konnten. Nicht allein, daß sich das nach über 120jähriger Teilung wiedervereinte Polen in einem verlustreichen Krieg befand mit dem ebenfalls gerade neuerstandenen Sowjetrußland, dessen Reitergeneral Semjon Michailowitsch Budjonny nach polnischen Anfangserfolgen im Gegenstoß Warschau bedrohte. Der katholische Bevölkerungsteil, der sich im südlichen Ermland und in Masuren zu Polen bekannte, war zudem eine Minderheit, die auch nicht entfernt in das Plebiszit jene Energien einbringen konnte, die von der anderen Seite so vehement mobilisiert wurden. Das hatte zwar etwas an sich von der Tapferkeit, die Verfechtern einer aussichtslosen Sache eigen ist, vermochte aber an dem Ergebnis nichts zu ändern.

Das unter alliierter Kontrolle zustande gekommene Abstimmungsergebnis vom 11. Juli 1920 für den Verbleib des südlichen Ostpreußens beim Deutschen Reich war überwältigend und unbezweifelbar. Die Auszählung ergab Traumziffern, wie sie dann im weiteren Verlauf des Jahrhunderts, bis in unsere Tage, von den großen und kleinen Gewaltherrschern so häufig dem eigenen Volk und der Welt vorgeschwindelt zu werden pflegten.

Hier stimmten sie.

Von insgesamt 425 305 Abstimmungsberechtigten hatten 371 715 (87,4 Prozent) ihre Stimme abgegeben. Davon votierten für den Verbleib beim Deutschen Reich 363 209 (97,4 Prozent), für den Anschluß an Polen 7 980, gleich 2,5 Prozent. Lediglich in Allenstein-Land errangen die Polenbefürworter 16 Prozent. Dabei kam es zu Beispielen von geradezu grotesker Ungleichheit. So etwa in Lötzen mit 28 625 Stimmen für Deutschland, denen 2 Stimmen für Polen gegenüberstanden - ein Triumph, der deutscherseits dann auch prompt in einem Gedenkstein verewigt wurde.

Nun gab und gibt es polnische Historiker, die das eindeutige Votum für den Verbleib des südlichen Ostpreußens beim Deutschen Reich nicht nur, aber auch auf Versprechungen, Drohungen und Erpressungen zurückführen wollen. Tatsächlich hatte es dergleichen gegeben, unterblieben mancherorts propolnische Versammlungen, um Streitereien und Schlägereien aus dem Wege zu gehen, traf zu, wogegen ein Flugblatt protestierte: »Die Deutschen stören in pöbelhafter Weise unsere Versammlungen, schlagen und ermorden unsere Redner und Agitatoren. Die Interalliierte Kommission kann unsere Sicherheit nicht garantieren.«

Dennoch war die Niederlage voraussehbar, der polnische Anspruch auf Teile Ostpreußens nicht in Einklang zu bringen mit dem Abstimmungsergebnis - der Wille der Mehrheit stand außer Zweifel. Daß dann aber die Deutschen selbst das eindeutige Bekenntnis einer unanfechtbaren Selbstbestimmung verspielen würden, und zwar innerhalb einer Generation und so gründlich, daß von der deutschen Bevölkerung dort nur Reste bleiben würden, das hatte damals niemand ahnen können.

Und seinen Anteil daran hatte zweifellos auch das, was Siegfried Lenz in seinem »Heimatmuseum« die »waltende Grenzlandgesinnung« nennt und die darin so charakterisiert wird: »Wo zu kurz gekommene völkische Bäcker dem eigenen Brauchtum nationale Hefe beigeben, haben Minderheiten nichts zu lachen.« Und Conny, der damals, nicht später, politisch aufgeklärtere Gefährte, warnt den noch in schwärmerischen Nationalismen befangenen Zygmunt Rogalla: »Du hast etwas vergessen, du hast den Haß vergessen, der aus all dem kommt, was du Heimat nennst – der Haß auf die anderen.« Dieser Haß der »völkischen Bäcker« wird bald schon nirgendwo so erfolgreich sein wie in Ostpreußen, erfolgreicher als durchschnittlich noch auf dem Territorium, wo das Plebiszit stattgefunden hatte, am erfolgreichsten aber in Masuren.

Dort wird die Partei Adolf Hitlers, die NSDAP, fast zwölf Jahre nach dem Plebiszit alle ihre Wahlrekorde in der Ära der Weimarer Republik, der ersten deutschen Demokratie, brechen.

Die »Masurische Offenbarung«

Die »Wende zum Nationalsozialismus« kam nicht schleichend, sondern plötzlich, gegen Ende der zwanziger Jahre, und zwar mit einer Wucht und Hingabe, die ihresgleichen suchen.

Zum notwendigen Verständnis knapp einige Daten.

War zunächst, nach Gründung der Weimarer Republik 1919, der rechten Deutschnationalen Volkspartei (DNVP) in Ostpreußen mit regelmäßig mehr als fünfzig Prozent der Stimmen die Rolle der stärksten politischen Gruppierung zugekommen, so machte ihr ab 1924 eine chauvinistisch-antisemitische Deutschvölkische Freiheitspartei erfolgreich Konkurrenz. Aber auch sie sollte sich nur als ein Vorläufer der NSDAP entpuppen. Die hatte bis weit in die zweite Hälfte der zwanziger Jahre hinein zwischen den Haffs und dem Seengebiet, zwischen Elbing und Tilsit nicht viel mehr als ein Kümmerdasein gefristet. Mit 8 097 Stimmen oder 0,8 Prozent hatte sie bei den Wahlen vom 20. Mai 1928 eines der schlechtesten Ergebnisse in ganz Deutschland zu verzeichnen.

Das änderte sich schlagartig mit der Wahl vom 14. September 1930, die die Mandatszahl der NSDAP im Deutschen Reichstag von 12 auf 107, gleich 18,3 Prozent, hochschnellen ließ und ihr in

Ostpreußen mit 236 513 Stimmen, gleich 22,8 Prozent der Wähler, einen sensationellen Erfolg bescherte.
Mit ihm hatte die radikalste der rechtsextremen Parteien hier zum erstenmal die zusammen etwa zwanzig Prozent starke, von Land- und Waldarbeitern, kleinen Beamten und Angestellten seit 1921 konstant getragene, aber in sich tief zerstrittene Linke von SPD und KPD hinter sich gelassen.
Wie kam es dazu, daß in Ostpreußen, und besonders seinem südlichen Teil, die Saat des Chauvinismus und der Demagogie so massenhaft aufgegangen, der Boden für Hitler so fruchtbar aufbereitet war?
Viele Gründe, nicht alle, sprechen dafür, daß die Ursachen zu suchen sind in wirtschaftlichen und sozialen Verhältnissen, von denen in erster Linie die Landbevölkerung betroffen war.
Schon ein kurzer Blick in die Statistiken der Zeit zeigt, daß die große Weltwirtschaftskrise spätestens 1930 auch diesen Zipfel Deutschlands erreicht hatte. Die Preise für Vieh, Kartoffeln, Getreide waren ins Bodenlose gefallen, die Einnahmen auf ein Minimum reduziert, aber die Verschuldung durch Kredite und Zinsbelastung so vermehrt, daß Zwangsvollstreckungen nahezu alltäglich geworden waren – mit dem Gerichtsvollzieher als einem zwar ungebetenen, aber nichtsdestotrotz sehr häufigen Gast auf den Höfen Ostpreußens. Immer öfter wurde der berüchtigte »Kuckuck« an Häuser, Scheunen, Mobiliar geklebt, oft schon wegen geringer Summen, die dennoch nicht aufgebracht werden konnten. Umschuldungsversuche der Reichsregierung unter Titeln wie »Ostpreußenhilfe« und »Osthilfe« führten keineswegs zum erklärten Ziel, nämlich den Zinsdruck für die überwiegend bäuerlichen und kleinbäuerlichen Betriebe zu senken und ihre Rentabilität wiederherzustellen. Statt dessen belasteten sie den ohnehin ungeliebten, ja verachteten Staat politisch und finanziell noch schwerer. Grund genug für die Linke,

im Preußischen Landtag wie im Reichstag, die ganze Aktion heftig als »Almosen für die Krautjunker« zu attackieren.
Die immer aggressivere Stimmung unter der Landbevölkerung äußerte sich auch darin, daß nun tätlich gegen Zwangsversteigerungen und -vollstreckungen vorgegangen und auf diese Weise Amtshandlungen massiv behindert oder überhaupt verhindert wurden. Im Herbst 1930 kam es deshalb sogar zu Anklagen und Gerichtsverhandlungen gegen die »Aufrührer«, etwas Unglaubliches angesichts einer Bevölkerung, die für ihre schwejkhafte, eher passive Haltung gegenüber der Obrigkeit bekannt war.
Dennoch können die wirtschaftlichen Verhältnisse auf dem Lande in Südostpreußen den Siegeszug des Hakenkreuzes Anfang der dreißiger Jahre allein nicht erklären, zumal die wachsende Wählerschaft der NSDAP keineswegs nur aus der bäuerlichen Bevölkerung kam. Ein großes Kontingent setzte sich aus Gewerbetreibenden und Angehörigen freier Berufe zusammen, wie überhaupt die Schicht des protestantischen Mittelstandes überrepräsentiert war und viele Stimmen für Hitler vor allem aus dem liberalen und konservativen Bürgertum stammten. Das galt, wie die Wahlergebnisse im Ermland erwiesen, auch für den katholischen Teil der Bevölkerung, dessen neuer Enthusiasmus für die NSDAP dem des evangelischen Volksteils in nichts nachstand.
Das Politikum der Zeit war eine zunehmend stärkere Radikalisierung immer größerer Kreise, war die wachsende Bereitschaft einer breiten Bewegung, sich nicht mehr bloß als Opposition im Rahmen der Weimarer Verfassung zu sehen, sondern als Rammbock gegen ihren Parlamentarismus, gegen seine »Schwatzbude«, den Reichstag, also die demokratische Republik überhaupt. Es ging nicht mehr um Korrekturen des »Systems«, es ging um seine Eroberung und Zerstörung, um die »Ordnung in unserem heiligen Vaterland, die vor allem Gerechtigkeit braucht für die Urkraft unseres Volkes, für unser Bauern-

tum« – Parolen der NSDAP, die gerade in Ostpreußen zündeten.
Das Schulden- und Zinsproblem geschickt mit dem der Staatsordnung verknüpfend, wurde der Existenzkampf der Bauern auf die politische Ebene verlagert – ein äußerst wirkungsvoller Schachzug, um die Landbevölkerung als Kernwähler der NSDAP zu gewinnen. Gleichzeitig aber bildete diese Form der braunen Propaganda die überkonfessionelle Klammer, das ideologische Bindeglied zwischen den bäuerlichen und nichtbäuerlichen, den ländlichen und den städtischen Schichten ihrer Wählerschaft. Jetzt schlug die große Stunde von NSDAP und SA, nun erst konnten sie furios eingreifen in das öffentliche Leben der Provinz, allem voran ihren südlichen Teil. Kundgebung folgte auf Kundgebung, eine nicht abreißende Kette von Versammlungen, Theateraufführungen, Konzerten, Feldgottesdiensten, Umzügen bei jedem Wetter, ob Schnee ob Regen, sommers wie winters – Hitlers Mannen überall! Straßenkämpfe und Saalschlachten mit politischen Gegnern (die ihrerseits nicht zimperlich waren); Brandbomben und Handgranaten auf linke Ladeninhaber (in Allenstein); Anschläge auf Institutionen des verhaßten »Systems« (Finanzamt Ortelsburg); Mord an einem sozialdemokratischen Funktionär des Reichsbanners Schwarz-Rot-Gold, des linken politischen Kampfverbandes (in Lötzen) – Ostpreußen wurde von einer Woge der Gewalt heimgesucht.
All das war von rechts ganz selbstverständlich untermischt mit antipolnischen Tönen, viel stärker noch als beim Plebiszit des Jahres 1920, eine rassistische Agitation, die sich nicht nur offen gegen den östlichen Nachbarstaat richtete, sondern auch gegen die polnische Minderheit in Ostpreußen. »Wir treudeutschen Masuren weigern uns, Polacken zu werden«, hieß es bei einem Aufmarsch der SA in Lötzen, und im Text gleich weiter: »Wir protestantischen Masuren lassen uns nicht in den Schoß der

alleinseligmachenden Kirche zurückführen« – die NSDAP-Propaganda gegen die Minderheit war nicht nur antipolnisch, sondern auch antikatholisch. Dabei war die Grundhaltung dieser Minderheit im südlichen Ermland und in Masuren, dem Kräfteverhältnis dort entsprechend, eher defensiv, und das polnisch-katholische Schreckgespenst, das die »völkischen Kräfte« an die Wand malten, völlig ungerechtfertigt. Worum es ging, war, die Stimmen der erzprotestantischen Masuren zu gewinnen und gleichzeitig alle Versuche der polnischen Minderheit, sich politisch und kulturell zu behaupten, im Keim zu ersticken. Dabei wurde auch tätlich gegen sie vorgegangen. Als, zum Beispiel, im Herbst 1931 in Dembowitz eine private polnische Schule eingerichtet werden sollte, kam es zu antipolnischen Gewaltakten, die zu Gerichtsverfahren mit Verurteilungen führten – allerdings der Angegriffenen, nicht der Angreifer. Anfang der dreißiger Jahre war das politische Klima bis auf den Grund vergiftet. Längst wurden die Straßen beherrscht von der Aktivität der Braunen. SA-Appelle, Militärkonzerte unter wehenden Hakenkreuzfahnen, anstrengende Märsche zur »Wehrertüchtigung«, all das unter reger Beteiligung der Bevölkerung.

So wohlpräpariert sah dann die Bühne aus, auf der Hitler als Parteiführer und oberster Wahlkämpfer zum erstenmal am 28. Mai 1929 erschien – mit einer Rede in der Stadthalle von Königsberg (Kaliningrad). Der Jubel der aus ganz Ostpreußen zusammengeströmten Massen seiner Anhänger soll so unbeschreiblich gewesen sein, daß Hitler noch zweimal die Metropole am Pregel besuchte, am 8. September 1930 und am 10. April 1932, und ebenso triumphal gefeiert. Es folgten Auftritte auch in anderen Städten Ostpreußens – Gumbinnen, Tilsit, Elbing –, ehe er sich endlich in den südlichen Teil begab.

Dort wurde Hitler empfangen wie eine sehnlichst herbeigeflehte Erscheinung, eine magische Vision, ja wie ein überirdischer Heilsbringer, mit Ovationen, die alle bisherigen Maßstäbe sprengten. Wer die Berichte von damals liest, die Fotos oder Filmaufnahmen betrachtet, der muß unweigerlich den Eindruck gewinnen, daß hier eine Art politischer Besoffenheit von großen Massen Besitz ergriffen hatte. Die meisten Zeitgenossen von heute würden fassungslos vor der Realität dieser exaltierten Emotionen stehen, und zwar fassungslos auch dann, wenn sie jene Bekundungen vor dem 30. Januar 1933 vergleichen würden mit dem ungeheuren Jubel schon bald *nach* Hitlers Machtantritt – in Masuren schienen dieses künftige Datum und seine Epoche quasi vorweggenommen zu sein. Anrufungen wie »Retter des Vaterlandes« – »Größter Mann unserer Zeit« – »Das deutsche Masuren grüßt den Führer des kommenden Deutschland« waren noch keineswegs stärkster Ausdruck einer von messianischen Erwartungen erfüllten und zu völliger Hingabe bereiten Massenhysterie. Niemand aber hat dieses weißglühende Potential virtuoser zu schmieden verstanden als der Erhöhte selbst. In jenem April des Jahres 1932 geisterte Hitler tagelang durch die südlichen Grenzgebiete Ostpreußens, bis in die entlegensten Winkel. Dort tauchte er wie ein Schemen auf, hielt kurze Ansprachen und verschwand wieder – ein vom Gesetz der Schwerkraft offenbar unabhängiger und mit Allmacht ausgestatteter Mythos.

Ob mit dem Flugzeug oder mit dem Wagen, mit der Bahn oder zu Fuß, überall versetzte der »Führer« die Menschen in einen wahren Begeisterungstaumel – in Allenstein und Neidenburg, bei der Kranzniederlegung am Tannenbergdenkmal oder in Flecken wie Willenberg und Bablitz. Aber nirgends wurde Hitler so emphatisch aufgenommen wie in Ostpreußens äußerstem Südosten – dort erreichte die Reise ihren Höhepunkt. Alt und Jung waren zusammengeströmt, Männer, Frauen und Kinder, viele von ihnen beim Anblick Hitlers tränenüberströmt, die Hände ekstatisch zum Nazigruß ausgestreckt, die Kehlen heiser von »Sieg-heil!«-Rufen. Die Sperrketten der SA immer wieder mühelos durchbrechend, waren die schreienden, taumelnden, außer sich geratenenen Menschen nur von einem einzigen Wunsch beseelt: in seine Nähe zu gelangen! Ohnmacht, Krämpfe, Zusammenbrüche – die Sanitäter kamen nicht mehr nach. Das geschah in Lyck, am 19. April 1932, ein Tag, der dann auch in die Annalen der NSDAP eingegangen ist als die »Masurische Offenbarung«. Einer der begleitenden Reporter von damals dazu: »Der Führer ist sichtlich bewegt.« Und der selbst: »Ich glaube nicht, daß es in Deutschland ein Land gibt mit der Treue der Masuren.«

Das sollte sich bald bestätigen.

Am 31. Juli 1932, bei der Wahl zum 6. Deutschen Reichstag, wurde die NSDAP zur stärksten Fraktion. Ihre größten Triumphe aber feierte sie in Ostpreußen.

Die schon beachtlichen 22,8 Prozent bei der Reichstagswahl vom 14. September 1930, sie wurden nun mit 536 278 Stimmen (oder bisher für unmöglich gehaltenen 46,8 Prozent) mehr als verdoppelt.

Dieses Ergebnis wurde aber noch weit übertroffen durch die lokalen Auszählungen im südlichen Ermland und in Masuren – in Allenstein hatte es die NSDAP auf 53 Prozent gebracht, in Ortelsburg auf 67,5 Prozent. Doch selbst diese von keiner anderen Partei erreichten Zahlen wurden noch von denen aus Lyck in den Schatten gestellt – dort hatten 70,2 Prozent der Wähler ihr Kreuz hinter das Hakenkreuz gesetzt.

Obwohl Hitler dann bei der letzten freien Wahl, der zum 7. Deutschen Reichstag vom 6. November 1932, Stimmen an die Konservativen verlor und sein Anteil auf 39,5 Prozent sank, hielt sich im südlichen Ostpreußen der Pegel der Zustimmung auf kaum weniger hohem Niveau als im Sommer.

*

Nirgendwo hat die brisante Verknüpfung von sozialer Not mit dem Appell an das nationale Gemeinschaftsgefühl eine so explosive Wirkung gehabt wie unter den Masuren, dieser Grenzbevölkerung Ostpreußens. Aber um die Wellen so hochschlagen zu lassen, mußte noch einiges dazugekommen sein.
Eine diffuse ethnische und kulturelle Gemengelage in der Hoch-Zeit der Nationalismen, ein starker Wunsch nach Zugehörigkeit und ein tief sitzender, immer wieder suggerierter und von Germanisierungstendenzen nachhaltig genährter Minderwertigkeitskomplex samt seinen unvermeidlichen Folgeschäden – dieses brisante Kompositum erwies sich als ausnutzbar, als Wachs in den Händen einer Partei, deren politischer Radikalismus mit großer Energie eigene Stärke demonstrierte und gleichzeitig Ebenbürtigkeit innerhalb der »Volksgemeinschaft« für jedes ihrer Glieder verkündete. Darin dürfte einer der Schlüssel für den Triumph des Nationalsozialismus im südlichen Ostpreußen noch vor seiner staatlichen Herrschaft zu suchen sein.
Mich hat das auch deshalb berührt, weil in diesem fast klassischen Wechselspiel zwischen politischen Verführern und Verführten eine Warnung für uns liegt, für die Gegenwart im vereinten Deutschland mit seiner dauerhaft verfestigten Massenarbeitslosigkeit und der tiefen politischen und moralischen Orientierungslosigkeit.
Könnte die Situation nicht wieder dazu animieren, die eigene Person als politisch selbständiges Individuum aufzugeben, aus Ratlosigkeit und Resignation abermals jede Verantwortung von sich wegzudelegieren und – bei diesem Aggregatzustand nur ein »logischer« Schluß – auf den »starken Mann« zu hoffen – und ihn eben damit herbeizukonstruieren?
So unterschiedlich die historischen Ausgangspositionen zwischen damals und heute auch sein mögen, die Mechanismen der Demagogie sind immer und überall die gleichen. Es ist erschrek-

kend, wie geschickt die NSDAP seinerzeit, und nicht nur in Ostpreußen, auf diesem Gebiet gearbeitet hat, erschreckend aber auch, wie synchron Argumentation und Agitation der demokratiefeindlichen Rechten unserer Tage damit übereinstimmen.

Ich kann die Gesichter dieser entrückten, ganz und gar aus dem Häuschen geratenen Ermländer und Masuren nicht vergessen, die in Hitler ahnungslos ihrem Totengräber zujubelten, dem späteren Zerstörer ihrer Heimat und Verursacher von Flucht, Tod und Vertreibung. Die Parole weitsichtiger Demokraten und erklärter Nazigegner »Hitler bedeutet Krieg!« war die Sache dieser kleinen Leute und ihrer »buckligen Welt« (Lenz) nicht. Hinter den von Gläubigkeit und Hoffnung so unverstellt gestempelten Gesichtern wird gleichzeitig eine Not sichtbar, die unmittelbar unter der Haut gloste und sich nicht verbergen ließ. Ich entdeckte mich dabei, daß ich der Flut der Dokumente, die ich über diese Zeit vor der Reise und in Ostpreußen einsah, sine ira et studio begegnete, daß Schuldzuweisungen, Vorwürfe, Anklagen nicht verfingen – hier rollte in bestürzender Blindheit das Vorspiel einer unaufhaltsamen Tragödie ab, deren Akteure nicht nur Opfer fordern, sondern selbst die größten Schmerzen zu ertragen haben werden.

Irgendwo auf den langen Reisen, von denen das Buch kündet, ist meine so dauerhaft durchgehaltene These von der überdurchschnittlichen Anfälligkeit der Ostpreußen für den Nationalsozialismus dennoch auf der Strecke geblieben. Möglich, ja wahrscheinlich, daß, wie anderswo im östlichen Deutschland auch, die »Grenzlandgesinnung« einen um diese Nuance höheren Nationalismus gefördert hat und viele deutscher als deutsch sein wollten, besonders unter den Masuren (bei ihnen aus Gründen, die eher meine Teilnahme wecken).

Aber sonst dürfte dort nichts geschehen sein, was nicht auch anderswo im nationalsozialistischen Deutschland vorgekommen

wäre, im Guten wie im Bösen. Was, bei der ungleichen Gewichtung beider in jener Ära, deprimierend genug bleibt.
Von der Warte des historischen Rückblicks aus, der einen immer klüger sein läßt als zuvor, ist für mich der Tag der »Masurischen Offenbarung«, jener 19. April 1932, zum zweiten der verhängnisvollen Daten ostpreußischen Schicksals geworden. Bis zum dritten, endgültigen, wird es von da an dreizehn Jahre dauern.

Von schwerer Küche, Bartos und Charly

Quartier in Sawica (Sawitzer Mühle), Pension »Krystyna«.
Das Anwesen liegt an der Straße nach Nidzica, acht Kilometer westlich von Szczytno (Ortelsburg), und macht eigentlich schon den ganzen Ort aus. Wohl liegen jenseits der Straße, auf der anderen Seite zum See hin, noch ein paar Häuser, aber die scheinen eher Ferienunterkünfte zu sein. Gerechtfertigt als Träger eines Ortsnamens wird Sawica nur durch die Pension »Krystyna« - und diese wiederum beherrscht von Frau Krystyna, deren Vornamen sie trägt. In all den Monaten meiner Anwesenheit habe ich den Nachnamen nicht erfahren und wollte es auch nicht, er war überflüssig. Gewiß, da war noch der Mann von Frau Krystyna, ein angenehmer, leiser Mensch, seines Zeichens Arzt, und auch die drei Töchter waren da, hübsche Mädchen, zwei Teenager und ein Twen. Aber sie tauchten sozusagen nur am Rande auf, begrüßt und wieder davon, denn das Ruder hier hielt die Gattin und Mutter in der Hand: mittleren Alters, ausschließlich in Hosen, allgegenwärtig, deutschstämmig, von unerschöpflicher Lachlust und tief melancholisch - Frau Krystyna.
In Sawitzer Mühle hatten schon die Eltern gewohnt, ehe 1945 alles in Trümmer gegangen war, und das so gründlich, daß je-

der Gedanke, hier könnte jemals wieder ein Stein auf den anderen gesetzt werden, nur abwegig erschien. Man hatte dabei nicht an Frau Krystyna gedacht.
Besessen von der Idee, gegen alle Widerstände der Bürokratie, gegen notorische Geldknappheit, schwierige Kreditbedingungen und nicht zuletzt gegen die zähe Widerborstigkeit hiesiger Handwerker, in dieser Einsamkeit eine gediegene Unterkunft für zahlende Gäste zu schaffen, hatte Frau Krystyna sich noch tief in der Ära ausgesprochener Parteifeindschaft gegen privatwirtschaftliche Bestrebungen an die Arbeit gemacht.
Hatte den väterlichen Grund und Boden zurückerworben, mehrere Hektar von der Straße bis hinein in den Wald am Rande der weiten Fläche, hatte darauf das Haupthaus wieder errichtet mit Obergeschoß und Dacherkern, größer als ursprünglich, schmucklos, weiß und für die Dauer; hatte zur linken vom Portal den Pferdestall in ein Hexenhaus verwandelt mit Zimmern, die sich vorteilhaft von der gestanzten Egalität auch polnischer Touristenschuppen unterscheiden, insofern nichts genormt war, das Mobiliar zahlreiche Stile aufwies, die sanitären und hygienischen Einrichtungen manchmal aussetzten, ohne daß es je zu echten Katastrophen kam, und die würzige Waldluft ungehindert durch manches schwer zu schließende Fenster in den Raum einzudringen vermochte. Zwar konnten Gäste auch im Haupthaus untergebracht werden, aber das war ein Gedanke, den ich keine Sekunde auch nur erwogen habe. Der umgebaute Pferdestall, das Hexenhäuschen, war der Clou des Anwesens, Eß- und Aufenthaltsraum in einem, draußen von Birken und Tannen umstanden, drinnen an den Wänden behangen mit den Borstenfellen mehrerer kolossaler Wildschweine, neben mächtigen Geweihen, Zupfinstrumenten unbekannter Herkunft, alten Hausgerätschaften auf Simsen und Brettern, wie Plätteisen aus der Zeit Friedrichs I., König in Preußen, oder Petroleumlampen und Kerzenständern kaum geringeren Alters. Mittelpunkt

des Raumes aber, nein, das Herzstück des gesamten Anwesens überhaupt war – der Kamin!
Ein ebenerdiger Schlund, das Feuer genährt von kräftigen Scheiten, die in unerschöpflicher Menge nahebei gestapelt waren, mit eisernen Stocher- und Schürgeräten reichlich versorgt, prasselnd, funkenstiebend und gegen alle sonstigen Erfahrungen sogar wärmend in den noch kalten Frühlingsabenden – dank dieser Fusionen ist der Kamin in Frau Krystynas Hexenhäuschen zu Sawica so etwas wie das heimatliche Zentrum meines langen Aufenthaltes in Ostpreußen mit seinen wechselnden Domizilen geworden.
An Behagen dazu kommt, was die Gastgeberin auftischt, ein Speisezettel, der mich, den leidenschaftlichen Liebhaber deutscher Küche, Tag für Tag wieder in Entzücken versetzt: Gemüse, Kartoffeln, Fleisch, nicht zu vergessen die braunen Dickmachersoßen! Das alles reichlich, jedem Nachschlag gewachsen und mit schöner Regelmäßigkeit vervollständigt durch ein wabbelndes Dessert von meist grellem Rot oder Grün.
Allerdings – während ich in meinem kulinarischen Element förmlich schwelge, hat Barbara Barlog Schwierigkeiten, sich der deftigen, jedoch äußerst verführerischen Kochkunst Frau Krystynas ebenso hemmungslos hinzugeben, ein Konflikt, den sie mit Tapferkeit und Disziplin zugunsten ihrer bemerkenswert schlanken Linie austragen wird.
Aber es gibt noch andere Magneten als Kamin und Küche, die mich hier halten.
Da ist zuerst der See, dieser masurische See, der Jezioro Sawica, an den ich, über die Straße hinweg, allabendlich trete. Zwischen zwei riesigen Tannen die Sonne, um diese Stunde immer noch hoch, aber von den Wipfeln der gegenüberliegenden Waldwand schon gekitzelt; im Gegenlicht der Tanz unzähliger Insekten über dem Wasser, die Geschwader durchflitzt von flügelschlagenden Geschossen, Schwalben auf Beutefang; auf dem

Spiegel Seerosen, die sich langsam schließen; Schilfhalme, schlierenhaft, von winzigen Wellen optisch verworfen; das Konzert der Vogelstimmen, abends wie morgens, und das seit Äonen. In der Mitte flirrt die Oberfläche, bewegt durch Quellen, die den See unterirdisch speisen.

Und dann sind da die beiden Hundegeschöpfe auf Krystynas Boden, zum lebenden Inventar gehörig, von chaotischstem Bewegungstrieb, ohne jedes Zeitgefühl Tag und Nacht bellbereit, unentwegt ineinander verkeilt und mit unstillbarer Zärtlichkeitforderung an jedermann – die allseits getätschelten, grimmig verfluchten, freundlich gestreichelten und heftig verwünschten Terroristen *Bartos* und *Charly*!

Der Reihe nach: Bartos ist ein Dackel von schlangenhafter Geschmeidigkeit, der größere der beiden Kläffer, zu jeder Schandtat bereit, aber danach schwanzpeitschend von unverbrauchbarer, herandrängender Bettelkraft um Liebe und Zuwendung. Dies vor allem, wenn er wieder seiner Vorliebe gefrönt hat, nämlich Stoffe aller Art mit seinen scharfen Zähnen zu zernagen, seien es die herrlich ramponierten Sitzgelegenheiten vor dem Kamin, sei es die Mütze, der Schal oder die Handschuhe eines Gastes – Bartos stürzt sich besinnungslos darauf, reißt daran und heult mordlüstern auf, wenn er an der weiteren Zerstörung gehindert wird. Zur Räson gerufen, das manchmal auch durchaus schlagkräftig, versucht Bartos dann um so näher an die Strafperson heranzukriechen, je heftiger deren Schelte oder gar Schläge waren. Einmal, nachdem er einen meiner Pullover angefressen hatte und deshalb von mir schwer angeraunzt worden war, ruhte er, sich windend und wedelnd, nicht eher, bis ich ihm den Platz neben mir vor dem Kamin eingeräumt hatte, wo er alsbald in seinen ebenso berüchtigten wie gliederzuckenden Tiefschlaf fiel. Mit anderen Worten: Im Vertrauen, daß ich ihn Morpheus' Armen nicht brutal entreißen würde, zwang Bartos mich also, bei ihm schläfrigen, aber offenen Auges so lange auszuharren, bis er weit nach Mitternacht geruhte, aufzuwachen, mich mißtrauisch zu beäugen und unter dem undankbarsten Protestgebell der Welt davonzujagen. Das ist Bartos, der zudem noch scheußlich aussieht.

Charly dagegen ist eine weichfellige Promenadenmischung dunkelster Herkunft, langwimperig über schmelzenden Augensternen, noch liebesbegieriger als sein Dackelkumpan und, obwohl Rüde, von geradezu weiblicher Hingabe - zunächst. Denn nur allzubald bricht auch in Charly der Anarchist durch, und das motiviert ihn zu einem Gebaren, das ihm ein ständig schlechtes Gewissen suggerieren muß. Sonst jedenfalls wäre es nicht zu erklären, daß er um jede Person, die als Strafinstanz in Frage käme, laut kläffend einen Bogen macht. Was nichts anderes beweist, als daß ihm ein ungetrübter Hundeinstinkt erhalten geblieben ist, der ihm signalisiert: Es gibt gewisse Stunden, in denen auch das friedvollste Gemüt ihm liebend gern den Hals umdrehen würde. Scheint Charly doch von einem unstillbaren Ehrgeiz gepackt zu sein, dem ersten Hahnenschrei allmorgendlich wieder mit einer eigenen Jaulouvertüre zuvorzukommen.

Dergestalt in krassester Selbstüberschätzung den Anschein von zwei Hauptfiguren auf dem Terrain der Pension »Krystyna« erweckend, hat das ulkige Duo doch weit zurückzutreten hinter jenem weißen Hundetraum, der da nach Einbruch der Dunkelheit aus seiner Hütte herausgelassen und alsbald die Szene bis zum frühen Morgen auf vier mächtigen Samtpfoten majestätisch grollend beherrschen wird, ein ungarischer Hirtenhund, das besonders schöne Exemplar eines Kuvasz namens *Joy* (was auf englisch bekanntlich - wie zutreffend! - *Freude* heißt).

Oft, wenn ich spätabends oder nachts aus meinem Zimmer im ersten Stock des Hexenhäuschens auf die gefährlich knarrende, sehr nachgiebige Holzterrasse trete, sehe ich die helle Fellwolke lautlos dahingleiten, stehenbleiben, zu mir hinlugen und mit einem kurzen, gutmütigen »Wuff!« weitereilen.

Realistin, die sie ungeachtet ihrer hochromantischen Natur ist, gibt sich Frau Krystyna nach eigener Bekundung keiner Täuschung hin, daß ihre Hunde im Falle eines Falles je etwas anderes tun würden, als einem Einbrecher, oder einem Bösewicht mit ähnlichen Absichten, freundlich die Hände zu lecken. Lediglich die Abwesenheit jeglicher Kriminalität in Sawica und Umgebung hat bisher verhindert, daß sich Joy, Bartos und Charly als das entlarvt haben, was sie sind und was eben alle drei so ungeheuer sympathisch macht: Hunde, die zwar bellen, aber nicht beißen.

*

Das Anrührende hier ist eine Improvisation, die überall spürbar ist – von dem scheunenartigen, noch an den alten Pferdestall erinnernden Verschlag, aus dem die Scheite für den Kamin geholt werden, über die mürbe Hollywoodschaukel und die verblichenen Gartenmöbel bis hin zur Extralampe in meinem Zimmer, ohne die ich hier nicht lesen könnte. Man merkt an allem, daß die Mittel beschränkt waren und sind. Das gilt auch für das bemooste Boot, das drüben am Seeufer angetäut ist und das, wie alles hier, unweigerlich zu der Assoziation führt, wie die Pension »Krystyna« wohl nach westlichem Standard aussehen würde, wenn er hier möglich gewesen wäre. Darüber erschrecke ich, spüre, daß das den Verlust von Originalität, von Ursprünglichkeit bedeuten würde, und möchte doch, daß es über die lange Aufbaustrecke leichter gewesen wäre und es weniger Dauersorgen um Elementares gegeben hätte und geben würde. Aber gerade dahinter wird die zähe Leistung sichtbar, eine Unbeirrbarkeit, die auf praktischer Hoffnung beruht, eine arbeitende Unentwegtheit auch, die eine lange Strecke vor sich weiß. Pension »Krystyna«, das ist wie ein Gleichnis für das ganze Land – zwischen gestern und morgen, nach wie vor im Zustand der

Fluktuation, regsam und in Erwartung, und die Gegenwart überdeckt von jener Melancholie, die für mich wie ein Schleier über allem liegt. Auch dort liegt, wo gelacht und sich gefreut wird, wo die ganze Normalität eines Alltags waltet, dem Wehleidigkeit fremd ist - auch dort.

Ich bin gern hier.

Unangefochten von den wechselnden Gästen, bin ich zum Majordomus des Kamins geworden, sitze nach getaner Arbeit stundenlang davor, starre in die Flammen, lege Holz nach, weiß inzwischen die verschiedenen Gerätschaften zu bedienen, Schaufel, Haken und Spitzeisen, und bleibe, bis alles zu Asche zerfallen und Mitternacht oft schon lange vorbei ist.

Danach dann, oben auf dem Balkon, herrscht eine Stille, die akustisch und optisch zugleich ist - der Scherenschnitt der Baumkronen ringsum gehört dazu und manchmal, wie eine übertriebene Zugabe und trotz seiner Ferne eingeschlossen, auch der große Schweiger da oben, der Mond.

Ich habe das noch nirgendwo so empfunden und diese Stille deshalb »die ostpreußische« genannt.

Unterwegs (1)

Von Olsztyn nach Szczytno.

Hinter einem Stein aus alter Zeit, der einmal die Grenze zwischen dem Ermland und Masuren markiert hat, parke ich den Wagen am Rande eines Nebenweges, gehe ein Stück zurück bis zu einer Brücke, beuge mich über die kalte Brüstung. Drunten fließt es, ruhig, doch kräftig genug, daß das Heer von Insekten auf der Wasserhaut mit kapillarfeinen Beinstelzen zitternd gegen die Strömung ankämpfen muß.

Das Nachmittagslicht streichelt von Westen her hell über den Fluß, in dessen Spiegelung sich die ufernahen Bäume filigran bewegen. Manche Stämme sind gekippt, ragen aus vermodertem Gestrüpp mit abgebrochenen, aber immer noch mächtigen Zweigen krokodilhaft über die Wasserfläche hin, wollen nicht ganz stürzen, wollen nicht ersaufen, wehren sich zäh gegen die Schwerkraft. Darunter ein Baumriese, mit den Wurzeln noch im morastigen Boden, aber schon in hoffnungslosem Fallwinkel, ein bizarrer Holzschrat. Sein bemooster Stamm schimmert auf der himmelwärts gerichteten Seite in der Frühlingssonne wie der Silberrücken eines Gorillabullen.

In der Luft, bodennah, vielflügelig, falterhaft schwirrend und von augenschmerzendem Stahlblau: Libellen.

Ich gehe seitab in den Mischwald hinein – Birken, hochschießende Fichten, die Laubbäume noch in ihren jahreszeitlichen Jungfarben. Eine besonnte Lichtung, wic ein blumenbestandenes Auge im Wipfelmeer. Es ist windstill, und wenn die Drossel in der Nähe zu singen aufhört, ist rings nichts zu vernehmen als jenes gleichbleibende Rauschen, dessen Ursprung geheimnisvoll bleibt, und meine Schritte, die mich immer tiefer in seine Lautlosigkeit führen.

Farnteppiche, haushohe Eichen, schwankende Gräser, Myriaden von Blattsilhouetten, jede klar abgezeichnet gegen den grellen Himmel.

Überall verrottete Waldmaterie einstiger Baumgebirge, längst zerfallen, zerbröselt, gestürzt aus Altersgründen, aber die Gegenwart noch nährend mit ihren Stoffen – menschenferne, unberührte Vegetation. Hier hat Äonen lang nichts regiert als eine sich selbst überlassene Natur.

Wie lange noch?

Da ist sie wieder, angesichts dieser atemberaubenden Unversehrtheit, *die* Frage, die sich hier wie von ganz allein jedermann mit den Erfahrungen unserer Umweltzerstörungen allgegenwärtig und bedrängerisch stellt: Wie lange noch?

Von Lidzbark Warmiński nach Dobre Miasto (Guttstadt).
Etwa auf der Mitte zwischen den beiden ermländischen Städten steige ich aus, trete aus dem Schatten einer Phalanx wuchernder Laubbäume in ein kniehohes, sanft schaukelndes Weizenfeld, kehre mich um und stehe vor einem der verbliebenen Wunder dieser Erde - den Alleen Ostpreußens!
Wahre Dome von Grün sind das, einer immer prächtiger als der andere, inflationär durch alle Landschaften gezogen, ihre Wirbelsäulen und Arterien zugleich, kreuz und quer, zu Hunderten, ja zu Tausenden, ohne daß dadurch je auch nur ein Molekül ihres Reizes verlorengegangen wäre - Linden, Platanen, Eschen, Ahorne, Tunnels aus Chlorophyll, oben oft so dicht, daß Himmel und Sonne verdunkelt werden.
Vergebens habe ich geforscht, wer diese in der Kutschenzeit, also lange vor der Knatterära des Ottomotors gepflanzten und mit den wechselnden Jahreszeiten changierenden Prachtstraßen angelegt hat, wann das geschah und warum. War ihre Höhe nötig, um in den schneereichen Wintern die Orientierung zu behalten? Oder ihr Netz über die Jahrhunderte hin organisch gewachsen aus wirtschaftlicher Notwendigkeit und dem menschlichen Hang zu nachbarlich-geselligem Umgang? Hatte letztlich gar militärisches Kalkül Pate gestanden, um Trassen zu legen für raschere Truppenbewegungen? Und wer, schließlich, hatte die jeweiligen Baumarten verfügt?
Wie auch immer die Antworten ausfallen mögen, sie verlören jede Bedeutung vor meiner Unfähigkeit, mich an den aufgereihten Baummajestäten sattsehen zu können.
Von hier, dem höchsten Punkt der Chaussee, geht der Blick über das ansteigende Weizenfeld hinweg auf eine Topographie, deren Milde und Sanftheit leuchten - Ermland. Große Flächen, auf denen Rinder weiden; Teichaugen; grün und gelb durchsetzte Weite; Waldtupfer, größere und kleinere; im Korn, flammend, Roter Mohn und vor mir, zum Greifen nahe, windhauch-

bewegt, eine jugendliche Esche - auf ein Menschenleben übertragen, rechne ich nach, wohl eben gerade eingeschult.

Von Elbląg nach Nowa Karczma (Neukrug).
Bei strahlendem Sonnenschein auf die Frische Nehrung, die Mierzeja Wiślana, und nördlich von Oktjabrskoje, dem alten Liep, an den Strand - auf der Zunge ein herrliches Aroma.
Die Ostsee, draußen - matter Samt. Hier vorn, wo die Wellen den Sand berühren - Muscheln, Glassplitter und die hin und her schwappende Spur einer kolossalen Ölverschmutzung.
Wie zum Trost, parallel zur Küste, eine Kette von Schwänen, zehn hintereinander, wie nach Alter abgestuft, schneeig, in schnurgerader Kiellinie und unbeschreiblich souverän.
Ein junges Paar schiebt mühsam und lachend einen Kinderwagen durch den Sand. Kiefern auf einem dünenartigen Naturdamm. In der Nähe, alles verschandelnd, ein Turm, an dem sich von außen eine Wendeltreppe hochschraubt, vor noch nicht langer Zeit auch in Polen noch das Symbol des realsozialistischen Mißtrauens sowohl zu Wasser als auch zu Lande, inzwischen aber längst unbesetzt.
Über die erstaunlich schmale Nehrung hinweg auf ihre andere, südliche Seite, ans Frische Haff.
Ich gehe von der Straße durch ein Gebiet mit Urwaldcharakter ans Ufer. Mittagsdunst. In einiger Entfernung, zur Linken, nur eine Handbreit getrennt von der russischen Grenze, Nowa Karczma. Vor mir, spiegelglatt, das Haff. In der Luft, noch unter Bäumen, unheilvolles Insektengesumm, dumpf wie Hornissendrohung. Am Wasser wird es leiser, aber die Mücken folgen aus dem Dickicht.
Hier vorn Baumleichen, vollgesogen und aufgeschwemmt wie verweste Leiber. Schilf, Reet, üppig und dicht. Zwei große Seevögel streichen in der Mitte zwischen Nehrung und Festland übers Haff dahin, sehr niedrig und in millimetergenau verblei-

bender Formation. Jenseits, am anderen Ufer, sticht ein Kirchturm hoch. Da liegt Frombork, liegt Tolkmicko.
Diesseits wieder ganz der Eindruck von Unberührtheit, Abgeschlossenheit - ein erhaltenes Naturparadies.

Von Szczytno nach Pasym (Passenheim).
Rechts eingebogen auf Kopfsteinpflaster, eineinhalb Kilometer Radgehüpfe, und dann liegt er da in seiner ganzen nassen Schönheit - Jezioro Leleskie, der Lehlesker See.
Es weht. Hier vorn ein Schilfgürtel, auf der anderen Seite der glitzernden Fläche, rechts herüber, eine Waldkugel, noch weiter die Spitze des Kirchturms von Pasym. Möwen, wie überall, wo Wasser ist.
In der Mitte des Sees ein Boot mit zwei kleinen Jungen, die paddeln und so aufgeregt miteinander reden, daß der leichte Kahn schwankt.
Durch das Dorf zurück. Kläffende Hunde, mit Wäsche behangene Leinen, keine Menschenseele zu sehen. Aber wohlbestellter Anbau von Zuckerrüben, Kartoffeln, Weißkohl, Roten Beten.
Dann, wieder auf der Straße, nun schon gegen Abend, noch einmal der See - ein tiefblauer Saphir.
Wie hält man es aus, eine Heimat wie diese verlassen zu müssen, ohne daß einem das Herz bricht?

Von Jedwabno nach Olsztynek.
Auf halber Strecke zwischen Abfahrt und Ankunft, ein Verbotsschild nicht achtend - »Naturschutzgebiet: kein Feuer, keine Verschmutzung, kein Lärm«, aber durchaus willens, seinen Forderungen zu folgen, geht es durch den Wald. Der Pfad ist schmal und, entgegen den bisherigen Erfahrungen auf abseitigen Waldnebenwegen, mit fester Decke versehen. Wieso?
Der Entschluß zum Gesetzesbruch jedenfalls lohnt sich - Fich-

ten, Fichten, nichts als Fichten. Aber nicht irgendwelche, sondern Stämme von wunderbarem Rotbraun, bis zu dreißig Meter hoch, steil und makellos gerade. Alle Fichten des Erdballs sind hier zusammen, Millionen Masten, die für sämtliche Zeitalter der Segelschiffahrt gereicht hätten, von der Antike bis zu den Auslaufmodellen noch tief hinein in die Epoche des Schraubenantriebs.

Von dem befestigten Pfad her, der auf und ab führt, wird rechts, je nach Höhe der Fahrbahn, eine weite Wasserfläche sichtbar, verschwindet wieder, taucht abermals auf und gibt hier, in ihrem ufernahen Vorfeld, ein unglaubliches Bild frei. Wuchernde Vegetation aus brackiger Brühe, ragende Baumstümpfe, andere, deren Wurzeln sich oberhalb des Spiegels teilen und mit langen Greifarmen unter ihm eintauchen; überall lianenhaftes Geschlinge, wie erstarrte Riesenschlangen: ein Mangrovenwald des Nordens! So, aus solchen Sumpfmoorwäldern, muß in einem Zersetzungsprozeß über ganze Erdzeitalter hin Kohle enstanden sein!

Hier präsentiert sich, unglaublich selbst für ausufernde Phantasien, eine Tertiärlandschaft von grandioser Morbidität, zugrunde gegangen an der eigenen Fäulnis und schon wie tot - bis ein Schwanenpaar mit vier noch sehr kleinen Jungen in die gespenstische Szene einschwebt und die Ruhestörung mit ungnädigen Knurrlauten kommentiert. Jetzt erst merkt man, daß es hier nur so von Leben wimmelt, von Vögeln, Insekten, Fischen, gar nicht zu reden von der unsichtbaren Fauna des verzauberten Biotops.

Es entpuppt sich als eine Art dschungelhafter Aue am Rande des Jezioro Łańskie (Lansker See), der sich nach wenigen Kilometern vor einem ausbreitet - und dann auch das Geheimnis des befestigten Waldnebenweges preisgibt.

Wie ein profanes Tadsch Mahal thront am westlichen Ufer des Sees ein schloßähnliches Gebäude, aus der Ferne weiß, aber näher herangekommen eher schmuddelig - das Hotel »Kormoran«. Bis zur Wende in Polen war es ein Refugium der herrschenden Klasse in Staat und Gesellschaft gewesen, der Nomenklatura. Die äußeren Spuren hermetischer Abschließung - Zäune, Wachthäuschen, Sperren - sind bis heute noch nicht völlig beseitigt, wenn auch seit Jahren durch die Demokratisierung außer Kraft gesetzt.

Seit einiger Zeit eine Touristenherberge der gehobeneren Klasse, würde man jetzt vergeblich an die Pforten des »Kormoran« klopfen - die Saison hat noch nicht begonnen.

Zwar herrlich gelegen an der Landenge zwischen dem Jezioro Łańskie und dem Jezioro Pluszne (Plautziger See), doch öde, leer und wie von seiner beschämenden Vergangenheit immer noch stigmatisiert, bietet es einen trostlosen Anblick. Der Gewinn des Tages aber war das Erlebnis des »Mangrovenwaldes« mitten im Herzen des alten Ostpreußen.

Von Kaliningrad nach Znamiensk (Wehlau).

Station in Gwardiejsk (Tapiau).

Ich stehe auf der alten Brücke (es gibt auch eine neue, stählerne). Hier gut 150 Meter breit, von Süden aus der Prjegolja (Pregel) fließend, verliert sich die Deime nach Norden in Wiesen und Feldern.

Unten, am westlichen Ufer, drei Angler, über dem östlichen, hinter mir, die Burg, erbaut zwischen 1280 und 1290, Komturei seit 1297, zum erstenmal urkundlich erwähnt 1450 – das bringe ich immerhin an Geschichtskenntnissen mit. Und natürlich, daß Tapiau der Ort war, wo der Maler Lovis Corinth 1858 geboren wurde (gestorben ist er dann allerdings in Holland, 1925).

In unablässiger Folge donnern russische Lastwagen, Veteranen, über die alte Straße nach Königsberg. Ich habe oberhalb von ihr Position bezogen, neben einem Friedhof, der von einem Metallzaun umzogen wird und über dessen Gräbern kein einziges Kreuz angebracht ist.

Die Sicht von hier ist unbeschränkt.

Unten, auf der hektisch befahrenen Chaussee, deren Asphalt bei der Einfahrt in die Stadt von Kopfsteinpflaster abgelöst wird, macht sich jetzt eine Kuhherde breit, zerfasert dann und blockiert furchtlos und vollständig den Verkehr. Ein Tier schert aus und beginnt, aus einer Pfütze zu saufen. Obschon es überraschenderweise (und ganz sicher in starkem Gegensatz zu den Reaktionen in Deutschland bei gleicher Situation) zu keinerlei Hupkonzert kommt, sondern die Lkw-Schlange auf beiden Seiten geduldig länger und länger wird, schlägt der Hirte immer verzweifelter auf die eigenwillige Herde ein, aber nur, um seine Lage noch zu verschlechtern. Dabei läßt er Kaskaden von Flüchen los, deren Wiederholung auch dem auffallen muß, der keiner Silbe Russisch mächtig wäre. Er brüllt so markerschütternd, daß es bis hier oben zu verstehen ist, und in Barbaras Übersetzung lautet es: »Warum tut ihr verdammten Viecher mir das an? Warum wollt ihr verdammten Viecher denn nicht nach Hause? Warum nicht, ihr verdammten Viecher?«
Schließlich wollen sie doch, wenngleich aus freien Stücken. Die Herde sammelt sich, trottet aufs Feld neben der Straße und gibt sie endlich frei.
Erst jetzt, nach diesem Abgang, wird drunten durch Beschilderung sichtbar, in welcher Ecke Europas man sich hier befindet: Riga 342 km, Wilna 305 km, Minsk 522 km …
Mainachmittag in Gwardiejsk.

Dann wär' unser Ostpreußen noch so schön, wie es einmal war

Wie zwei Schlüsselwörter entstanden

Das Haus fällt sofort jedem auf, der durch die Ulica Knosały im Herzen von Olsztyn geht oder fährt. Es zeigt die Farben Weiß, Grau und ein potthäßliches Grün. Sonst hat es mit seinen drei dicken Säulen unter dem Balkonvorbau des ersten Stocks, den vier Dacherkern, davon drei aus Holz, und der stuckziselierten, aber verschlossenen Fronttür den Charme einer unbestimmbaren Bauästhetik, die längst jenseits von Gut und Böse ist.

Durch ein dekoratives Metalltor geht es zur Hinterfront, dort ist der Eingang. Eine Treppe hoch, und man befindet sich im Büro der »Allensteiner Gesellschaft Deutscher Minderheit«. Erster Eindruck: Hier scheint ein ganz bestimmtes Klima zu herrschen. Er wird weniger hervorgerufen durch die Wandkarte Ostpreußens in den Grenzen vor 1945, sondern vielmehr durch Anschläge an einer Tafel wie »Deutscher Freundschaftskreis«, »Alte Kameraden«. Ritterkreuze mit Eichenlaub, aber ohne Hakenkreuz, Ehrenchroniken. Formulare für die Mitgliedschaft, mit Fragebogen: »Teilnahme am Krieg '39 bis '45 ...; Truppenteil ...; ins Feld gerückt am ...; mitgemachte Schlachten und Gefechte ...; Beförderungen, Auszeichnungen ...; Entlassung aus der Wehrmacht ...; Gefangenschaft seit ...; Heimkehr am ...«

Wehrmacht und Krieg – die heiligen Kühe?

Im zweiten Stock befindet sich ein kleines Museum. Altpreußische Monatsschriften neben alten Bügeleisen, Hirschgeweihe neben preußischen Spezialblättern, darin die Kunde, daß »Hauptmann von Knobelsdorff, Landsturmbataillon Allenstein«, 1914 von einem Russen erschossen worden sei. Weiter: Amtliche Entfernungskarten – Sensburg-Lötzen, Lötzen-Lyck, Lyck-Osterode; Plakate der Volksabstimmung von 1920: »Bedenke, daß du ein Deutscher bist, laß dich nicht von den Polen belügen«; Anschläge der Wehrmacht: »Meuchelmörder und Freischärler werden mit dem Tode bestraft« und »Der Ausschank von Schnaps ist verboten«.

Vom Balkon ein Blick auf die alte Kathedrale des ermländisch-katholischen Allenstein und das Kupferdach des heutigen Rathauses. Unten auf der Straße ein Verkehr, der sich in seiner Dichte von dem westeuropäischer Städte in nichts unterscheidet.

Auf demselben Stockwerk befindet sich die Bibliothek, mit 2400 Büchern, und das »Wissenschaftliche Zentrum zur Erforschung der Geschichte des Ermlandes und der Masuren«, beginnend mit dem achten und neunten Jahrhundert, 1965 von acht Historikern und vier Soziologen gegründet. In die Studien des Zentrums einbegriffen ist die rechtliche Lage der Deutschen in der Nachkriegszeit, mit der es nicht gut ausgesehen hat wie mit der Arbeit des Zentrums auch. Bis in die achtziger Jahre lag der Schwerpunkt der Forschung auf dem polnischen Ursprung, ohne die Belange der deutschen Seite zu berücksichtigen, bis dahin wurde mehr oder weniger vorgeschrieben, was gesagt werden durfte oder nicht. Das ist nun anders, die Forschung freier, und sie erstreckt sich auf ganz Ostpreußen.

Der mir all das souffliert, ist ein Mann von eher unscheinbarem Äußerem – korrekter Anzug, Schlips und Kragen, das Haupthaar vorn gelichtet, aber die Augen darunter kreisend, wach und von unaufhörlicher Aufmerksamkeit. Hier seinen Sekretärinnen Anweisungen gebend, dort mit den ein und aus gehenden Besuchern beschäftigt, gleichzeitig schon den Telefonhörer für das nächste Gespräch in der Hand – so lerne ich Walter Angrik kennen.

Seine Begrüßung des lange vorher angekündigten Besuchers war freundlich, obwohl er mir sofort verriet, daß er aus Deutschland vor mir gewarnt worden sei: als einem »schlimmen Linken«, der nur Übles im Schilde führen könne mit seiner Absicht, ein Buch über Ostpreußen zu schreiben. Mein Aufnahmegerät vermerkt dazu folgenden Dialog: »Stimmt das?«

»Ja, ich will ein Buch über Ostpreußen schreiben.«

»Nein, ich meine, ob Sie Übles im Schilde führen?«

»Urteilen Sie selbst, wenn Sie das Buch gelesen haben.«

»Schicken Sie es mir?«

»Wenn Sie mir vertrauen, sind Sie der erste, der es bekommen wird.«

Walter Angrik scheint das zu tun – ich kann an einem internen Ereignis teilnehmen, das für diesen Tag geplant ist. Es treffen sich hier Vertreter deutschstämmiger Organisationen, um über die Gründung eines »Dachverbandes West- und Ostpreußen« zu beraten und abzustimmen.

Bis zehn Uhr sind sie eingetroffen, ich will über zwanzig Personen gesehen haben, die weitaus meisten von ihnen Männer. Versammelt wird sich in einem schmalen Raum des mittleren Stockwerks, in dem ein langer Tisch mit Stühlen steht. An der Hinterwand prangt eine schwarz-rot-goldene Fahne mit dem Spruch »Der Heimat verpflichtet«, darunter der Wimpel des Bundesinnenministeriums, das Weißblau des »Patenlandes« Bayern und daneben ein hölzernes Relief des Stadtheiligen Jakobus.

Es geht um die organisatorische Zusammenlegung der westpreußischen Verbände von Gdańsk (Danzig), Toruń, Elbląg mit den ostpreußischen. Ich zähle jetzt genau 27 Anwesende, darunter Walter Angrik, Vorsitzender der Allensteiner Gesellschaft Deutscher Minderheit, Leiter der Versammlung und Kandidat

für den Vorsitz des Dachverbandes West- und Ostpreußen – wenn der denn heute zustande käme.
Die Zusammenlegung ist umstritten, es herrscht keineswegs Einigkeit, weder hier am Tisch noch draußen. Briefliche Gegenstimmen werden vorgelesen, auch ein Telegramm, aus Morąg (Mohrungen): »Dem Dachverband nicht beitreten. Selbständigkeit ostpreußischer Vereine unbedingt erhalten.« Dann geschieht etwas, worauf ich nicht vorbereitet bin.
Immer häufiger muß Barbara Barlog mir simultan übersetzen, denn je länger die Debatte dauert, desto weniger wird deutsch gesprochen. Schließlich, nach etwa einer Stunde, nur noch polnisch. Einer der Teilnehmer war aufgestanden und hatte darum gebeten.
Ich bin zum erstenmal in solchem Kreis, höre zu und muß erst fertig werden mit dem befremdlichen Paradoxon, das sich hier dem Gast aus Deutschland auftut. Gleichzeitig weiß ich, wie falsch dieses spontane Befremden darüber war, daß hier nicht jeder mehr seiner Muttersprache mächtig ist. Was sich zeigt, ist das natürliche Resultat einer Politik, die von 1945 bis zur Wende des Jahres 1989 die Probleme von Minderheiten, und keineswegs nur der deutschen, nicht nur nicht beachtet, sondern auch ihre Existenz schlechthin geleugnet hatte. Obschon sich seit einigen Jahren ganz offensichtlich ein gewisser Spielraum für die Deutschstämmigen aufgetan hat, wird klar, daß in so kurzer Zeit nicht aufzuholen ist, was in Jahrzehnten zuvor beeinträchtigt oder gar gelöscht worden war.
So nahe damit konfrontiert, spüre ich, wie ein schwer zu beschreibendes Gefühl in mir hochkommt, der Wunsch, solche Schicksale zu begreifen, um dann damit doch aufgrund seiner Ferne, seiner Unerlebtheit Schwierigkeiten zu haben. Aber ich will verstehen lernen, gerade meiner ganz anders verlaufenen Biographie wegen.
Mit Ausnahme einer Gruppe Jugendlicher aus Elbląg sind die

meisten der Anwesenden zwischen 50 und 55 Jahre alt, die wenigen Frauen eingeschlossen. Um das Jahr 1940 geboren, waren sie am Ende des Zweiten Weltkrieges Kinder, also historisch, politisch, moralisch, de jure und de facto ohne jede Schuld. Und doch haben sie büßen müssen, mehr, weit mehr als andere. Wem geben sie die Verantwortung dafür? Allein den Polen? Oder auch den Generationen der Eltern und Großeltern, dem nationalsozialistischen Deutschland und seiner militärischen Aggression in einem Weltkrieg, deren erstes Opfer Polen wurde? Das herauszubekommen wird zu meinen Aufgaben als Autor eines Buches über Ostpreußen zählen.

Ich weiß nicht, ob unter diesen Männern und Frauen Revisionisten, ja vielleicht sogar Revanchisten sind. Eine tiefere Differenzierung unter den Deutschstämmigen war mir noch nicht möglich gewesen. Was ich bisher gehört und erlebt habe, auch, was hier bis zur Mittagsstunde gesagt worden ist, zeugt nicht davon. Da will ein verstohlenes Solidaritätsempfinden in mir hochkommen, das nicht nach außen treten darf, weil es so leicht mißverstanden werden könnte. Aber vorhanden ist es.

Vor mir sitzt ein Menschenschlag, den es in Deutschland nicht mehr gibt, auch unter der ländlichen Bevölkerung nicht. Ihm haftet etwas Altmodisches an, etwas, das sie trennt vom Durchschnittsbürger oder der Durchschnittsbürgerin, wie sie im Westen aussehen, wie sie sich geben und reden in Düsseldorf, Augsburg, Berlin. Das betrifft übrigens nicht nur die Älteren, sondern auch die Jungen, die gekommen sind.

Dabei macht den Unterschied nicht so sehr die Sprache, wenn sie sich auf deutsch unterhalten, auch nicht ihr in meinen Ohren harter Akzent, nicht einmal die Kleidung, die sehr wohl und auf den ersten Blick schon einfacher ist. Der Eindruck von Verschiedenheit entsteht vielmehr durch bestimmte Signale, wie sie Menschen von sich geben, die lange in Abgeschlossenheit gelebt haben, mit ängstlich kontrollierten Gefühlen in sich und

mit Hemmungen, sich frei zu bewegen und zu reden. Einheimische – ja, aber in empfundener Isolation; in der Heimat – ja, und doch auch wieder nicht. Es sind lauter Biographien ungeschriebener, aber faktischer Ausgrenzungen, die ganz sicher oft durch eigenes Zutun noch vertieft werden (unwillkürlich wollen sich mir Parallelen zu Erfahrungen mit Bürgern und Bürgerinnen der ehemaligen DDR aufdrängen). Ich fühle mich davon berührt, empfinde die Umgebung vertrauter, als es dem kurzen Zeitmaß meiner Anwesenheit entspricht.
Es ist die Aura der Sieglinde H., die hier die Menschen beider Geschlechter umgibt, etwas ungreifbar Atmosphärisches, von ihnen selbst vielleicht gar nicht so empfunden, doch deutlich spürbar für den, der von draußen kommt und sich damit einlassen will, um zu begreifen. Und plötzlich finde ich das Schlüsselwort, das erste von zweien, die mir dieser Tag bescheren wird. Was es ausdrückt, ist mir von Anfang an in Ostpreußen begegnet, variierend in den Alltag integriert, eine Grundstimmung, die sich mir hier in diesen deutschstämmigen Männern und Frauen nur noch einmal personifiziert, sich aber nicht auf sie beschränkt – Melancholie! Ich reise durch ein *melancholisches* Land.

*

Die Debatte zieht sich bis weit in den Nachmittag hinein und bringt mir einige Kenntnisse über das Netz der deutschstämmigen Organisationen und Verbände.
Nach der polnischen Wende von 1989 sind sie buchstäblich wie Pilze aus dem Boden geschossen. Neben der Allensteiner Gesellschaft Deutscher Minderheit mit ihrer rasch von 140 auf fast 4 000 hochgeschossenen Mitgliederzahl sind es in der näheren Region Ortsvereine mit so klingenden Namen wie »Bärentatze« (Mrągowo), »Tanne« (Ostróda), »Elch« und »Wurzel« (Olsztyn)

oder einfach »Kulturelle Gesellschaft der deutschen Heimat« (Szczytno). Allein Olsztyn zählt mehrere solcher Organisationen, im ganzen Ermland und in Masuren sind es weit über hundert, darunter kleine und kleinste. Die Zahl der Mitglieder in all diesen Verbänden auf dem polnischen Territorium Ostpreußens wird mit 15 000, die Gesamtzahl der Deutschstämmigen mit geschätzten 25 000 angegeben.

Dabei gibt es keinen Gegenstand, das ist auch in der Debatte um den Dachverband West- und Ostpreußen rasch heraus, wegen dem es nicht immer wieder zu Rivalitäten, zu Streitigkeiten und Eifersüchteleien zwischen den verschiedenen Verbänden und ihren Vorständen kommt. Vieles war von Anfang an unklar und ist es geblieben, zum Beispiel: Sollen in den Vereinen nur Deutschstämmige Mitglieder werden? Gilt das auch für die Angehörigen der zahlreichen deutsch-polnischen Mischehen? Können auch Polen Mitglieder werden?

Doch die beiden Haupthürden sind – Geld und die deutsche Sprache. Beide sind lebenswichtig, existenzentscheidend und vollständig miteinander verknüpft. Es geht dabei um geeignete Räume, um Lehrkräfte und ihre Bezahlung, um Bücher, Sprachkassetten, Schreibmaschinen, Kopiergeräte. Das alles muß bezahlt werden, und die Mittel können nur von außen, nur von Deutschland kommen.

Obwohl es heute um die Gründung des Dachverbandes geht, ist die Rede immer wieder von Geld. Ein Betrag von 60 000 Mark geistert im Raume herum, und wie die Summe verteilt werden soll. Walter Angrik ruft in das Stimmengewirr: »Ihr seht, wie wichtig der Dachverband ist. Der kann dann entscheiden, wie die Summe verteilt wird.«

Er hat sich inzwischen mit einer programmatischen Rede als Kandidat für den Dachverband-Vorsitz vorgestellt: Menschen, die zwei Sprachen beherrschen, seien die besten Baumeister für Brücken zwischen zwei Völkern, dem deutschen und dem

polnischen, auch wenn eine wirkliche Verständigung erst in der nächsten Generation möglich sein wird, in einer Zukunft, die Europa heißt. Gute Kontakte zu allen Seiten, aber von keiner, weder von der polnischen noch von der deutschen, sich zu etwas zwingen lassen, was nicht erwünscht ist. Selbständigkeit! Und zwar auch den Landsmannschaften in Deutschland gegenüber. Allein auf sich gestellt, käme hier niemand weiter, deshalb Hilfe ja, aber nicht auf der Basis: »Ich gebe dir fünfzig Mark, und du mußt dafür das und das tun.«
Während der Rede fällt Walter Angrik von einem Idiom ins andere, mal spricht er polnisch, mal deutsch, dies mit Fehlern, wenn auch seltenen. Rhetorisches Talent hat er nicht, aber er tritt sicher auf, tatkräftig, ein Mann, der seinen Standpunkt fest verteidigt. Und das tut seine Wirkung, verfehlt seinen Eindruck nicht.
Es hat im Verlauf des Tages erheblichen Widerstand gegen Walter Angriks Nominierung zum Vorsitzenden des Dachverbandes West- und Ostpreußen gegeben, vor allem seine Forderung nach Selbständigkeit gegenüber den Vertriebenverbänden und ihrer Führung hatte ihm, neben Zustimmung, auch Kritik eingebracht. Als dann vorabgestimmt wird, ob geheim gewählt werden soll oder nicht, spricht sich von den 27 Stimmberechtigten nur einer gegen die offene Abstimmung aus.
Die Wahl ergibt dann 26 Stimmen für die Vereinigung der Verbände im Dachverband West- und Ostpreußen mit Walter Angrik als Vorsitzendem. Da er selbst seine Stimme nicht abgeben konnte, ist er ohne Gegenstimme akzeptiert worden. Ein leichter Posten wird das nicht sein.
Die Gruppe Jugendlicher aus Elbląg war nicht stimmberechtigt, aber ihr Sprecher, Maciej P., teilt mit, daß sie sich organisieren werden, um in solchen Versammlungen künftig mitreden zu können. Ich lasse mir seine Adresse geben, mit der Ankündigung eines späteren Besuches.
Im übrigen war hier nur ein Teil der deutschstämmigen Organi-

sationen vertreten, wohl einige der mitgliederstärksten und einflußreichsten, aber keineswegs alle. Von allgemeiner Einheitlichkeit kann keine Rede sein.
Ich muß der Sache auf die Spur kommen.

*

Am Abend dieses Tages im Haus der Allensteiner Gesellschaft Deutscher Minderheit hatte sich mir ein Tor aufgeschlossen, war ein innerer Zugang hergestellt zu deutschstämmigen Menschen, die hiergeblieben oder die Nachkommen hiergebliebener Deutscher sind und deren Einzelschicksale zu erforschen eines der Grundmotive war, die mich nach Ostpreußen gebracht hatten.
Dabei widerfuhr mir etwas.
Ich bin heute in diesem Kreis zum Zeugen eines ebenso unheimlichen wie unwiderruflichen historischen Prozesses geworden – einer elementaren Entwurzelung! Sie betraf nicht nur die Millionen der 1945 Geflüchteten und später Vertriebenen, sie betraf auch die Deutschen, die aus eigenem Willen, durch den Zwang der Umstände oder den Zufall behördlicher Willkür in ihrer Heimat geblieben waren.
Aber die Offenbarung einer fast vollständigen Schrumpfung der einstigen deutschen Bevölkerung auf den Bruchteil ihrer ursprünglichen Größe war es nicht allein, was mich erschütterte und was an diesem Tag das zweite Schlüsselwort hervorbrachte. Es war vielmehr die Einbettung dieser neuen Erfahrung in das äußere Bild, das sich mir von der ersten Stunde meiner Ankunft an geboten hatte. Und das sich auch jetzt wieder bietet, da ich den Balkon betrete und auf die Straßen dieser Stadt blicke, auf ihre hastenden Passanten und rücksichtslosen Autofahrer, auf die Kathedrale und das Rathaus, auf diese ganze Übermacht polnischer Gegenwart.

Es sind *ihre* Wirklichkeit und *ihre* Schwerkraft, die das bereits hundertmal mit den ambivalentesten Gefühlen vor mich hin geflüsterte »Dies wird nie, niemals wieder deutsch!« nun ganz plötzlich, und eingestandenermaßen schmerzlich, in das zweite große Schlüsselwort meiner Reise und meines Buches destillieren: Ostpreußen ade.

Eine ewige Minute lang

Auf dem Wege nach Gołdap (Goldap), an der Grenze zum russischen Teil.
Unterwegs, am Jezioro Gołdap (Goldapgar See), steige ich aus. Nachmittagslicht, die Sonne, schon im Westen, steht noch hoch. Wie immer, auch hier wieder der überwältigende Anblick masurischer Seen: hinten der Wald, vorn Schilf, tiefhängendes Gebüsch, die Wasserfläche gekräuselt, irgendwo da draußen Angler, Möwen, jetzt auch Schwaden von Insekten. Unter dem klaren Spiegel Kolonien von Wassertieren, Lurchartige und Fischlein mit weißer Bauchfläche, die glitzert, wenn das Licht darauf fällt.
Über diesem See zwischen Giżycko (Lötzen) ein wolkengezackter Himmel, Wattetupfen, flüchtig hingeworfen, segelnd.
Der Ort am nördlichen Ende, Żabinki, hat einmal Hochsee geheißen.
Auf Banie Mazurskie (Benkheim) zu ändert sich die Landschaft, wellt sich kokett, krümmt die Rücken der Weizenfelder, wölbt milde Hügelkuppen, in der Weite rote Hausdächer.
Vor Gołdap vier schneeweiße Tauben auf der Straße, die lange auf sich warten lassen, bis sie gnädig auffliegen.
Das Ortsschild, weißer Grund, schwarze Buchstaben. Hier und da noch Kopfsteinpflaster, aber überall die entseelten Fassaden der Plattenneubauten, gesichtslos.

Im Zentrum ein riesiges Monument, Soldaten, das Gewehr in der Hand, Panzer, Flugzeuge, darüber ein konusartiger Block von ungeheuren Ausmaßen, schwer erkennbar, ob gegossen oder aus Naturstein. Inschriften: »Ehre denen, die gefallen sind« und »Friede den Lebenden«. Aber hier soll nicht nur der toten Rotarmisten gedacht werden, hier wird die polnisch-russische Waffenbrüderschaft während des Zweiten Weltkrieges beschworen. Der ungepflegte Zustand allerdings zeugt nicht davon, daß sie den Bewohnern heute noch am Herzen liegt.

Ich suche nach alten Häusern, finde aber keine. Goldap war der erste größere Ort auf deutschem Boden, der durch den Einmarsch der Roten Armee, seine Wiedereroberung durch deutsche Truppen und abermaligem Kampf bis auf den Grund zerstört wurde.

Die Grenze zu Rußland ist ganz nahe. Über eine Bahnschranke hinweg, die nicht mehr bedient wird, geht es aus Gołdap heraus. Der Weg wird immer schlechter und führt nach eineinhalb Kilometern buchstäblich ins Nichts. Links eine Müllhalde mit den obligatorischen Krähen- und Möwengeschwadern, vor mir ein Sperrschild.

Von dort, von Osten, kamen sie.

*

Nach einer Artillerievorbereitung von bis dahin unbekannten Ausmaßen bricht am 16. Oktober 1944 die 3. weißrussische Armee unter General Tschernjakowski auf breiter Front südlich von Gumbinnen über die ostpreußische Grenze und nimmt am selben Tag noch Goldap ein. Sie stößt auf Truppen der 4. deutschen Armee unter dem General der Infanterie Hossbach, zugehörig zur Heeresgruppe Mitte, die mit völlig unzulänglichen Kräften die Linie Warschau-Tilsit-Memel zu halten versucht. Zwar werden Goldap und einige andere Ortschaften am nächsten Tag von deutschen Einheiten zurückerobert, aber der Eindruck einer furchtbaren Übermacht bleibt. Elf deutschen Infanterie- und zwei Panzerdivisionen stehen fünf russische Armeen mit etwa vierzig Schützendivisionen und starken Panzerverbänden gegenüber. Und die hatten hier zum erstenmal die deutsche Grenze erreicht und überschritten.

Am 20. Oktober stoßen Panzerverbände der 11. sowjetischen Gardearmee nördlich der Rominter Heide weiter nach Westen vor in Richtung Königsberg, verharren dann aber, ja, werden an einigen Frontabschnitten zurückgezogen. Die Stunde der eigentlichen, der Großoffensive zur Eroberung der Provinz und ganz Nordostdeutschlands war offenbar noch nicht gekommen. Aber wann immer der Angriff erfolgen würde, an seinem Ausgang konnte es keinen Zweifel geben. Die Rote Armee hatte auf einer Breite von 150 Kilometern und einer Tiefe von etwa 40 Kilometern deutschen Boden erobert und damit den Brükkenkopf für weitere Operationen geschaffen.

Inzwischen, am 18. Oktober 1944, wurde Hitlers Erlaß zur Bildung des »Deutschen Volkssturms« vom 25. September bekanntgegeben. Darin heißt es: »Während der Gegner glaubt, zum letzten Schlag ausholen zu können, sind wir entschlossen, den zweiten Großeinsatz unseres Volkes zu vollziehen.«

Im Klartext bedeutete das, zunächst für Ostpreußen: Ungenügend bewaffnete, nicht ausgebildete und von ungeschulten Vorgesetzten geleitete Männer zwischen sechzehn und sechzig sollten vollbringen, was der größten Militärmaschine der Epoche nicht gelungen war, nämlich die Niederlage Deutschlands aufzuhalten oder gar zu verhindern. Der Aufruf Hitlers zum letzten Aufgebot, das heißt zur Verlängerung des eigenen Lebens um ein paar Monate, erfolgte aus der »Wolfsschanze«, seinem Hauptquartier in der Nähe von Rastenburg (Kętrzyn). Zwischen diesem Ort und den Panzerspitzen zur Zeit der größten

deutschen Machtausdehnung - bis zu Wolga und Kaukasus - hatten einmal an die 3000 Kilometer gelegen.
Jetzt, im Oktober 1944, lagen zwischen den Spitzen der sowjetischen Panzerverbände des Generals Tschernjakowski und der Wolfsschanze kaum mehr als fünfzig Kilometer.

*

Lange bevor Kętrzyn erreicht ist, wird die alte Ordensburg der Deutschritter sichtbar, mit ihren gewaltigen Türmen immer noch das Urbild ungestümer Kraft und hochfahrender Gesinnung.
Auf die Wolfsschanze - Wilczy Szaniec - wird schon weit vor dem Ziel hingewiesen. Auf der Fahrt durch die Stadt heben Kinder nach einem Blick auf das Nummernschild meines alten Ford die Arme zum Nazigruß und gröhlen mit freundlichen Mienen irgend etwas Unfreundliches.
Dann geht es in den Wald, eine lange Tour mit einem Gefühl wachsender Unruhe, sich von der bekannten Welt mehr und mehr zu entfernen, ja zu verabschieden.
Schließlich über die Schienen der Bahnlinie Kętrzyn-Węgorzewo (Angerburg) hinweg auf einen Parkplatz. Money. Erwerb einer Broschüre »Wolfsschanze in Gierłoż«, ein Machwerk, das schon auf den ersten Blick nur so strotzt vor übelkeitserregenden Geschichtsinterpretationen aus der stalinistischen Ära Polens, mehr noch von unerträglichen Setzfehlern, mangelnden Kenntnissen der deutschen Sprache und ihrer orthographischen und grammatikalischen Gesetze, eingeschlossen die der Worttrennung. Warum, um Gottes willen, wird das auch heute sich selbst und den Besuchern angetan? Wie gut, daß ich mich vorher schon unterrichtet und auf diesen Ort präpariert hatte.
Vorn, nahe dem Eingang, ein Monument, im Stil eines aufgeschlagenen Buches, mit polnischer und deutscher Inschrift:

»Hier stand die Baracke, in der am 20. Juli 1944 Claus Graf Schenk von Stauffenberg ein Attentat auf Adolf Hitler unternahm. Er, und viele andere, die sich gegen die nationalsozialistische Diktatur erhoben hatten, bezahlten mit ihrem Leben.«
Vorbei an der erhalten gebliebenen Backsteinfassade des ehemaligen Wehrmachtkasinos, geht es auf das Bunkergelände der Wolfsschanze – ein Anblick, der einem gleich hier vorn schon den Atem verschlagen kann, auch wenn man durch Fotos, Filme und Bücher auf ihn vorbereitet zu sein glaubte.
»Da steht kein Stein mehr auf dem anderen«, liegt es einem auf der Zunge zu sagen. Nur träfe das die Wirklichkeit nicht. Denn da türmen sich keine Steine, sondern Gebirge von *Beton*, liegen Betonplatten wie Kontinentalschollen untergegangener Erdteile aufeinander, ragen Betonstümpfe mit verbogenen Stahlstangen wie klagend in die Luft, erheben sich gigantomanische Elefantenrücken aus Beton hoch über den Boden, in dem sie noch einmal tief verankert sein sollen. Die aufgebrochenen, auseinandergerissenen, dynamitzerfetzten Bunker geben verräterischerweise die Ängste der Bauherren und ihrer einstigen Bewohner preis – Decken und Wände haben eine Dicke von bis zu acht, ja zu zehn Metern, und das sind keine menschlichen Maße mehr.
Ich habe mir sagen lassen, daß die Bunker nicht gleich in dieser Mächtigkeit gegossen worden sind, sondern erst im Verlauf eines Krieges, in dem die Bomben der britischen und amerikanischen Luftgeschwader immer schwerer, zerstörerischer, bedrohlicher wurden. Und während diese Kaliber Nacht für Nacht und Tag für Tag auf die deutschen Städte herabregneten und Hunderttausende durch sie zerfetzt wurden oder verschmorten, ohne daß der Herr der Wolfsschanze irgend etwas dagegensetzen konnte, wurden die Kerne der Hauptbunker noch einmal ummantelt und manche ihrer Wände und Decken um das Doppelte verdickt – das kostbare Leben derer zu schüt-

zen, die es ohne Wimperzucken Millionen zu nehmen gewohnt waren.

Da brüten sie dumpf vor sich hin, Bauwerke von zermalmendem Gewicht auch noch in ihrem geplatzten Zustand. Überall Löcher, Öffnungen, leichter Zutritt ins Innere – was als gefährlich angedroht ist. Deshalb Warntafeln mit großer Aufschrift und in vier Sprachen – auf polnisch, russisch, englisch und deutsch: »Eintritt streng verboten. Lebensgefahr.«

Sei's drum!

Zone 1, nördlich der Bahnlinie, einst Sitz der Naziprominenz samt ihrem Sanktuarium – dem »Führerbunker«. Der trägt nach dem Lageplan die Nummer 13 und ist das größte dieser Ungetüme, unter sieben Bunkersauriern hier sozusagen der Brontosaurus. In der Mitte der Vorderfront klafft ein Riß, rechts und links davon moosbedeckte Flächen, deformierter Stahl aus Seitenwänden wie im Schmerz verkrümmte Finger, jeder herausgerissene Placken Hunderte von Tonnen schwer.

Drinnen tut sich das Reich eines zyklopischen Chaos auf, herrscht Abschüssiges vor, ein martialisches Souterrain, knochenbrechend für jeden, der hier nicht Schritt für Schritt bedenkt. Was ich tue, ist mit Recht verboten, aber halten kann ich mich daran nicht.

Zu unglaublich ist es, daß ich hier stehe, an diesem Platz, einst Zentrum der eigenen tödlichen Bedrohung. Es kann nicht wahr sein, daß ich mich, wenn auch verbotenerweise, mitten im »Führerbunker« befinde, während Adolf Hitler, der Minotaurus dieses Labyrinths aus künstlichem Stein, dieser nie angegriffenen Festung aus einem Ozean von Zement, Zuschlagstoffen und Wasser, während Adolf Hitler also inzwischen schon seit einem halben Jahrhundert tot ist. Wie kann es sein, daß ich dagegen lebe? Lebe nach so viel unvergessener Gewißheit ein Dutzend Jahre lang, daß die Meinen und ich diesen »Führer« nicht überleben würden?

Und doch muß es stimmen, denn ich spüre: Es ist windstill. Ich sehe: Grün schießt aus den Betonklüften, nistet in den Spalten, treibt junge Stämme ans Licht. Doch warum bin ich am Leben, während Millionen andere vom Holocaust verschlungen wurden?
Ich stehe da und rühre mich nicht vom Fleck, eine ewige Minute lang.
Plötzlich Stimmen. Ein junger Mann taucht auf, hat sich auch hier hereingewagt, bleibt aber vorne stehen, mit drei Kindern im Vorschulalter. Er spricht leise mit ihnen, auf polnisch, verstummt bald, verschwindet. Dann wieder Ruhe. Es ist sehr früh am Morgen, noch vor dem alltäglichen Einfall der Touristen.
Nebenan, die Nummer 11, war der Bunker Martin Bormanns, Hitlers Sekretär, eine der unheimlichsten Gestalten in der NS-Führungsriege. Der Bunker scheint in seiner ganzen Ursprünglichkeit erhalten, wenn auch mit tiefen Rissen in der Außenwand. Aber sonst sieht der Koloß ziemlich unversehrt aus. Daß der Eindruck täuscht, merkt man erst, wenn man über eine brockenbelegte Treppe in ihn hineinsteigt. Im Innern sind große Betonkanten herausgebrochen, die den Blick freigeben auf Decken von gut fünf Metern und ihr verrostetes Stahlkorsett.
Wieder draußen, entdecke ich, daß eine Seite des Bunkers in einen Winkel von fast 45 Grad gekippt ist und aussieht, als würde sie jeden Augenblick fallen. Wohl deshalb haben sich Besucher einen makabren Scherz erlaubt. Sie haben dünne Stämme gegen die Wand gestemmt, schwache, laub- und astlose Bäumchen, die, stürzte die Wand wirklich, zerkrachen würden wie Streichhölzer unter einem Dampfhammer.
Noch mächtiger als der aber wäre hier die Natur gewesen, würde ihre vegetative Kraft nicht fortwährend um der Denkmalwürdigkeit und des Tourismus willen methodisch daran gehin-

dert, die Stätte mit ihren Moosen und Farnen, ihren Gräsern und Bäumen zu überwuchern und die Großruine mit idyllisierendem Grün in ein zweites, grauenhaftes Machu Picchu zu verwandeln.

So aber haben die polnischen Behörden auf schmalen Wegen mit benummerten Hinweisschildern alles erreichbar gelassen, auch den Bunker Hermann Görings, die Nummer 16 des Lageplans. Etwa von der Mitte ab, gut sieben Meter über dem Boden, ist die Decke mit der Kraft eines Erdbebens von ihren Wandsockeln abgetrennt und dazu ein gefährlich geneigter Riesenklotz herausgebrochen worden. An ihm empor rankt sich ein Baum, dessen Wachstum sich nach dem Fallwinkel des Klotzes gerichtet hat. Dabei stieß er oben gegen einen anderen Baum, wuchs aber weiter, wenn auch eingeklemmt zwischen dem Artgenossen und dem Betonklotz, ehe er sich mit strotzender Kraft dem Engpaß entwand und sich hoch und höher dem Licht entgegenreckte.

Über die Bahnlinie nach Süden in die Zone 2.

Auch hier Bunker über Bunker, darunter der von Alfred Jodl, dem später in Nürnberg hingerichteten Chef des Wehrmachtführungsstabes, ein Schicksal, das auch den Generalfeldmarschall und Chef des Oberkommandos der Wehrmacht, Wilhelm Keitel, ereilte. Der soll Tag für Tag frühmorgens aus seinem Bunker in den seines Oberbefehlshabers getrottet sein, ohne in all den Jahren auch nur ein einziges Mal geschwänzt oder sich krank gemeldet zu haben. Betondecken auf Walderde, eiserne Stiegen ins Nichts, isolierte Blöcke, von Urkräften weggeschleudert.

Genug davon, übergenug, zumal jetzt die ersten Besucher auftauchen.

Die Wolfsschanze, die Trümmer des Führerhauptquartiers in der Nähe von Kętrzyn, sie materialisieren auf zweieinhalb Quadratkilometern in konzentriertester Form das ganze Universum

des Wahnsinns, den das Dritte Reich, den Hitlerdeutschland dargestellt hat.
Man muß einmal versuchen, sich das vorstellen.
Von diesem wald- und sumpfumgebenen Zentrum aus hat Hitler »regiert« – ohne Kabinett, ohne auch nur das kleinste Gremium von Staatsführung, war er das alles doch selbst in einer, in seiner Person. Auch ohne Ratgeber, dafür umgeben von Lakaien, die zu allem ja sagten, eingeschlossen die Feldmarschälle, sie die beflissensten und diensteifrigsten Kopfnicker. Abgesehen von kurzen Aufenthalten in dem 1942 nach Winniza verlegten Hauptquartier, in der Berliner Reichskanzlei und auf dem Obersalzberg – hier in der Wolfsschanze hat Hitler die entscheidenden dreieinhalb Jahre seines Lebens zugebracht, weit über tausend Tage.
Am 24. Juni 1941, also zwei Tage nach dem von ihm befohlenen Überfall auf die Sowjetunion, hier angekommen, hat Hitler seine Höhle aus Beton erst verlassen, als klar war, daß die nächste Offensive der Sowjetarmee binnen kurzem das Gelände der Wolfsschanze erreichen würde. Zwischen dem Ende der sowjetischen Herbstoffensive und dem ungewissen Ausbruch des nächsten Großangriffs an der Front zwischen Memel und den Karpaten, wählte Hitler den 20. November als Abreisedatum. Achtzehn Tage vorher, am 2. November 1944, war in Auschwitz die Vergasung eingestellt, und zwei Tage nachdem Hitler die Wolfsschanze verlassen hatte, am 22. November, Metz von US-Truppen unter General Patton besetzt worden. Das Ende des »tausendjährigen Reiches« war abzusehen – es würde dann gerade zwölf Jahre gewährt haben.
Dennoch wird dieses Wort, wenn auch nicht im Sinne seiner Schöpfer, wahr werden.

*

Heute mittag liegen hier ungute Gerüchte in der Luft. Es heißt, ein Österreicher soll die Wolfsschanze gepachtet haben, dann wieder, der Pächter sei ein Amerikaner. Auch sonst wird manches geredet, von einem Panoptikum aus Wachs mit Hitler und Mussolini als Hauptattraktion neben anderen Nazigrößen. Der polnische Staat brauche Devisen. Um jeden Preis, auch den unwürdigsten? Wird die Zukunft der Wilczy Szaniec etwa ein »Führer«-Disneyland werden?

An Ort und Stelle konnten mir diese Fragen nicht beantwortet werden, und auch später gab es, bis heute, keine Klarheit darüber. Dennoch, was immer hier an unsäglichem Ambiente entstehen könnte – die Wolfsschanze wird eine der zwei Stätten sein, die das Wort vom »tausendjährigen Reich« auf ganz unbeabsichtigte Weise wahrmachen werden!

Ihre Betonquader, diese lastenden Trümmer von alpinen Ausmaßen, sind nicht abzutragen, durch alle Preßlufthämmer dieser Welt nicht. Sie sind unvergänglich.

Der andere Ort, an dem sich das Wort vom »tausendjährigen Reich« bewahrheiten wird, ist das »Tal der Gemeinden« in Jad Waschem, die Jerusalemer Gedenkstätte für den Holocaust, den Völkermord an den Juden im deutsch besetzten Europa während des Zweiten Weltkrieges.

Im Oktober 1992 eingeweiht, besteht sie aus ungeheuren aufeinandergetürmten Felsblöcken, in die jede Ortschaft eingemeißelt ist, von der jüdische Menschen aus Deutschland und dem besetzten Europa in die Vernichtungslager und Todesfabriken deportiert worden sind.

Welch fürchterliche Kausalität zwischen beiden Stätten.

Aber das Urgestein aus der Wüste Judäas und die gesprengten Betongebirge der Wolfsschanze – sie werden, jedes auf seine Weise, das Wort vom »tausendjährigen Reich« wahrmachen, sie werden noch in tausend Jahren dort stehen, wo sie heute sind, ja, solange es Menschen geben wird.

Deshalb noch einmal – möge angesichts dieser unzerstörbaren Zeugen auch künftigen Generationen noch der Schimmer einer

Ahnung dämmern, welch ein Universum des Irrsinns dieses Hitlerdeutschland gewesen ist.

Die Apokalypse kommt näher

Es war die Nacht vom 23. auf den 24. Januar 1945, die Hitlerdeutschlands symbolisches Ende noch vor dem historischen verkündete.
In ihrem Schutz wurden alle sieben schweren Bunker der Wolfschanze, alle mittleren Gebäude, etwa zwanzig, und fast alle leichten Objekte gesprengt. Die Explosionen sollen so gewaltig gewesen sein, daß das Eis auf dem nahegelegenen Moysee (Jezioro Mój) aufbrach. Acht bis zwölf Tonnen Dynamit mußten in jedem der schweren Bunker gezündet werden, um die Riesen aus ihren Fundamenten zu heben und Decken und Wände wegzudrücken.
Der den Befehl dazu gab, der hatte gewußt, daß er nie wieder zurückkehren würde.
Am 27. Januar 1945 ziehen Verbände der Roten Armee kampflos in die Wolfsschanze ein, genauer, in das Trümmergewölle, das übriggeblieben war von der Kommandozentrale der größten Destruktionsmaschine aller Zeiten, die sich hier so lange versteckt gehalten hatte.
Vierzehn Tage vorher hatte Hans Graf von Lehndorff in sein später berühmt gewordenes »Ostpreußisches Tagebuch« geschrieben: »13. Januar, Insterburg. Morgens, gegen sieben Uhr, weckt mich ein gleichförmiges Rollen und Dröhnen. Die Fensterscheiben vibrieren. Es hört sich an, als stünden viele schwere Wagen mit unentwegt laufenden Motoren um das Haus herum. Im Dämmerlicht ist noch nichts zu erkennen. Ich stehe am Fenster und sammle meine Gedanken. Dies kann nur das Ende bedeuten.«
Es war das Ende.

24 Stunden vorher hatte die Rote Armee auf der ganzen Länge ihrer Westfront die letzte große Winteroffensive des Zweiten Weltkrieges eröffnet. Es ist der 12. Januar 1945, das dritte große Schicksalsdatum in der Geschichte Ostpreußens. Es wird zum Stichtag einer Apokalypse, für die es nur wenige Vergleiche in der Geschichte gibt.

Jetzt beginnen sich die Bilder zu gleichen, die von 1939 bis 1941: vor der deutschen Militärmaschine fliehende Massen in ganz Europa und in alle Himmelsrichtungen, und die von 1945: nun Deutsche in panischer Flucht nach Westen, endlose Trecks, Hunderttausende, beseelt von einem einzigen Gedanken, einer einzigen Furcht, einem kollektiven Alptraum, vor allen der Frauen und Mädchen – den Soldaten der Roten Armee in die Hände zu fallen.

Der Gegensatz zwischen plötzlich hereinbrechender Kriegsfurie und dem Alltag dürfte nirgends so groß gewesen sein wie in Ostpreußen. Lange Zeit weit entfernt von allen Fronten, und bis auf den Großangriff auf Königsberg im August 1944 auch weitgehend verschont von schweren Luftangriffen, bot die nordöstlichste der deutschen Provinzen tatsächlich ein Bild tiefen Friedens, sozusagen das Auge des Taifuns in einem Europa, das seit Jahren in Blut und Tränen versunken war.

In ihrem Buch »Namen, die keiner mehr nennt«, dieser Hommage an die geliebte und verlorene Heimat, notiert Marion Gräfin Dönhoff während ihres berühmten »Rittes durch die Masuren« am 28. September 1941: »Merkwürdig, zu denken, daß das gleiche Licht, welches die Stille und die Einsamkeit dieser Wälder verklärt, über den blutigen Schlachtfeldern Rußlands steht. (...) Unendlich fern ist sogar die Sorge um das, was kommen wird, die einen doch sonst auf Schritt und Tritt begleitet. Jetzt sind Sonne und Wind, der Hufschlag des Pferdes auf den sandigen Waldwegen und der Geruch von fallendem Laub und Kartoffelkraut unsere Welt und wir ein Teil derselben.«

In diese Stille fällt der Donnerschlag vom Januar 1945.

Objektiv könnte es heißen: Die Geschichte hatte es nicht zugelassen, daß Hitler ungestraft zugejubelt worden war. Die subjektive Seite war eine millionenfache, ganz persönliche Furcht vor den Folgen dieser Zustimmung, diffus oder konkret gespeist durch manches Wissen und manche Vorstellung, was da während der Jahre deutscher Besetzung im Osten geschehen war.

Die Paarung von nationalsozialistischer Gesinnung mit gleichzeitig untergründig schlechtem Gewissen hat sich selten derart entlarvend geoffenbart, wie in dem Satz einer deutschen Frau, die – so zitiert von Hans Graf von Lehndorff in seinem Buch – auf der Flucht vor der näher kommenden Front ausruft: »Unterm Russ' läßt uns der Führer nicht fallen. Da vergast er uns lieber ...«

Ein höchst exemplarisches und mit seinen nur dreizehn Worten auch unübertreffbar komprimiertes Bekenntnis: die Nabelschnur der Hitlerhörigkeit in einem Atemzug mit der Ahnung von Verbrechen, die der »Führer« personifiziert und die sich nun, angesichts seines Scheiterns, das eigene Volk als Opfer aussuchen – unter Nennung einer konkreten Tötungsart.

Die kollektive Mischung aus unbestimmter Furcht und Vergeltungserwartung der Deutschen von damals bezog sich zweifellos auf alle Gegner Deutschlands, auch auf die westlichen, war aber von unvergleichlich stärkerer Intensität gegenüber dem östlichen Gegner. Sie signalisierte eine realistische Einschätzung der Situation, auch ohne das Gefühl der stärkeren Bedrohung genau artikulieren zu können oder detailliert zu wissen, was während der letzten vier Jahre in den Weiten Rußlands geschehen war.

Die Rotarmisten dagegen, die überlebt hatten, wußten es.

Vorangegangen waren dreieinhalb Jahre erst des Rückzugs und schwerster Niederlagen mit ungeheuren Verlusten, danach, seit der Sommeroffensive 1943, ein ungestümer Vormarsch, von Sta-

lingrad und Leningrad her über riesige Territorien heimatlicher Erde, deren Bewohner in der Gewalt eines Feindes gewesen waren, der unbarmherzig ganze Völkerschaften ausgemordet, Millionen von Menschen hinter den Fronten umgebracht und vielfach nichts als verbrannte Erde hinterlassen hatte.
Wer hatte geglaubt, daß das, was sich in dieser Riesenarmee gegen den Aggressor aufgestaut hatte an Gründen und Motiven für Rache und Vergeltung, wer hatte hoffen können, daß der Bumerang der Gewalt nicht fürchterlich zurückschlagen würde auf den, der ihn ausgesandt hatte?
Aber während die blutige Tragödie der Eroberung und Besetzung großer Teile der westlichen und südwestlichen Sowjetunion hinter dem Vorhang eines Raub- und Vernichtungsfeldzugs ohnegleichen vor den Augen der Welt so gut wie verborgen geblieben war, werden die Folgen des sowjetischen Einmarsches auf deutschem Boden sofort ruchbar und in aller Welt verbreitet.
So strikt, wie die deutschen Verbrechen durch ihre Urheber verheimlicht worden waren, so eifrig publizieren die Installateure von Auschwitz nun die des bolschewistischen Todfeindes.
Hatte dafür schon Katyń gezeugt, der Schreckensort westlich von Smolensk, wo über 4 000 im September 1939 beim Einmarsch der Roten Armee in Gefangenschaft geratene polnische Offiziere dann ein Jahr später auf Stalins Befehl ermordet worden waren, so hieß das der NS-Reichsführung nur zu willkommene Stichwort für dieses Schema nun *Nemmersdorf.*
Das war ein kleiner Ort südwestlich von Gumbinnen, der 1944 während der Herbstoffensive erst von der Roten Armee besetzt, dann aber, wie Goldap, von deutschen Truppen zurückerobert worden war.
Das Bild, das sich ihnen bot, übertraf alle Befürchtungen: Frauen und Männer, Alte und Junge waren auf bestialische Weise umgebracht worden – verstümmelt, an Türen und Scheunen-

tore genagelt, die Leiber aufgeschlitzt, und die Frauen vergewaltigt, ehe auch sie erschlagen, erschossen, erdrosselt wurden. In einem großen Vorflutgraben hatten sich Mütter mit ihren Kindern versteckt, waren jedoch entdeckt und mit Maschinengewehren und Handgranaten getötet worden.
Schon einen Tag später ging der Name Nemmersdorf in die ganze Welt hinaus. Reichspropagandachef Joseph Goebbels hatte neben den Vertretern der deutschen Presse vor allem Korrespondenten aus neutralen Ländern, so aus der Schweiz und Spanien, aber auch solche aus dem noch besetzten Teil Frankreichs sofort an die Stätte des Grauens befördern und von dort berichten lassen. Die Wirkung war verheerend, der Name Nemmersdorf sofort zu einem furchtbaren Symbol geworden, besonders natürlich in Ostpreußen.
Aber immer noch lebte die Hoffnung, daß die »russische Dampfwalze« gestoppt und weitere Territorialgewinne verhindert werden könnten. Wer sich dennoch nicht beruhigen ließ und sich weiter westwärts abzusetzen wünschte, stieß auf das strikte, bis zur Todesstrafe reichende Verbot des ostpreußischen Gauleiters Erich Koch und der NSDAP. In diesem Verbot lagen dann auch die Hauptgründe für das Chaos, das wenige Tage nach Eröffnung der sowjetischen Winteroffensive am 12. Januar 1945 ausbrach. Nichts war vorbereitet, nichts war organisiert, als sich herausstellte, daß Panzer und Infanterie der Roten Armee überall die deutschen Linien durchbrachen, allen voran die völlig wirkungslose und lächerlicherweise »Ostwall« genannte.
Was damit über Ostdeutschland und seine Bevölkerung kam, war eines der düstersten Kapitel in der Kriegsgeschichte der Menschheit, darunter die wahrscheinlich größte Massenvergewaltigung aller Zeiten, nach neuen Schätzungen an mehr als zwei Millionen Frauen, sei es aus dem klassischen Motiv der Demütigung des Feindes durch sexuelle Gewalt gegen seine Frau-

en, sei es aus nackter Triebbefriedigung von Soldaten einer Armee, die bezeichnenderweise keinen Urlaub kannte.

So entsetzlich die Massenorgie auch war, sie bildete dennoch nur einen Teil jener furchtbaren Wahrheit, die von Anfang an über dieser gigantischsten, grausamsten und verlustreichsten Auseinandersetzung in der bisherigen Kriegsgeschichte gewaltet hatte: nämlich daß ein so barbarisches System wie das nationalsozialistische nur durch ein anderes barbarisches System entscheidend geschlagen werden konnte! In diesem Kontext haben die Sowjetunion und ihre Armee eine Doppelrolle gespielt: die eines Befreiers und die eines Unterdrückers. Das eine wird ihr weltgeschichtlicher Ruhm, das andere ihre historische Schande bleiben.

An dem Vorlauf der deutschen Verbrechen ändert sie nichts.

Also endlich Schluß mit der Perversität, das nationalsozialistische Deutschland und die stalinistische Sowjetunion als Meßmodelle aneinanderzuhalten, um dann, je nach Standort des Beurteilers, zu dem Schluß zu gekommen, das eine sei »schlimmer« oder »weniger schlimm« als das andere. Schluß damit, die Ermordeten der beiden größten historischen Gewaltsysteme zu Rivalen zu degradieren – sie waren es weder zu Lebzeiten noch im Tode. Und Schluß auch damit, das grauenhafte Ende in den Gaskammern von Auschwitz zu kompensieren mit dem schaurigen Tod in den Gefrier- und Hungerhöllen des Gulag – und umgekehrt.

Das Barbarische beider Systeme war nicht austauschbar, es war spezifisch. Das stalinistische hat seine organisierten Massentötungen nicht zuletzt dank naturwüchsiger Gegebenheiten durchgeführt, mit Lagern in endlosen, abgeschiedenen Weiten und unter grausamen Klimabedingungen, ist aber dann, nach siebzig Jahren und überraschend unblutig, als Supermacht zusammengebrochen. Eine ganze Welt hofft nun auf die Reformfähigkeit seiner Nachfolgestaaten.

Das andere, das nazistische System, hochtechnisiert, rassistisch indoktriniert und ohne Gewaltaktionismus nach innen und außen ständig in Gefahr zu implodieren, ist nach dem Gesetz zugrunde gegangen, nach dem es angetreten war: durch den Angriff auf nahezu die ganze übrige Welt deren bis dahin divergierende Hauptkräfte unter der gemeinsamen deutschen Bedrohung zusammenzuschweißen und von ihnen schließlich besiegt zu werden – jeder Reform, jeder Einsicht und jeder Friedensbereitschaft unfähig. Es bleibt ein gespenstischer Gedanke, wie die Welt wohl bei einer Existenz des Nationalsozialismus über sieben Dezennien hin ausgesehen hätte, jener Spanne also, die die Geschichte dem Stalinismus gegeben hat.

Fazit: Mit Nationalsozialismus und Stalinismus stinken zwei universale Scheußlichkeiten in den Himmel unseres Jahrhunderts, und das ist die einzige Logik, die wir aus ihrer Existenz zu ziehen haben, jetzt und künftig. Es kann keine Opfer erster und zweiter Klasse geben.

Deshalb ist gleiche Öffentlichkeit herzustellen für Verbrechen *von* Deutschen wie für Verbrechen *an* Deutschen – unter Wahrung der Chronologie und der Kausalität von Ursache und Wirkung. Jede andere Behandlung von Geschichte führt in die Sackgasse der Verdrängung.

Genau diesen Weg aber werfe ich großen Teilen der ostdeutschen Landsmannschaften und den Führungen der Vertriebenenorganisationen als notorische Verbandspolitik und -philosophie seit ihrer Gründung vor. Ihre Organe bestätigen seit nunmehr fast fünfzig Jahren: Die Geschichte von Schuld und Verantwortung soll erst mit dem 8. Mai 1945 beginnen.

Die Charta der Verdrängung

Wie ein klassischer Beweis dafür fällt mir in der Wohnung des polnischen Kollegen Marek B. von der »Gazeta Olsztyńska« ein

»Städte-Atlas Ostpreußen« vom Ende der achtziger Jahre in die Hände – mit einem Geleitwort von Dr. Ottfried Hennig, Mitglied des Bundestages, Parlamentarischer Staatssekretär für innerdeutsche Beziehungen. Was darin steht, oder genauer: nicht darin steht, will man zunächst nicht glauben.
Da werden alle möglichen frühen Geschichtsereignisse der Erwähnung für wert befunden; wird an Ereignisse aus dem 13. und 14. Jahrhundert, an die Teilungen Polens im 18. erinnert und die planmäßige Besiedlung Ostpreußens mit Hilfe von Einwanderern aus dem Magdeburgischen und aus Salzburg, von Pfälzern, Hugenotten, Schweizern, Schotten zum Besten des Landes beschworen. Nicht vergessen sieht sich die zwangsweise Eintreibung von Vieh und Geldkontributionen aus dem Jahre 1807, im Rahmen des von Napoleon diktierten Tilsiter Friedens zwischen Frankreich auf der einen und Preußen und Rußland auf der anderen Seite.
Der für Ostpreußens Geschichte prägendste Abschnitt aber, das Dritte Reich, taucht in diesem sonst so ausführlichen »Städte-Atlas« nur als Statistik auf, und zwar als Daten der letzten Volks- und Berufszählung vom 17. Mai 1939, darunter als Schwerpunkt kommentarlos die Umbenennung, besser Germanisierung, der Orte und Gemeinden in der Zeit vom 1. Januar 1934 bis zum 31. August 1939 (klar, daß dabei Judendorf in Hermannswalde verwandelt werden mußte).
Der einen Tag später ausgebrochene Zweite Weltkrieg erscheint als Glücksereignis: Rückkehr des 1919 abgetrennten Kreises Soldau – »nach dem Sieg über Polen« –, und das »Generalgouvernement«, Hauptterritorium des Holocaust, wird behandelt wie eine harmlose Umbenennung endlich wieder rechtens eingedeutschten Bodens. Was wir ebenfalls aufs ausführlichste erfahren, sind die Namen der Krieger-, Schützen- und Vaterländischen Frauenvereine in den Städten Ostpreußens und daß die Provinz allmählich zum Zufluchtsgebiet für die bombenbe-

drohte Bevölkerung aus den westlichen Teilen Deutschlands wurde, allerdings nicht für lange. Für das, was dann kam, lautet das historische Resümee des »Städte-Atlas« lapidar: »Der letzte Teil des Zweiten Weltkrieges brachte den unglücklichsten Abschnitt in der langen Geschichte Ostpreußens. 1944/45 nahm die sowjetische Armee das Land ein, zerstörte es weitgehend, seine Einwohner flohen, viele kamen ums Leben, wurden verschleppt und bis auf sehr wenige vertrieben.«

Schließlich werden noch die Verlustziffern deutscher Soldaten in Gefangenschaft aufgeführt: in westlichem Gewahrsam 3 Prozent der Gesamtheit, dagegen in polnischem 21 Prozent und in sowjetischem 29 Prozent. Von den Millionenverlusten kriegsgefangener sowjetischer Soldaten dagegen keine Silbe.

Deutschland – ewiges Opfer der Geschichte!

Nach der politischen Herrschaft des Nationalsozialismus und seiner Anhänger auch in Ostpreußens Städten, nach Hitler und seinem Angriff auf Europa und die Welt, nach dieser Verantwortung für den Gang der Geschehnisse würde der Leser vergeblich fahnden, und das nicht nur in diesem »Städte-Atlas Ostpreußen«.

Es ist die absichtsvolle Aussparung der NS-Epoche aus der Vorgeschichte von Flucht und Vertreibung, die auch so lange danach noch die tiefe Verstrickung in das nationalsozialistische Erbe sichtbar macht. Hinter diesem Willen zur selektiven Wahrnehmung steht eine Unbußfertigkeit, die sich bis heute unfähig erwiesen hat, ihr einseitiges Weltbild zu revidieren. Es ist die manische Fixierung auf das eigene Leid, die die Einbeziehung des deutsch verursachten fremden Leids in den Trauerprozeß unmöglich macht, und damit auch eine wirkliche Versöhnung.

Es ist genau diese Spur, die zur Stiftungsurkunde deutscher Verdrängung führt – zur »Charta der deutschen Heimatvertriebenen«.

*

Die hat am 5. August 1950 das Licht der Öffentlichkeit erblickt, also zu einer Zeit, als die Massengräber noch rauchten und sich das Defizit der nationalen Beteuerung »Aber wir haben doch von nichts gewußt« längst mit einer nicht abreißenden Informationfülle über die Verbrechen im deutsch besetzten Europa konfrontiert sah.

Dennoch tauchen im Text der Charta weder die Namen Hitler noch die seiner Paladine auf, so wenig wie die von Buchenwald oder Auschwitz, ganz zu schweigen von einer Geste, von nur einem einzigen Wort des Schmerzes gegenüber den ausgemordeten Völkern. Keine Silbe darüber, daß es nach 1939 und 1941 in Osteuropa zu Massenvertreibungen von Millionen von Menschen, zu wahren Völkerzwangswanderungen unter den unsäglichsten Bedingungen gekommen war, und zwar lange bevor auch nur ein einziger Deutscher seine Heimat verlassen hatte oder verlassen mußte.

In diesem allseits als Zeugnis politischer Vernunft und moralischer Größe gepriesenen »document humain« fehlt jeder Hinweis auf die Vorgeschichte von Flucht und Vertreibung, wird die Verbindung zwischen Ursache und Wirkung gekappt, die Chronologie der Ereignisse ignoriert und das eigene Leid als das schwerste seiner Zeit beschworen.

Verräterischerweise ist die Gesinnnung, in der die Charta abgefaßt worden ist, nie auf den Gedanken gekommen, die Deutschen einzubeziehen, die als erste vertrieben worden sind: die Emigranten. Kein Wort von diesen zwangsgeflüchteten Gegnern des Nationalsozialismus, kein Wort auch von den jüdischen Bürgern und Bürgerinnen darunter, die um Leib und Leben bangen mußten. Wir finden darüber in dieser Stiftungsurkunde deutscher Verdrängung kein Jota. Dafür aber diesen Kernsatz:

»Wir Heimatvertriebenen verzichten auf Rache und Vergeltung.« Darin steckt eine ungeheuerliche Anmaßung. Werden mit diesem Satz doch die Opfernationen der deutschen Aggression in die Position von Schuldnern, die Angehörigen der Täternation aber in die eines großmütig verzeihenden Gläubigers gerückt. Verlogener, unbelehrbarer geht es nimmer.

»Wir Heimatvertriebenen verzichten auf Rache und Vergeltung.«

Wirklich? Verzichtet ein Ungeist, der die Chronologie der Ereignisse so bedenkenlos verschiebt und das Dritte Reich zum weißen Geschichtsfleck macht, tatsächlich darauf?

Es stimmt, ich bin in den vergangenen Jahrzehnten zahlreichen Geflüchteten und Vertriebenen begegnet, die keinerlei Groll hegten, sondern tief versöhnungsbereit waren, gerade unter den »Heimwehtouristen« in Ostpreußen habe ich wieder diese Erfahrung gemacht. Es waren Menschen, die, bitter und unheilbar verwundet, um den Verlust der Heimat trauerten, bis zu Atemnot und Ohnmacht bei der Wiederbegegnung mit ihr und denen, die sie nun bewohnen. Aber ich habe auch die anderen kennengelernt, die Profis der Verbände, deren streng durchgehaltene Verdrängungspolitik die herzzerreißende Trauer um die verlorene Heimat in den Augen der Welt wieder und wieder entwertet hat, die die Frage der deutschen Ostgrenze als »offen« erklärt und damit national und international eine gefährliche Unruhe schafft.

Ich habe diesen Leuten ihren »Verzicht auf Rache und Vergeltung« nie geglaubt, sondern war immer überzeugt davon, daß nur der Gang der Geschichte sie daran gehindert hat. Wehe, wenn ihnen die Gelegenheit dazu gegeben worden wäre! Ich kenne den unverbrauchten Haß, der hinter dieser Unbelehrbarkeit steckt, und ich rate, ihn zu fürchten. Sie ist aber gleichzeitig das beste Lehrbeispiel dafür, wie es um des Friedens und der Versöhnung willen nicht gemacht werden darf und daß diesem Ungeist nur eine Confessio entgegengestellt werden kann: die Unteilbarkeit der Humanitas.

Deshalb, noch einmal: Ohne auch nur eine einzige Sekunde zu vergessen, daß Hitler und seine Anhänger die Urverantwortung für Flucht und Vertreibung tragen, daß sie es waren, die die Rote Armee nach Deutschland geholt und den Grundstein für den Verlust der deutschen Ostgebiete gelegt haben: nicht nur die Verbrechen *von* Deutschen, auch die Verbrechen *an* Deutschen müssen an die Öffentlichkeit!

Sie müssen aufgearbeitet werden von denen, die sie begangen haben oder, wenn sie nicht mehr sind, von deren Nachkommen. Sie müssen in die Schulbücher, in die Lehre der Universitäten, in die Medien und in die Geschichtsforschung aller an diesen Verbrechen beteiligten Nationen. Das betrifft nicht nur die Nachfolgestaaten der Sowjetunion, sondern auch Polen, die Tschechische und die Slowakische Republik, wie die Länder des Balkans.

Ja, die Aufrechnungsmentalität wird darüber herfallen, ihrem Kompensationsdrang wird reichlich Munition geliefert werden. Aber jede andere Entscheidung hieße, mit umgekehrten Vorzeichen den gleichen Weg zu gehen. Keine Verdrängerpraxis darf davon abhalten, an der Aufklärung auch von Verbrechen an Deutschen mitzuwirken.

Mein Ostpreußenbuch ist ein Versuch, dafür Zeugnis abzulegen.

Die Charta des Lew Kopelew

Hier hat das Geständnis zu erfolgen, daß mir die Aufgabe, an der Aufklärung von Verbrechen an Deutschen mitzuwirken, schwerfällt und ich innere Hemmschwellen zu überwinden habe, sobald es sich dabei um die Rote Armee des Zweiten Weltkrieges handelt – aus biographischen Gründen. Sie liegen in der Bedeutung dieser Armee für das Überleben meiner Familie im Dritten Reich.

Zwar sind wir am 4. Mai 1945 in Hamburg von der 8. britischen Armee des Feldmarschalls Montgomery befreit worden, tatsächlich aber haben wir uns von der Roten Armee befreit gefühlt. Sie hatte die Hauptlast der deutschen Aggression zu tragen, sie hatte den größten Blutzoll erbringen müssen, sie war in den drei Jahren vom 22. Juni 1941, dem Tag des deutschen Angriffs auf die Sowjetunion, bis zum 6. Juni 1944, dem Tag, an dem im Westen die Zweite Front errichtet wurde, unsere ganze, unsere alleinige Hoffnung – wie gebannt starrten wir auf die Ostfront.
Auch wenn ich alt werden würde wie Methusalem, nie werde ich die aus jener Zeit tief in mir eingebrannten Namen vergessen, Hunderte, darunter: Orel und Wjasma, Kursk und Grosny, Žitomir und Velikije Luki, die Flüsse Don, Donez und Wolga, Stalingrad natürlich. Und dann, näher und näher, Minsk, Kiew, Lvov, Lublin. Schließlich Warschau, Posen, Frankfurt an der Oder, Berlin.
Unser Leben war zu einem Wettlauf zwischen der »Endlösung der Judenfrage« und dem »Endsieg« der Anti-Hitler-Koalition geworden. Ich verkleinere den Anteil der Westalliierten an der Niederringung der Hitlerwehrmacht nicht, wenn ich sage: Diesen Wettlauf haben wir durch die Rote Armee gewonnen.
Aber keine Dankbarkeit, und sei sie, wie in diesem Falle, noch so groß, könnte mich veranlassen, meine Glaubwürdigkeit vor mir selbst zu verlieren, indem ich schweige über die Verbrechen und die Gewalt, die von Angehörigen eben dieser Armee massenhaft an wehrlosen Deutschen verübt worden ist. Auch meinen Befreiern gegenüber kann ich das nicht. Dabei werfe ich mich nicht vermessenerweise zum Richter auf, über niemanden, der solche Gewalttaten begangen hat, und der sich ja erst an die deutsche Grenze herangekämpft haben mußte, um sie zu überschreiten. Aber ich berufe mich bei der Erörterung von Verbrechen an Deutschen durch die Rote Armee auf das leuchtende Beispiel von Lew Kopelew.

In seinem erschütternden Buch »Aufbewahren für alle Zeit« (so der Stempel auf jeder Akte bei »Staatsverbrechen«) schildert der große Russe den Einmarsch der Roten Armee nach Ostpreußen, den er über Soldau und Allenstein Ende Januar 1945 als Offizier einer Propagandaeinheit unter dem Kommando des Marschalls Rokossowski erlebte.
Entsetzt sieht Lew Kopelew, was da auf deutschem Boden geschieht.
Und nun beginnt sein Kampf gegen Gewalttäter und Mörder aus den eigenen Reihen zum Schutz von deutschen Zivilisten, Männern, Frauen und Kindern, der Versuch, inmitten des gewalttätigen Kriegsgeschehens eine Urkraft durch Appelle und Eingreifen zu bändigen. Was ihm in der allgemeinen Raserei des Plünderns, Schändens, Mordens und Brennens einmal gelingt, ein anderes Mal nicht. Wütenden Argumenten aus den Reihen der Mitkämpfer wie: »Die Fritzen haben die ganze Welt ausgeraubt, bei uns haben sie alles zerstört, jetzt ist es umgekehrt. Mitleid haben die nicht verdient!« setzt Lew Kopelew unbeirrbar entgegen: »Nicht mit ihnen brauchen wir Mitleid zu haben, sondern mit uns, wenn wir so etwas tun.«
Das klingt hilflos, rhetorisch, wie moralistische Theorie angesichts der verwüsteten Städte und Dörfer vom Ilmensee bis zum Schwarzen Meer, von den Vororten Moskaus bis zu den Pripjetsümpfen – nichts als Brände, Ruinen, Massengräber, bevor die Rotarmisten deutschen Boden betreten hatten.
Lew Kopelew ist sich der äußeren Schwäche seiner Argumente bewußt, er bekennt auch, daß er nicht überall eingegriffen hat, wo er hätte eingreifen können, zu müde, zu erschöpft, überfordert, um die Flut der Gewalt mit dem Damm seiner humanistischen Forderung aufhalten zu können.
Wenn ihm dennoch manches glückt, er Frauen beschützt, Männer vor willkürlicher Exekution bewahrt, Brandstiftung verhindert, dann weil in ihm etwas unantastbar, unangreifbar lebt, eine

Gewißheit, die keine Kompromisse eingeht und von ihm nie in Frage gestellt wird: niemals gegen Schwächere Gewalt üben!
Der Offizier der Roten Armee Lew Kopelew ist in Feindesland – ja. Er hat längst erfahren, daß bis auf Ausnahmen fast jeder und jede, die da vor Angst schlottern, lügen, wenn sie ihre Feindschaft zu Hitler herausstoßen, sich atemlos zu seinen Gegnern ernennen, die Widerstandskämpfer markieren – ja. Er weiß, daß die Erwachsenen darunter auf diese oder jene Weise, mit ihrem Molekül, Anteil gehabt haben an den endlosen Zerstörungen und Menschenverlusten während der deutschen Eroberung, und sei es nur dadurch, daß sie die Hand zum Hitlergruß erhoben hatten – ja.
Aber diese Zivilisten da, die Frauen und Kinder, letztere ohnehin und in jeder Beziehung schuldlos, Männer, die keine Waffen tragen, Besiegte sind, passiv, wartend, keiner Gegenreaktion mehr fähig, die nackte Furcht in Person – sie befinden sich im Zustand der *Wehrlosigkeit*!
Das war das Stichwort, das für Lew Kopelew auch unter den fürchterlichsten Umständen im fürchterlichsten aller Kriege gegen den fürchterlichsten Feind gültig blieb: Wehrlosen gegenüber ist jede Gewalt zu versagen, ist Gewalt einzustellen, hat Gewalt nichts mehr verloren.
Danach hat Lew Kopelew gehandelt, als er vor einem halben Jahrhundert in Ostpreußen deutschen Boden betrat, nicht ahnend, daß er damit den ersten Schritt auf einem Wege getan hatte, der sein ganzes weiteres Leben bestimmen und ihn eines Tages als ausgewiesenen Dissidenten nach Deutschland führen wird.
Die ersten Reaktionen kommen rasch. Der General befiehlt ihn zu sich, liest vor: »In Ostpreußen verteidigte und rettete Kopelew Deutsche. (...) Er erregte die Unzufriedenheit unserer Offiziere und Soldaten. (...) Ich halte es für meine Pflicht als Parteimitglied und Offizier (...).«

Wegen »kleinbürgerlichen Humanismus, Mitleids mit dem Feind, Schwächung der Kampfkraft der Roten Armee« denunziert, beginnen seine Gefängnis- und Lagerjahre. Den Anklagepunkt »Mitleid mit dem Feind« hat er nie bestritten, ihn aber im Verhör ergänzt: Er hasse die Nazis, aber nicht wehrlose Männer, Frauen und Kinder.
Das ist die Ehre des Lew Kopelew – und *seine* Charta.

Wir haben immer mit irgendwelchen Hoffnungen gelebt – vier Frauenporträts aus Olsztyn

Elisabeth L., Jahrgang 1929:
»Am 22. Januar 1945 ging es ab, in Richtung Guttstadt, Wormditt, Heiligenbeil, mit zwei Leiterwagen. Vor den einen waren vier, vor den anderen zwei Pferde gespannt. Dann sind wir losgefahren, Vater, Mutter, eine Nachbarin mit Tochter, ein Onkel und seine Frau, und die Instleute*, Mädge und Knechte meines Onkels, der Bauer war. Die hatten gebettelt: Nehmt uns mit, nehmt uns mit! Mein Vater war Werkmeister bei der Reichsbahn, und es war unklar, ob er mit auf die Flucht durfte. Aber er wollte uns nicht im Stich lassen. Bis zu diesem Tag hatten wir vom Krieg nichts gespürt. Nun ging es auf Treck, und das fiel besonders meinem Onkel schwer, denn Bauern klammern sich ja an ihre Scholle.
Bei Rosenberg, hinter Heiligenbeil, ging es auf das gefrorene Haff. Doch erst mußten wir das meiste von den Wagen abladen, vor allem schwere Metallsachen, das wurde von der Wehrmacht befohlen. Auch sonstiges Überflüssiges, oder was die Aufsicht dafür hielt, mußte am Ufer bleiben. Als eine Frau angehalten wurde, ihr Kristall abzuladen, hat sie geschrien: ›Wenn ich das

* Gutstagelöhner

nicht haben soll, dann soll es auch niemand anderer bekommen!‹ und hat alles auf die Erde geworfen und zerschlagen, das ganze schöne Geschirr.
Dann fuhren wir mit den Gespannen aufs Haff, in Kolonnen, ein paar Reihen nebeneinander und im Abstand von fünf Metern. Das Eis war dick, aber es hat doch geächzt unter der Last, das haben wir gespürt und gehört, es war unheimlich. Bis drüben, zur Nehrung, waren es nur etwa zehn Kilometer, doch das war weit, sehr weit, denn wir krochen wie die Schnecken.
In der Nacht war es ruhig, aber am Tag kamen die sowjetischen Flieger und haben mit Bordwaffen geschossen. Das Eis zersprang, und viele sind eingebrochen mit Pferd und Wagen. Die verschwanden einfach, wie in einem Loch, flups waren sie weg, kaum daß man einen Schrei hörte, so schnell ging das. Manchen ging der Treck übers Haff zu langsam, die scherten dann aus der Reihe und wollten überholen. Einer, der das machte, war gerade an uns vorbei, da kamen die Flieger und schossen – die Pferde waren gleich tot, der Frau war ein Arm abgeschossen. Sie brachen ein, gingen unter, waren plötzlich weg, als wären sie nie dagewesen, mit Mann und Maus. Wir hatten Glück und konnten gerade noch an der Seite vorbeikommen.
Manchmal saß ich auf einem der Pferde, manchmal ging ich daneben, schließlich legte ich mich auf den Wagen und dachte, als die Bomben flogen: Es ist ja schon alles egal, laß kommen, was will. Aber sagen Sie selbst: Was sollte man als sechzehnjähriges Mädchen in einer solchen Situation auch anderes denken?
Auf die Nehrung kamen wir in Bodenwinkel, wir hatten es geschafft.
Von dort ging es weiter, über Stutthof, auf einer Fähre über die Weichsel, bis Gottswalde, dann nach Danzig und von da nach Dänemark – aber nur die Mutter und ich, nur Frauen und Kinder, die Männer, auch mein Vater, mußten bleiben.
In Kopenhagen kamen wir auf ein Lazarettschiff, zusammen

mit verwundeten Soldaten, und blieben dort, in Dänemark, eineinhalb Jahre. Inzwischen konnten Briefe ausgetauscht werden, und dadurch erfuhren wir zu unserer großen Freude, daß von der Familie alle lebten. Obwohl viele Geflüchtete uns davon zurückzuhalten versuchten und ungläubig fragten: ›Sie wollen wirklich unter die Polen?‹, fuhren meine Mutter und ich zurück, im August 1946.

Warum? Weil ich mein Ostpreußen liebe, es gibt kein schöneres Land – darum. Ich hatte hier eine gute Kindheit verbracht, in der Straße, wo der Bahnhof ist, damals, nach 1933, hieß sie Germanenring, heute Grabowskiego. Ich hatte viele Freundinnen und war, wie sie, sehr sportlich. Ich bin Schlitten gefahren, Ski gelaufen, habe Flöte gespielt – es war einfach eine schöne Zeit. Ich war bei den ›Jungmädeln‹, der Vorstufe des BDM*, und habe mein ›Pflichtjahr‹ bei meinem Onkel auf dem Lande gemacht. Ich habe immer Tiere geliebt, besonders Pferde.

Es gab damals aber auch irgend etwas Verstecktes, Heimliches. Wenn die Eltern mit den Tanten zusammenkamen, dann wurde viel getuschelt. Kinder spitzen ja die Ohren. Ich erinnere mich daran, daß von einem Lager für Russen in Hohenstein gesprochen wurde und daß die sich vor Hunger selbst aufgefressen haben sollen. Das war gruselig, so weit ich das als Kind überhaupt begreifen konnte. Aber gesprochen worden ist davon. Ich selbst habe mal gesehen, wie ein Wachtmann einen Russen, der sich nach einem Zigarettenstummel gebückt hatte, mit einem Stock geschlagen hat. Das prägt sich ein.

Als wir zurückkamen aus Dänemark, hatte sich der Woiwodschaftssekretär der Polnischen Arbeiterpartei in unserem Haus einquartiert. Dann war da noch eine Frau, die wohnte oben, die sagte zu uns: ›Raus hier und hinter die Oder!‹ Der Sohn

* Bund Deutscher Mädel, der Zusammenschluß der vierzehn- bis achtzehnjährigen Mädchen in der Hitlerjugend

war bei der Staatspolizei, also mit denen war nicht gut Kirschen essen.
Aber wir wollten bleiben. Wir haben dafür gekämpft, daß wir unser Haus wiederbekamen. Daß wir nicht vertrieben wurden, hing damit zusammen, daß mein Vater als Werkmeister eine praktische Hand hatte. Er konnte vor allem Pumpen reparieren und wußte mit Wasserinstallationen gut umzugehen. Das wußte der Bürgermeister, und vielleicht konnten wir deshalb bleiben.
Mein Vater starb dann, 1958, meine Mutter erst 1975. Aber da waren wir schon längst in unserem Haus zurück, seit 1956. Wir hatten allerdings diese schreckliche Frau samt ihrem Sohn noch lange als ›Untermieter‹, aber seit 1968 waren wir dann im Haus allein.
Ich habe nie von hier wegwollen, obwohl ich schon oft im Westen war, in der alten Bundesrepublik und auch in der vereinten. Ich weiß, ich würde mich dort nicht wohl fühlen. Als ich gekonnt hätte, also noch jung genug dafür gewesen wäre, da ging es nicht, weil ich Lehrerin war. Ich hätte sofort die Arbeit verloren, wenn ich einen Antrag gestellt hätte. Aber, wie gesagt, ich wollte bleiben.
Heute ist ja vieles anders als in dem Polen vor 1989. Ich könnte mich vor Aufgaben zerreißen. Ich unterrichte noch im Jugendhaus, drei Tage in der Woche, das wird vom Schulamt bezahlt. Viele Leute wollen von mir Privatstunden in Deutsch. Ich bin aktiv in einer Organisation der deutschen Minderheit, vor allem aber mache ich Führungen für Deutsche, meist heimwehkranke Touristen, ältere Leute, aber auch einzelne ›Ehemalige‹. Das gibt oft ganz rührende Begegnungen, wenn die alten Besitzer mit den neuen Bewohnern zusammenkommen, da fließen schon mal Tränen, auf beiden Seiten.
Es kommen viele Leute aus Deutschland zu mir, die früher auf dem Germanenring gewohnt haben, da es sich herumgesprochen hat, daß ich eine bin, die noch alles von früher kennt. Da-

bei gibt es dann auch Stimmen, die ich nicht so gern höre, zum Beispiel vor kurzem eine Dame, die nicht wahrhaben wollte, was Deutsche während des Krieges in Polen gemacht haben. Als ich ihr darauf das mit dem Russen erzählte, der wegen des Zigarettenstummels geschlagen wurde, was ich selbst gesehen hatte, da hat sie sich richtig gezankt mit mir. Solche Leute begegnen mir nicht oft, aber es gibt sie schon. Am letzten Samstag war ein Herr bei mir, ein Pole, der korrespondiert mit einer Frau in Deutschland, und als Resultat dieser Korrespondenz hat er mir ganz verstört erklärt: ›Die Deutschen kommen wieder, ich sage Ihnen, die kommen wieder.‹
Ich finde das traurig, wenn es heute noch Menschen gibt, die so nationalsozialistisch eingestellt sind, aber Gott sei Dank sind es nicht allzu viele.
Im übrigen ist all das, was ich tue, kein Muß. Ich tue es ganz einfach, weil ich meine Heimat liebe – *das* ist es.«

Edyta S., Jahrgang 1939:
»Es war im Januar 1945, und sehr großer Frost. Wir wohnten in Korschen, und in unserem Haus waren bereits viele Flüchtlinge aus den östlichen Landesteilen. Meine Mutter hatte alles schon zusammengepackt, aber als sie das Gedränge am Bahnhof sah, ist sie zurückgekommen und hat geweint. Dann sind wir doch gefahren, Mutter, Schwester und mein Vater, der war Eisenbahner und gleichzeitig auch der Lokführer dieses Zuges.
Die Russen waren schon in Allenstein, deshalb ging es hoch in Richtung Heilsberg, aber da mußten wir alle raus, denn die Front hatte uns schon überrollt. Wir sind in ein Dorf gegangen, das hieß Springborn, da waren alle Räume längst von anderen Flüchtlingen besetzt, deshalb haben wir in einer Scheune übernachtet. Ich kann mich noch sehr gut besinnen, daß ich mich an eine Kuh drängte, die war schön warm. Am Tage bekamen wir dann ein Zimmer in dem Haus.

Aber die Gegend war gefährlich, es wurde ringsum geschossen, das Gefecht soll in die Geschichte als der ›Heilsberger Kessel‹ eingegangen sein, und wir waren mittendrin. Ich sehe noch, wie die ersten Russen ins Dorf kamen, auf Pferden, und daraus wurde sofort eine wilde Schießerei. Denn in dem Haus waren fünf deutsche Soldaten, und die haben auf die Russen gezielt. Wir lagen auf dem Fußboden und baten die Soldaten, nicht zu schießen, sondern sich zu ergeben, da doch so viele Zivilmenschen in dem Haus waren. Da gingen die Soldaten raus, mit den Händen hoch, und die Russen kamen herein. Einer von ihnen hat seine Maschinenpistole auf uns gerichtet und wollte schießen. Aber ein anderer hat ihm die Waffe hochgeschlagen, und da ging die ganze Salve in die Decke. Sonst hätte sie uns getroffen.

Die fünf deutschen Soldaten wurden draußen an die Wand gestellt und exekutiert. Vier von ihnen waren gleich tot, der fünfte fiel in ein Loch vor dem Kellerfenster. Er klopfte dagegen und hat uns um Hilfe angebettelt, aber da kam ein Russe von oben und hat auch ihn erschossen. Da lag er, bis die Soldaten begraben wurden, was fast zwei Wochen gedauert hat, weil der Frost die Erde so hart gemacht hatte. Wenn wir zum Klosett wollten, mußten wir über die Toten steigen. Darunter waren auch Russen, die ebenfalls nicht begraben werden konnten.

Es waren furchtbare Tage, noch furchtbarere Nächte. Alle paar Stunden wurden die Frauen herausgeholt, sie haben geheult und geschrien, aber es hat nichts genutzt. Gott sei Dank ist meine Mutter nicht vergewaltigt worden, meine Großmutter hat sie versteckt. Sie selbst hat sich die Zähne rausgenommen, damit sie sehr alt aussah, hat sich schmutzig gemacht, im Gesicht, und die Haare so zerzottelt, und trotzdem haben die Russen sie gefragt, ob sie nicht in Wahrheit eine noch junge Frau war.

Dann wurden alle Männer festgenommen und verschleppt, darunter auch mein Vater. Ich habe ihn nie wieder gesehen. Später,

viel später erfuhren wir vom Roten Kreuz, daß er in Braunsberg erschossen worden ist.
Die Frauen mußten arbeiten, meine Mutter bei den Kühen. Beim Melken hielt sie den Becher vor, und so haben wir Milch getrunken. Aber sie starb bald an Typhus, mit zweiunddreißig Jahren. Vor ihrem Tod hat sie phantasiert, in hohem Fieber hat sie geschrien: ›Ihr Drachen, ihr wollt mich nicht lassen, aber mein Mann kommt mit dem Flugzeug und holt mich!‹ Das hat die Mutter phantasiert. Und so blieben wir allein mit der Großmutter.
Nach den Russen kamen die Polen. Sie wollten, daß wir den Nachnamen änderten, Wilhelm, aber das haben wir nicht getan. Ich weiß nicht, warum wir bleiben konnten und nicht ausgewiesen wurden. Vielleicht, weil meine Großeltern masurisch sprachen und auch polnisch, obwohl sie mit uns immer deutsch gesprochen haben. Ich bin ziemlich sicher, daß sie nur deshalb bleiben konnten, und wir mit, meine Schwester und ich.
Eine deutsche Schule habe ich nie besucht, sondern bin gleich in eine polnische gekommen. Das war zuerst auch eine schlimme Zeit.
Ich wurde immer als Deutsche erkannt, und das war schlecht für ein kleines Kind, das nicht verstoßen werden wollte. Es gab Nachbarn, die sagten zu ihren Kindern: ›Spiel nicht mit dieser deutschen Ratte.‹ Meine Schwester und ich, wir waren sehr zurückhaltend und hatten Hemmungen, weil wir die polnische Sprache noch nicht so gut konnten. Deshalb hatten wir viel Angst. Dazu kam, daß meine Schwester stotterte. Ich war aber ganz begabt, habe schneller als sie polnisch gelernt und versucht, für sie mit zu sprechen. Ich habe sie oft verteidigt.
Wenn das Schuljahr anfing, mußten alle ihre Staatsangehörigkeit angeben, wann und wo geboren und wie der Vatername war. Da hieß es dann: ›Wilhelm? Das ist doch ein deutscher Name. Bist du etwa deutsch?‹ Bei der Frage nach der Abstammung

habe ich dann leise gesagt: ›Deutsch.‹ – Dann hieß es: ›Lauter!‹ Da habe ich dasselbe lauter gesagt und habe mich geschämt, denn ich wurde gleich ausgelacht. Ich mußte an die Tafel und darauf schreiben: ›Ich bin deutsch.‹ Das war so schwer, ich fühlte mich sehr bedrückt.

Aber als ich ich dreizehn Jahre alt war, da dachte ich: Sie brauchen doch nicht zu wissen, daß ich eine Deutsche bin, im Herzen kann ich trotzdem deutsch bleiben, dachte ich. Und als ich wieder an der Reihe war und meine Daten angeben sollte, da habe ich ganz dreist erklärt: ›Ich bin eine Polin.‹ Und von da an stand in allen Papieren, daß ich eine Polin bin.

Heute ist das anders. Heute schreibe ich bei der Ausfüllung von Formularen fröhlich und reinen Gewissens: ›Ich bin eine Deutsche.‹ Darauf bin ich sehr stolz und freue mich immer wieder darüber. Dabei habe ich einen Polen geheiratet, 1961, mit 22, noch in Korschen. Wir zogen dann nach Allenstein und hier gebar ich fünf Kinder, aber mein Mann ließ mich schon früh im Stich, 1968, als die jüngste Tochter zwei war.

Ich bin nicht geschieden, lebe jedoch allein. Es war sehr schwer, die Kinder großzuziehen, ihr Vater hat erst wenig, dann gar nichts mehr gezahlt, also mußte ich für meine Söhne und Töchter sorgen. Ich bin Bibliothekarin geworden, arbeitete dann aber als Leiterin beim Roten Kreuz. Da war es gut, nur der Chef mochte mich nicht leiden, weil ich deutscher Abstammung bin, und er hat mir große Schwierigkeiten gemacht. Meine Kinder haben dann gesagt: ›Geh doch zurück in die Bibliothek!‹, was ich auch getan habe. Ich konnte es mit dem Chef einfach nicht aushalten. Inzwischen sind meine Kinder groß. Ein Sohn studierte hier in Allenstein und war in einer Tanzgruppe. Als die nach Deutschland fuhr, blieb er dort, mit 21 Jahren. Er hat dann in Aachen Bauingenieur studiert und arbeitet jetzt da. Für mich war das ein großer Stich, daß er die Familie verlassen hat, nicht Polen, aber die Familie. Wir waren immer sehr eng zusammen,

alle wußten, was die anderen machten, und plötzlich fehlte einer. Ich war so unruhig, weil er noch so jung war. Aber dann habe ich ihn in Deutschland besucht.
Inzwischen sind die anderen drei auch dort, so daß nur noch meine 26jährige Tochter hier ist. Sie hat einen polnischen Ehemann und möchte auch raus, aber er will nicht, und das ist schlimm. Sie haben keine eigene Wohnung und leben deshalb mit in meiner. Die ist jedoch so eng, daß ich nicht einmal eine Ecke habe, wo ich meine Bücher hinlegen könnte. Aber auch diese Tochter spricht, wie alle meine Kinder, deutsch.
Ich bin sehr froh, daß wir jetzt als deutsche Minderheit zusammenkommen können, wieder deutsch sprechen und deutsch singen, uns organisieren und Ausflüge machen, ohne etwas befürchten zu müssen. Es hat sich viel geändert.
So ganz ehrlich gesagt, mit dem Herzen – ich möchte auch nach Deutschland. Es ist so schön, wenn man auf der Fahrt, auf der Straße, überall Menschen trifft, die einen auf deutsch ansprechen, wirklich, das ist schön, so habe ich es empfunden. Natürlich möchte ich, daß Ostpreußen wieder deutsch wird, weiß aber, daß das nur über einen neuen Krieg möglich wäre, und das will ich nicht. Außerdem, die Jungen haben doch hier ihre Heimat, sind hier geboren, aufgewachsen, haben Freunde und Erinnerungen. Nein, das geht nicht. Aber daß man es sich wieder deutsch wünscht, das ist doch zu begreifen.
Politisch weiß ich aus der Zeit vor 1945 nicht viel, ich bin, wie gesagt, erst 1939 geboren worden. Aber mein Vater, der ja Lokführer war, soll von einem Transport erzählt haben, den er begleitet hatte. Dabei muß er gesehen haben, wie Jüdinnen erschossen worden sind, und wie die Kinder, darunter Mädchen in meinem Alter, die Mütter aufforderten, wieder aufzustehen, bevor auch sie getötet wurden. Ich habe das von meinen Großeltern erfahren – mein Opa starb 1956, meine Großmutter 1964. Sie sagten, Vater hätte immer wieder vor sich hin gemurmelt: ›Das kann

doch nicht sein, so was tun Deutsche doch nicht, so ein Kulturvolk.‹ Er konnte danach lange nicht essen, oder nur wenig, und er hat das gleich meiner Großmutter, also seiner Mutter, erzählt. Nicht so ganz Genaues, aber etwas Schreckliches. Vielleicht hat er sich gefragt, was er selbst dazu beigetragen hatte, denn er war in der SA gewesen. Jedenfalls muß er sehr beunruhigt gewesen sein über das, was er da gesehen hat. Das haben mir meine Großeltern erzählt.

Ich bin dadurch auch beunruhigt, nachdem ich später erfahren habe, was in den Konzentrationslagern geschehen ist, von Leuten, die selbst da drin gewesen waren. Ich habe mich damals lange gefragt, ob alle Deutschen schlecht seien, aber nach vielen Gesprächen mit meinen Großeltern habe ich das verneint. Ich glaube nicht, daß mein Vater sehr schuldig geworden ist. Ich war erst sechs Jahre alt, als er für immer verschwand, kann mir aber nicht vorstellen, daß er selbst Böses getan hat. Nur habe ich niemanden, mit dem ich darüber sprechen kann, obwohl ich es wissen möchte. Es läßt mich nicht in Ruhe.

Doch werde ich auf diese Fragen nie eine Antwort bekommen, nie.«

Therese D., Jahrgang 1934:

»Die Russen kamen am 21. Januar, aber wir flohen gerade noch aus Allenstein mit einem Zug nach Guttstadt. Ich war elf Jahre, und das schlimmste für mich war, daß ich mich von meinen 24 Puppen verabschieden mußte.

Im Zug waren verwundete Soldaten, die seit Tagen keine ärztliche Behandlung hatten. Der Eiter, die Wunden, der Geruch, das Fieber – es war furchtbar. So fuhren wir zwei Tage, dann kamen wir in Königsberg an. Obwohl die Stadt durch zwei Bombenangriffe zerstört war und die Front nahe, blieben wir dort, in einem Bunker und in einer Lokomotivenhalle. Die Russen kamen uns so nahe, daß man nicht nur das Schießen hörte, son-

dern auch, wie sie ›Trink, trink, Brüderlein, trink‹ sangen, guttural und in gebrochenem Deutsch, aber verständlich. Außerdem riefen sie: ›Eine Woche nach Ostern kommen wir euch holen.‹ Und das taten sie dann auch, im April 1945. Der Bunker wurde beschossen, es dröhnt mir jetzt noch im Kopf, der Schall von den Geschossen, das Geschrei von hysterischen Menschen. Am Schluß waren wir zum Glück nicht in dem Hochbunker. Der hatte oben ein Flakgeschütz, und als die Russen kamen, haben sie unten alles angesteckt – da ist keiner herausgekommen.
Dann die Lokomotivenhalle! Die Gerüste verbogen, die Tore aus den Angeln gehoben, meterhohe Glasscherben, dazwischen Verwundete, die stöhnten. Wenn ich heute Kriegsfilme sehe, die nachgeahmten – ich kann mir solche Spielerei nicht mehr angucken.
Dann begannen die Verschleppungen der Menschen, von denen beinahe auch meine Schwester betroffen worden wäre. Sie war schon auf der ›anderen Seite‹, kam dann aber doch noch zurück. Anfang Mai beschlossen wir, von Königsberg wegzugehen, nach Braunswalde, nördlich von Allenstein.
Ein Bild von unterwegs werde ich nie vergessen.
Es war vor Guttstadt, am 9. Mai 1945, an einem herrlichen Tag mit Sonne und einem überblauen Himmel. Da kam ein russischer Offizier auf einem Motorrad heran, hielt vor uns, stieg ab, stand in seiner schwarzen Lederuniform da und begann, etwas zu verlesen. Und das war es, was ich davon verstanden und behalten habe: ›Gitlär kaputt – Krieg zu Ende!‹ Aus Guttstadt läuteten die Glocken, aus allen Kirchen in der Umgebung, es klang über die Felder, es war wunderbar.
Wir waren voller Hoffnung, daß das Grausame nun ein Ende hatte und ein normales Leben beginnen konnte. Doch gleich darauf versuchten Soldaten, meiner Mutter die Kleider vom Leibe zu reißen und in sie einzudringen. Da habe ich so geschrien, so wahnsinnig geschrien, und mit mir alle anderen, daß die Sol-

daten weggelaufen sind, nachdem einer aus seiner Pistole noch einen Schuß in die Luft abgefeuert hatte.
In der ganzen Zeit, fast seit Beginn der Flucht, hatten wir stets Hunger gehabt. Deshalb hatte ich meine Mutter immer gefragt: ›Werde ich noch mal Brot mit Butter essen?‹ Das war ein Traum. Er ging in Erfüllung, als wir in Braunswalde ankamen. Dort wohnten die Eltern meiner Mutter und ihr Bruder auf einem Gehöft, das heil geblieben war. Das erste, was geschah, war, daß meine Großmutter Butterbrote brachte. Das werde ich nie vergessen.
Warum wir hiergeblieben und nicht vertrieben worden sind? Ja, warum? Wir wollten hierbleiben im katholischen Ermland, unserer physischen und geistlichen Heimat. Aber das allein hätte nicht genügt, da nicht wir darüber zu entscheiden hatten. Zu entscheiden hatten die Polen, die kamen, als im Herbst 1945 die Russen abgezogen waren. Eines Tages wurden wir ins Rathaus beordert, Vater, Mutter, Schwester und ich, ohne daß mitgeteilt wurde, worum es sich handelte. Aber wir konnten es uns denken, und da sagte mein Großvater: ›Ich komme mit.‹ Er konnte nämlich polnisch, wie viele aus seiner Generation. Aber er wurde gar nicht gefragt – ich habe den Ausschlag gegeben.
Als wir in das Zimmer kamen, war es voller Rauch, und alles stank nach Alkohol. Wodkaflaschen standen herum. Hinter einem Tisch saßen sechs Gestalten, eine Kommission. Die befahl mir, das Vaterunser auf polnisch zu beten – was ich tat, perfekt. Dann mußte ich auf polnisch bis zehn zählen. Aber bevor ich die letzte Zahl erreicht hatte, saß der Stempel schon auf dem Papier – wir konnten bleiben.
Wer von dieser Kommission einen anderen Bescheid erhielt, der mußte noch am gleichen Tag oder in der gleichen Nacht sein Bündel packen und losziehen. Manchmal war die Ausweisung auch nur vorgetäuscht. Dann wurden die Leute am Bahnhof oder an anderen Sammelplätzen abgefangen und durften

wieder nach Hause, in ihre Wohnung. Nur war die inzwischen völlig ausgeraubt, was der eigentliche Sinn der Aktion war.
Wir haben dann eine kleine Wohnung gefunden, der Papa hat wieder auf der Post gearbeitet – das war nicht viel, aber nach der Leidenszeit wenigstens etwas. Ich machte das pädagogische Abitur, meine Schwester auch, wir versuchten uns als Lehrerinnen, hatten immerhin eine Existenz und begeisterten uns für die schöne Landschaft, unsere ermländische Heimat.
1962 habe ich einen Polen geheiratet, wir haben zwei Söhne, die 1963 und 1964 zur Welt kamen. Der erste, Peter, faßte den Beschluß, nach Deutschland zu fahren, der zweite, Daniel, hat eine Polin geheiratet, sie haben zwei Kinder. Meine Schwester konnte mit Mann und zwei Kindern schon 1972 nach Deutschland fahren. Die Familie ist also ganz auseinandergerissen.
Was die Zeit vor 1945 betrifft, so haben wir Kinder einiges mitbekommen, anderes später erfahren. Ein Soldat kam mal ins Elternhaus, auf Urlaub, und er erzählte, daß sich ›die Erde noch bewegt hat‹. Der Satz ist irgendwie in mir hängengeblieben, zumal der Mann dann geweint hat über das, was in Polen geschehen war. Gesprochen wurde nicht darüber, die Wände hatten Ohren, die Nachbarn ...
Ich weiß nur, daß die Juden plötzlich aus Allenstein verschwunden waren. Sie kamen erst in ein kleines Lager, trugen den Stern und mußten Straßenarbeiten verrichten. Es muß demütigend gewesen sein. Darunter waren geachtete Leute. Unbehagen trat auf, man fühlte sich nicht wohl.
Bei uns herrschte schon eine versteckte Opposition, Vater war nicht in der Partei, und Mutter sagte, wenn wir aus der Schule kamen: ›Glaubt bloß nicht alles. Wir Deutschen stehen nicht an erster Stelle.‹
Ich möchte bei dieser Gelegenheit noch etwas loswerden.
Es gibt jetzt Leute, die kommen aus Deutschland und wollen uns hier vorschreiben, wie wir zu leben haben. Ich kann das nur

belächeln. Kein Mensch aus dem Westen kriegte das zustande, was wir im Zeichen des Mangels geleistet haben. Aber dennoch werden wir von manchen Deutschen als Menschen fünfter Klasse behandelt. Das schmerzt. Wo waren sie denn früher? Mein Vater ist 1976 gestorben in wahnsinnig schweren Verhältnissen. Zwanzig oder dreißig Mark Rente hätten schon viel bedeutet. Gewiß, das wäre schwierig gewesen, aber möglich. Oder wenn er nur einen Mantel oder eine Jacke gekriegt hätte – das ist aber nicht geschehen. Und heute? Da stehen in den Zeitungen Summen, die von Deutschland kommen, daß man sich fragt: Wo bleibt das Geld eigentlich? Wenn man dann nach Deutschland kommt, wird einem vorgehalten: ›Ihr existiert doch nur, weil wir euch das geben.‹ Ich höre mir das an und frage dann: ›Sie geben uns so viel? Hat das irgendeinen Einfluß auf Ihr Gehalt?‹ Natürlich nicht. Niemand hat sich bisher wirklich um uns kleine Leute gekümmert.
Mich machen bestimmte Haltungen unruhig, Leute, die raunen und nur halb mit dem rausrücken, was sie sagen wollen. Daß Ostpreußen für Deutschland verloren ist, das ist doch das Resultat eines schrecklichen Krieges. Gewisse Handlungen schließen eben mit gewissen Ergebnissen, ob man will oder nicht. Manchmal äußern sich Menschen, daß einem angst und bange werden kann. Ich denke, meine Enkel in Deutschland werden Deutsche sein, meine Enkel hier aber Polen oder Polinnen. Und beides ist gut so.
Die Wahrheit aber ist: Wir haben immer mit irgendwelchen Hoffnungen gelebt, immer, bis heute.«

Maria A., Jahrgang 1930:
»Ich bin in Schönfelde geboren, siebzehn Kilometer von Allenstein entfernt. Mein Vater war Briefträger dort, wir wohnten im Posthaus, an der Eisenbahnlinie. Es gab da auch eine polnische Schule, jedenfalls bis 1939, und eine polnische Zeitung. Die hat

mein Vater zu den Abonnenten gebracht, und da hieß es, er arbeite für Polen. Daran erinnere ich mich noch, auch wie wütend er darüber war.
Wir waren sieben Geschwister, vier Mädchen und drei Jungen, und ich weiß bis heute nicht, wie meine Eltern das gemacht haben, daß wir nie barfuß gingen und nie hungrig waren. Das Einkommen meines Vaters war doch so klein.
Ich habe die schönsten Erinnerungen an meine Kindheit. Es gab damals viel mehr Schnee als heute. Für die zweieinhalb Kilometer bis zur Schule brauchten wir manchmal über zwei Stunden, ein eisiger Weg. Ich sagen Ihnen: Schnee gab es bis zum Bauch! Auch waren die Sommer damals länger, und ich finde, es regnete viel weniger als heute.
Es war eine richtige Dorfschule, in die ich ging von 1936 bis 1939, Mädchen und Jungen zusammen und in verschiedenen Altersstufen. Wir haben Ausflüge gemacht mit dem Fahrrad, nach Hohenstein und zum Tannenbergdenkmal, und Völkerball gespielt haben wir auch. Es fanden Umzüge statt, mit Fackeln, aber nicht so häufig in Uniform, daran kann ich mich erinnern. Mit Politik hatten wir wenig zu tun, auch in der Mittelschule nicht. Hitler habe ich nicht gesehen, aber den Zug, der ins Führerhauptquartier fuhr, nach Rastenburg. Unser Haus stand ja keine zehn Meter vom Gleis entfernt. Wir Kinder haben gesagt, das sei der ›Blitzzug‹. Am 20. April hing in der Schule immer ein Blumenstrauß an Hitlers Bild, aber ich kann nicht sagen, daß wir sehr indoktriniert worden sind. 1938, ich glaube im November, ist in Allenstein die Synagoge abgebrannt. Ich habe das nicht gesehen, erinnere mich aber, daß davon unterderhand gesprochen wurde. Juden hatten Geschäfte dort, Läden. Später ist auch über die Deportationen geflüstert worden, die Menschen mit dem Judenstern wurden immer weniger auf der Straße, das habe sogar ich als Kind mitgekriegt. Aber die Zusammenhänge begriff ich natürlich noch nicht.

Am 1. September 1939, als der Krieg ausbrach, da waren Kanonen zu hören und ihr Feuer zu sehen. Die frühere deutsch-polnische Grenze war ja gleich hinter Neidenburg. Wir hatten gerade in unserem Garten Johannisbeeren gepflückt und keine Ahnung, was Krieg heißt. Also haben wir uns gefreut, als Soldaten uns aus den Zügen Schokolade zuwarfen. Unheimlich war allerdings, daß damals gleich einige von unseren Nachbarn, die die polnische Schule besucht hatten, verschwanden, wie es hieß, ins KZ, obwohl sie doch deutsche Staatsangehörige waren. Darüber hat man nicht laut gesprochen. Es reichte ja ein falsches Wort.

Zwei Brüder von mir sind nicht aus dem Krieg zurückgekehrt. Als Werner fiel, 1942 am Ladogasee, da bekamen wir die Nachricht von einem Oberst. Als es Ottmer traf, bei Leningrad 1943, da wußte es das ganze Dorf schon vor uns, aber keiner wagte es, uns die Nachricht zu bringen. Schließlich schickten sie einen SA-Mann.

Für Ostpreußen begann der Krieg selbst ja erst 1945. Ein Gefühl der Bedrohung jedoch war schon da, als die Russen im Oktober 1944 Gerdauen (Železnodorožnyj) eingenommen hatten und Goldap. Aber da wurden sie ja wieder rausgeworfen. In der Zeitung konnte man dann lesen, daß Frauen vergewaltigt worden waren, und da habe ich meine Mutter gefragt, was das sei, ich war damals ja erst fünfzehn Jahre alt. Sie hat es mir nicht gesagt, aber ich habe mich trotzdem gefürchtet. Wie auch im Januar 1945 wieder, obwohl Lautsprecher auf den Straßen verkündeten: Keine Panik, die Russen werden zurückgeworfen, keiner braucht den Ort zu verlassen. Aber da war schon alles in voller Auflösung.

Erst im letzten Moment hat die Mutter ein Pferd mit Wagen bekommen für die Sachen, und ich trug einen kleinen Koffer mit Geschirr. Dann ging es in Richtung Mohrungen. Unterwegs sahen wir verwundete deutsche Soldaten, einige mit Krücken und ohne Hände, andere mußten getragen werden, weil sie keine Füße mehr hatten, ein furchtbares Bild. Da haben wir uns entschlossen, zurückzugehen, wir konnten einfach nicht mehr weiter.

Und dann sind wir den ersten Russen begegnet, im Wald. Es waren keine Kampftruppen, sondern schon der Nachschub, Horden, die meist betrunken waren. Über das, was dann geschah, möchte ich so wenig wie möglich reden. Ich habe das Leben von seiner grausamsten Seite kennengelernt und war doch noch ein Kind. Einmal hatte ich Glück, in einer Scheune, in der ich mich verborgen hielt. Die Russen wußten, daß sich Frauen und Mädchen so verstecken wollten, und kamen deshalb mit langen Stangen, auch diesmal. Und da fühlte ich einen Stiefel, fast auf meinem Kopf, und die Stange, die haarscharf an mir vorbeiging. Ich wundere mich heute noch darüber. Wenn ich das alles noch einmal über mich ergehen lassen müßte, ich würde mir das Leben nehmen.

Dabei weiß ich, was den Russen durch Deutsche angetan worden war, ich habe selbst Kriegsgefangene gesehen, die bis zum Skelett abgemagert waren. Und ich weiß auch: Wenn Deutschland die Sowjetunion nicht angegriffen hätte, wenn das alles vorher nicht geschehen wäre, dann wär' unser Ostpreußen noch so schön, wie es einmal war.

Als meine Brüder gefallen waren, da wußten wir in der Familie alle, daß Hitler und seine Leute dafür verantwortlich waren. Wenn die den Krieg nicht angefangen hätten, wäre alles friedlich geblieben. Ich kann mir gar nicht vorstellen, daß für viele Menschen die Geschichte erst mit der Flucht beginnen soll.

Wieso wir hiergeblieben sind? Zu bleiben oder vertrieben zu werden, das hing oft vom Zufall ab. Wir sind katholisch, Ermländer, wir wollten die Heimat nicht verlassen – das war der oberste Grund. Und deshalb haben meine Eltern unterschrieben und die polnische Staatsbürgerschaft angenommen, wie die meisten in Schönfelde. Lange war hier geglaubt worden, daß Ostpreußen wieder deutsch werden würde, sehr lange. Aber das ist vorbei. Die Polen, die hierherkamen, hatten auch ihre Heimat verloren, im Osten, und für ihre Kinder und deren Kinder wieder ist dies die Heimat - also was?

Ich habe dann als Dienstmädchen in einer polnischen Familie gearbeitet, die Sprache gelernt, später das Gymnasium besucht und 1960 geheiratet, einen Polen aus der Nähe von Lublin. Meine Eltern und meine Geschwister waren entsetzt, sie haben gezetert und gestritten. Aber bald haben sie ihn sehr liebgewonnen und gemerkt, daß ich keinen besseren Mann hätte finden können. Dann kam unser Sohn zur Welt, der heute 27 ist. Er hat es mit der Kunst, besonders mit griechisch-katholischer Kirchenmusik. Die Weisen, die Sie da seit einer Stunde im Hintergrund hören, sind seine Lieblingswerke.

In diesem Haus hier in Allenstein wohnen wir seit 1973, es gehört uns und ist inzwischen abbezahlt. Die Wohnungsgesellschaft hatte es uns im Rohbau übergeben, Wasser und Elektrizität waren da, aber verputzt war es nicht. Den ganzen Rest haben wir selbst gemacht in den zwanzig Jahren seither. Fertig ist es immer noch nicht, aber unser Eigentum.

Ich habe Verwandte in Deutschland, in Leverkusen, Paderborn, Osnabrück, und bin öfter dort gewesen. Auch in der DDR, und das war schon ein Unterschied zu hier. Aber als ich das erste Mal in der Bundesrepublik war, kam es mir vor wie ein Märchenland. Trotzdem bleibe ich hier - ohne einer der Organisationen der deutschen Minderheit anzugehören. Sie sind mir zu verzankt. Immer dreht es sich um materielle Dinge, um diese Art von Hilfe. Nicht, daß es uns etwa finanziell gutginge. Obwohl ich Pharmazie studiert habe, im Kinderkrankenhaus tätig war, im Apothekenwesen, jahrzehntelang, bis 1986, ist die Rente jämmerlich wie überall in Polen, umgerechnet so um die 200 Mark, und das ist schon viel. Aber ich wollte immer meiner Heimat treu bleiben.

Wir können uns das Leben jetzt, nach dem Ende des Kommunismus, einigermaßen einrichten. Wir haben ein kleines Wochenendhäuschen an einem See, nicht sehr weit von hier, und laden da Gäste ein. Wir wandern jeden Sonntag, und ich lerne meine größere Heimat erst jetzt richtig kennen. Und nun haben wir auch zum erstenmal das Gefühl, daß es so bleibt – so ruhig.«

Es war ja nicht der Hitler, der uns verschleppt hatte

Auf einen Anblick wie diesen kann niemand vorbereitet sein. An einem Elefantiasisbein ein Elefantiasisfuß, beide unförmig geschwollen, in Wülsten, die linke Wade verdickt wie ein Oberschenkel, während die rechte unterhalb der aufgequollenen Partie geschrumpft ist, stark zusammengezogen, um ebenfalls in einem Schwemmfuß zu münden. Das Fleisch liegt bloß und ist überall stark gerötet, mit weißen Flecken durchsetzt, darüber paßt kein Strumpf. Die Füße stecken in hinten offenen Hausschuhen.

Aber Gertruda W. leidet nicht an Elefantiasis, also jener Verdikkung der Gliedmaßen, die durch Erkrankung der Venen und Lymphgefäße hervorgerufen wird, besonders in den Tropen. Für diesen entsetzlichen Anblick ist die Ursache in den Jahren 1945 bis 1947 gelegt worden, als es vom Lager Zichenau in endloser Fahrt vier Wochen immer nach Osten ging: Gertruda W. war eine von Hunderttausenden deutscher Zivilverschleppten, eines der düstersten und unaufgearbeiteten Kapitel in der Geschichte des Zweiten Welktkrieges und seiner Nachbeben. Schon während der Kampfhandlungen und noch eine gewisse Zeit danach wurden überall aus den eroberten und dann besetzten Gebieten Deutschlands Männer, Frauen und Jugendliche beiderlei Geschlechts in großen und kleinen Schüben nach Osten deportiert. Die Ostpreußen waren nur die ersten, die davon betroffen waren.

Unter der Devise, durch Deutsche aufbauen zu lassen, was Deutsche zerstört hatten, wurden wahllos Menschenmassen zusammengetrieben, auf Güterwagen verladen und in die Weiten Rußlands diesseits und jenseits des Urals verfrachtet. Die Verschleppungen dauerten oft wochenlang, ins Donezgebiet, Lager Keremowo, aber auch viel weiter, nach Anjeka in Mittelsibirien, nach Baku ans Kaspische Meer, über die Wolga nach Karaganda, Kasachstan, in den Bezirk Tscheljabinsk, und bis an den sibirischen Ob.
Auf dem Transport in Viehwaggons ohne Stroh und Pritschen gab es weder genug zu essen noch medizinische Verpflegung. Die Menschen starben wie die Fliegen an Ruhr, an Wassersucht und Mundfäule. In den Lagern angekommen, wurden die verschiedensten Tätigkeiten verrichtet, Straßenbauten, Enttrümmerungen, Waldarbeiten - gewaltige Stämme mußten mit Äxten gefällt, zersägt und gestapelt werden. Neben scharfer, ja grausamer Behandlung der Insassen durch die Wachmannschaften sind von den Deportierten auch immer wieder humane Verhaltensweisen dokumentiert worden. Andere Beispiele bewegender Mitmenschlichkeit gab es nach den Berichten betroffener Deutscher vielfach von seiten einer Bevölkerung, der es selbst an allem mangelte, die hungerte und durch Entkräftung auch nach dem Krieg noch einen ungeheuren Tribut zu entrichten hatte.
Ein Teil der überlebenden deutschen Zwangsverschleppten kehrte schon 1946, andere 1947 und später zurück. Manche so, daß sie körperlich und geistig wiederhergestellt werden konnten, andere mit schweren seelischen oder körperlichen Schäden, von denen sie sich nie wieder erholen konnten. Eine davon ist Gertruda W.
Ihre Wohnung besteht aus zwei Zimmern, Küche, kleinem Bad, sie hat Warmwasser und Fernheizung - das schiere Paradies nach den emphatischen Beteuerungen der Mieterin. Bis vor vier Jahren hatte die Familie mit Mann und zwei Töchtern

in einer 34-Quadratmeter-Stube gelebt - »und dort gab es nichts davon«.

Jetzt sitzt Gertruda W. neben mir, in einem Sessel, weit vorn, weil die Verdickungen eine andere Position unmöglich machen. Sehr langsam, stockend, erzählt sie aus ihrem Leben, erfahre ich mit Unterbrechungen, wie es zu den Deformationen gekommen ist. Dabei stellt sich heraus, daß ich der erste bin, der sich, jenseits ihrer Familie, überhaupt jemals für ihr Schicksal interessiert hat. Und so steht Gertruda W. denn verständlicherweise unter hohem Mitteilungsdruck. Das ist zu spüren an ihrer aufgeregten Sprache und der verwirrten Chronologie ihres Leidensberichtes, ohne daß davon jedoch jene erstaunliche Gedächniskraft beschädigt wird, die ich längst zu den Charakteristika der Menschen zähle, denen ich in Ostpreußen begegne.

Gertruda W., 1926 als Kind deutscher Eltern in Braunswalde geboren, gerät im Februar 1945, also mit neunzehn Jahren, von einem Tag auf den anderen in die fürchterliche Maschinerie der Zwangsverschleppung.

Der Endpunkt der vierwöchigen Odyssee vom Lager Zichenau aus immer ostwärts ist Gertruda abhanden gekommen - sie kann sich an den Namen des Lagers nicht mehr erinnern und hat auch keine geographische Vorstellung davon. Aber dann ergibt sich, nachträglich geordnet, doch das bestürzende Bild eines verhältnismäßig kurzen, dafür aber daseinsprägenden Lebensabschnitts.

An jenem schrecklichen Wintertag war sie mit Vater, Mutter, Bruder und Schwester aufgegriffen und zur russischen Kommandantur in Braunswalde gebracht worden. Während die Mutter mit ihren beiden anderen Kindern nach Hause gehen konnte, mußten Gertruda W. und der Vater dableiben. Im Sammellager Zichenau hat sie ihn zuletzt gesehen, als ein Teil der Gefangenen, darunter auch sie, immer zu Hunderten die Waggons besteigen mußte. Ihr Zug fuhr noch am selben Tag ab.

»Wenn die eine Hälfte stand, konnte die andere sitzen. Das an die dreißig Tage. Der Zug hat oft gehalten, ohne daß wir raus konnten. In der Mitte der Wagen war ein Loch gemacht, da mußten wir unsere Notdurft verrichten. Morgens bekamen wir ein Stück trockenes Brot, in einem Eimer gab es Wasser, das war kalt und stand an der Waggontür. Wer hinten saß oder stand, bekam nichts.

Die Leute haben an den Wänden die Feuchtigkeit abgeleckt. Gleichzeitig war sie es, die uns bei den niedrigen Temperaturen daran anfrieren ließ.«

Ankunft im Lager, wahrscheinlich hinter dem Ural. Baracken, leere Pritschen und, zum erstenmal nach so langer Zeit, Suppe – eine Brühe zwar, aber warm.

Schnee schaufeln, saubermachen. Als der Frost wich, waren Sümpfe zu entwässern, Gräben zu ziehen, die etwa dreißig Meter lang und vier Meter breit waren. Um nicht einzusinken, mußten Bretter gelegt werden. »Man konnte ertrinken, wenn man nicht aufpaßte. Einige sind ertrunken.« Es war auch Gelände von Busch und Baumwerk zu befreien, und dabei geschah es. »Mir ist ein Stamm auf die Beine und Füße gefallen. Das hat die Krankheit bei mir ausgelöst.« Gertruda W. sagt »Krankheit«.

Von da an kamen die Schwellungen – zu allem anderen.

»Die Baracken fielen auseinander. Deshalb haben wir uns im nächsten Winter Erdwohnungen gegraben und Bretter darüber gelegt. Gewärmt haben wir uns aneinander, Decken gab es nicht.«

Die Leichen konnten wegen des Frostes nicht bestattet werden, sie wurden ausgezogen und nackt liegen gelassen. »Daran haben dann die Vögel genagt, auch Ratten und Mäuse. Bei mancher Leiche waren bis zum Frühjahr nur noch die Knochen übrig.«

Der Sommer wartete mit Privilegien auf: »Um die ewige Kohl-

suppe etwas dicker zu machen, haben wir Brennesseln dazugegeben.«
Um das Lager zog sich ein kleiner und ein höherer Zaun, beide standen unter Strom. »Wozu sie das gemacht haben, hat keiner verstanden. Weglaufen - wohin denn? Das war doch so weit, unendlich weit.«
Weit von wo? Nach wo?
Aber Gertruda W. hört meine Fragen nicht. Sie ist während des Gesprächs zunehmend abwesend geworden, zurückversetzt in eine Zeit, die fast fünfzig Jahre zurückliegt, aber völlig unvergessen ist.
Ich schaue mich in dem Zimmer um. Helle Möbel, Marienbildnisse, an den Wänden Reproduktionen mit religiösen Motiven. Vasen, Deckchen, Holzfiguren, getrocknete Blumen auf dem Fernseher, Bonbons in Schatullen, Kerzen, ein grün dominierter Teppich. Das obligate Hochzeitsfoto, Gertruda W. mit ihrem Mann, einem Polen, ein Bild von beiden Töchtern als kleine Mädchen, von deren Kindern wieder, Enkelinnen. Es gibt noch andere Fotos von Gertruda W., aber keine Aufnahme mit dem Körper unterhalb der Hüfte.
Ich frage vorsichtig nach der Rückkehr und komme diesmal bei ihr durch.
Plötzlich kam eine Kommission ins Lager, stellte unverständliche Fragen, machte sich Notizen und ging wieder. Unter denen, die heim durften, war auch Gertruda W. »Wir haben das gar nicht mehr geglaubt, aber dann stand der Zug doch da. Und der war viel besser als der auf der Herfahrt. Diesmal gab es Fenster, die nicht mit Brettern und Stacheldraht verschlossen waren.«
Steppe, Weite, nach vielen Tagen ratternder Fahrt dann immer dichter besiedeltes Land, schließlich Frankfurt an der Oder. Ein Auffanglager, Klosterschwestern, die die Papiere erledigten. »Wir haben uns so geschämt, wir sahen ja schrecklich aus, völlig zerrissen, in Lumpen.« Dann ging es mit dem Zug nach Brauns-

walde. »Es war schon gegen Abend, als ich zu Hause eintraf. Mein Bruder war gerade auf dem Hof und rief: ›Mama, eine Frau ist hier, die steht da und weint.‹ Er hatte mich nicht erkannt. Dann kam meine Mutter heraus, und sie erkannte mich auch nicht. Ich wog ja nur noch 32 Kilo.«
Das war am 11. Februar 1947.

*

Noch lange nach dieser Begegnung bin ich wie benommen. Benommen von der Stoßatmigkeit, mit der die Geschehnisse vor einem halben Jahrhundert hervorgebracht worden waren, und von den verdickten, mit weißen Flecken durchsetzten Stümpfen über den offenen Hausschuhen.
Die massenhafte Zwangsverschleppung deutscher Zivilisten, ihr Ausmaß, ihre Durchführung und die riesige Zahl ihrer Opfer können als ein weiterer Ausdruck des barbarischen Sowjetsystems gelten. Eines der Charakteristika war die brutale Blindheit, mit der vorgegangen wurde, die absolute Bedeutungslosigkeit der Frage nach der persönlichen Verantwortung der Betroffenen für das, was unter Hitler angerichtet worden war, darunter Zigtausende ganz junger Menschen, ja Kinder, deren Schuldlosigkeit schon an ihrem Lebensstadium ohne Prüfung zu erkennen gewesen wäre.
Natürlich war die gewalttätige Maßnahme auch weitgehend ineffizient, wenn ihr Sinn denn tatsächlich darin bestanden haben sollte, Aufbauarbeit zu leisten. Selbst eingedenk der durch die deutsche Aggression geschaffenen Verwüstungen, stand der Aufwand in keinem Verhältnis zum Ergebnis.
Wie allen anderen vorher und nachher hatte ich auch Gertruda W. die Frage nach der »Zeit davor« gestellt, also den Jahren bis 1945, war sie doch damals immerhin zwanzig Jahre alt und hatte ihr minuziöses Gedächtnis gerade unter Beweis gestellt. Aber

die Frage wurde von ihr nicht aufgenommen, sie hat sie einfach nicht begriffen. Sie sagte: »Es war ja nicht der Hitler, der uns verschleppt hatte, es waren ja die Russen.«
Da gab ich auf, unfähig, angesichts der schrecklichsten Körperdeformation, die ich je gesehen habe, nachzubohren.
Dennoch personifizierte sich in dem individuellen Mikrokosmos der Gertruda W. der Makrokosmos eines kollektiven Wahrnehmungsdefizits von Millionen und aber Millionen Deutschen, die vom Bumerang der nazistischen Aggression getroffen worden waren: Die Verstrickung in das eigene Leid hatte auch postum, in all den Jahren »danach«, jeden Gedanken einer kausalen Verbindung zu vorangegangenem, deutsch verursachtem Leid ungedacht gelassen.

Aber nach Ihrer Pfeife tanze ich nicht

Solche selektive Erinnerungsfähigkeit ist an Walter Angrik nicht zu entdecken, im Gegenteil. Je länger ich den Vorsitzenden der Allensteiner Gesellschaft Deutscher Minderheit und des Dachverbands der deutschstämmigen Organisationen von West- und Ostpreußen beobachten kann, desto deutlicher wird seine Statur.
Die Warnung vor mir aus Deutschland hat nicht verfangen, er bleibt bei seiner Informationsfreudigkeit, wann immer Barbara Barlog und ich auftauchen. Und so lerne ich mit der Zeit einen schwer geschüttelten Lebenslauf kennen, aus dem spät, aber nicht zu spät, Lehren gezogen worden sind.
Als es am 17. Januar 1945 mit Großeltern, Mutter und zwei Geschwistern von Olschau, Kreis Neidenburg, auf die Flucht geht, ist Walter Angrik dreizehn Jahre. Sie kommen mit kleinem Handgepäck bis Mecklenburg, aber schon im Mai macht sich die Familie auf den Rückweg. An der Weichselbrücke in Thorn

geraten sie in eine strenge Kontrolle durch Russen und Polen. Tagelanges Verhör, dann das Urteil: Zwangsarbeit. »Nur die schwere Krankheit meiner zehnjährigen Schwester bewahrte uns vor der Deportation nach Sibirien. So kamen wir auf ein Gut im Kreis Neumarkt.« Es wird ein Strafaufenthalt mit schwerer Zwangsarbeit. Dort erreicht Walter Angrik die Nachricht, daß der Vater in einem sibirischen Gefangenenlager verstorben war.

Die Familie hält durch, nur eines im Auge – zurück nach Ostpreußen. »Warum? Ich will anderen Menschen die Liebe zur Heimat nicht absprechen. Aber glauben Sie mir, die Liebe der Masuren und der Ermländer zu ihrer Heimat, davon kann man sich nur schwer eine Vorstellung machen. Der Gedanke, woanders zu leben, war uns unerträglich.«

Vier Jahre dauert der Zwangsaufenthalt, dann, 1949, können sie zurückkehren. »Ein Glücksfall, über dessen Zusammenhänge ich heute noch ungern spreche.« Zwar ist das Grundbuch gerettet, aber der Hof in Olschau ist verwüstet, leer, ohne lebendes und totes Inventar. Die Mutter macht sich unverdrossen ans Werk. »Sie ist eine von diesen unbesiegbaren Ostpreußinnen. Die sind einfach nicht kaputtzumachen. Außerdem war sie der festen Überzeugung, daß die Deutschen zurückkehren werden.« Für den Sohn aber kann die Zukunft hier nicht liegen. Er will Lehrer werden.

Walter Angrik, der bis Kriegsende vier Jahre Grundschule und ein Jahr Gymnasium absolvieren konnte, kommt auf eine polnische Schule, muß einen polnischen Namen (Walenty) annehmen, darf nur noch polnisch sprechen und beginnt seine Muttersprache zu verlernen. »Das geht schneller, als man denkt.« 1953 Abitur, Lehrerseminar, dann zehn Jahre Unterricht als Volkschullehrer auf einem Dorf, in dem noch achtzig Prozent der Bevölkerung deutsch waren. »Sie kamen mir vertrauensvoll mit ihrer deutschen Mundart entgegen, und ich schämte mich, daß ich sie nicht mehr beherrschte.«

1963 heiratet er die Tochter einer alteingesessenen Olsztyner Familie, 1964 kommt ein Sohn zur Welt. Dann wird Walter Angrik Direktor einer Schule, ein Karrieresprung, der keinen Bestand haben soll. Als er der Aufforderung, Mitglied der Polnischen Vereinigten Arbeiterpartei (PVAP) zu werden, nicht nachkommt, folgt prompt die Entlassung, nicht nur als Direktor, sondern aus dem Schuldienst überhaupt.

Er läßt sich zum Taxichauffeur umschulen – »Ich bekam die Nummer 73, die existiert heute noch« –, wird Touristenführer, nachdem 1973, zum 500. Todestag von Kopernikus, die ersten Deutschen wieder nach Ostpreußen in ihre alte Heimat reisen können, verdient gut und kauft sich und seiner Familie ein Jahr später ein Haus in Olsztyn.

Daß die Geheimpolizei ihn im Visier behalten hat, spürt Walter Angrik spätestens, als er die Aufforderung erhält, ihr angesichts seiner vielen Kontakte zu Deutschen Zuträgerdienste zu leisten.

Als er ablehnt, wird 1974 sein Haus durchsucht. »Alle Sparbücher wurden beschlagnahmt mit der Begründung, das gesparte Geld sei mein Lohn für Spionagedienste im Interesse Deutschlands. Ich wurde eingesperrt und von der Stadtpolizei zur Bezirkspolizei geführt – in Handschellen wie ein Verbrecher. Ohne Hosenträger und ohne Gürtel mußte ich mit meinen gefesselten Händen die Hose festhalten. Als zusätzliche Demütigung wurde am Taxiplatz haltgemacht, um mich meinen Kollegen in dieser Schande zu zeigen.«

Wer dahintersteckte, stellte sich bald heraus – der Woiwodschaftssekretär der Kommunisten hatte ein begehrliches Auge auf die Angriksche Immobilie geworfen. »Einer der lokalen Oberbonzen, der ganz in meiner Nähe wohnte. Als der mich fragte: ›Warum sind Sie überhaupt hiergeblieben? Das werden Sie noch bereuen‹, habe ich geantwortet: ›Sie kommen aus Lublin, ich von hier. Dies ist meine Heimat, ich bin hier geboren und will hier sterben‹.«

Es folgen massive Drohungen: Wenn er nicht räume, dann würde seine Frau ihre Stellung bei Gericht verlieren und dem Sohn könne etwas zustoßen. Darauf geht Walter Angrik zum Angriff über und schreibt an den Innenminister in Warschau, was sich hier tat. Der Brief schloß mit einem für den Absender – wie wir noch sehen werden – charakteristischen Schluß, nämlich dem Zitat eines berühmten Dichters aus Lyck, Michael Kajka: »Jahrhunderte sind vergangen. Wir sind geblieben. Das Herz der Masuren ist härter als Stahl.« Die Antwort aus dem Innenministerium: »Sie werden künftig in Ruhe gelassen.« Und tatsächlich, nach dieser Beschwerde trat Ruhe ein.

Aber Walter Angriks Gesundheit ist angegriffen, nach den Lebensbelastungen hat sich eine schwere Herzkrankheit eingestellt. Er wird Frührentner und muß 1990 seine geliebte Arbeit als Touristenführer aufgeben. Allerdings, wenn er davon nicht gesprochen hätte, würde man ihm die körperliche Beeinträchtigung nicht anmerken, ausgenommen vielleicht ein gelegentlicher, rasch vorübergehender Ausdruck von Schmerz in dem lebhaften Gesicht.

Walter Angrik ist, wenn es um die deutsche Minderheit geht, stets pünktlich im Haus der Allensteiner Gesellschaft Deutscher Minderheit in der Ulica Knosały in Olsztyn – aber auch auf Versammlungen anderer deutschstämmiger Organisationen, auf Festen und in Gottesdiensten. Mir ist er zur Schlüsselperson für den Zugang zu den Deutschstämmigen der Region geworden.

Der Mann hat gekämpft, hat Statur und Courage bewiesen.

Was Walter Angrik glaubwürdig macht, ist eine fast naive Geradheit, die nicht davor zurückscheut, sich eigener Fehler zu bezichtigen. Er sagt: »Für uns hat sich seit 1989 vieles, sehr vieles verändert. Ich gebe zu, ich habe am Anfang bei der Arbeit für die deutsche Minderheit viel falsch gemacht von meiner Grundposition her. Ich kann es heute selbst kaum noch verstehen, aber ich war einfach ein Chauvinist geworden. Natürlich hing das mit der vierzigjährigen Unterdrückung zusammen, damit, daß wir so lange kein Deutsch sprechen durften, und manchem anderen, was ich als persönliches Unrecht empfunden habe. Aber heute kann es nur noch eines geben – die Aussöhnung zwischen Polen und Deutschen, ohne Hintergedanken. Und das wird schwer genug sein.«

Walter Angrik ist für mich der erste Deutschstämmige hier, der offen davon spricht, was den Polen vorher, unter deutscher Besetzung, angetan worden ist. Er kennt dabei keine Verbaltabus, spricht von KZ, von Mord- und Totschlag, von Auschwitz, nennt den Verlust Ostpreußens beim Namen als Folge eines von Deutschland angezettelten Krieges. Den Standpunkt vertritt er zum Entsetzen der Veranstalter nicht nur auf Tagungen der Landsmannschaften und Vertriebenenverbände in Deutschland, sondern auch im Fernsehen, zum Beispiel bei einer Einladung nach Erfurt. »Da waren Leute, die vor der Kamera erklärten, Ostpreußen muß wieder deutsch werden, und was meine Ansicht dazu sei? Ich habe denen geantwortet: ›Wollt ihr eure Kinder in den Krieg schicken?‹ Nein, haben da welche gesagt, das geht ganz ohne Krieg, nur mit der D-Mark. Was soll das? Man kann doch in Frieden zwei Kulturen anhängen, die Jungen beider Ländern sehen das schon anders als die Alten. Ich spüre das an meinem Sohn. Er ist zweisprachig aufgewachsen, ist stolz darauf, einen deutschen Vater und eine deutsche Mutter zu haben, aber heiraten wird er das polnische Mädchen, mit dem er zusammen ist. Ihre Kinder werden sich hier integrieren, und das ist gut so.«

Das sind Töne, die ich gerne höre, und dennoch gibt es Irritationen. Und zwar immer dann, wenn plötzlich aus demselben Mund völlig unreflektiert Worte kommen, die in Deutschland selbst Nationalkonservativen nicht mehr so flüssig von der Zunge gehen wie Walter Angrik, und das sowohl mündlich wie schriftlich. So etwa, wenn er im »Ostpreußenblatt«, dem Organ des in Hamburg ansässigen Landsmannschaftsverbands, von den »gefallenen Helden« des Ersten und des Zweiten Weltkrieges schreibt, davon, daß »im Tod alle Feindschaft« aufhört, weil »der Mensch dann in Gottes Hand« sei, und eben das sei der Sinn des hiesigen »Heldenfriedhofs«.

Der liegt etwas außerhalb von Olsztyn. Von Walter Angrik immer wieder dazu gedrängt, sehe ich an Ort und Stelle ein riesiges Kreuz, schmucklos, wie die Grabsteine, auf denen nichts steht als Name, Geburtsdatum und Todestag, manchmal mit Rang – Feldwebel, Hauptmann. Den Friedhof gab es schon 1914. Nach 1945 völlig verwahrlost, ist er vor kurzem in Anwesenheit polnischer und deutscher Offiziere offiziell als Gedenkstätte eingeweiht worden. Es ist eine Stätte wie tausend andere dieser Art. Nichts wird hinterfragt, nicht, wofür das Blut vergossen, wofür gestorben worden ist, nicht, ob das Kriegsziel die Opfer gerechtfertigt hat, und schon gar nicht, wer am Ende die Profiteure waren. Was immer an persönlicher Trauer dahintersteckte, das mit Vorsatz entpolitisierte Totenritual weist auf den Ungeist hin, der innerhalb einer Generation nach dem Ersten Weltkrieg den Zweiten möglich machte.

Immerhin fehlt hier die Provokation eines sichtbar angebrachten Eisernen Kreuzes. Vor meinem Friedhofsbesuch hatte Walter Angrik mir Fotos von der Einweihung gezeigt – Angehörige der polnischen Armee und der Bundeswehr, Zivilisten, er selbst, alle feierlich aufgereiht und andächtig beisammen. Und dabei hatte er wieder von den »Helden« und ihrem »Heldenfriedhof« gesprochen, ganz selbstverständlich und unbefangen.

Abermalige Irritation bei der Lektüre eines Vortrages, den Walter Angrik im »Ostheim« in Bad Pyrmont gehalten hat. Nach einem Bericht über die organisatorischen, kulturellen und finanziellen Nöte der deutschen Minderheit in der Region Süd-

Ermland und Masuren wird am Schluß der Freude Ausdruck gegeben über die Inschrift des Denkmals am Deutschen Eck: »Nimmer wird das Reich zerstöret, wenn ihr einig seid und treu.«
Es fällt leicht, mir Walter Angrik dabei vorstellen. Er sagt das so, wie er das Wort des masurischen Dichters Michael Kajka vom masurischen Herzen, das härter sei als Stahl, ausgesprochen hat: befremdlich, und dennoch nicht *bedrohlich*.
Da wird nationale Patina sichtbar, hat sich Überholtes unbefangen verkapselt, aber ohne den sonst dabei gewohnten Aggressionsdruck gegen die Vaterländer der anderen. Ich habe Walter Angrik inzwischen zu gut kennengelernt, um mich dadurch beunruhigt zu fühlen oder ihn mißzuverstehen. Diesem Ermländer haftet etwas Holzschnittartiges, Altmodisches an, ohne daß er sich dafür das bei mir stark negativ besetzte Prädikat »Konservativer« eingeheimst hätte. Dazu wettert er zu heftig gegen das, was ihm nicht behagt, macht er ganz unopportunistisch Front gegen vieles, was aus Deutschland kommt von den Landsmannschaften, den Vertriebenenverbänden, auch von Privatpersonen, besonders von den »Missionaren« – wenn er von denen spricht, gerät er in Rage.
»Wer das ist? Das sind Vertriebene oder Flüchtlinge, die von hier stammen, meist alte Leute, Opas mit einer hohen Rente. Die wollen nun anordnen, was zu geschehen habe, und wedeln dabei mit ein paar Tausendern. Wie arm die Menschen hier sind, wissen Sie ja inzwischen. Für sie sind fünfzig Mark viel Geld, und dafür würden sie sich auch dem Teufel verschreiben – wobei niemand ein Recht hätte, ihnen das nach einem Leben voller Entbehrungen zu verübeln. Nur kann das nicht der richtige Weg sein. Da heißt es: ›Gründet doch eine eigene Gesellschaft‹ – nämlich eine, in der der große Spender das Sagen hat. Das ist nicht die Regel, aber so etwas ist geschehen, zum Beispiel in Lötzen (Giżycko). Wir haben hier unter den Deutschsprachigen nur wenig gebildete Menschen. Aber die da kom-

men, das sind oft Professoren und Doktoren, und die wollen uns lehren, was wir zu tun haben. Die denken, Polen ist jetzt eine Demokratie, und da kann man es machen.

Einer von diesen ›Missionaren‹ ist vor kurzem hier aufgetaucht und wollte mir vorschreiben, ich dürfe das und das nicht so machen, da es nicht dem ›Geist der ostpreußischen Landsmannschaft‹ entspreche. Wir hätten eine neue Gesellschaft zu gründen mit dem und dem Statut. Ich habe ihm geantwortet: ›Was Sie wollen, würde gegen polnische Gesetze verstoßen und wäre eine Einmischung in sie. Wir wollen mit allen gut zusammenleben. Wir sind für jede Hilfe dankbar, aber nach Ihrer Pfeife tanze ich nicht.‹«

Es ist ein Thema, das Walter Angrik offensichtlich erregt, er fährt mit den Fingern in der Luft herum und hebt seine Stimme. Das fällt auf, weil er sonst, bei allem Engagement, eher zurückhaltend wirkt.

»Hier war eine Oberstudienrätin, eine ganze Woche lang, die hat Hans Dietrich Genscher und Rita Süßmuth als ›Bonner Verräter‹ beschimpft und versucht, mir klarzumachen, daß ich auf dem falschen Wege sei, wenn ich mit den ›Herren‹, also den Polen, so weiterrede wie bisher. Ich habe ihr gesagt: ›Sie können mich nicht überzeugen, daß die Konfrontation der richtige Weg ist.‹ Die Schlimmsten sind die, die ihr Eigentum zurückhaben wollen, hier in Ostpreußen und anderswo. Als wenn seither nicht ein halbes Jahrhundert vergangen wäre! Ich sage denen immer dasselbe: ›Was werden Sie mit den Polen oder den Tschechen machen, die in Masuren oder im Riesengebirge auf Ihrem ehemaligen Grund und Boden sitzen? Sollen die weg? Daraus kann nur Schreckliches entstehen. Das müssen wir gemeinsam verhindern.‹«

Walter Angrik hat angedeutet, daß er noch ein »besonderes Problem« habe, einen »speziellen Rochus«. Aber davon ein anderes Mal, ich solle mich gedulden.

Störche, Störche, Störche!
Auf einem Turm in Dobre Miasto (Guttstadt), kurz unterhalb der Spitze, ein ungeheures Nest auf einem ungeheuren Wagenrad – das Elternpaar, im Februar oder März aus der afrikanischen Überwinterung wieder eingetroffen, und zwei Jungstörche. Nach den üblichen 33 Tagen erst vor wenigen Wochen ausgebrütet und deshalb nicht viel mehr als flaumige Nestfüllsel, strecken die Kleinen doch schon die Köpfe weit über den Rand und klappern dazu vorwitzig mit den kurzen Schnäbeln.
Das gleiche zwischen Gołdap und Ełk (Lyck). Auf einem Mast, wie ein Turban, ein gewaltiges Nest, darin die Alten, dösend, die Schnäbel auf den Hals gelegt, scharfe Konturen gegen den blanken Himmel, und drei Junge, die sich gebärden, als wollten sie sich vor Neugierde auf die Welt stracks nach unten stürzen.
Hinter Ruciane Nida (Niedersee) stelzt ein erwachsener Adebar gravitätisch auf dem First einer Holzscheune mit Schindeldach dahin, langsam und bedächtig Bein vor Bein setzend. Und während er dann und wann den langen Hals nach hinten wirft und dabei laut klappert, füttert der andere im Nest drei Junge, die ihre Schnäbel weit aufsperren, ohne daß ihnen auch nur ein einziger Laut entfährt.
Dann die große 007-Attitüde, kurz hinter Mikołajki (Nikolaiken), in westlicher Richtung und rechts von der Straße, Imponiergehabe der Schreitvögelgattung Ciconiidae.
Ein Feld, auf dem eine riesige Landmaschine arbeitet, röhrend, stampfend, schwere, bodenaufreißende Geräte hinter sich her schleifend. In verwegener Nähe: zwölf Störche (ich wiederhole in Ziffern: 12). Völlig unbeeindruckt von dem Geratter, dem Staub und dem Tempo, stapfen sie eng hinter der rotierenden

Mechanik her, wild und ohne Pause nach unten hackend, rasend beschäftigt mit der unerwarteten Völlerei. Ein Nassauer kommt hinzu und will sich ebenfalls gütlich tun, wird jedoch von dem bereits profitierenden Dutzend Artgenossen rasch eines Besseren belehrt. Ich sehe zum erstenmal Storchengefieder stieben, bevor der Zugewanderte sich zerzaust davonmacht. Den Landmann bewegt das gierige Gefolge wenig, er zieht mit seinem stinkenden Gefährt unbeirrt zahllose Furchen und Zirkel.

Weiter.

In einer morastigen Gegend vor Biskupiec (Bischofsburg). Sumpfgelände, Froschgequake, ein Weiher, mittendrin ein Telegraphenmast, daran ein stabiles Nest mit etlichen Jungen. Während einer der beiden Altvögel nahebei im Nassen herumstapft, fortwährend den langen Schnabel erdwärts stoßend, verläßt der andere den Horst mit mächtigen Schlägen. Wie eine schwarzweiße Erscheinung am hellen Himmel, pumpt er sich in die Höhe, kreist gleitend über dem Nest, über der Allee und ihren Wipfeln, herrlich anzusehen mit seinen gefransten Flügelenden, und fliegt davon. Fliegt langgestreckt davon, schwebend, schwerelos, immer höher, immer ferner, immer unwirklicher, bis er sich schließlich, nur noch ein Punkt, irgendwo im All auflöst – der Storch aller Störche im Storchenland Ostpreußen!

Einen einzelnen Storch, ganz für sich allein, habe ich nur einmal gesehen – an der Mündung der Passarge (Pasłęka) bei Nowa Pasłęka (Neupassarge), kurz bevor der Fluß ins Frische Haff strömt. Da stelzt er am Westufer einher, beuteselig, denn bei jedem Stoß wird er fündig, eben ein Fisch, jetzt ein Frosch. Im Schilf keckert und quackt es, Schwalben flitzen übers Wasser – und da zappelt dem Storch, dem Vielfraß, drüben schon wieder etwas im Schnabel. Dann tappt er auf das Wrack eines Holzstegs, steht da, die Beine rot, der Schwanz schwarz, sonst aber gebieterisch weiß. Schließlich fliegt er davon, sehr niedrig, als hielte ihn sein voller Bauch unten, und sehr gemächlich, erst in einem großen Bogen seewärts, dann landein, wo er bald verschwunden ist.

Erst jetzt, nachdem sich der Storch verabschiedet hat, wird mir klar, auf welch abenteuerliche Weise der Zugang zum Nordufer der Pasłęka erkämpft worden war. Denn dahin kommt man nur über eine Brücke, wie ich bisher noch keine gesehen habe: ein Ungetüm aus wurmstichigem Holz, in sich abgestuft, das heißt, an beiden Seiten niedriger als in ihrer Mitte, eine Art Etagenbau also, wenn auch von zweifelhaftester Statik.

Oben angekommen, kann der Blick durch die weit auseinanderstehenden Latten ungehemmt auf die starke Strömung fallen, was die Höhe eines Absturzes sichtbar macht, der jederzeit möglich scheint und bisher nur wie durch ein Wunder noch nicht eingetreten ist. Da stockst du erst einmal, und willst nicht vor und nicht zurück, wenngleich hier auch nicht ewig bleiben. Also vorwärts oder rückwärts, je nachdem, und dessen eingedenk, daß es weit und breit keine andere Möglichkeit gibt, über die Pasłęka zu kommen. Ich befinde mich dank meiner Neugierde auf den Storch ja bereits auf der falschen Seite, denn der Wagen ist drüben.

Eines ist klar: Wer auch immer, tollkühn genug, das mürbe Gebälk betritt, er tut es auf eigene Verantwortung, obwohl hier auf solchen Hinweis verzichtet worden ist.

An der urromantischen Abgeschiedenheit des Platzes ändern so kleinliche Bedenken aber gar nichts. Der breite Fluß, beide Ufer gelb übersät von Hahnenfuß; am anderen Ufer große Stämme, entschält und gegen Bäume gelehnt; hinter einem Naturdeich rote Dächer; zum Seesaum hin Möwen in der Luft; hier vorn, auf dem Wasser des Frischen Haffs, Schwäne. Drüben, weit, aber erkennbar, die Nehrung, mit kahlen Flächen, wie Kreidefelsen, eine aufgescheuerte Geest, die sich aus dem flachen Landstreifen erhebt. Da irgendwo, noch in Polen, muß das alte Neukrug sein, und etwas weiter Narmeln, schon jenseits der Grenze, im russischen Teil Ostpreußens.

*

Dort ist die andere, die Kurische Nehrung, die Kurškaja Kosa. An der Haffseite, bei Sarkowo (Sarkau), in Ufernähe, eine Kolonie von Schwänen, gründelnd, Schwänze in die Höh' und, wieder aufgetaucht, Knurrlaute von sich gebend. Vorn Schilfinseln, aus denen ein großer Vogel bricht, reiherartig, den Hals gebogen beim Flug.
Drüben, weit, das Samland – da liegen Orte, die einmal Schaaksvitte, Postnicken und, noch weiter, Labiau hießen. Hier von meinem Standort aus links, nach Osten, nichts als das offene Haff und sein endloser Horizont.
Dann auf die Nordseite der Nehrung, von der Straße weg, zu Fuß hoch durch Sand und Dünen. Da wird auch schon ihr Rauschen hörbar, und nun liegt sie vor mir, die See, von einer Düne aus, die höher ist als alle Kliffs von Kampen und Wenningstedt auf Sylt. Vorn hat sie heute ihr Türkis angelegt, die Ostsee, dahinter ihr Blau, bewegt und schaumgekrönt. Nach rechts zieht sich der Strich der Nehrung, leicht nach Nordosten gekrümmt.
Die Dünen gehen hier bis ans Meer und sehen doch unbeschädigt aus, nicht so angenagt von Wasser, Wind und wilden Stürmen wie an der Nordsee. Wohl kann auch die Ostsee zuschlagen mit ihren kurzen und dennoch haushohen Wogen, aber im ganzen gibt sie sich als ein gemäßigtes Binnenmeer mit sanfter Differenz der Wasserstände von Ebbe und Flut.
Plötzlich höre ich hinter mir Stimmen, auf russisch, und da preschen sie auch schon aus einer Sandschlucht hervor, drei junge Männer in der ganzen Geschmeidigkeit ihrer zwanzig Jahre, laut

prustend, mit Handtüchern aufeinander einschlagend, mir fröhlich zuwinkend und – splitterfasernackt. »Pidelfrei« haben wir das als Hamburger Jungen genannt.
Ich winke ebenso fröhlich zurück.

*

Morgensonne. Vor mir ein Weiher, mehr ein Dorftümpel, in den ein schmaler Holzsteg ragt. Drüben ein uraltes Gehöft, pikkende Hühner, Milchkannen, riesige Stapel von Brennholz, kleingeschlagen. Hier vorn Schilfdickicht in dem muddigen Wasser. Auf einer winzigen Insel wächst eine Eiche hoch. Vögel zwitschern, Libellen schwirren. Auf der Dorfstraße ein kleiner Junge auf dem Rad, sonst ist niemand zu sehen.
Ich sitze da und lasse mir die Sonne warm auf den Pelz scheinen. Dieser Ort ist zu meinem Lieblingsplatz geworden, immer wieder kehre ich zu ihm zurück – Kiejkuty Stare (Alt Keykuth), zwölf Kilometer hinter Szczytno gelegen, an der Straße nach Piecki (Peitschendorf).
Hier bin ich gern, hier sehe ich mich satt an einem Dorf, wie es in ganz Deutschland nicht mehr zu finden wäre. Dabei kenne ich ihn noch, diesen Anblick, oder doch einen sehr ähnlichen, aus meiner frühen Jugend, bei Ausflügen mit den Eltern von Hamburg in die Landschaft nördlich und südlich der Unterelbe. Wir Brüder haben solche Ortschaften damals »Dreißigjähriger Krieg« genannt, nicht mit militärischer Assoziation, sondern als kindlicher Versuch, ein historisches Symbolwort für einen weit zurückliegenden Zeitraum zu finden.
Wie sogar jeder Stadtmensch weiß, war es bei uns mit dieser Art von Dörflichkeit bis Mitte der sechziger Jahre vorbei, wurde auch auf dem Lande alles erneuert, runderneuert, flächendekkend, jedenfalls in der alten Bundesrepublik – ich habe das empfunden als Originalitätsverlust. Und so hocke ich denn hier

zum x-tenmal, auf dem Steg über dem Weiher, drüben der mächtige Hof, das Fundament aus Naturstein, darüber Backstein, das Dach aus Holz. Davor ein Misthaufen, dampfend, unten die älteste Schicht schon angeschwärzt; hinter dem Anwesen eine eherne Wand von Baumveteranen, wie überhaupt der ganze Ort wie von einem riesigen Blattgeflecht geschützt scheint. Geräusche von überall her, jedoch undefinierbar. Eine kleine schwarze Katze auf dem Wege rechts; auch diesseits des Weihers Misthaufen, um die herum sich Scharen von Hühnern gütlich tun. Aus dem Wasser gluckst es blasig.

Ich blinzele, in mir ein Gefühl, das Katzen veranlassen muß, zu schnurren.

Über diesem Morgen, über Kiejkuty Stare liegt ein wunderbares Licht.

Ähnlich fasziniert, und aus den gleichen Gründen, bin ich von einem anderen Ort, etwa vierzehn Kilometer vor Morąg – Florczaki.

Auch hier noch Urzeit, »Dreißigjähriger Krieg«, die obligatorischen Haufen von Brennmaterial, rechteckig gestapelt oder zur Pyramide geformt, an Wänden oder mitten auf den Höfen. Gänse, Schafe, Kälber frei; kläffende Hunde, krähende Hähne. Auch hier die Milchkannen, auf Bänken postiert und nahe der Straße; Wäsche an der Leine und im Wind. An Gebäuden Leitern, die zu großen Öffnungen führen; auf Wiesen, aber auch auf den Grundstücken, verrostete Maschinen, zerbrochene Schleifsteine, ausgeschlachtete Autoruinen. Ein Areal des Ortes nur aus Holz, alle Häuser, nicht nur die Zäune, die um die sichtlich bearbeiteten Gemüsegärten gezogen sind – Bohnen, Porree, Rhabarber, Wurzeln. Auf einem der backsteinernen Gebäude ein schweres Storchennest, und überall auf den Dächern, wie in dem anderen Dorf auch, die Antennen und Parabolspiegel der »Glotze«, inflationär gestreut, wie ein einigendes Zeichen und doch ohne die Szene wirklich modernisieren zu können.

Es gibt viele Florczakis, aber in diesem hier habe ich gehalten und mich umgetan, seltsam berührt und, wie in Kiejkuty Stare auch, von widersprüchlichen Empfindungen heimgesucht.

*

Ich bin mir wohl bewußt, daß ich hier dauernd in Gefahr bin, Rückständigkeit, ja Armut nostalgisch zu poetisieren, das gewachsene Alte zu verklären, in Ostpreußen ebenso wie jetzt beim Schreiben des Buches in Deutschland. Und das, obwohl ich die schründigen Ursachen für den Status quo kenne, dieses ganze, vom real existierenden Sozialismus Polens gründlich erodierte und dank seiner Erbschaft auch noch weit über den Zusammenbruch hinaus schwerbeschädigte Leben langer Generationsketten.
Ich habe mich von polnischen Fachleuten informieren lassen über die kümmerliche Milchleistung hier, kaum ein Viertel der deutschen; weiß, daß Rüben, Getreide und Heu auf den Äckern verkommen, weil weder Kraftstoff noch Transportmöglichkeiten ausreichen, sie zu bergen; daß die Zahlungsmoral des staatlichen Handels, der die Ernten abnimmt, kriminell ist; daß infolgedessen notorisch Mittel für die Aussaat fehlen und daß Pferde und Rinder – eine bäuerliche Todsünde – aus Futtermangel über die bereits abgeweideten Fluren getrieben werden.
Ich weiß das alles und breche dennoch über meine Neigung, das Dorf zu bewahren, nicht in Selbstschelte aus, bin ich mir der Ursachen für meine Vorliebe doch nur allzusehr bewußt. Also der ganzen Künstlichkeit jener Zivilisation, aus der ich komme, ihrer Übertechnisierung und Zubetonierung; des Lebens aus zweiter, naturentfremdeter Hand, begleitet von allen Formen der Isolierung, die damit einhergehen, samt ihren falschen Idealen und Begehrlichkeiten.

Nicht, daß hier etwa eine Idylle in Gefahr wäre, nicht, daß es unter diesen Dächern fehlte an den mannigfachen Gegensätzlichkeiten, die unvermeidlich mit der widerspruchsvollen Beschaffenheit des Menschen verbunden sind - keine Mißverständnisse. Ich weiß nur: Wenn dieses Alte, Überholte, Rückständige verschwände, dann verschwände die Natur ringsum gleich mit oder würde jedenfalls erheblich in Mitleidenschaft gezogen werden. Und wenn diese Ortschaften, diese wie verwunschenen Dörfer, modernisiert würden, dann würde auch unweigerlich Hand angelegt werden an die Alleen, an die Wälder, an die Seen, weit mehr noch, als stellenweise schon geschehen (und wovon noch die Rede sein wird).
Wenn denn ein Preis unvermeidlich sein sollte, wie berechtigt wäre die Hoffnung, daß er im Osten so niedrig wie möglich gehalten und aus Fehlern, nicht zuletzt denen im Westen, gelernt würde?
Richtig, die beiden Orte - wie auch all die anderen, für die ihre Namen stehen -, sie können nicht so bleiben, wie sie sind. Und doch fürchte ich, daß sie, wenn ich später wiederkehre, ihre schimmelige Patina verloren haben werden zugunsten austauschbar nivellierter Ortsgesichter mit Panoramafenstern und den sanitären und hygienischen Installationen der Moderne dahinter. Ich würde die Bewohner dazu beglückwünschen und gleich danach, wenn auch in sicherer Entfernung, darüber weinen.
Mag der Wandel auch noch lange auf sich warten lassen - vom Steg des Dorftümpels in Kiejkuty Stare oder vom Rande Florczakis her will es mir vorkommen, als würfe ich den Blick auf eine Welt, deren Ende, so begründet es sein mag, von mir dennoch nicht begrüßt wird.

»Aktion Weichsel«

Von Sarajewo 1914 bis Sarajewo 1994

Auf dem Tisch ein Samowar, Gurken, Eier, Salat, Butter, Aufschnitt: das Abendbrot im Haus von Wanda und Włodzimierz Pepol in Gutkowo (Göttkendorf) bei Olsztyn hat herrlich geschmeckt. Der Hausherr, Jahrgang 1924, und seine drei Jahre jüngere Frau machen mich mit der Individualisierung eines Schicksals vertraut, das mir so gut wie unbekannt war: dem der sogenannten »Repatrianten« - Polen, die nach 1945 ihre angestammte Heimat verließen, weil diese in Jalta der Sowjetunion zugeschlagen worden war. Im Falle der Pepols handelte es sich um den südöstlichen Teil des Landes mit Lvov (Lemberg) als Zentrum, an der Grenze zur Ukraine gelegen und einer der stürmischsten Wetterwinkel in der Geschichte unseres Jahrhunderts.

Die Gastgeber lebten in Sarny, einem kleinen Ort mit 10 000 Einwohnern, zu je einem Drittel Polen, Ukrainer und Juden. Bis September 1939 hatten die drei Gruppen, wenn nicht spannungslos, so doch auskömmlich nebeneinander gelebt. Danach raste die Kriegsfurie viermal über die Region dahin - erst die Wehrmacht, dann sowjetische Truppen bei der Teilung der polnische Beute; 1941 wieder die Wehrmacht und 1944 schließlich, als Sieger, die Rote Armee. Davor war die jüdische Bevölkerung vernichtet worden, während sich hinter den Fronten Widerstandsgruppen formiert hatten. Polnische Verbände und – nach kurzer Illusion, die Deutschen kämen als Befreier vom Stalinismus – die Ukrainische Aufstandsarmee, Ukraińska Powstańcza Armia (UPA). Dabei hatte jeder gegen jeden gestanden – Polen und Ukrainer gegen die deutschen Okkupanten, diese gegen beide, Ukrainer gegen Polen, aber auch gegen andere Ukrainer, die mit den Deutschen sympathisierten, und Polen gegen Ukrainer. Es gab in Europa kaum einen Flecken, an dem das Gemetzel hinter den Fronten ein solches Ausmaß angenommen hatte wie hier. Wobei jeder jeden bezichtigte, selbst jene Mordtaten begangen zu haben, die der Gegner ihm vorwarf.

Was dann nicht nur die Pepols, sondern Hunderttausende von Polen aus dem der Sowjetunion zugeschlagenen Teil veranlaßte, ihre Heimat zu verlassen, war kein direkter Zwang. Es war die Atmosphäre, die durch den Krieg zwischen den verschiedenen Volksgruppen geschaffen, aber mit seinem offiziellen Ende nicht beseitigt worden war. Vor allem die von den Polen gefürchteten ukrainischen Verbände der UPA lösten sich nicht auf.

Offiziell konnten die polnischen Repatrianten in eine Liste eintragen, wohin sie umgesiedelt werden wollten, aber das stellte sich als pure Täuschung heraus. Die Pepols schrieben: »Nach Radom«, kamen dort jedoch nie an. Vielmehr wurden sie nach einwöchigem Transport mit vielen anderen erst in Nidzica ausgeladen und dann, am 10. Mai 1945, nach Olsztyn gebracht. Obwohl sie schon vor mehr als drei Monaten erobert worden war, brannten Teile der wie ausgestorbenen Stadt immer noch. In den Hauswänden steckten Geschosse, alles Wertvolle war verschwunden, die Öde trostlos.

Wanda und Włodzimierz Pepol waren in Ostpreußen gelandet – und blieben. Sie, die sich schon aus Sarny kannten, heirateten 1946, bezogen eine kleine Wohnung, bekamen 1947 und 1949 zwei Söhne und 1958 eine Tochter. Er fand Arbeit als Hauptbuchhalter auf einem volkseigenen Gut, der Zentrale für alle Güter der Woiwodschaft, sie in der Verwaltung des gleichen Betriebs.

Inzwischen längst pensioniert, leben die siebenfachen Großeltern im eigenen Haus in Gutkowo und versuchen mit ihren Erinnerungen fertig zu werden.

Ich zögere, als ich merke, wie schwer es ihnen fällt, davon zu berichten, werde aber aufgefordert zu fragen.

Beide haben sich feingemacht für den Abend, sie in einem geblümten, hochgeschlossenen Kleid, er in tadellos sitzendem Anzug mit Schlips und Kragen, so daß ich mir in meiner traditionellen Krawattenabstinenz ziemlich schäbig vorkomme. Ganz offenbar aber wird das nicht beanstandet. Gütige Gesichter, Befangenheit ist unbekannt, Vorverständigung nicht nötig. Man muß laut sprechen, Włodzimierz Pepol hört schlecht, was in seltsamem Gegensatz steht zu seiner leisen Sprache. Die Schwerhörigkeit kann zusammenhängen mit einer tückischen Krankheit, die ihn in seiner Jugend heimgesucht, aber offenbar zu dem geführt hat, was das Glück beider ausmacht: nämlich sich kennengelernt zu haben.

»In Sarny war mir von einer Nachbarin, die den Kranken pflegte, aufgeregt zugerufen worden: ›Komm, komm schnell, ich zeige dir deinen zukünftigen Mann!‹« Wanda Pepol, im achtundvierzigsten Jahr seine Frau, lacht: »Dabei sah er fürchterlich aus, ganz mager, ein Auge zugeklebt – und meine Reaktion war entsprechend.«

Vor dem Abendessen hat Włodzimierz Pepol mich ins Souterrain des Hauses geführt, wo er eine Art Andenkenzimmer eingerichtet hat, mit Geräten aus dem heimatlichen Südosten Polens. Dreschflegel und Heugabel, ein Nackenholz für Wasserträger samt den Ketten, an die die Eimer gehängt wurden; ein altes Waschbrett und ein hölzerner Weichklopfer für Fleisch, zwei Gegenstände, wie sie zu den Arbeitsgeräten meiner Mutter zählten; Ofenringe, fünf an der Zahl, und alle ineinander passend; eine vorsintflutliche Rechenmaschine und eine Kaffeemühle, die noch älter sein muß als die Petroleumlampe daneben. Dominiert aber wird hier unten alles von einer blitzblanken Ritterrüstung mit aufklappbarem Visier. Es ist ein rührendes Sammelsurium, auf das der Hausherr mit dem Orden der katholischen Salesianergesellschaft am Revers ganz unleugbar stolz ist.

Dann sind beide bereit. Wenn Włodzimierz Pepol spricht, muß mein Aufnahmegerät nahe an ihn herangerückt werden.

»Die Russen kamen am 17. September 1939. Die Vorsteher des Ortes, die ihnen entgegengingen und sie begrüßen wollten, sind nicht zurückgekommen - sie wurden gleich erschossen. Dann begannen die Verschleppungen nach Sibirien, immer nach dem gleichen Muster. Nachts fuhren Lkw vor, die Leute durften nur das Nötigste einpacken, und weg waren sie - nach Kasachstan, Workuta oder Archangelsk. Die Namen geisterten unter uns herum. Es konnte jeden treffen. Die Transporte gingen auch im Winter 1939/40 weiter, auf offenen Güterwagen, viele sind dabei erfroren, vor allem Kinder. Man spricht davon, daß die Russen damals aus dem besetzten Teil Polens über eineinhalb Millionen Menschen verschleppt haben. Besonders abgesehen hatten sie es auf die Intelligenz. Einen Tag, bevor die Deutschen angriffen, also am 21. Juni 1941, sind in Sarny noch zig Intellektuelle von den Russen erschossen worden.«

Dann wird der eine Schrecken von einem noch furchtbareren abgelöst.

Włodzimierz Pepol hat miterlebt, wie in der Nähe von Sarny Juden ermordet wurden. Es gab da ein Lager für Kriegsgefangene und Zigeuner, in das eines Tages alle Juden aus den Gettos der Umgebung beordert wurden. Es hieß, sie würden irgendwohin zu einer gemeinsamen Arbeit gebracht werden. Aber am nächsten Tag wurden sie in einen kleinen Wald geführt, wo schon

Gruben ausgehoben waren. Sie mußten sich ausziehen und wurden erschossen.

»Daran war deutsche und ukrainische Polizei beteiligt. Ich konnte das sehen, weil ich mit anderen auf einem kleinen Hügel stand. Aus dem Wald hallten dann die Schüsse der Exekutionen. Das riß und riß nicht ab. Wir waren voller Scham, daß wir da standen und nichts taten. Aber natürlich hätten sie uns gleich miterschossen, wenn wir etwas getan hätten. Trotzdem – es verläßt einen nie.« Auch die Zigeuner im Lager hatten die Schüsse gehört, und da sie annahmen, sie würden die nächsten sein, machten sie einen Ausbruchsversuch.

»Sie rannten gegen den Zaun, überwanden ihn und flohen, etwa 500 waren es. Darauf haben die Deutschen auf die Flüchtigen geschossen und auch auf das Lager, mit Granaten. Es ist keiner entkommen, sie sind alle umgebracht worden.«

Auch hier sind die Erinnerungen wieder so klar, als hätte sich all das erst gestern ereignet. Aber der Damm, hinter dem sie sich türmen, ist hoch, nach wie vor.

Traumatisch auch die Bilder von Bluttaten, die Ukrainer begangen haben, nicht nur an Polen, sondern an eigenen Leuten. Nur Stück um Stück werden sie preisgegeben. Wanda Pepol: »Da war ein Ukrainer, der war mit einer Polin verheiratet. Der wurde deshalb ermordet. Sie sagten, sie hätten ihn ermordet, weil er mit der Polin verheiratet war. Die Frau wäre auch getötet worden, wenn sie nicht versteckt worden wäre – von einer Ukrainerin. Die hat ihr dann noch Kleider gegeben, wie sie Ukrainerinnen tragen, und ihr auch geholfen zu fliehen.«

Im nächsten Augenblick tritt noch deutlicher hervor, wie lange solche Erlebnisse nachwirken.

Wieder Wanda Pepol: »Wir sind inzwischen öfter in Sarny gewesen, es war ja unsere ursprüngliche Heimat und mit vielen Jugenderinnerungen verbunden. Wir fuhren mit dem Auto, und als wir schon in der Nähe waren, haben wir einmal zwei Ukrainer mitgenommen, die am Straßenrand gewartet hatten. Ich kann Ihnen gar nicht sagen, wie sehr ich das schon im nächsten Moment bereut habe. Ich hatte Angst, buchstäblich Angst, als die beiden im Wagen dann hinter uns saßen, und dachte immerzu: Bringen sie uns nun um, oder tun sie irgend etwas anderes Schreckliches? Wir wußten doch von damals, auf welch fürchterliche Weise die ukrainischen Banden Menschen ermordet haben, nicht nur einfach getötet. Dieses Wissen lebt ja in einem weiter. Später habe ich mich geschämt, denn als ich die beiden Ukrainer nach einer bestimmten Adresse fragte, da fragten sie zurück, ob wir Polen seien. Als ich bejahte, haben sie uns um Verzeihung gebeten für das, was Ukrainer Polen angetan haben. Der eine hat das immer wiederholt und dabei geweint wie ein Kind. Das gibt es auch.«

Wie lange liegt das Urerlebnis des Heimatverlustes zurück? Von den Kindern, die alle in Olsztyn geboren sind, ist die Tochter fünfunddreißig, der eine Sohn 44 und der andere 46. Niemand von ihnen hat Sarny je besucht. Aber die Bindung der Eltern an das Land ihrer Kindheit und frühen Jugend sitzt tiefer, als sie es zugeben, ja, ihnen vielleicht bewußt ist.

Ich spüre es daran, wie Włodzimierz Pepol das alte Album kommentiert, das er hervorgeholt hat, mit Postkarten aus der Zeit vor 1914 und dem Foto des Großvaters, Jahrgang 1873, noch aus der Ära der Daguerreotypie. Ein Familienunikum muß das gewesen sein nach den Worten des Enkels, ein Schwerenöter, denn in der optischen Hinterlassenschaft des Großvaters finden sich alle möglichen Frauenbilder, hanebüchen für die damalige Zeit, halbnackt, verrucht, aufgenommen in Schanghai, Singapur, Gibraltar, Marseille: »Der Großvater war ein weitgereister Mann. Ich kannte ihn gut, er ist erst 1941 verstorben.« Der nun selbst alt gewordene Enkel ist etwas verlegen über die unverbergbare Bewunderung, die aus seiner Schilderung des abenteuerlustigen Ahnen spricht.

Andere Fotos zeigen Włodzimierz Pepol als Kind, mit einem Hund, der größer war als er; Jünglingfotos aus dem Lvov zwischen den Weltkriegen; Aufnahmen von Sarny. Dahinter wird eine Bindung sichtbar, die zwar gewaltsam zerrissen worden ist, innerlich aber nie zerstört werden konnte.
Nicht, daß sich hier in Nostalgie ergangen wird oder Nachtrauer die Atmosphäre bestimmte. Geistiges Bedürfnis ist beim Hausherrn selbstverständlich, Geschichte hat sein großes Interesse. Wanda Pepol geht auf in ihrer Arbeit für einen Seniorenklub, der vor zehn Jahren gegründet wurde und in dem auch Deutschstämmige Mitglied sind. Das hält die phantasievolle Frau in einer laufenden Chronik fest, einer Sammlung von fremden und eigenen Gedichten, Berichten, Fotos und Zeitungsartikeln, mit Sorgfalt und kunstvollem Aufwand verfertigt. Ganz stolz zeigt sie die Medaille, die sie für ihre Arbeit im Seniorenclub von der Verwaltung im Stadttheater von Olsztyn empfangen hat.
Aber wenn Wanda Pepol über ihren Geburtsort südlich von Lvov spricht oder von den Jahren in Sarny, verändert sich ihre Stimme, wird ein anderes Timbre hörbar.
Melancholie kommt auf.
Vor mir sind zwei Menschen, die in unserem Jahrhundert die Grunderfahrung von Millionen und aber Millionen gemacht haben: im Zuge der wahrscheinlich größten erzwungenen Völkerwanderung ihrer Wurzeln beraubt, ausgewiesen und vertrieben worden zu sein. Aber die Pepols haben daraus nicht den Schluß gezogen, sich in das Schneckenhaus des eigenen Leids zurückzuziehen, sondern das anderer Menschen darin einzubringen, die ein ähnliches Schicksal ereilt hat. Auf dem Boden Ostpreußens bedeutet das für sie: das Schicksal der einst hier lebenden Deutschen.
Deshalb pflegen sie seit Jahren einen alten Friedhof, früher der Bestattungsplatz für 62 Familien aus fünf Gemeinden, darunter die aus Göttkendorf. Dort gehen wir zusammen hin.

Mitten auf dem Friedhof eine wuchtige Kirche, der Turm aus Holz, Fundamente und Mauern aus Natursteinen. Die Erlaubnis für den Bau wurde 1352 erteilt, der Grundstein 1375 gelegt, die Fertigstellung auf das Jahr 1400 datiert. Die Zahlen nennt Włodzimierz Pepol beiläufig.

Ich lese Namen wie Königsmann, Hahn, Spiwack, Kraski, Pieczewski, sehe rostzerfressene Metallkreuze, entdecke Grabsteine, auf denen nur noch Jahreszahlen zu erkennen sind, geboren 1805, gestorben 1889, andere, die lesbar blieben: »Rosa Grohs 1854-1932«, und »Hier ruht in Gott Pfarrer Heinrich Hosenberg, 1881-1937«. Ein Grabstein zeigt kyrillische Buchstaben mit Geburts- und Todesjahr: 1927-1984. Hier sollen nach dem Kriege auch Polen und Ukrainer bestattet worden sein. An der Verwahrlosung hat das nichts geändert. Bis die Pepols kamen, hatte sich niemand um den Friedhof gekümmert.

Sie bewegen sich hier auf vertrautem Gelände. Włodzimierz Pepol hat die vier Steinkugeln wieder zusammengesetzt, die um das Gefallenenmal gelegt, aber dann aus ihrer Bettung gerissen worden waren. Es war eine mühselige Arbeit, denn die Kugeln sind schwer. Eine davon, die ganz zersprungen war, hat er wieder zusammengefügt. Außer uns ist niemand auf dem Friedhof. Wanda und Włodzimierz sind hier hundertmal gewesen.

Irgendwo bellt ein Hund.

Die Kirchentür ist geschlossen, aber man kann in das Innere schauen. Ich erfahre, daß von drei Altaren zwei zur Restaurierung weggegeben worden sind. Włodzimierz Pepol teilt das mit, als gehörten sie ihm.

Ich stutze, weil in mir auf diesem Terrain ein Verdacht zurückkehrt, der gleiche wie bei Franciszek Kiwicki, der uns in Dłużek zu dem alten deutschen Friedhof geführt hatte, als wollte er beweisen, daß sich Anteilnahme, Mitmenschlichkeit erhalten hätten. Es ist der Verdacht, daß dabei Unruhe im Spiele ist,

schlechtes Gewissen über das verwehte Los der ursprünglichen Bewohner, das so zu kompensieren versucht wird.
Bei den Pepols verwerfe ich schlechtes Gewissen sofort, sind sie doch selbst Gestrandete, Menschen mit den typischen Erinnerungen eher zufällig Davongekommener. Was aber auf beide geradezu programmatisch, vollständig verinnerlicht zutrifft, ist diese interne, unzeremonielle Mitmenschlichkeit, der Gegenpol von Verhärtung, die sich ebenso hätte einstellen können. Auf dem Weg hierher hatte Wanda Pepol gesagt: »Wenn man jung ist, kann man manches leichter ertragen. Aber jetzt, im Alter, fragt man sich, was die Ausweisung besonders für die älteren Deutschen bedeutet haben muß. Wenn wir uns vorstellen, daß wir noch einmal weg müßten ...«
Dann beharren die Pepols auf einem Abstecher zu einem anderen nahegelegenen Friedhof.
Dort empfängt uns ein riesiger roter Stern aus Metall, darunter die Zahl 1945, zu beiden Seiten gewaltige Quadern mit eingemeißeltem Hammer und Sichel und, verwunderlicherweise, der Inschrift »Liberté, égalité, fraternité«. Eine Tafel löst das Rätsel. Hier ist neben den im Kampf gegen die Deutschen gefallenen 4262 sowjetischen und 290 polnischen Soldaten auch eine ungenannte Zahl von Angehörigen der französischen Luftwaffe bestattet worden, die der Roten Armee zu Hilfe gekommen waren. Gleich nebenan befindet sich auf einem großen, ebenfalls eingezäunten Areal ein zweiter Friedhof, mit Gefallenen aus dem Ersten Weltkrieg. Die Grabsteine sind deutlich patiniert, einige Inschriften lesbar, andere nicht. Was daraus dann unerwartet sichtbar wird, läßt mich schlucken – angesichts einer bestimmten Assoziation.
Denn auf dem einst deutschen Friedhof steht zu lesen: »Hier ruhen drei unbekannte russische Krieger, gefallen am 3. 9. 1914.« Es gibt mehrere solche Inschriften. Daneben und dazwischen diese: »Gustav Schwalm, Ersatzbataillon Infanterieregiment 125.

25. 5. 1896 – 6. 7. 1918« und, ohne Rang und militärische Zugehörigkeit: »Richard Blume. 1896-1918.«
Ich begreife: Hier sind deutsche und russische Gefallene des Ersten Weltkrieges zusammen bestattet worden, ist also etwas geschehen, was nicht nur auf dem Friedhof von nebenan, sondern auch auf allen anderen des östlichen Schauplatzes des Zweiten Weltkriegs völlig undenkbar wäre – nämlich ein Nebeneinander von Gefallenen der Wehrmacht und der Sowjetarmee.
Hier wird dem Besucher eine lehrreiche, niederschmetternde Botschaft vermittelt, oder, um es mit all unseren inzwischen von Sarajewo 1914 bis Sarajewo 1994 gewonnenen Erfahrungen genauer zu sagen: Es ist die gespenstische Differenz dieser beiden abgelegenen, weltfernen, kaum noch besuchten Grabstätten, die mit ihren stummen Steinen die Kunde vom Wachstum einer globalen Bestialisierung förmlich herausschreien, den Irrsinn der Maschinenkriege, die unvergleichliche Verwilderung unseres ideologisierten Jahrhunderts.
Und es sind auch die Friedhöfe Ostpreußens, die das Pandämonium seiner ersten Hälfte erbarmungslos widerspiegeln.

Golde Hirschberg wurde nur achtzehn

Der Zutritt zum jüdischen Friedhof am Rande von Szczytno geht nur durch das Nadelöhr der Stanisława Synlewska – sie hat den Schlüssel zu der Totenstätte, an die ihr Gehöft grenzt.
Bei der Ankunft am Tor Hundegebell, streunende Katzen, hysterische Gänse. Ein Alter mit nacktem Oberkörper, gestützt auf einen Stock, grüßt zurückhaltend – Stanisławas Mann. Mir scheint, Besucher klopfen hier nur selten an.
Sie, mittelgroß, weißhaarig, ländlich gekleidet, führt mich an dem kleinen Haus und einem Universum von Gerümpel vorbei

zu einer hölzernen Pforte, schließt sie auf, läßt mich durch und dann allein.
Steine mit hebräischen Schriftzeichen, überwuchert, zerbrochen; Sarkophage, von Unkraut bedeckt; ein ganzes Plateau, das mit seinen Grabmalen abgesunken ist, als sei der Grund von unten weggesogen worden, kaum noch über der Erde. Dickichte von Brennesseln, alte Bäume. Ein Stein, der Vorname verwittert: »... Itzig«, geboren am 18. September 1789, zwei Monate nach Ausbruch der Französischen Revolution, gestorben 1827 – »Sanft ruhe seine Asche«. Wesentlich älter geworden war Jüdel Lichtenstein, der im März 1797 das Licht der Welt erblickte und erst 1882 die Augen schloß. Vorn sind die Inschriften auf deutsch, hinten auf hebräisch.
So auch bei Ascher Grand, der vom 20. Oktober 1825 bis zum 20. Juli 1892 gelebt hat, während Golde Hirschberg – 1848-1866 – nur achtzehn Jahre alt werden konnte. 41 Jahre dagegen lebte Golde Stein, geb. Cohn, von 1803 bis 1844: »Hier ruhet meine geliebte Gattin«.
Ich lese: Kamnitzer, David und Sara. Aaronsohn, Hirschberg, Grünbaum, Cohn, Leiser, Moritz. Isidor Abraham aus Passenheim ist hier begraben worden, am 14. März 1914. Der jüdische Friedhof von Ortelsburg war also auch noch für andere Gemeinden da.
Bevor ich hierherkam, hatte ich im Rathaus von Szczytno erfahren, daß nach dem preußischen »Judenedikt« von 1812, also der Aufhebung vieler Beschränkungen, etwa hundert jüdische Familien in diesen Teil Ostpreußens gekommen waren und den Friedhof von der Stadtverwaltung gekauft hatten. Anfang des 20. Jahrhunderts war die jüdische Gemeinde im Kreise Ortelsburg auf 400 Mitglieder angewachsen, eine Zahl, die bis zum Ausbruch des Zweiten Weltkrieges durch erzwungene Emigration wieder auf hundert geschrumpft war. Von den Verbliebenen hat niemand überlebt.

Aber davon zeugt hier nichts.
Ich bin allein auf dem Friedhof der untergegangenen jüdischen Gemeinde von Ortelsburg und Umgebung. Ringsum die Steine einer unermeßlichen Tragödie, die auch die übrige Gemeinschaft der Juden in Ostpreußen verschlungen hat. Irgendwo kläfft, wie immer, ein Hund, nur hört dieser nicht auf mit seinem Gebell. Dazu brummt ein Generator, laut und in der Nähe.
Mir fällt es schwer, von hier fortzugehen.
Auf dem Rathaus von Szczytno herrscht guter Wille, davon konnte ich mich überzeugen. Der jüdische Friedhof steht unter Verwaltung der Stadt (was auch für zwei deutsche Grabstätten gilt). Letzten Winter hatte es Aufräumungsarbeiten gegeben, das Laub ist entfernt worden. Als nächstes sollen die hebräischen Schriften auf den Grabsteinen ins Polnische übersetzt werden. Es ist an eine Renovierung gedacht, es wäre die zweite. Die erste war 1987. Davor, wurde mir gesagt, hätte man den Friedhof gar nicht betreten können – er sei eine einzige Wildnis gewesen. Die letzte Bestattung soll hier im Jahr 1937 gewesen sein. Ich suche den Stein, finde ihn aber nicht.
Jetzt fällt Sonne durch die hohen Baumkronen. Aus der Erde schießt Unkraut hoch, Grün dringt in Ritzen, bedeckt die Flächen – die Natur ist dabei, den Platz zurückzuerobern.
Die alten Eingangstore werden nie geöffnet. Auf den Friedhof gelangt man nur durch die hölzerne Pforte. Ich schließe sie hinter mir und bin auf dem Anwesen der Synlewskis.

Sonst hätte man uns ja wieder vertreiben können

Um zurück zum Haus zu kommen, muß ich mich durch das Stilleben einer phantastischen Verrottung kämpfen – verrosteter Maschendraht; Holzverschläge mit wackeligen Pendeltüren;

Massen loser Bretter, stehend oder aufeinandergeschichtet; alte Schleifsteine von verschiedener Größe, seit Äonen nicht mehr benutzt; Schubkarren ohne Räder; Berge von Ziegeln, teils heil teils zertrümmert; Leitern, die zu Öffnungen in den Verschlägen führen; ausgediente Öfen – ein Eldorado für Fahnder nach Uraltgeräten aus der vorindustriellen Ära.
Ich finde Stanisława Synlewska in dem kleinen Garten neben dem Haus. Sie hat eine pyjamaähnliche Hose an, trägt einen Kittel drüber, sieht mit ihrem breiten, frischen Gesicht sehr gesund aus und ist vertieft in ein Gespräch mit Barbara Barlog.
Das erste, was ich erfahre, ist, daß auch die Synlewskis aus ihrer Heimat vertrieben worden sind wie die Pepols, aber nicht wie diese aus dem Teil des Landes, den sich die Sowjetunion einverleibt hatte, sondern aus dem, der bei Polen verblieben war. Was uns dann berichtet wird, ist wieder das individuelle Beispiel eines kollektiven Dramas: der Vertreibung Hunderttausender im eigenen Land durch die eigene Regierung.

*

Stanisława Synlewska wird 1925 in Wołyń (Wolhynien) geboren, hart an der damaligen Grenze zur Sowjetunion, in einer Region Polens mit einer starken ukrainischen Minderheit. Als 1939 der Krieg ausbricht, ist sie gerade vierzehn Jahre geworden. Dann, von 1941 an, wird ihr Leben zwar unvergeßlich geprägt von der deutschen Besatzungspolitik hinter den Fronten der kontinentalen Auseinandersetzung, aber mehr noch durch die regionalen und lokalen Kämpfe zwischen den bewaffneten Verbänden der polnischen und der ukrainischen Widerstandsbewegungen.
Stanisława Synlewska: »Ab 1942 wurden die Banden der UPA, der ukrainischen Untergrundarmee, immer stärker. Sie haben schrecklich gehaust, es war, als wenn sie ihre Wut über die fehl-

geschlagenen Hoffnungen auf eine selbständige Ukraine an uns Polen ausließen. Sie haben Dörfer in Brand gesteckt, Menschen in Scheunen getrieben und die angezündet. Frauen wurden vergewaltigt und Kinder an Mauern zerschlagen. Wer floh, den haben sie verfolgt und auf fürchterliche Weise umgebracht. Tagsüber konnten wir uns im Dorf aufhalten, aber nachts versteckten wir uns, weil dann immer die Ukrainer kamen. Wir liefen in die Felder und verbargen uns darin. Die Banden haben das gewußt und haben da hineingeschossen. Aber wir verhielten uns trotzdem ruhig, denn wir wußten ja, wenn sie uns erwischt hätten, hätten sie uns umgebracht.«

Dennoch hat Stanisława Synlewska ihr Leben wahrscheinlich einem Ukrainer zu verdanken. Der kam eines Tages in ihr Dorf und riet den Bewohnern, bei Dunkelheit zu fliehen, weil die UPA sie überfallen und alle massakrieren wolle. Daraufhin flüchteten sie und konnten dann in der Nacht durch den Widerschein am Himmel erkennen, daß das Dorf tatsächlich in Flammen stand.

Sie sagt: »Ich weiß, daß die Ukrainer auch gelitten haben, ich will sie nicht alle verdammen. Wenn die jungen Männer zur UPA gingen und die Eltern und Geschwister zurückblieben, dann haben auch Polen Grausamkeiten an ihnen verübt. Das einzige, was die ukrainische und die polnische Bevölkerung damals gemeinsam hatten, war, daß keiner glaubte, diese Zeiten zu überleben, keiner.«

Doch Stanisława und ihre Familie überlebten und wollten bleiben, trotz allem, was ihnen widerfahren war. »Es war doch unsere Heimat.« Aber sie wurden nicht gefragt, sondern an ihnen und unzähligen anderen das praktiziert, was später mit dem furchtbaren Begriff »ethnische Säuberung« umschrieben wurde. Auf Anordnung der polnischen Regierung, also des Politbüros der Partei (und natürlich in Übereinstimmung mit den allmächtigen Sowjets und ihren Plänen), wurden riesige Menschenmassen aus ihren südostpolnischen Heimatorten verjagt, in Güterzüge verfrachtet, wochenlang auf die Reise geschickt und unterwegs wahllos ausgeladen. An der neuen Grenze zwischen Polen und der Sowjetunion sollte »Ruhe« herrschen, was bedeutete, die ineinanderverkeilten Ethnien gewaltsam ihres gemeinsamen Territoriums zu berauben ohne jeden Versuch, ob das früher auskömmliche Miteinander nach Ende des Krieges wiederherzustellen sei (das nun allerdings ohne die einst hier starke Minderheit der von den Deutschen restlos ausgerotteten jüdischen Bevölkerung). Aber weder die sowjetischen Machthaber noch ihre polnischen Vasallen haben je solche Pläne erwogen.

Stanisława Synlewska: »Am 11. Mai 1945 begann unsere ›Umsiedlung‹. Wir wären gern nach Lublin gegangen, wurden aber gar nicht gefragt. Unser Transport kam am 13. Juni in Szczytno an, einen Monat später. Damals gab es hier schon keine Deutschen mehr. Wir sind aus Protest in den Waggons geblieben, mit denen wir gekommen waren. Wir wollten nicht hierbleiben, das war ja ursprünglich kein polnisches Land, sondern deutsches. Daraufhin kam die polnische Polizei und hat alle Männer verhaftet. Durch diese Zwangsaktion sind wir dann geblieben mit den anderen, ob wir wollten oder nicht. Ein großer Teil der Einwohner von Szczytno stammt aus meiner Heimat, bis heute.«

Während sie spricht, donnern auf der nahen Straße fast pausenlos Lastwagen vorbei, und der Generator brummt immer noch. Bei der Übersetzung muß deshalb das Bandgerät ganz nahe an Stanisławas Mund gehalten werden.

Der alte Synlewski gräbt im Garten, bleibt fern, beteiligt sich nicht an dem Gespräch. Sie hat ganz offenbar die Hosen an, ist geistig rege, energisch, bückt sich beim Sprechen zur Seite, rupft an Gräsern, spricht lebhaft. Er war Arbeiter, sie 28 Jahre Angestellte bei der Post in Szczytno.

Die Renten der beiden bringen ihnen umgerechnet nicht ganz

300 Mark ein. »Damit müssen wir auskommen. Die Hühner geben uns Eier, im Garten ziehen wir Gemüse. Unsere Bedürfnisse sind klein.«

Der Schlüsseldienst für den jüdischen Friedhof ist ehrenamtlich. Manchmal, erfahre ich, kommen Israelis und Juden aus Deutschland hierher, Nachkommen der Verstorbenen oder Ermordeten, die in Ortelsburg gewohnt haben; manchmal auch polnische Schülerinnen und Schüler.

Stanisława und ihr Mann haben keine Kinder. Die junge Frau, die während des Gespräches im Hause ein und aus geht, ist die Tochter von Stanisławas Schwester. Sie hat zwei Mädchen, deren Vater gerade auf und davon ist.

Das Haus gehört dem alten Ehepaar. Sie haben es, unter Mühen und über fast ein ganzes Leben hin, abbezahlt. »Wir wollten das eigentlich nicht, sondern haben es getan, damit es kein anderer kauft.« Und das letzte, das tiefste Motiv dafür schiebt sie gleich hinterher: »Sonst hätte man uns ja wieder vertreiben können.«

Schlußdialog mit Stanisława Synlewska:

»Waren Sie jemals wieder in Ihrer alten Heimat?« – »Nein, niemals.« – »Würden Sie gern wieder dorthin zurückkehren.« – »Ja, aber da ist ja einfach nichts mehr, da hätten wir kein Haus, keine Wohnung. Sonst hätten wir es längst getan.« – »Heißt das, daß Sie hier nicht wirklich seßhaft geworden sind, daß Ihr Haus, die Stadt, dieser Landesteil nicht zu Ihrer Heimat geworden geworden sind?« – »Dies hier? Heimat? Natürlich nicht, keine Sekunde in der ganzen Zeit.«

Zur Stunde dieses Gesprächs lebt Stanisława Synlewska fast auf den Tag 48 Jahre in Szczytno, dem alten Ortelsburg, am Rande der Stadt auf einem Gehöft neben dem jüdischen Friedhof, dessen Türhüterin sie ist.

Von Sawica auf dem Weg nach Asuny (Assaunen) an der Grenze zur ostpreußischen Exklave der Russischen Republik. Es ist ein herrlicher Sommertag.
Vor Reszel (Rößel) buckelt sich die Landschaft - bestellte Felder, Ozeane von Ähren, auf dessen wogenden Flächen man unwillkürlich Ausschau hält nach dem Wagenband schaukelnder Prärie-Trecks; Waldinseln; das blaue Auge des Jezioro Gielądzkie (Gehlandsee); die roten Dächer von Zyndaki, dem alten Sonntag; zu beiden Seiten der Straße Märchenteppiche von Rotem Mohn. Und über einem immer der Dom der Alleen, diese grünstrotzenden, schattenspendenden, erhabenen Baumdächer.
Vor Korsze (Korschen), nun unter wolkenbetupftem Himmel, riesige Herden, Hunderte von Schwarzweißen, malmend, dösend, und dahinter eine Weite, deren Horizonte der Erdkrümmung zu spotten scheinen, so endlos enfernt scheint ihre Waldkulisse zu sein.
Nördlich von Barciany (Barten) geht es rechts ab, die Straße wird schlechter und schlechter, ein Hauch von Abgeschiedenheit wird spürbar, die Warnzeichen einer nahen und undurchdringlichen Grenze mehren sich. Und dann taucht auch schon die Kirche von Mołtajny (Molteinen) auf, mächtig, rissig, verfallen. Dahinter streckt sich aus dem Ort heraus eine Art Rollbahn, gepflastert mit künstlichen Steinen, behelfsmäßig, eine ruckelnde Trasse, auf der ich nach drei Kilometern, am Rande einer Ansammlung geduckter Häuser, meinen alten Ford stoppen muß - vier Enten bleiben unbeeindruckt da liegen, wo sie sich breitgemacht haben, am Eingang von Asuny.
Ich steige aus, blicke auf die tief dörfliche Idylle vor mir und weiß doch, daß es keine ist.
Hier leben Ukrainer, die vor 46 Jahren aus der angestammten

Heimat vertrieben worden sind, von einem Tag auf den anderen, oft sogar von einer Stunde auf die nächste – im Rahmen einer von den kommunistischen Machthabern Polens angeordneten Gewalttat, die an Rigorosität alles überbot, was zuvor schon Menschen wie die Pepols und Synlewskis entwurzelt hatte. Sie traf eine nur der Staatsbürgerschaft nach polnische, also ohnehin ungeliebte Minderheit, wurde begründet mit der Unterstützung der weiterhin aktiven UPA-Partisanen durch die ukrainische Bevölkerung und erhielt einen Namen, der sich bis in unsere Tage in Herzen und Hirne der Betroffenen eingebrannt hat: »*Aktion Weichsel*«!

*

Sie begann schlagartig am 28. April 1947, vier Uhr morgens, mit Hilfe von 17 000 Soldaten, drei Infanteriedivisionen der polnischen Armee.

In einem breiten Streifen an der Grenze Südostpolens wurden die Dörfer mit ukrainischer Bevölkerung umstellt und ihren Einwohnern befohlen, sich binnen einer Stunde an Sammelplätzen einzufinden, mancherorts ohne Gepäck, anderswo nur mit dem Nötigsten versehen. Oft begann die Plünderung durch polnische Nachbarn schon, bevor alle Vertriebenen die Häuser verlassen hatten.

Die »Aktion Weichsel« ließ keinerlei freie Entscheidung. Wer Widerstand leistete, sich zu verbergen oder zu flüchten versuchte, wurde verfolgt, geschlagen, auf der Stelle erschossen oder nach Jaworzno verbracht, ein ehemals berüchtigtes Außenlager von Auschwitz, von dem noch die Rede sein wird. Viele Dörfer gingen nach der Deportation ihrer Einwohner in Flammen auf.

Innerhalb von drei Monaten, bis Ende Juli 1947, wurden etwa 160 000 bis 200 000 Angehörige der ukrainischen Minderheit aus dem Südosten Polens zusammengetrieben, in Eisenbahnwaggons gepfercht und nach Westen in die ehemals deutschen Gebiete östlich der Oder verbracht, um dann dort buchstäblich in alle Winde zerstreut zu werden. Verteilt auf den riesigen, einer geographischen Sichel gleichenden Raum zwischen Schlesien im Südwesten und Ostpreußen im Nordosten, durfte der ukrainische Teil nirgendwo mehr als zehn Prozent der lokalen Bevölkerung ausmachen.

Die Zahl der damals nach dem von Deutschen bereits weitgehend geleerten Ostpreußen verschleppten Ukrainer wird auf rund 60 000 geschätzt. Der erste Transport soll noch im April 1947 in Olsztyn angekommen sein.

Mit der »Aktion Weichsel« war der Endpunkt jener mehrphasigen Zwangsumsiedlung erreicht, die im Verlauf von drei Jahren den blut- und leidgetränkten Südosten »ethnisch säuberte« und rein polnisch machte. Begonnen hatte es schon 1944 mit der Abschiebung fast einer halben Million Ukrainer vom polnischen Staatsgebiet in den nun der Sowjetunion zugeschlagenen Teil, war 1945 fortgesetzt worden mit der rigorosen Vertreibung von Polen, wie den Pepols und Synlewskis, in die neuen Westgebiete, um dann 1947 mit der Deportation der restlichen etwa 160 000 bis 200 000 Ukrainer einen grausamen Gipfel zu erreichen.

Das gemeinsame Interesse Stalins und der Machthaber in Warschau hatte dabei vor allem in der Ausschaltung der ukrainischen Untergrundarmee bestanden, der UPA, die auch nach dem Sieg der Roten Armee und dem Ende des Zweiten Weltkrieges ihren aussichtslosen und bald darauf erstickten Kampf in Guerillamanier weiterführte.

Nach den Schätzungen mir bekannter polnischer Historiker sind im Verlauf der dramatischen drei Jahre von 1944 bis 1947 Hunderttausende Polen und Ukrainer durch Hunger, Erschöpfung oder auf der Flucht umgekommen.

Mit diesen Vorkenntnissen treffe ich in Asuny ein, das deutsch Assaunen hieß, von den Ukrainern Acyhn genannt wird und direkt an der Grenze zur russischen Kaliningradskaja Oblast liegt.

Ob Weißrusse, ob Rotrusse – sie sind alle gleich

Antoni Staruch ist ein Hüne von Kerl.
Breit, von starkem Leibesumfang, im karierten Hemd, eine leichte helle Jacke über dem mächtigen Brustkorb, macht er Pfeife rauchend den Empfangschef von Acyhn, wie er den Ort demonstrativ nennt und auch in seiner Gegenwart genannt wissen will, worauf er mehrere Male hinweist. Damit keine Mißverständnisse aufkommen, fügt er an, ohne die Pfeife aus dem Mund zu nehmen: »Wo wir sind, ist ukrainische Erde.« Unterwegs zu seinem Haus, gibt Antoni Staruch einiges von der Geschichte preis. Hier wohnen Ukrainer seit dem Mai 1947, 26 Familien, etwa 75 Menschen, deren Zahl bis heute fast gleich geblieben ist.
»Wir sind hierhergebracht worden, ohne gefragt zu werden, wohin wir wollten oder nicht. Von den Deutschen war kein einziger mehr im Ort. Am Anfang durften wir Acyhn nicht verlassen, nachts kein Licht anmachen, zu bestimmten Zeiten nicht die Straße betreten. Es war wie in Gefangenschaft. Das hat sich erst langsam gelockert.«
Wir gehen die Dorfstraße entlang. Hier leben, das sieht, das riecht man, Bauern, auf kleinen Höfen und in den steinernen Häusern aus der Zeit der Deutschen – Hühner, Gänse, Hunde, Misthaufen. Zwischen den Häusern wird der Blick frei auf weite Getreidefelder. Ein Storch schwebt heran, verschwindet, taucht wieder auf und schwingt davon.
Existenzgrundlage für die Ukrainer war – und ist nach wie vor – ein Staatsgut, eine Art landwirtschaftliche Produktionsgenos-

senschaft, in der die Bewohner arbeiten und gearbeitet haben – Antoni Staruch, seit der heute 66jährige sich mit Zwanzig hier wiederfand. Das Anwesen von Antoni Staruch sieht aus wie all die anderen, nur fehlt hier, eine Schar kleiner Enten im Vorgarten ausgenommen, das agrarische Ambiente. Dafür liegt ein mächtiges auf- und abschwellendes Summen in der Luft – es kommt aus den Bienenstöcken hinterm Haus, Holzbehältern, teils mit Wellblech, teils mit Pappe bedeckt, hundert an der Zahl, erfahre ich, in achtungsvoller Entfernung verharrend. Antoni Staruch ist Imker.

Am Hause rankt Wein hoch, kleine Trauben noch, »... aber sehr süß. Im Oktober ist es soweit.«

Im Haus dann, in der guten Stube, ist alles blankgewienert und – wie gehabt. Der gelackte Vitrinenschrank mit dem Kaffee- und Glasgeschirr, obendrauf zwei Holzfiguren; die Wanduhr mit zwei schweren Pendeln; über der Tür zum Flur ein kleines Geweih, über dem Durchgang zum anderen Zimmer der Gekreuzigte in Metall auf Holz. An der Wand ein Gemälde, das Porträt eines berühmten ukrainischen Dichters, »Jewtschenko« klingt mir der Name im Ohr, 1814 geboren, 1864 gestorben; Telefon, Fernsehapparat. Anwesend sind noch zwei Gäste. Der eine ist der Ukrainer Andrzej A., ein dürrer Mann mit länglichem Gesicht, wachen Augen und trotz der warmen Jahreszeit in einer Wolljacke, als fröre er von innen. Unstillbar neugierig, wie immer, frage ich – und bekomme Antworten, die klarmachen, mit welchen Schicksalen man es hier zu tun hat.

33 seiner 72 Lebensjahre hat Andrzej A. in Gefängnissen zugebracht, sowjetischen und polnischen. Ursache dafür war seine Zugehörigkeit zur UPA, in der er kämpfte, bis er 1946 von den Russen gefangengenommen und verurteilt worden war. Die ersten neun Jahre verbrachte er in sibirischen Gefängnissen und Lagern, bis er 1955 der polnischen Justiz übergeben wurde. Die verurteilte ihn zum Tode, setzte die Höchsstrafe aber aus. 1980

wurde er dann endlich freigelassen nach fast 400 Monaten ununterbrochener Haft.
Dieses Schicksal wird in dürren Worten mitgeteilt, völlig unpathetisch, ohne daß Andrzej A. die Stimme auch nur ein einziges Mal erhoben hätte. Auf einer mit grünem Stoff überzogenen Wandbank sitzend, die Arme leicht aufgestützt, berichtet er von einem Schattenleben, das sich auch die stärkste Phantasie nur unvollkommen ausmalen kann. Hier ist Vorsicht geboten bei der Erwähnung der UPA, der ukrainischen Armee und ihrer dramatischen Chronik, Vorsicht bei der Behandlung von Geschichte überhaupt.
Die späteren Einwohner von Acyhn sahen sich 1939, bei der Teilung Polens, auf die deutsche Seite verschlagen, aber nahe der Grenze zu dem von der Sowjetunion annektierten Gebiet. Antoni Staruch gibt zu, daß nach dem Überfall vom 22. Juni 1941 viele Ukrainer den Deutschen zugejubelt hatten, nicht nur, weil sie das Ende der Stalinschen Herrschaft begrüßten, sondern sich auch die Errichtung eines eigenen ukrainischen Staates erhofften. »Aber das war eine völlige Verkennung der Tatsachen und ist von uns schnell begriffen worden.«
Offiziell war die UPA am 14. Oktober 1942 gegründet worden und im Verlauf von Krieg und Nachkrieg in einen Mehrfrontenkampf verstrickt: gegen die Wehrmacht, gegen polnische Partisanenverbände, gegen die siegreich zurückgekehrten Soldaten Stalins und gegen die neuerstandene polnische Armee. Antoni Staruch und Andrzej A. stimmen überein, daß Grausamkeiten gegen Polen zu verurteilen sind, wehren sich aber vehement gegen die Bezeichnung »Banden« in Zusammenhang mit den ukrainischen Partisanenverbänden. »Wir stehen nach wie vor hinter der UPA und können ihre geschichtliche Existenz nicht kritisieren.« Die Atmosphäre ist aufs äußerste sensibilisiert.
Ich taste dennoch weiter und stoße auf die tiefe Deformierungen verzweifelter Minderheiten in ihrem Kampf gegen übermächtige Mehrheiten. Antoni Staruch: »Wir hatten damals ge-

hofft, daß es nach dem gemeinsamen Sieg über Deutschland zwischen der Sowjetunion und den USA zu einem Krieg kommen würde. Das hatten wir ganz intensiv gehofft.«
»Das hätte zum Dritten Weltkrieg geführt«, werfe ich ein, »mit Atomwaffen auf beiden Seiten.«
»Wenn man in Not ist, hofft man und denkt nicht soviel darüber nach, auf welche Weise sich die Hoffnungen erfüllen könnten.«
Und heute, da sich die Hoffnungen auf eine selbständige Ukraine durch den Zerfall der Sowjetunion nun doch noch erfüllt haben - wie stehen die beiden dazu?
»Keiner von uns«, sagt Andrzej A., »hatte geglaubt, daß das zu seinen Lebzeiten geschehen würde, keiner. Aber jetzt sind wir froh darüber, auch wenn die Ukraine ein schwaches Land ist. Darum sind wir dagegen, daß es seine Atomwaffen ausliefert.«
Antoni Staruch nickt. »Wer Atomwaffen hat, zählt mehr. Die ukrainische Selbständigkeit ist nicht gesichert.« Und dann kommt es: »Ob Weißrusse, ob Rotrusse - sie sind alle gleich.«
Da sitzt nach wie vor Ungewißheit, sitzt das Mißtrauen, hat sich das alte Feindbild, scheint's, unversehrt gehalten.
Der zweite Gast, der durch Barbara Barlogs Simultanübersetzung, alles mitgehört hat, ist ein Deutscher, der aus Frankfurt am Main kommt, aber 1928 hier ganz in der Nähe geboren wurde - Hans-Joachim N. Seit der polnischen Wende zunächst nur in postalischer Verbindung mit Antoni Staruch, war er bereits mehrere Male in Acyhn zu Gast - und wie für mich, den Buchautor, hierherbestellt.

Wer will denn wirklich zurück?

Die Familie besaß ein Gut in Posegnick (Zori) und ein sogenanntes Vorwerk in Louisenwert, beide Ortschaften in unmittelbarer Nähe, aber auf der anderen, der russischen Seite.

Obwohl es schon so lange her ist, erinnert auch Hans-Joachim N. sich noch genau an die Zeit von damals. An die Instleute, die nur sporadisch auf dem Gut tätig waren; an die Deputate, was bedeutete, daß soundsoviel Zentner Korn und Rüben für die Arbeit empfangen wurden, wohl auch Geld, wenngleich nur in kleinen Summen, gezahlt an dienstgewohnte Geister, die ihrerseits eine Kuh oder ein Schwein, manchmal auch beides, im Stall hatten. Und an die Kutscher, die die Pferde zu füttern und zu pflegen hatten. »Die fuhren vierspännig, vom Sattel aus, hinten zwei Pferde und vorne zwei Pferde. Aber einen großen Bewegungsradius gab es nicht. Die Menschen waren ganz ortsgebunden und sahen allerhöchstens mal, wenn überhaupt, die Kreisstadt. Das war für uns damals Gerdauen.«

Bis zum 24. Januar 1945, dann begann die Flucht auch aus Posegnick und Louisenwert. »Ich war damals siebzehn. Wir haben alles zurückgelassen, die Ställe voller Kühe, alles auf dem Gut. Die ganze Bevölkerung kam mit, auf neunzehn Wagen, sogenannten Leiterwagen. Aber zusammengeblieben sind wir nur die vierzig Kilometer bis Bartenstein. Dann wurden wir getrennt, weil die Brücke gesprengt werden sollte von den Deutschen. Wir waren gerade fünfzig Meter darüber weg, da gab es einen Riesenknall, und wir sahen, wie alles durch die Luft wirbelte, Menschen, Wagen, Pferde.«

Dann über das vereiste Haff, rechts und links die Katastrophen, schwerbeladene Wagen, die mit Mensch und Tier in die Tiefe gezogen wurden. »Es war nichts als Glück, wenn man davonkam, nichts sonst.« Über Danzig, Usedom, Neubrandenburg ging es nach Frankfurt am Main, weil dort Verwandte lebten. »Ankunft 1946. Seither wohne ich dort und werde da auch bleiben.«

»Was sagen Sie über die anderslautenden Töne aus den Vertriebenenverbänden?«

»Ich sage: Die Erinnerungen sind viel schöner als die Wirklichkeit. Wer von den Alten und Älteren will denn wirklich zurück?

Obwohl hier in fünfzig Jahren so gut wie nichts getan worden ist, hat sich aber doch alles verändert, hat die Zeit die Gräber eingeebnet. Und unsere Kinder und Enkel, die zweite und dritte Generation? Die können doch unser Heimatgefühl gar nicht haben und denken in Wahrheit gar nicht daran, aus dem Wohlstand in diese Ungewißheit zu wechseln. Was sollten die Rückkehrer hier denn machen? Ich verstehe diese Töne nicht, die etwas schüren sollen, was nicht mehr zu verwirklichen ist.«
»Unser Heimatgefühl« – in Hans-Joachim N. lebt es, unverbergbar, und das ist es, was ihn immer wieder hierhertreibt, nachdem er 1985 zum erstenmal hier auftauchte – »von der Bevölkerung sehr gut aufgenommen, geradezu liebevoll«.
Schmerz bleibt dennoch, ebenfalls nicht zu verbergen. Die Eltern sind in der Kirche von Molteinen getauft worden, von deren Turmspitze aus Hans-Joachim N. bei seinen Besuchen in Acyhn immer wieder versucht, einen Blick auf Zori zu werfen. Aber es gelingt nicht, weil die Bäume in dem halben Jahrhundert seither enorm gewachsen sind und alles verdecken. Ich kann nichts von meinem Geburtsort sehen, obwohl er ganz nahe ist, da drüben, eben hinter der Grenze.«
Die ist auch von Antoni Staruchs Haus nur ein paar Schritte entfernt – und dahin gehen wir jetzt, nicht ohne eingeschärft zu bekommen, keinen Schritt über die Linie zu setzen.
Nach kaum 200 Metern ein Schlagbaum in den polnischen Nationalfarben Weiß und Rot, davor ein freundlicher Soldat, der, würde er seine Vorschriften einhalten, eigentlich unsere Personalien aufnehmen müßte und uns gar nicht bis hier gehen lassen dürfte. Ein Schild mit dem polnischen Adler, die Staatsgrenze der Republik Polen – »Übertreten verboten«. Rechts und links weite Felder, darin Grenzpfähle, rot-weiß die polnischen, rot-grün die russischen. Dann ein Erdstreifen, grasbewachsen. Dahinter Wald, eine dichte Wand. Über den Wipfeln links ein Hochsitz auf einem Metallgerüst, ein Wachtturm, der in mir be-

klommene Erinnerungen an die deutsch-deutsche Grenze wachruft. Posten sind nicht zu erkennen - besetzt oder nicht? Antoni Staruch: »Die beobachten uns ganz genau, keine Handbewegung entgeht denen da drüben.« In gespenstischem Gegensatz zu dieser lauernden Ungewißheit - der tiefe, der absolute Frieden über dem Land. Vogelgezwitscher, flirrende Sommerluft und Ruhe, Ruhe, Ruhe. Im Norden rote Dächer.

»Keine 500 Meter dahinter liegt Posegnick«, sagt Hans-Joachim N., und stellt sich auf die Fußspitzen, als könne er so den Ort sehen, in dem er seine Knaben- und erste Jünglingszeit verbracht hat. Aber es mißlingt dem inzwischen 65jährigen kläglich - er schluckt.

In Acyhn dann die alte deutsche Brücke, das steinerne Geländer zerfallen auf beiden Seiten. Der Fluß darunter heißt Omet und mündet in den Pregel. Ich gehe die Böschung hinab, sehe die Fundamente, Felsquader, aber die Wölbung ist mit Backsteinen ausgemauert. Oben eine Inschrift, von der nichts zu lesen ist als »1918«, das Jahr, in dem die Brücke gebaut wurde. In einiger Entfernung von ihr, möglicherweise nötig, aber mit ihrem Beton und dem Metallgitter ein Ungetüm von abschreckender Häßlichkeit — eine neue Brücke.

Schön, ja ehrwürdig, die alte Kirche, einer dieser klassischen Sakralbauten, nur das Fundament backsteindurchsetzt, sonst alles Naturstein, bis unters Dach. Der Glockenturm aus Holz, getrennt vom Schiff und mit spitzer Ziegelkrone. Und auf der höchsten Zinne, scharf abgehoben gegen die Sonne und mit langem Schnabel in seinem Gefieder nestelnd - ein Storch in einem abenteuerlich plazierten Nest.

In der einst evangelischen Kirche wird seit 47 Jahren der griechisch-orthodoxe Gottesdienst ausgeübt. Antoni Staruch bewahrt den Schlüssel. Er öffnet damit eine Seitentür, geht hindurch und sagt: »Hier durfte früher niemand als der Graf eintreten.«

Drinnen Ikonenbilder, ein abgeteilter Weihraum mit drei Zugängen, durch deren mittleren allein der Priester und der König gehen dürfen; die goldene Kuppel des Tabernakels zur Aufbewahrug des Allerheiligsten; der Schrein für das Brot zum Abendmahl. Ein Buch mit schwerem Samtdeckel, die Buchstaben kyrillisch, handgeschrieben - die Bibel, aber nur das Neue Testament. In der Sakristei ein alter Steinkamin, an dem sich einst der Priester vor der Predigt wärmen konnte. Heute macht es der elektrische Heizkörper daneben.
Wer die Orgel sucht, der sucht vergebens - die griechisch-orthodoxe Kirche kennt keine Musik, nur Gesang.
Ein verschlissenes Transparent an der Wand zeigt zwei Zahlen: »988«, das Jahr, in dem die Ukrainer das Christentum angenommen haben, und »1988«, das Jahr, in dem seine ersten tausend Jahre gefeiert worden waren, überall, wo es Ukrainer gab, also auch in Acyhn.
Antoni Staruch läßt es sich nicht nehmen, die Glocken zu läuten, das heißt, er braucht sich nicht selbst zu bemühen, sie tönen auf elektrisches Kommando. Aber es sind die alten Glocken, so alt wie draußen neben der Kirchentür die beiden gewaltigen steinernen Bottiche aus deutscher Zeit, in denen Mehl gemahlen worden war. Kirche und Dorf Assaunen waren im Ersten Weltkrieg in Flammen aufgegangen, als die russische Njemenarmee auf ihrem bald gestoppten Marsch nach Königsberg bis in die Mitte der Provinz vorstoßen konnte und dabei auch den Kreis Gerdauen überrannte. Aber von der Geschichte des Dorfes, das ist bald heraus, wissen unsere ukrainischen Gastgeber, vollkommen eingesponnen in ihr eigenes Schicksal, so gut wie nichts.
Auf dem Wege zum Haus zurück noch einige Fragen an Antoni Staruch. Welches Selbstverständnis herrscht hier?
»Die Einwohner Acyhns sind polnische Staatsbürger, immer gewesen, aber als Nationalität schreiben wir ›ukrainisch‹.«

Wollen Sie zurück in die ursprüngliche Heimat?
»Spontan möchte man ja sagen, doch das sind sentimentale Gefühle. Alte Bäume kann man nicht verpflanzen. Wir leben nun einmal hier und so lange schon. Außerdem, auch wenn wir zurück wollten, der polnische Staat in seiner Armut könnte uns dabei doch gar nicht helfen.«
Ist unter diesen Umständen die ukrainische Identität gefährdet? »Das hängt von den Eltern, der Schule, der Kirche ab. Jede Minderheit verliert im Lauf der Zeit an Identität, auch unsere. Schauen Sie sich doch unser Dorf an - wir, die Alten, sind ungefährdet in unserer Identität, aber die Jugend, die Enkel, die gehen weg.«
Hat sich seit der polnischen Wende von 1989 etwas geändert?
»Wir können jetzt in der Kirche in unserer Sprache singen und auf der Straße, unter Polen, ukrainisch sprechen, das ja. Aber glauben Sie mir, die alte Furcht davor, etwa im Bus, die ist nicht weg, die ist geblieben.«
Gibt es noch eine andere Furcht?
»Ja, vor Rußland. Was wird aus ihm und seinem Chaos? Wird es die ukrainische Selbständigkeit respektieren? Ich sage noch einmal: Ob Rotrusse oder Weißrusse - sie sind alle gleich.« Schatten der Geschichte, die lang fallen.
Dabei war die »Aktion Weichsel«, die große Massendeportation von Hunderttausenden Ukrainern aus dem Südosten in den Westen und Nordwesten, die auch die Ukrainer von Acyhn entwurzelt hatte, eine Maßnahme, die von der polnischen Partei- und Staatsführung geplant und mit brutalen Mitteln durchgesetzt wurde, wenngleich natürlich mit Moskau abgesprochen. Und auch die Isolation der ukrainischen Minderheit mit der ausgeklügelten Zehnprozentverteilung auf die Ortschaften hatte sich innerhalb der polnischen Gesellschaft vollzogen. Trotzdem - hier bleibt das Feindbild von Rußland, von »den Russen« geprägt.

Die ukrainische Gastfreundschaft aber ist davon nicht versehrt worden – sie ist überwältigend.
Zu Andrzej A. und Hans-Joachim N. sind noch einige Freunde aus dem Dorf hinzugekommen. Antonis Frau Olga, still, dunkelhaarig, verwachsen mit ihrer Schürze, trägt unermüdlich Speisen auf, fordert auf, zuzulangen, füllt selbst nach, blind und taub für das komische Entsetzen ihrer Gäste. Danach wird Kaffee und Kuchen gereicht und dazwischen mit Hochprozentigem ein Toast nach dem anderen ausgebracht. Ich habe es geschafft, mich davor zu drücken.
Abschied von Asuny bei später Nachmittagssonne, nicht ohne aus den Bienenstöcken Antoni Staruchs reich beschenkt worden zu sein – Honig vom Besten, naturrein, fest, von milder Farbe und unbeschreiblichem Aroma.
Alle treten mit auf die Dorfstraße.
Hans-Joachim N. will noch ein paar Tage bleiben. Er wird wieder versuchen, in seinen Geburtsort zu gelangen, der so nahe ist und doch unendlich fern. Sollte es ihm von hier aus wieder nicht gelingen, dann will er sich nach Gdańsk (Danzig) aufmachen, zum deutschen Konsulat, wo es einen neuen Weg geben soll, um mit einem Tagesvisum in den russischen Teil Ostpreußens zu gelangen. »Ich will Posegnick auf jeden Fall wiedersehen.«

*

Abends dann wieder, ungeachtet der Jahreszeit, vor Frau Krystynas funkensprühendem Kamin, den Honigtopf auf dem Schoß und Bartos wie verwachsen an meiner Seite (nachdem er wegen heftiger Beißerei in die Sitzkissen schwer gerügt werden mußte). Der Dackel schläft so fest, daß selbst Charlies symphonisches Dauergekläffe draußen ihn nicht aufzuwecken vermag.
Auch heute bin ich der letzte in dem großen Eß- und Aufent-

haltsraum, werfe Scheite nach, starre ins flackernde Feuer, denke nach über gestern, heute, morgen und kann mich an nur wenige Plätze auf der Welt erinnern, an denen ich mich so wohl gefühlt habe wie hier in der Pension »Krystyna« von Sawica, dem alten Sawitzer Mühle, acht Kilometer entfernt von Szczytno, das einst Ortelsburg hieß.

Keine Familiennamen, keine Ortsangaben

Das ist das erste, was das ukrainische Ehepaar Stefania und Teodor M. mir abverlangt, wenn ich etwas über ihr Schicksal hören will. Meine Zusage ist selbstverständlich.

Im Zuge der »Aktion Weichsel« besetzen am frühen Morgen des 27. April 1947 polnische Soldaten den Heimatort der Stefania M. in Südostpolen und befehlen den Bewohnern, die nötigsten Sachen zu packen und sich nach zwei Stunden auf einem Sammelplatz einzufinden.

Dort wird die Siebzehnjährige mit vielen anderen unter der Anschuldigung, den ukrainischen Partisanen geholfen zu haben, verhaftet und abtransportiert. Und jetzt kommt ein Stichwort ins grausame Spiel, das innerhalb der ukrainischen Minderheit Polens unvergessen ist und den Betroffenen von damals noch heute kalte Schauder den Rücken heruntertreibt: *Jaworzno.*

Etwa zwanzig Kilometer von Auschwitz entfernt, war es von 1939 bis 1945 unter dem Namen Neu-Dachs eines seiner neununddreißig Außenlager gewesen – zwölf gemauerte Wachttürme, ausgestattet mit Maschinengewehren und Scheinwerfern, Baracken mit Pritschen, vier übereinandergestellt, und das ganze Gelände umgeben von einem doppelten Stacheldrahtzaun, der von Betonpfeilern gehalten wurde und unter hoher Stromspannung stand. Ohne daran anderes zu verändern, als über dem Eingang ein Schild mit der Aufschrift »Zentrales Arbeitslager« anzubringen, wurde der Schreckensort von der stalinistischen Führung Polens so übernommen, wie er nach dem Abzug der Okkupanten vorgefunden worden war. Aus dem deutschen KZ-Lager war ein polnisches Untersuchungs- und Durchgangslager geworden, was es dann bis gegen Ende der vierziger Jahre blieb.

Und während Auschwitz von der polnischen Partei- und Staatsführung zum »Ort des nationalen Gedenkens« erhoben wurde, übte sich die Lagerleitung in der unsäglichen Praxis, die Insassen über die berüchtigte Rampe des ehemaligen Vernichtungslagers Birkenau nach Jaworzno einzuliefern. Unter ihnen waren fast 4 000 Ukrainer, von denen zwischen 1944 und 1947 zweihundert umkamen – hingerichtet, zu Tode gefoltert, verhungert oder zur Selbsttötung im elektrischen Draht getrieben.

Als Stefania M. dort eingeliefert wurde, beherbergte Jaworzno etwa 3 000 Männer und Frauen, nach Geschlechtern getrennt und meist ukrainischer Abstammung, und auch sie wieder separiert von den Volksdeutschen, die hier gefangengehalten wurden. Für alle Häftlinge aber gab es *ein* gemeinsames Trauma, *ein* Schreckenswort: *Verhör*!

Stefania M. hat sichtlich innere Schwierigkeiten, davon zu berichten. Schließlich überwindet sie sich.

Es war immer wieder die gleiche Aufforderung: »Du sollst sprechen!« – nämlich über ihre Verbindungen zur UPA. Da Stefania M. nie aktiv für die ukrainische Untergrundarmee tätig gewesen war, konnte sie nichts aussagen, mit furchtbaren Folgen.

Verhörmethoden in Jaworzno waren: Schläge mit Holzstöcken; die »Hocke«, was bedeutete, mit zwei schweren Steinen in den Händen auf und ab zu hüpfen (Stefania M. macht das vor, geht in die Knie, reißt die Arme hoch, sackt wieder zusammen, fährt abermals auf); Stromstöße; Stecknadeln, die unter die Fingernägel getrieben wurden; Karzer in einem Betonbunker, dessen Boden von Wasser bedeckt war. Am gefürchtetsten von allem aber war die »kleine Zelle«, ein Verlies ohne Licht und genügend Luft, das mit Häftlingen vollgepropft wurde.

»Ich war zum Glück nur kurz darin, andere jedoch schon zwei Wochen. Ich weiß nicht, wie sie das überlebt haben, ich hätte es nicht. Später traf ich eine Frau, die dort Jahre verbracht hat.«

Stefania M. weint.

»Wir hatten immer Hunger. Morgens gab es ein bißchen Brot und eine schale Flüssigkeit, die mit Kaffee nur die Farbe gemeinsam hatte, mittags Kohlsuppe. Einmal hatte ich ein Brot versteckt in der Hoffnung, am nächsten Tag zwei Stücke essen zu können. Aber in der Nacht hat es mir jemand gestohlen.«

Dann das Urteil für Stefania M.: zehn Jahre Freiheitsentzug, verkürzt auf sechs Jahre – »weil ich bei der Verkündung noch unter achtzehn war«.

Als sie zusammen mit jungen UPA-Männern von Jaworzno weggebracht wurde, blieb der Wagen plötzlich stehen, und die bewaffnete polnische Begleitung stieg aus. Dann wurden die Insassen ins Freie getrieben und von der Bevölkerung mit Steinen und Flaschen beworfen. »Die UPA-Soldaten nahmen mich in ihre Mitte, um mich zu schützen. Überall war Glas. Viele wurden verletzt und bluteten. Es war ein furchtbarer Haß, der uns da entgegenschlug.«

Momentaufnahmen, die sich eingebrannt haben.

Stefania M. sitzt die 72 Monate in dem berüchtigten Krakauer Gefängnis Montelupich ab und wird am 13. Januar 1953 entlassen.

Das alles ist fast fünfzig Jahre her, aber die Träume sind bis heute durchsetzt mit Bildern aus ihrer Leidenszeit, meist solchen aus Jaworzno. Dennoch hat Stefania M. vor kurzem das Lager wieder besucht. Davon ist kaum noch etwas geblieben, die Türme sind weg, die Baracken bis auf Reste verfallen, sonst ist alles mit

Wald bewachsen. »Ich war trotzdem erschüttert. Ein zweites Mal könnte ich nicht dorthin gehen.«

Teodor M. hatte seine Frau nach Jaworzno begleitet. Er sagt: »Da ist eine Gedenktafel angebracht worden, klein, irgendwie nichtssagend, eine Pflichtübung, wie ein Feigenblatt über der polnischen Scham. Ich habe gehört, daß der Vorstand der neuerstandenen ›Vereinigung der ukrainischen Minderheit‹ um die Erlaubnis gebeten hat, dort eine Ehrentafel anzubringen. Aber die Stadt Jaworzno konnte sich dazu bis jetzt nicht durchringen.«

Wie seine Frau, war auch Teodor M. von der »Aktion Weichsel« betroffen. Schon ein Jahr zuvor, 1946, hatte es erste Warnzeichen für eine große Austreibung der Bevölkerung aus dem umkämpften Gebiet gegeben. Viele Bewohner seines Heimatortes hatten damals bereits die Aufforderung erhalten, ihre Habseligkeiten zu packen, um in die ehemals deutschen Gebiete gebracht zu werden. Die Umsiedlung war dann aber gestoppt worden. »Es hieß: Wegen Kampfmaßnahmen der UPA – eine Galgenfrist.«

Die währte zwölf Monate, dann, im Frühling 1947, erreichte die »Aktion Weichsel« auch den Geburts- und Heimatort von Teodor M. »Es ging zunächst unerwartet großzügig zu, wir konnten sogar Pferd und Wagen mitnehmen. Aber es ging ins Leere, nichts war vorbereitet, nichts von den Behörden geplant, gar nichts.« Der Treck dauerte fünfzehn Tage, dann war Teodor M. mit seiner Familie in dem befohlenen Gebiet, zuerst in Bartoszyce (Bartenstein), dann in Bagrationowsk (Preußisch Eylau), schließlich in ihrem jetzigen Wohnort.

Hier lernten Stefania und Teodor sich kennen und heirateten im November 1953. Um nach ihrem griechisch-katholischen Ritus getraut zu werden, mußten sie damals 200 Kilometer weit fahren, bis in die Nähe von Ełk, dem deutschen Lyck. »Damals Ukrainer zu sein bedeutete, von den Polen geächtet zu werden.«

Alle diese Mitteilungen des Ehepaars kommen nicht so rasch aus ihm heraus, wie sie sich lesen. Nirgendwo bisher waren die Fragen so behutsam zu stellen wie hier.

Beide haben klare Erinnerungen an die Kriegszeit und die der deutschen Besetzung.

Stefania M. wohnte in der Nähe des Vernichtungslagers Belzec. »Wenn der Wind aus der Richtung kam, konnten wir einen eigenartigen Geruch verspüren. Es war verboten, in die Nähe des Lagers zu gehen. Aber wir sahen, daß da dauernd Transporte hinfuhren, sahen Hände und Gesichter an den Öffnungen der Waggons und machten uns Gedanken, warum die Züge immer leer zurückkehrten. In unserem Ort lebten drei jüdische Familien, die wurden auch in ein Getto gebracht. Man ahnte etwas, wußte jedoch nichts Genaues.«

Teodor M. lebte von 1939 bis 1941 in dem Gebiet Polens, das nach dem Geheimen Zusatzprotokoll zum Hitler-Stalin-Pakt zur Sowjetunion kam. Nach dem deutschen Überfall dann mußte er erst Panzergräben schaufeln, dann, zusammen mit seinem Vater, in einem Steinbruch arbeiten. »Ich erinnere mich noch an ihn, wie er da stand, total abgemagert und mit einem großen ›P‹ auf der Brust.«

1944 kamen die Russen zurück. Dazu Teodor M.: »Ich haßte die Deutschen, aber ich habe mich nicht gefreut über den Sieg der Russen. Dort, wo ich lebte, war die UPA sehr stark, fast alle jungen Männer, die Waffen tragen konnten, waren bei der UPA. Nachdem sie vorher gegen Deutsche und Polen gekämpft hatten, kämpften sie nun gegen die Russen. Wir Ukrainer wußten, daß wir von ihnen nichts zu erwarten hatten. Natürlich auch nichts von den Polen. Nur sind die Russen so viel mächtiger als sie.«

Stefania und Teodor M. leben seit fast fünfzig Jahren in der Woiwodschaft Olsztyn. Sie sind in beiden Sprachen, der ukrainischen und der polnischen, aufgewachsen, fühlen sich hier aber dennoch nicht zu Hause, sondern nach wie vor als Ukrainer, fern von ihrem Ursprung. Ihrer Ehe entsprangen drei Kinder, beide sind mehrfach Großeltern und stolz darauf, daß auch die Enkel und Enkelinnen noch die ukrainische Sprache beherrschen. Wenn die Umstände es erlaubten, würden sie in die Ukraine ziehen, den selbständigen Staat mit der Hauptstadt Kiew, aber nur unter der Voraussetzung, daß sie dort eine Wohnung fänden und ihre Rente überwiesen werden könnte, was beides nicht möglich wäre.

»Es geschieht uns kein Unrecht mehr«, sagt Stefania M., »jedenfalls gemessen an dem, was einmal war. Wir können unseren Glauben praktizieren, haben viele Bekannte und Freunde ...«

»Auch polnische?«

»Nicht ... nicht so sehr«, kommt die zögernde Antwort.

Letzte Frage: »Haben Sie Vertrauen, daß es so bleibt, wie es ist, die relative Ruhe, ja der Frieden?«

Die Reaktion, die folgt, ist charakteristisch: Beide heben wie verabredet die Hände, mit den Flächen nach außen, abwehrend, gerade als würde die Frage sie erschrecken, ja es frevelhaft sein, Gewißheit, Vertrauen, Sicherheit zu äußern.

Das ist der letzte Eindruck, den ich von Stefania und Teodor M. mitnehme, diese wie panisch erhobenen Hände, das Bild von Menschen, die ihr Leben in Angst zugebracht haben und niemandem mehr trauen, ausgelöst durch eine erzwungene Entwurzelung, die beide unaufhebbar zu Fremden im eigenen Land gemacht hat. Sie haben sich nicht fotografieren lassen und bis zur Abschiedsminute immer wieder darum gebeten, nichts zu schreiben, was ihnen schaden könnte. Ich habe es ihnen zugesagt und glaube, daß ich mich an mein Versprechen gehalten habe. Unterschlagen aber konnte und wollte ich in meinem Buch das Schicksal der Stefania M. und des Teodor M. nicht – eines von Hunderttausenden, die alle geprägt worden sind durch jenen Schandfleck in der Geschichte Polens, der völlig unaufgearbeitet, ja, immer noch tabuisiert ist – die »Aktion Weichsel«.

Die ukrainischen Ängste sind überall die gleichen

Auf dem Wege nach Górowo Iławieckie (Landsberg), einer kleinen Stadt nahe der russischen Grenze, zwischen Bartoszyce und Braniewo gelegen.

Dort suche ich das »Lyzeum Ogolncjksctalcace«, was kein Eigenname ist, sondern auf ukrainisch die Schulform bezeichnet, um die es hier geht, nämlich eine allgemeinbildende Höhere Schule, die bis zum Abitur vier Jahre umfaßt, denen ein achtjähriger Grundschulunterricht vorangegangen sein muß. Im Gegensatz zu Deutschland, ist Lyzeum hier keine Anstalt nur für Mädchen.

Es ist die einzige Schule dieser Art in Polen. Sie hat hochqualifizierte ukrainische Lehrer, einige von weit her, aus Warschau, sogar aus der Ukraine, und unterrichtet gegenwärtig 180 ukrainische Schülerinnen und Schüler in allen Klassen. Diese kommen nicht nur aus Górowo Iławieckie, sondern auch aus der weiteren Umgebung. 95 Prozent der Abiturienten und Abiturientinnen des letzten Jahres sollen einen Studienplatz bekommen haben. Nur Geschichte wird auf polnisch gelehrt, alle anderen Fächer auf ukrainisch. Fremdsprachen sind Deutsch und Englisch.

Soweit meine Vorinformationen.

Sie werden prompt bestätigt durch Miron Sycz, den Direktor der Schule. Er ist klein, dunkelhaarig, von lebhaftem Gestus, steckt in einer Wolljacke und übt sein Amt in einem winzigen Raum aus. Darin steht ein wackeliger Schreibtisch, darauf ein blaugelber Wimpel, die Nationalfarben der unabhängigen Ukraine, während an der Wand, neben dem polnischen Adler, der aktuelle Unterrichtsplan prangt. Beherrscht wird das Interieur von einer aufgeschnittenen Plastikanatomie, die tiefen Einblick in den menschlichen Körper gestattet.

Die acht Klassenzimmer, durch die Miron Sycz führt, entpuppen sich als beengt, die zwei Toiletten für die fast 200köpfige Schülerschaft sind ein Hygienewitz. Aber wer Mißmut und Niedergeschlagenheit vermutet, der irrt. Würde für diese Erkennntis schon ein Blick in die Gesichter der Jungen und Mädchen genügen, so kommt bei einem Gang durch die Räume eine weitere dazu. Die Wände sind voll von Zeichnungen mit ukrainischen Motiven, vor allem Holzbauten ukrainischer Kirchen, Jahreszahlen von Bedeutung für die nationale Geschichte, ukrainische Herrscherfiguren und Dichter. Da wird ein starker nationaler Wille sichtbar, eine deutliche und, wie ich finde, erfreulich unaggressive Energie, Identität zu finden oder sie zu behaupten. Daneben jedoch auch Sehnsucht nach Welt, nach Ferne. Dafür zeugen Panoramen westlicher Hauptstädte, London, New York, Berlin, Fotos von Formel-1-Rennen, Churchills Konterfei mit dem Victory-Zeichen. Es heißt, die Vorliebe der Schülerschaft verteile sich gleichmäßig aufs Deutsche und Englische.

Die Schulgebäude sind ödeste Architektur, aber dieser Eindruck verblaßt sofort, wenn man erfährt, daß es darin kein Wasser und keine Heizung gab, als der Schulbetrieb begann, sondern erst mit Hilfe der Schüler, der Lehrer und des Direktors installiert werden mußte.

Die Eltern von Miron Sycz stammen aus der Gegend von Przemyśl, beide kamen 1947 durch die »Aktion Weichsel« nach Ostpreußen. Der Vater war in Jaworzno. Miron Sycz, heute vierzig, konnte kein Wort Polnisch, als er in die Grundschule kam. Zu Hause wurde nur Ukrainisch gesprochen, die Mutter hat das Polnische geradebrecht. Der Feind, das war der polnische Soldat, der sie in die Viehwaggons getrieben hatte, waren Polen, die wütend wurden, wenn sie merkten, daß sie es mit Ukrainern zu tun hatten. In diesem Sinne ist Miron Sycz von den Eltern erzogen worden. »Daran hat sich inzwischen vieles geändert«, sagt er, »in mir, aber auch bei vielen Polen, nicht bei allen. Auch in der Politik hat sich was getan, vor 1989 hat es ja offiziell gar keine Minderheiten gegeben.«

Miron Sycz nennt sich »polnischer Staatsbürger ukrainischer Nationalität«, ist mit einer Ukrainerin verheiratet und hat mit ihr zwei Kinder – eine Tochter, sieben, und einen Sohn, elf. Was wird aus ihnen werden? Wie werden sie erzogen?

»Sie sind zweisprachig, aber ihre erste Sprache war die ukrainische, erst dann lernten sie Polnisch, die Schulsprache. Sie sind stolz auf ihre ukrainische Herkunft. Sie wachsen in beiden Kulturen auf, und beide empfinden das als Bereicherung. Wenn meine Tochter etwas von der Ukraine hört, im Radio oder im Fernsehen, dann holt sie mich oder meine Frau und ruft: ›Kommt, die erzählen hier was über die Ukraine!‹ Aber wir erziehen unsere Kinder nicht in Feindschaft zu Polen, sondern in Liebe zur Ukraine.«

Fürchtet er nicht, daß die Kinder trotzdem in einen Loyalitätskonflikt geraten könnten? Werden sie sich überhaupt noch von ihren polnischen Altersgenossen unterscheiden?

»Sie bewegen sich in der Stadt wie zu Hause, ganz normal, sie spielen und lernen wie die anderen auch. Sie sind hier geboren, hier aufgewachsen – natürlich ist das ihre Heimat. Aber das stört ihre Liebe zur Ukraine nicht. Wir Ukrainer sind in Górowo Iławieckie weit stärker als die zehn Prozent, über die laut Reglement unser Anteil an der lokalen Bevölkerung nicht hinausgehen dürfte. Das gilt längst auch für viele andere Orte, wo Ukrainer manchmal achtzig, ja sogar hundert Prozent ausmachen. Ohne uns Ukrainer würde in Górowo Iławieckie und der Umgebung weit weniger geschehen. Tanzgruppen, Chorgruppen, Folklore – unsere Schule ist zu einem Zentrum geworden, nicht nur für Ukrainer. Das kulturelle Leben hier wird von uns mitbestimmt. Wir wollen eine zweite Schule bauen und sind zur Finanzierung unserer Pläne auch ökonomisch aktiv, zum Beispiel in der Landwirtschaft.«

Das hört sich nicht nach Rückkehr in die Heimat der Eltern und Großeltern an.

»Richtig. Die liegt ja in der seit dem 24. August 1991 unabhängigen Republik Ukraine. Theoretisch wird Ihnen jeder sagen, er möchte gern zurück, aber praktisch ... Ich denke mir, das ist wie bei den Deutschen. Die Alten haben Heimweh, haben sich aber etabliert, und ihre Kinder haben eine andere Heimat als die Eltern. Was uns betrifft, wohin sollten wir in der Republik Ukraine, die arm ist und wo es drunter und drüber geht? Welche Aussichten hätten wir denn dort? Alles zurücklassen, was wir uns mühsam erarbeitet haben, und noch einmal von vorn anfangen? Hier können wir viel mehr für die ukrainische Sache tun. Die Generation meiner Eltern hat die Vertreibung aus ihrer Heimat als ein großes Unrecht empfunden, sie hatte keinen Grund, den Polen mit Sympathie gegenüberzustehen. Für mich ist das anders und für meine Kinder auch. Da ist etwas Neues angebrochen. Ich habe ja den Vergleich zu früher.«

Das hört sich gut an. Keine dunklen Punkte?

»Doch, die gibt es, klar. Wenn sich das Verhältnis zwischen Polen und Ukrainern auch gebessert hat – es gibt trotzdem Leute, die behaupten, die Ukrainer wollten über die Polen herrschen. Dabei ist es immer umgekehrt gewesen. Auch die Geschichte der UPA muß von zwei Seiten gesehen werden. Bis jetzt ist sie immer nur aus polnischer Sicht dargestellt worden mit ukrainischen Grausamkeiten und abgeschnittenen Köpfen. Aber das ändert sich, wenn auch langsam. Zwischen meinen Eltern und Polen hat es keine freundschaftlichen Beziehungen gegeben, das war nicht möglich. Bei mir ist das schon anders. Meine Studienkollegen waren interessiert an meiner ukrainischen Herkunft, da gab es partnerschaftliche Beziehungen. Nicht die Polen sind der Feind ...« Miron Sycz stockt.

Sondern?

»Der Feind ist Moskau«, sagt er, ganz selbstverständlich wie etwas, das keiner Erklärung bedarf. »Von da kommt die Unruhe, die Bedrohung, nicht nur für die Ukraine, auch für Polen und für alle Anrainer. Wir Ukrainer jedenfalls sind immer auf der Hut vor den Russen.«

So wird mir Miron Sycz nach diesem Tag im Gedächtnis bleiben: ein intellektueller Schwejk, stehend in dem winzigen Direktorzimmer mit hochgezogenen Mundwinkeln unter dem Schnurrbart verschmitzt optimistisch, eine Hand an den Türrahmen gelehnt und die andere auf den Tisch gestützt. Dazu zur Rechten der blaugelbe Wimpel und an der Wand darüber der polnische Adler.

Draußen ist ein Bus vorgefahren, in den Schülerinnen und Schüler einsteigen, um zu ihren Wohnorten außerhalb von Górowo Iławieckie gebracht zu werden. Es geht hoch her, in zwei Sprachen, polnisch und ukrainisch, ehe das Vehikel qualmend davonfährt.

Der Gegensatz zwischen Asuny und dem Lyzeum Ogolncjksctalcace ist verwirrend. Dort ein ganz in Ländlichkeit verharrendes Dasein, lebenslang isoliert und nur erträglich durch seine ethnische Geschlossenheit. Hier ukrainische Identitätssuche in der offenen polnischen Gesellschaft, intellektuelle Initiativen, konzentrierte Intelligenz, Ideenreichtum, dynamische Selbstbehauptung. Was ist exemplarischer für die Majorität der ukrainischen Minderheit, von der mehr als ein halbes Hunderttausend auf ostpreußischem Boden leben?

Sicher ist nur eines: Die ukrainischen Ängste sind überall die gleichen, in Asuny, in Górowo Iławieckie und – in den Herzen von Stefania und Teodor M.

Wir haben unsere Koffer nie so richtig ausgepackt

Stefan Łaszyn war vier Jahre alt, als die Eltern im April 1947 von der »Aktion Weichsel« erfaßt wurden und ihren Heimatort in Südostpolen binnen 48 Stunden verlassen mußten. Der heute

Fünfzigjährige erinnert sich noch genau daran, wie er zwischen den Waggons herumlief mit blutender Nase – die Mutter hatte ihn geschlagen, weil er so tobte.
»Eine andere Erinnerung ist viel schlimmer. Wir hatten in der Nachbarschaft einen Jungen, der war geistig behindert. Als die Soldaten kamen, wußte er natürlich nicht, worum es ging, sondern fühlte sich bedroht. Also nahm er einen Stock und wollte sich mit ihm wehren. Da hat ihn einer der polnischen Soldaten erschossen, einfach so – peng.«
Stefan Łaszyn, Jahrgang 1943, und seine Frau Katarzyna, 1946 geboren, haben in Olsztyn zum Abendbrot eingeladen. Er kommt aus einem Ort nördlich von Lvov, in dem von 3100 Einwohnern 2500 Ukrainer und nur 600 Polen waren, sie stammt aus der Nähe von Lublin, von wo auch ihre Familie im Rahmen der »Aktion Weichsel« vertrieben worden ist. Auf ihre Anordnung holt Jerzy, der 21jährige Sohn, eine alte Karte, über die Katarzyna Łaszyn kurz mit dem Finger fährt und dann enthusiastisch ausruft: »Es hieß Żurawce – und war das schönste Dorf der Welt!«
»Woher wissen Sie das?« frage ich, noch ihr Geburtsjahr im Ohr, verblüfft, »Sie waren doch erst ein Jahr, als es von dort wegging.«
Nun schaut mich Katarzyna Łaszyn ihrerseits ungläubig an und sagt dann, als wäre es die natürlichste Sache der Welt: »Von der Mutter, sie hat jedes Haus, jede Straße im Gedächtnis und hat mir alles erzählt, immer wieder.«
»Auch Ihr Vater?«
»Mein Vater ist getötet worden von den Russen, als sie unser Haus in Brand steckten.«
Katarzyna Łaszyn ist eine kleine, zarte Frau, deren Lächeln aus den Augen kommt, von innen her. Und wenn es wie eben erlischt, ist es gleich wieder da.
Stefan Łaszyn ist kaum einen halben Kopf größer als sie, mit dicken Brauen, aber gelichtetem Kopfschmuck, während Sohn

Jerzys junges Gesicht durch den Kinn- und Backenbart wohl älter wirken soll, es aber keineswegs tut.
Biographisches vom Vater.
Nach Grundschule, Höherer Pädagogischer Schule in Ostróda (Abitur 1962) und fünfjährigem Pädagogikstudium macht Stefan Łaszyn an der Universität von Warschau seinen Doktor. 1974 wird er Professor an der Pädagogischen Hochschule in Olsztyn, wo er sich auf die Ausbildung von Lehrpersonal für Kindergärten und erste Schulklassen spezialisiert. Nach drei Jahren bringt er es dort zum Dekan, hält sich dann vier Jahre, von 1985 bis 1989, am Pädagogischen Institut in Moskau auf, ehe er an die Pädagogische Hochschule in Olsztyn zurückkehrt. Und dort, wo Stefan Łaszyn mittlerweile seit Jahrzehnten eine leitende Stellung hat, wird, wie einem Nebensatz von ihm zu entnehmen ist, »nie darüber gesprochen, daß ich Ukrainer bin«.
Es verschlägt mir die Sprache. Da ich weiß, daß er der stellvertretende Vorsitzende des ukrainischen Lehrerverbands ist und überhaupt aktiv am sozialen und kulturellen Leben der organisierten Minderheit teilnimmt, muß ich auf die Marginalie hin ein einigermaßen dummes Gesicht gemacht haben. Während Stefan Łaszyn sofort die Ursache dafür begreift, spüre ich, daß ich einen Punkt berührt habe, über den der Gastgeber nicht gerne spricht. Aber meinen Versuch, auf ein anderes Thema zu kommen, läßt er nicht zu. Er sagt, etwas sibyllinisch: »Es gibt eine äußere und eine innere Art von Freiheit. Die äußere Freiheit ist heute in Polen da, man braucht von den politischen Umständen her keine Angst mehr zu haben, sich zu einer Minderheit zu bekennen, also in meinem Fall zur ukrainischen. Aber die innere Freiheit, daß man davor keine Angst mehr zu haben braucht, die hält mit der äußeren nicht Schritt und kommt so schnell nicht nach. Es hat zu lange gedauert.«
Katarzyna Łaszyn wird konkreter: »Ich bin sicher, daß auf der

Hochschule alle wissen, daß mein Mann Ukrainer ist. Der Vorbehalt ihm gegenüber kommt nicht direkt zum Ausdruck, sondern gewunden. Sie sagen: ›Wie wir ihn kennen, ist er ein guter Mann – aber warum ist er Ukrainer?‹ Schauen Sie, deshalb wird es nicht offen ausgesprochen. Es ist besser so.«
Wieder Stefan Łaszyn: »Ich spreche Ihnen gegenüber in aller Offenheit, nachdem das Thema einmal angeschnitten ist. Aber meine Offenheit würde es nicht geben, wenn hier Polen mit säßen. Gesetzt den Fall, das wäre so und es riefe jemand an, ein Priester, oder sonst ein Ukrainer, und der würde unsere Sprache sprechen, so daß ich ihm ebenso antworten müßte – dann würde es diese Offenheit nicht mehr geben.«
Stefan Łaszyn hat an der Schule dreißig Leute unter sich. Er stimmt seiner Frau zu, daß alle von seiner ukrainischen Herkunft wissen, aber – »... ich kann es nicht sagen, denn das hieße, es ins öffentliche Bewußtsein zu bringen. Und ich fürchte, daß dadurch ein unsichtbarer Abstand zwischen ihnen und mir zustande käme. Kann sein, daß ich überempfindlich bin, aber ich fühle das nun einmal so.«
»Wir sind von früh an gebrannte Kinder gewesen«, sagt sie. »Wenn ich in meiner Jugend mit dem Zug gefahren bin in Begleitung anderer Ukrainer, dann haben wir unsere Sprache immer ganz leise gesprochen. Die Polen sollten sie nicht hören.«
Er weiß nicht, wann und ob es in Polen jemals so weit kommen wird, daß man sich ohne alle Folgen zu einer Minderheit bekennen kann. »Obwohl sich manches geändert hat. Schauen Sie, heute kann jemand so gut wie problemlos sagen, daß er Deutscher ist. Auch Ukrainer, die im Gegensatz zu mir den Mut haben, sich draußen offen zu ihrer Identität zu bekennen, haben nicht mehr die gleichen Schwierigkeiten wie früher. Es gibt überhaupt nur noch eine Gruppe, die das offene Bekenntnis zur eigenen Identität wirklich fürchten muß.«
Ich weiß, wen er meint, frage aber trotzdem: »Welche?«

»Juden. Daß einer Jude ist, das kann in Polen immer noch nicht laut gesagt werden.«

In dieser Familie individualisieren sich die Folgen einer staatlichen Minderheitenpolitik, die darin bestand, daß sie die Existenz von Minderheiten leugnete. Die polnische Wende von 1989 mit ihren innenpolitischen Veränderungen liegt noch nicht lange genug zurück, um das Trauma aufgehoben zu haben. Bei den Eltern schlägt es sich äußerlich nieder als Bekenntnisschwierigkeit, bei Sohn Jerzy innerlich als Identitätszwiespalt.

Er gesteht, daß er sich halb als Ukrainer, halb als Pole fühlt. Zwar ist im Elternhaus immer Ukrainisch gesprochen worden, aber draußen, mit den Freunden, in der Schule, beim Studium, nur Polnisch. Das erklärt, warum Jerzy Łaszyn das Ukrainische nicht fließend spricht. Größere Offenheit, zu seiner familiären Herkunft zu stehen, hat sich erst mit der Etablierung des Parlamentarismus seit 1989 eingestellt, und das ist ein noch frisches Ereignis.

Bei der Wahl einer Freundin oder Ehefrau, so macht der Sohn in der Runde klar, würde er nicht fragen, ob sie Ukrainerin sei oder nicht.

»Und was sagt der entsetzte Vater dazu?« frage ich.

Der lacht und antwortet, er sei »tolerant«.

Tatsächlich aber taucht auch hier die zentrale Herausforderung aller Minderheiten auf – der Assimilierungsdruck auf die nachfolgenden Generationen, die der Kinder und, bald auch, der Kindeskinder. Für sie stellt Anpassung nicht das da, was sie für Eltern und Großeltern, ausgesprochen oder nicht, immer noch ist, nämlich Verrat am Ursprung, die Trennung von den Wurzeln. Die unterschiedliche Erlebniswelt beider zeugt unterschiedliche Haltungen. Für Jerzy Łaszyn ist die UPA Geschichte, für Stefan Łaszyn die patriotische Kampforganisation, in der ein Onkel gefallen ist (ich erfahre davon erst spät im Verlauf des Gesprächs). Für Jerzy sind die Großeltern väterlicherseits eine

Legende, für Stefan dagegen die familiären Hüter der ukrainischen Tradition und des ukrainischen Bewußtseins. Nach der Vertreibung, zu einer Zeit, in der Ukrainer noch in die Kategorien »gefährlich« und »nicht gefährlich« eingeteilt waren, hat sein Vater, Jahrgang 1895, die Seinen zäh durchgebracht. Zusammen mit seiner Frau war er täglich die zwanzig Kilometer zu der Landwirtschaftlichen Produktionsgenossenschaft gezogen, in der sie zehn Jahre arbeiteten, war danach erst Förster, dann Fischer und sorgte bis zu seinem Tod 1962 dafür, daß immer etwas zu essen da war. Auch hier, bei den Łaszyns, werden braungetönte Fotos hervorgeholt und wie Reliquien herumgereicht: der gefallene Bruder des Vaters, der geheiligte Vater selbst, die ebenbürtige Mutter, auf ihrem Schoß der kleine Stefan. Von Katarzyna Łaszyns Familie ist optisch nichts überkommen, es ging entweder verloren oder konnte des schnellen Aufbruchs wegen gar nicht erst mitgenommen werden.

Stefan Łaszyn und seine Frau haben die Hoffnung, daß die ukrainische Identität erhalten werden kann, nicht aufgegeben, aber es sei der letzte Moment dafür, sie zu pflegen, sagt er. »Die neue Freiheit läßt zu, daß ukrainische Grundschulen, Höhere Schulen, auch private, entstehen können, Bildungsstätten, die weiterbringen. Seit März 1992 gibt es dafür die rechtlichen Bestimmungen. Sie haben das ja in Górowo Iławieckie selbst gesehen. Die Frage ist nur, ob die ukrainische Bevölkerungsgruppe noch die Kraft und den Enthusiasmus hat, die Chance zu ergreifen. Die lange Phase des Kommunismus hat die Energien aufgezehrt.«

Es stellt sich heraus, daß Stefan Łaszyn Mitglied der polnischen KP war. »Aber ich war weder Funktionär noch überhaupt Kommunist. Die vier Jahre, die ich in der Sowjetunion zubrachte, haben alle Illusionen zerstört.«

Doch hier, in dieser Familie, wird nicht so sehr »Moskau« und das, was sich in diesem Begriff sammelt, gefürchtet, sondern eine andere Macht – Deutschland. Das kommt zum Schluß heraus, mit der Einschränkung: wenn nicht gefürchtet, so aber doch beargwöhnt. »Dies war einmal deutsche Erde. In den ersten Jahren haben wir deshalb ganz im Ungewissen gelebt. Wir haben unsere Koffer nie so richtig ausgepackt. Kommen sie wieder, die Deutschen? Diese Frage war im Lauf der Jahrzehnte zwar immer leiser geworden, aber plötzlich, nach dem Zerfall des Warschauer Paktes und der Sowjetunion, vor allem jedoch angesichts der wirtschaftlichen Schwäche Polens, ist sie wieder da. Es ist keine große Angst, denn die Verschiebung der Grenzen könnte ja ohne kriegerische Auseinandersetzung nicht stattfinden, und dazu wird es nicht kommen. Aber es heißt, die Deutschen schafften das auch ohne Waffen, allein mit ihrer ökonomischen Übermacht.«

Fragende Gesichter. Welche Antworten gibt es darauf?

»Die konkrete Furcht in Teilen der Bevölkerung«, fährt Stefan Łaszyn fort, »besteht nicht darin, daß Deutsche sich hier wieder massenhaft ansiedeln könnten, sondern darin, daß deutsche Investoren polnische Betriebe aufkaufen und über diesen Hebel Macht ausüben könnten, wirtschaftliche und politische.« Er stockt, und fügt dann an: »Und daß wir dann zu ihren ›Negern‹ werden würden, wieder . . .«

Mit diesem Satz werden mir Stefan Łaszyn und die Seinen im Gedächtnis bleiben, eine gespaltene Familie ukrainischer Herkunft, der die Vergangenheit schwer zugesetzt hat, ohne daß Gegenwart und Zukunft ihr die Zuversicht gesicherter Ruhe geben könnten.

Aber die erste Heimat war, ist und bleibt immer das Ukrainische

Ein großer Raum, licht, zwei Sessel, ein Sofa, ein Schrank, Fernseher und Radio, an der Wand der Gekreuzigte. »Alles Eigentum der Kirche, die ganze Einrichtung, mir gehört hier nichts.«

Das sagt in seiner Wohnung in der Olsztyner Ulica Korczaka, Jaroslav Moskalyk, Ukrainer, 33, und Priester der griechisch-katholischen Kirche. Der große, schlanke Mann mit dunklem Haupthaar und elegantem Backenbart ist zuständig für drei Gemeinden. Eine in der hiesigen Erzdiözese, die beiden anderen in Lidzbark Warmiński (Heilsberg) und in Dobre Miasto (Guttstadt). »Das sind drei Messen in drei Orten, an einem Tag, sonntags natürlich.«

»Und wie schaffen Sie das?«

»Mit dem Auto, ich habe einen Wagen zur Verfügung.«

Geboren 1960, Grundschule in Barkowo in Pommern, wohin die Eltern 1947 im Zuge der »Aktion Weichsel« aus Südostpolen umgesiedelt worden waren, Höhere Schule, 1979 dann, mit achtzehn, Geistliches Seminar an der Katholischen Universität in Lublin.

»So früh? Wann ist der Entschluß, Priester zu werden, gefallen?« Jaroslav Moskalyk denkt nach und sagt dann: »Das weiß ich nicht. Es war eine geheimnisvolle Entscheidung, wie verschleiert.«

In Barkowo griff die Zehnprozentklausel nicht – zwanzig der dreiundzwanzig Familien des Ortes waren Ukrainer. »Das hat zur Erhaltung der eigenen Identität wesentlich beigetragen. Meine Eltern waren bewußte Ukrainer, ich bin in dieser Tradition aufgewachsen. Sonst wäre es gar nicht möglich gewesen, Geistlicher für die ukrainische Minderheit zu sein.«

Die hat auch ihre kirchlichen Sorgen, zum Beispiel Mangel an eigenen Gotteshäusern. In Olsztyn predigt Jaroslav Moskalyk in einer römisch-katholischen Kirche, in Lidzbark Warmiński »leiht« er sich eine Kapelle, lediglich in Dobre Miasto befinden sich Priester und Besucher unter eigenem Dach.

»Und wie ist das allgemeine Verhältnis zwischen der römisch-katholischen Kirche und der griechisch-katholischen?«

Deutliche Informationshemmung. Dann sagt Jaroslav Moska-

lyk: »Es hat sich verschlechtert seit der Wende, seit die Kirche Polens durch die Demokratisierung ihre traditionelle Rolle als Hauptkämpfer gegen die Staatsmacht verloren hat. Da kommt Konkurrenzdenken hoch, Rivalität, obwohl unsere Kirche, gemessen an der römisch-katholischen, doch nur klein ist.«
Und konfessionell geteilt, wenngleich mit unterschiedlichen Proportionen – innerhalb der ukrainischen Minderheit sind die griechisch-katholischen Gläubigen weitaus stärker als die griechisch-orthodoxen.
»Wie steht es mit dem Priesternachwuchs?«
»Schlecht, das Problem ist nicht gelöst, eher verschärft es sich noch, wie überall in der katholischen Welt.«
»Hängt das mit dem Zölibat zusammen? Wie steht Ihre Kirche überhaupt dazu?«
»In der Ukraine stellt es meine Kirche, die griechisch-katholische, in die freie Entscheidung der Priester selbst. Sie können zölibatär leben, können aber auch eine Ehe eingehen – was in der griechisch-orthodoxen Kirche, die das Zölibat nicht kennt, ja immer möglich war. Allein darum schon sieht die katholische Kirche Polens uns nicht gern auf ihrem Boden. Hier in Polen läßt sie seit 1981 den griechisch-katholischen Priestern keine freie Entscheidung. Wir haben diese Wahl nicht mehr, sondern müssen im Zölibat leben. Es hieße auch, ein falsches Beispiel zu geben, wenn wir es nicht täten. Wir haben hier unsere Ausbildung genossen und arbeiten und leben in einer römisch-katholischen Umgebung. Es könnte nur böses Blut geben, wenn wir wider den Stachel löckten.«
»Und Sie persönlich? Ihre Meinung dazu?«
»Daß es besser wäre, wenn unsere Kirche der Tradition der freien Entscheidung folgte, bei allem – beim Glauben, beim Zölibat, bei der Lebensart überhaupt.«
Und wie würden Sie sich entscheiden?«
»Für das Zölibat.«

Für Jaroslav Mosalyk hat die ukrainische Minderheit zwei typische Gesichter: ein aktives, bewußtes, das auf Nationalität und Konfession besteht, sie erhält und pflegt, und ein passives, weitgehend assimilatorisches, das zwischen Polentum und Ukrainertum steht und dessen Identität schwankt.
Er hält diese Gruppe zwar für die größere, gibt der anderen aber dennoch Chancen, ukrainische Identität in Polen zu erhalten.
»Gemessen an früher, geht die Tendenz der Assimilierung zurück. Das hängt auch mit den neuen Möglichkeiten zusammen, die uns unseren Glauben offen ausüben lassen.«
Die demographische Entwicklung ist seiner Meinung nach günstig. In den kleineren, ländlichen Ortschaften ist die Lebenspyramide zwar überaltert, in den größeren jedoch, besonders in den Städten, sieht es besser aus.
»Da dominieren die 25- bis 40jährigen, also Jugend und mittlere Generation. Aber die Geburtenrate wächst. Hier in Olsztyn zum Beispiel werden in der ukrainischen Minderheit viele Kinder geboren. Wir werden uns behaupten können.«
Als ich auf die UPA zu sprechen komme, verdüstert sich das Gesicht Jaroslav Moskalyks sichtlich. »Beide haben sich Leid zugefügt, damals, Ukrainer und Polen. In der älteren Generation ist das noch lebendig. Die Jüngeren von uns sind damit nicht selbst belastet. Aber ich mag nicht von ukrainischen ›Banden‹ sprechen und schon gar nicht von der Gleichsetzung ›Volk‹ und ›Banden‹.«
Jaroslav Moskalyk ist ein glühender Anhänger des selbständigen ukrainischen Staates. Er geht bei dem Bekenntnis mit einer Teetasse in der Hand lebhaft im Zimmer herum, mühsam die Erregung unterdrückend, die ihn bei dem Thema befällt.
»Heißt das, daß Sie außerhalb der Kirche noch eine Heimat haben?«
»Genaugenommen zwei. Einmal die ukrainische, dann aber auch eine polnische, in der ich geboren bin, ausgebildet wurde

und arbeite. Aber die erste Heimat war, ist und bleibt immer das Ukrainische.«

»Aktion Weichsel« – das verdrängte Drama

Es ist schade, daß in einem Buch Musik und Gesang nicht wiedergegeben werden können. Ich hätte den Lesern und Leserinnen zu gern etwas vermittelt von der Kraft und dem Schwung der ukrainischen Tanz- und Singgruppe »Dumka«, die ich während der »Allensteiner Tage« erlebte, einer von Deutschstämmigen organisierten Kulturveranstaltung, die in diesem Jahr einen »Tag der Minderheiten« ins Programm aufgenommen hatte.
Auf dem Podium eine Truppe in ukrainischer Nationaltracht, die Jungen in Hosen, die bis übers Knie reichen, die Mädchen in grünen Röcken und schwarzen Blusen, mit weißen Schleifen, weißen Börtchen, weißen Ketten. Es ist ein Anblick höchster Anmut, ein wunderbares Bild, begleitet von feurigen Rhythmen, dynamischen Klängen und tänzerischer Verve. Die Gesichter glühen, der Bühnenboden dröhnt, es sind Melodien, die in Herz und Blut gehen, unruhig machen, zum Mittun verleiten wollen.
Zuvor hatte die deutschstämmige Minderheit ihren Teil zum Programm beigesteuert – ein Gegensatz, wie man ihn sich krasser nicht vorstellen kann. Da tritt zunächst eine junge Frau in hochmodernen Textilien nach vorn, singt, nein, tiriliert ein deutsches Volkslied und dann noch eines. Ich will nicht voreingenommen sein, aber es zieht mir in den Zähnen. Danach ein Chor aus Lidzbark Warmiński, meist ältere und alte Damen, wohlfrisiert und adrett anzusehen. Sie singen »Alle Vögel sind schon da«, »Muß i denn zum Städtele hinaus«, »Aber der Wagen, der rollt« und ähnliche Lieder. Ich will nicht ungerecht sein, will mich selbst überwinden, komme aber nicht um die Frage her-

um: Warum ist das so künstlich, so lahm, so – inniglich, ohne daß wirklich Wärme, Leidenschaft, Stärke überkommt? Weil heute hier, aus wer weiß welchen Gründen, deutschstämmige Jugend fehlt? Aber deren Veranstaltungen hatte ich doch auch schon erlebt – und dabei ähnliche Gefühle wie jetzt gehabt. Gewiß, die Glieder waren geschmeidiger, die Melodien fleißig geübt, den Tänzen gewissenhaftes Einstudieren vorausgegangen – und doch fehlte jene identitätsstiftende Originalität, die sich in jeder Geste, jedem Ton, jedem Schritt der ukrainischen Gruppe da oben kundtut.

Es folgen nachdenkliche Gedanken über den Status quo und die Perspektive der deutschen und der ukrainischen Minderheit. Mir wollen sie sehr unterschiedlich erscheinen, die Perspektiven beider, günstiger für die Ukrainer als für die Deutschstämmigen, höchst verschieden im Energiehaushalt und im Lebensgefühl.

Nicht etwa, daß es keine Behauptungstendenzen unter den Deutschstämmigen gäbe, aber je näher ich die ukrainische Minderheit kennengelernt habe, je tiefer ich in ihre Szene gekrochen bin, desto deutlicher ist mir der Intensitätsunterschied zwischen beiden aufgefallen.

Was wiederum nicht heißt, daß die ukrainische Minderheit in Polen ungefährdet sei im Sinne einer langfristigen Identitätsbewahrung. Ihre künftigen Generationen mit ganz anderen als den elterlichen und großelterlichen Erfahrungen und Erlebnissen sind den Assimilierungszwängen genauso ausgesetzt wie jede andere Minderheit auch.

Aber abgesehen von der ungleich größeren Zahl, die der ukrainischen Minderheit ein Überleben auf Dauer leichter macht als der winzigen Gruppe Deutschstämmiger, scheinen mir die Ukrainer auch viel unbelasteter durch die Vergangenheit zu sein. Das Gefühl, daß ihnen Unrecht geschehen ist, mag sich bei Deutschen von dem der Ukrainer nicht unterscheiden. Nur hat sich nach meinen Beobachtungen und Erfahrungen der Schatten Hitlers auch dann über ihr Leben gelegt, wenn er nicht vordergründig das Bewußtsein beherrscht. Allgegenwärtig ist er dennoch, dieser Schatten, auch für die unbelastete jüngere Generation von Deutschstämmigen – wovon noch die Rede sein wird. Die geringere historische Belastung der Ukrainer bedeutet jedoch nicht, daß es keine gibt. Sie ist sehr wohl da – Stichwort UPA –, und ihr folgt, wie zu erwarten, der Hang zur Verdrängung.

Wenn ich die größte Minderheit Polens, die ukrainische, mit ihren etwa 60 000 Angehörigen auf dem Boden Ostpreußens als ein wichtiges Gegenwarts- und Zukunftselement gleichberechtigt neben der deutschen Minderheit in meinem Buch vorgestellt habe, dann nicht, um die Ukrainer zu »Guten« und ihre Widersacher von damals und heute zu »Bösen« zu stempeln. Was die UPA betrifft, hat nicht nur große Skepsis zu walten gegenüber mancher Grundhaltung und manchen Kampfmethoden bis zu ihrer Auflösung 1948/49, sondern es ist auch zu fragen, wieviel kollektiven Rückhalt ihre schreckliche Praxis gehabt hat.

Ohne die Fähigkeit von polnischen Milizen und Soldaten zu ihrerseits unmenschlichen Praktiken in jenem Kampf aller gegen alle zu bestreiten und sie etwa von Verbrechen an Gefangenen und Zivilisten freizusprechen, lassen die Schilderungen von überlebenden Opfern der UPA keinen Zweifel an der spezifischen Grausamkeit, mit der ihre Verbände über Jahre hin Angst und Schrecken in der Region verbreitet haben. Dazu bedurfte es innerer Dispositionen, die sich nicht auf einzelne beschränkten, sondern sehr wohl die Frage nach kollektiven Verhaltensweisen rechtfertigen.

Inzwischen sind wir noch weit kundiger geworden über eines der beunruhigendsten Phänomene unseres Jahrhunderts, nämlich der inflationären Bereitschaft zur Gewalt von Nachbarn ge-

gen Nachbarn, wenn tatsächliche oder auch nur suggerierte Interessengegensätze zwischen ihnen auftauchen. Vor dem Zerfall Jugoslawiens und seinen unsäglichen Folgen aber hatte sich diese Bereitschaft selten so offen gezeigt wie auf der blut- und haßgetränkten Erde Südostpolens und den angrenzenden Regionen während des Zweiten Weltkrieges und danach.
Es bleibt der Wechselseitigkeit barbarischer Systeme vorbehalten, unter sich ethnische Probleme auf jene Weise »lösen« zu wollen, wie polnische Kommunisten es dort unter sowjetischer Regie versucht haben - mit vorsätzlicher Blindheit gegenüber dem einzelnen und souveräner Mißachtung massenhaften Leids. Typischerweise richtete sich dabei die summarische Gewalt keineswegs nur gegen »Fremde« (hier übrigens Ukrainer mit polnischer Staatsangehörigkeit), sondern da, wo es als nötig erachtet wurde, ebenso gegen »reine« Polen, siehe die Pepols und Synlewskis.
In diesem Zusammenhang stellt sich die »Aktion Weichsel« als eines der großen und verdrängten Dramen dar, dessen Ausläufer der polnischen Staatsgeschichte noch bis ins dritte Jahrtausend hinein zusetzen werden.

Weißrussische Miniatur

Niemand sieht ihr die ohne Skrupel bekannten 47 Jahre an oder vermutet in ihr die Mutter zweier studierender Töchter, wie sie da vor mir sitzt, lachlustig und schwermütig, jetzt aufjauchzend, im nächsten Moment verdüstert, mit blitzenden Augen und verräterisch hohen Backenknochen, Dichterin und selbsternannte »tatarische Prinzessin« (wonach sie tatsächlich aussieht) - Tamara Bołdak-Janowska!
Es geht um ihr Schicksal als Angehörige einer anderen, der weißrussischen Minderheit. Davon will ich mehr wissen.

Eingangs wird von ihr Statistisches geboten, eine Art Vorlauf, der mich auf mein Interesse abtasten soll, wahres oder nicht, eine Prüfung, bei der Tamara mich nicht aus ihren schrägen Augen läßt.
Die nunmehr selbständige Republik Weißrußland, so erfahre ich, zählt heute zwischen zehn und elf Millionen Einwohner sowohl griechisch-katholischer als auch griechisch-orthodoxer Konfession, diese die Mehrheit. Die Zahl der im Polen der Gegenwart lebenden weißrussischen Minderheit schwankt zwischen 200 000 und 500 000, aber Tamara neigt eher der unteren Grenze zu. Für die polnische Minderheitenpolitik hat sie, auf meine Zwischenfrage hin, zunächst nur ein »Pah!« übrig, will aber darauf später genauer antworten.
Pause, in der geforscht wird. Ich bemühe mich, den blitzenden Augen der »tatarischen Prinzessin« standzuhalten, und scheine die erste Hürde erfolgreich genommen zu haben, denn nun kommt Biographisches.
Tamara ist in Ostpolen geboren, fünfzig Kilometer von Białystok entfernt, nahe an der Grenze zur damaligen Sowjetunion. Der Vater hatte einen tatarischen Namen – so legitimiert sich der fürstliche Titel der Tochter wenigstens teilweise –, aber seine Spuren reichen nicht zur »Goldenen Horde« des Dschingis-Khan zurück, sondern nach Warschau, wohingegen die mütterliche Linie an die Wolga führt. Irgendwo unten in der Ahnentafel wird sogar eine jüdische Großmutter vermutet, was durchaus in das vielfarbige Bild der Enkelin passen würde.
Tamara Bołdak-Janowska fühlt sich als Weißrussin – »ganz und gar« –, ist gut zu sprechen auf die staatliche Selbständigkeit der Bjelorussischen Republik, gewinnt der Sache offenbar aber auch eine humoristische Note ab: »Wissen Sie, was die Weißrussen gleich nach der Staatsgründung getan haben? Sich zwei zusätzliche Feiertage zuzulegen – einen vom katholischen, den anderen vom orthodoxen Kalender! Das war sozusagen der erste

Akt der Unabhängigkeit.« Ihre Schlußfolgerung daraus: »Dies ist ein tolerantes Gemeinwesen!« Dennoch wird Tamara in Polen bleiben, eine Dichterin, die vehement darauf besteht, daß das Polnische seit dem 16. Jahrhundert sehr viel von der weißrussischen Sprache und Kultur übernommen hat, die Weißrussisch als ihre Muttersprache bezeichnet, jedoch – »weil ich nun einmal hier lebe« – in polnischer Sprache schreibt. Was? Und wie?

Sie öffnet eine große, schwere Mappe voller Blätter und Manuskripte – alle handgeschrieben. Was sie sagt und was ich lese, korrespondiert miteinander, die Welt der Dichterin Tamara Bołdak-Janowska.

Eine Blume hat ein gelbes Herz und weiße Blüten. Für Tamara lächelt die Blume – »mit weißen Zähnen um ihren Hals«. Die Blume wird geschnitten, immer wieder geschnitten – »aber sie blutet nicht. Das ist das kosmische Original.«

Störche – sie haben, statt einem dritten Bein, einen Schnabel. »Der Mensch hat – Gott.«

Ich interveniere: »Sind Sie gläubig?«

»Man kann heute nicht mehr sagen wie früher: Ich glaube an Gott. Man kann damit leben, an ihn zu glauben, ohne ihn zu definieren. Aber Gott hat eine schwarze Hand, mit der er unnötig Menschen tötet.

Wegen dieser ›schwarzen Hand‹ fällt es mir schwer, Gott zu ehren.«

Ich lese: »Ich habe keine grünen Augen, ich habe schwarze Augen. Also bin ich verdächtig rothaarig.«

Während Tamara erklärt und blättert, blättert und erklärt, lacht sie häufig. Es ist ein Lachen, das mir weh tut, ohne daß ich schon wüßte, warum.

Ich lese: Sie hat zu Mittag gegessen und bekommt Halsschmerzen – die Folgen der Katastrophe im nahen ukrainischen Atomkraftwerk Tschernobyl. »So frißt sich mir die Politik in den

Hals.« Es ist schwer, lese ich weiter, in Polen frei zu denken, sich frei zu äußern, unabhängig sein zu wollen. »Wer das tut, der arbeitet für fremde Mächte oder ist – Jude.«
Gleich daneben sehe ich eine Pappel, die eine Meerwelle in ihren Blattarmen hält, ein wunderbares Bild. Als ich es sage, lacht Tamara wieder dieses schmerzende Lachen. Die Mappe ist voller Zeichnungen, darunter Schornsteine, Krematorien.
Sie kommt von selbst auf Auschwitz. Sie war dort nicht, will auch nicht hin. »Ich kenne es trotzdem, ich brauche nicht da gewesen zu sein.«
Auf dem Weg zu unserem Treffpunkt mitten in Olsztyn war sie an einem Schornstein vorbeigekommen, der die Aufschrift trug: »So fliehen die Juden ...« Sie sagt: »Das schlimmste ist, daß keiner dagegen demonstriert und protestiert. Es gibt nichts Gefährlicheres, als daß sich das Auge an Mordaufrufe und Mordsymbole gewöhnt.« Tamara hat begonnen, eine Erzählung über Duschen zu schreiben, in ihrer Art: »Überall in den Duschen der Welt schwimmt noch heute das Gas mit, das in Auschwitz tötete. Die Menschen wissen es nur nicht. In ihrer Naivität erwarten sie immer Wasser, aber es könnte auch Gas kommen.«
Eine erstaunliche Stunde.
Tamara Bołdak-Janowska hat etwa hundert Gedichte in Zeitungen und Zeitschriften veröffentlicht, dazu drei Erzählungen. »Aber das ist nicht angekommen, weil meine Schreib- und Denkform offenbar zu schwierig ist für den Leser. Ich habe auch versucht, einen Gedichtband herauszubringen, bisher vergeblich.«
Einmal habe sie jemandem Gedichte mitgegeben zum Lesen, und die seien dann unter dem Namen der Person veröffentlicht worden, der sie ihre Arbeit anvertraut gehabt habe. »Das kann wirklich nur mir passieren.«
Dabei wieder jenes Lachen, jenes irritierende Lachen, fragend, ratlos, peinigend.

Und plötzlich komme ich hinter sein Geheimnis, entdecke ich den wahren Grund dafür. Hier ist ein hochbegabter Mensch von widrigen Umständen zugedeckt worden, haben sich Stil und Form eines starken Außenseitertalents nicht durchsetzen können, verströmt poetische und intellektuelle Energie ins Leere, in Resonanzlosigkeit. Das Leben der weißrussischen Dichterin Tamara Bołdak-Janowska verläuft auf jenem schmalen Grat zwischen persönlichem Anspruch und oktroyierter Resignation, der kaum zu innerer Sicherheit führen kann und damit das eigene Werk immer wieder schwer mit Selbstzweifeln belastet. Ihr Lachen, das mich von vornherein so schmerzlich berührt hatte, ist die von der inneren Ungewißheit gestellte Frage nach dem eigenen Wert, auf die bisher keine öffentliche Antwort erfolgt ist.

Es ist unglaublich, daß ihr Ausbleiben die Kreativität der Tamara Bołdak-Janowska nicht erlöschen ließ, die Quelle ihrer Poetik nicht verstopft hat.

Was nicht gedruckt wird, schreibt sie mit der Hand und veröffentlich es selbst. So kommen im Jahr etwa dreißig Exemplare eines literarischen Konvoluts zustande, wie es vor mir liegt und in dem ich weiter blättere und blättere. Manchmal verkauft sie die Bände, manchmal werden sie von ihr verschenkt. »Allmählich komme ich mir als Alleinherausgeberin vor, wie etwas, das in unserem Jahrhundert verschwindet, sich einfach in Luft auflöst.« Aber während sie das sagt, ist sie wieder ganz die ungebrochene »tatarische Prinzessin«, blitzen die dunklen Augen, zucken die schweren Brauen und schimmern die hohen Backenknochen, während ihr eine Strähne schwarzer Haare ins Gesicht fällt. Kämpferisches wird sichtbar mit der Verkündung, daß sie »anders« sei als ihre Umgebung und anders bleiben wolle, »ohne leiden zu müssen«.

So kommt sie auf die Minderheitenpolitik zurück und macht ihrem weißrussischen Herzen Luft: Der Schein entspreche nicht der Realität, die Nöte der Minderheiten würden nicht wirklich angepackt werden. Sie begrüßt den Untergang des Stalinismus auf polnischem Boden im Jahre 1989, findet aber, daß die Gefühle in der polnischen Bevölkerung gegen Minderheiten eher stärker geworden sind als vorher, was Deutsche, Ukrainer, Juden und auch Weißrussen treffe. Sie fühlt sich von ihrer Umgebung unterschieden durch ihre Vorstellungskraft, Phantasie und Mentalität und abgestoßen durch neue Zeichen von polnischem Nationalismus. Wenn sie Gedichte vorträgt und erkennt im Publikum Nationalisten, hat sie die größten inneren Schwierigkeiten.

Sie gibt zu, durch zwei Kulturen geprägt zu sein, also auch durch die polnische, weist aber auf ihren »östlichen Ursprung«, auf ihre weißrussischen Wurzeln hin, denen sie sich immer stärker verbunden fühlt. Als sei es eine besondere Geographie, macht sie stolz darauf aufmerksam, daß auch Adam Mickiewicz, der große Nationaldichter, »nicht zufällig aus dem östlichen Polen stammt«.

Schließlich charakterisiert sie sich selbst als »fünfdimensional«: Sie sei, was ihre Nationalität angeht, Weißrussin; Polin hinsichtlich der Tradition nationaler Freiheit; kritisch wie eine Russin, vernünftig wie eine Jüdin und eitel wie eine »tatarische Prinzessin«.

Dazu lacht sie ihr nun erkanntes Lachen.

Aber jetzt spüre ich dabei, neben bleibendem Schmerz, auch eine tiefe Bewunderung für Tamara Bołdak-Janowska, weißrussische Dichterin auf polnischem Boden, die sich nicht unterkriegen lassen will.

Schlechten Gewissens habe ich bis hierher die Anwesenheit von Antoni Janowski unterschlagen, Tamaras Mann – kurzer Schnurr-, Kinn- und Backenbart, wache Augen. Zwar hatte Tamara mir gar keine Wahl gelassen, hatte das Gespräch bestimmt und geführt, aber hätte ich nicht dennoch wenigstens versuchen müssen, Antoni Janowski, der so offensichtlich im Schatten seiner dominierenden Frau steht, da mit hineinzuziehen? Die Absolution kommt zu meiner Erleichterung von ihm selbst. Als ich ihn auf meine Taktlosigkeit anspreche, lacht er und sagt: »Tamara und ich sind auf der ›gleichen Welle‹, aber sie ist viel begabter als ich.«

Wenn das stimmt, ist mir nie eine liebevollere Überlegenheit zwischen Partnerin und Partner begegnet – und ebensowenig eine liebevollere Akzeptanz dieser Überlegenheit.

Zum Schluß unserer Zusammenkunft sagt sie etwas, was ich nicht vergessen werde.

»Ich habe mein ganzes Leben lang Heimat gesucht, sie aber nicht gefunden. Darum kann ich das Leid der Deutschen gut verstehen, die hier ihre Heimat verloren haben.« Und dann, schon im Hinausgehen: »Die Deutschen sollten sich um die Erhaltung der Demokratie kümmern – weil das auch Wirkung auf andere hat, auch auf Polen, auch auf uns.«

Tamara Bołdak-Janowska – eine erstaunliche Begegnung.

Nach Biskupiec 59 km, nach Olsztyn 53 km

Vor der Rückfahrt nach Sawica noch einmal Halt im Zentrum von Szczytno, auf dem großen Platz vor dem Rathaus.

Hier bin immer wieder gern, setze mich auf einen sonnengewärmten Steinsims neben dem Parkplatz und schaue mich um.

Die Zeiger der Uhr an dem großen Turm sind stehengeblieben, der die Stunde angibt bei der 1. Es ist jedoch später Nachmittag.

Auf dem Parkplatz vor mir entsteigt seinem winzigen Fiat ein jugendlicher Vater mit einem Kind, einem Jungen, wohl dreijährig.

Er geht mit ihm über die steinerne Fläche, das Kind erst an der Hand, dann nimmt er es auf den Arm, zärtlich und fest zugleich, damit es nicht fallen kann.

Ich sitze hier und denke an das, was Tamara Bołdak-Janowska von den Deutschen gesagt hat, die hier lebten und ihre Heimat verloren haben. Dabei bestätigt sich mir nur wieder, daß ich eigentlich fortwährend an dieses Leid denke, daß es ein integraler Bestandteil meiner Arbeit, meiner Autorschaft ist. Ich entdecke, daß ich jedes Wort auch für sie schreibe, für die Ostpreußen, die 1945 von hier geflohen oder später zum Verlassen ihrer Heimat gezwungen oder mit Schikanen zur Ausreise gedrängt worden sind.

Ich habe bis jetzt Tausende von Kilometern in Ostpreußen zurückgelegt, kenne es also geographisch viel besser als die meisten Einwohner seinerzeit selbst, ja auch als die Hiergebliebenen und ihre Nachkommen, die aus begreiflichen Gründen nicht meine Mobilität haben.

Ich will mein Verhältnis zu Ostpreußen nicht vergleichen mit dem der Geflüchteten und Vertriebenen, die hier ein Leben zugebracht hatten und denen Ostpreußen so Heimat war wie mir Hamburg, die Stadt, in der ich meine ersten vierzig Jahre zugebracht habe und zu der die Nabelschnur auch danach nie abgerissen ist. Undenkbar, vom Anblick seiner Türme, von der Alster, dem Hafen, von den Stätten der Kindheit, auch von denen des Leids in der Nazizeit, getrennt zu werden, abgeschnürt, ferngehalten – undenkbar. Tausendmal habe ich mir das vorgestellt, während ich durch Ostpreußen gefahren bin und versucht habe mich hineinzudenken in jene, die ihre Heimat tatsächlich verloren haben. Gerade dann empfand ich, ungeachtet meiner ganz anderen Biographie, Ostpreußen wie eine Wahlheimat, die in mir war, lange schon, bevor ich ihren Boden betrat, eine Begegnung, die weit über das reale Zeitmaß hinaus auf mich eingewirkt hat und weiter einwirkt. Ich will keinem geborenen Ostpreußen, keiner geborenen Ostpreußin mit diesem Bekenntnis einen Tort antun, ich will nur sagen, daß die Verwirklichung meines Lebenstraumes, Ostpreußen zu erreichen und es zum Sujet meiner Arbeit zu machen, einen ganz unvergleichlichen Platz in meinem Dasein einnimmt. Daß es spät, sehr spät geschieht, macht nichts – es war, es ist der rechte Zeitpunkt. Nicht darüber also bin ich unglücklich. Die Bedrängnis kommt von woanders her.

Ich fahre durch dieses Land und ertappe mich fortwährend bei einem bestimmten Gedanken: Wie sähe es hier aus, wenn es deutsch geblieben wäre? Und ausgestattet mit jener politischen und wirtschaftlichen Freiheit, die den Spielraum und die Entwicklungsmöglichkeiten einer modernen demokratischen Republik geboten hätte?

Es ist ganz unvermeidlich, daß einem solche Gedanken kommen angesichts der Rückständigkeit und der Schwierigkeiten, die 45 Jahre Stalinismus auch auf polnischem Boden zu verantworten haben und deren üble Hinterlassenschaft noch überall zu riechen, zu fassen, zu erkennen ist, ungeachtet der selbstverschuldeten Katastrophen polnischer Politik nach 1989. Wir können auf dem Territorium der ehemaligen DDR ja von beidem, dem Erbe des real existierenden Sozialismus und den Fiasken danach, im nunmehr vereinten Deutschland ein eigen Lied singen.

Ja, ich fahre durch dieses Land und denke immer wieder: Was wäre, wenn es deutsch geblieben wäre? Ich frage das nicht, um an den Grenzergebnissen des Zweiten Weltkrieges zu rütteln, sondern weil es natürlich ist, solche Gedanken zu haben, wenn man aus Deutschland kommt.

Aber Ostpreußen ist nicht deutsch geblieben, ist nicht das Ostpreußen von heute. Und wenn ich es vorher nicht gewußt hätte, dann hätte ich es jetzt begriffen, nachdem ich wochenlang die Sorgen einer viel größeren Minderheit kennengelernt habe, ihre Wirklichkeit, ihr historisches Gewicht. Was hat das noch mit dem Ostpreußen von gestern zu tun?

Ich sitze hier im Zentrum des alten Ortelsburg, das seit einem

halben Jahrhundert Szczytno heißt, unter mächtigen Linden, die 1945 noch dünne Stämme waren, wie man mir sagte. Ich sitze hier und schaue mich um.
Der Zeiger der Rathausuhr beharrt ausdauernd auf seiner falschen Zeitangabe; ein Mann mit Strohhut geht über den Platz, bleibt in der warmen Sonne stehen, schließt die Augen und saugt hingebungsvoll an seiner Zigarette; am nahen Straßenkreisel, der Verkehrsinsel im Herzen der Stadt, wird gearbeitet, planiert, Erde aufgeschüttet. Ich kann von meinem Sitz auf dem Steinsims die Hinweisschilder sehen – nach Biskupiec 59 km, nach Olsztyn 53 km. In dieser Richtung geht es nach Mrągowo, in einer anderen nach Ostrołęka und einer dritten nach Warszawa.
Gleich hier am Platz ist der kleine Laden für alles, was mit Fotografieren zu tun hat; die Hauptstraße ein Stück weiter das Geschäft, in dem ich die Batterien und Kassetten für mein Bandgerät kaufe; die Bude mit den wohlschmeckenden Bananen; noch weiter vorn das Postamt, in dem für mich die Faxe aus Deutschland ankommen, meist verspätet, aber freundlich überreicht oder gar bei Frau Krystyna in Sawica telefonisch avisiert.
Ich sitze da und denke: Dies ist polnisch geworden. Hier wird keine neue Völkerwanderung, keine abermalige Flucht oder Vertreibung stattfinden, sich kein Comeback der Geschichte ereignen. Die Straßennamen werden bleiben in der Sprache, in der sie zu lesen sind, wie die Namen der Geschäfte, der Waren, der Werbung.
Ich sitze da, sehe auf den Verkehr von Szczytno, auf die vielen Menschen, und denke, mit Gefühlen, die entschieden sind und einen zugleich doch zerreißen wollen, Trauer, Wut, Hoffnung, alles in einem: Es ist vertan, es ist verspielt worden, dies wird nie wieder deutsch, nie wieder.
Ostpreußen ade.

Unterwegs (3)

Auf der Suche nach Kormoranen am Jezioro Sasek Wielki (Großer Schobensee).
Am Ufer hingeschmiegt ein kleines Dorf. Gehöfte, aus denen Geräusche kommen, Hämmern, Viehgebrumm, Stimmen.
Gleißend liegt der See da. In einiger Entfernung zwei Inseln, waldbestanden, in den Baumwipfeln die Nester der Kormorane. Darin hocken die großen »Seeraben«, deutlich zu erkennen, mehrere zusammen, offenbar gesellige Vögel. Dann und wann steigt einer von ihnen auf, saust herab, verschwindet im Wasser und kommt triefend wieder nach oben, manchmal mit, manchmal ohne Beute im Schnabel mit der Hakenspitze.
Auf einer Weide, ufernah, eine Stute und ihr Fohlen. Die Mutter schüttelt sich mit fliegender Mähne, dabei wahre Staubwolken von sich werfend. Das Fohlen stutzt, zuckt erschreckt zurück und setzt sich dann in Bewegung. Hüpfend, springend, dreht es sich in der Luft, kommt mit nur drei Beinen zurück auf die Erde, knickt ein, ist aber gleich wieder hoch und tollt, irre vor Jugend, wild im Kreis herum.
Einige Häuser sind aus Backstein, andere aus Holz, aber auch diese mit Schindeln gedeckt. Auf einem der Dächer ein Storch, gravitätisch abgehoben gegen den blauen Sommerhimmel. An den Mauern riesige Stapel von kleingeschlagenem Brennmaterial, daneben dünne, lange Stämme, in den Gärten wahre Plantagen von Obstbüschen – Johannisbeeren, Stachelbeeren, Brombeeren.
Sandwege. Ein amtliches Schild, eine Haltestelle. Wann kommen hier Busse an, wie oft fahren sie und wohin? Wollte man das ernsthaft erfragen, man hätte damit seine Schwierigkeiten. Denn Menschen sind wohl zu hören, aber nicht zu sehen. Nur – außergewöhnlich ist das hier nicht.
In diesem Flecken am Großen Schobensee kommt es mir zum

erstenmal wirklich zu Bewußtsein – überall in den Dörfern war es so, überall hörte man Menschen, sah sie aber nicht. Es schien, als hätte die Ankunft fremder Gesichter im fremden Wagen mit fremden Nummern eine lautlose Verständigung initiiert und die Einheimischen in die Häuser verscheucht. Wieso ist mir das nicht schon früher aufgefallen?

Über dem See ein langgestrecktes Wolkenband. Vorn knabbern mit ausdauernder Inbrunst Schwäne an sich herum. Über dem Wasser Tanz der Insekten, stachellose offenbar, denn Stiche hat es nicht gegeben.

Die Kormorane lärmen in ihren Inselnestern, lebhaftes Flügelschlagen, Ausbruch in die Lüfte, Sturzflug, Wegtauchen. Beim Verlassen des Ortes sehe ich, endlich, einen Bewohner, einen Mann in einem Panjewagen. Mit einer Hand hält er die Zügel, mit der anderen drückt er einen kleinen Jungen an sich. Dann grüßt er. Aber nur mit den Augen.

*

Auf die Kurische Nehrung!

Doch schon bald hinter dem alten Cranz, heute Zjeljenogradsk, ist alles dicht – ein Wächter mit erhobener Hand, eine Schranke, Stopp. Wie schade. Denn dahinter breitet sich ein Naturschutzpark aus mit großem Tierreichtum, wie ein koloriertes Wandfresko hier vorn zwar höchst unkünstlerisch, aber um so greller verkündet: Elche sind zu sehen, Wildschweine, Füchse, Reh- und Flugwild. »Für Inländer Eintritt frei«.

Und für Ausländer? Das bleibt offen, sieht sich aber durch die Übergabe von vierzig Deutschen Mark geregelt, sogar mit Quittung und Doppelstempel. Vorbei an einem Schild mit der Aufschrift »Kurškaja Kosa« (Kurische Nehrung) geht es in das Reservat, auf guter Straße. Kein Wunder, denn dies war bis vor kurzem noch das Reservat der russischen Nomenklatura.

Birken, Kiefern, Fichten.

Es ist eine Fahrt wie auf einem unberührten Planeten. Nur Wild – Wild ist nicht zu sehen, kein einziges Stück. Aber auch keine Ortschaft, kein Haus, kein Zeichen menschlicher Ansiedlung.

Bis Rybacij erreicht ist, das früher Rossitten hieß.

Am Ortseingang ein Teich, Seerosenfelder, Bäume ringsum und die Wasseroberfläche rostbraun, wie gefärbt – ich habe so etwas noch nie gesehen.

Ebenfalls rostbraun, nur nicht hingezaubert von Natur und Licht: der Hafen von Rybacij. Schiffsskelette, Wracks, aus ihrem Element auf Land gehievt und wie daran erstickt. Gebrochene Telegrafenmaste. Wo ist der Leuchtturm? Hähne krähen, irgendwo klappert ein Motor – Fischer machen sich zur Ausfahrt bereit.

Links die Nehrung, die Landzunge nördlich der Bucht, rechts die Mole, sonst bis zum Horizont nichts als das riesige Haff. Blau liegt es da, als wäre es von keinem Atom Schmutz verunreinigt.

Im Ort kleine, niedrige Häuser, die Kirche, daneben ein Metallkreuz mit der Inschrift »Den ehemaligen Bürgern von Rossitten«. Wo bleiben die Bürgerinnen? Dennoch – ich kann ein Gefühl der Rührung nicht unterdrücken, will es auch nicht. Noch mehr, noch näher kommt es mich an, als ich an der Vorderfront eines Hauses den alten deutschen Namen unversehrt entdecke – »Dünenblick«. Das wird damals eine Pension gewesen sein, ein Gästehaus mit Ferienwohnungen, in denen die Urlauber aufs Haff schauen konnten.

Wie um die Nostalgie voll zu machen, melden sich, durch die Wagennummer animiert, Deutsche bei mir, ein Vater mit seinen beiden Söhnen, diese um die zwanzig und alle drei aus der Nähe von Köln kommend – Eltern und Großeltern hätten hier gelebt. Sie waren gerade auf dem ehemaligen Hof der Familie, haben

sich dort umgesehen, aber außer den alten Schindeln nichts von früher gefunden. Das wird unsentimental mitgeteilt, nicht ohne einen Schatten von Trauer beim Vater und Mitempfinden bei den Söhnen, aber mit entschiedener Perspektive. Es sei abgeschrieben, alles andere hieße nur, sein Leben an etwas drangeben, was nicht wiederherzustellen sei. Man habe es aber noch einmal sehen wollen. Und dann sagt der Vater, ein druckreifer Satz: »Die Geschichte hat ihr Machtwort gesprochen.«
Aus Rybacij heraus und weiter auf der vorzüglichen Straße nach Osten, vorbei am alten Pillkoppen, heute Morskoje. Einige Kilometer nur, dann ist sie in Sicht, die wahrscheinlich einsamste und ödeste Stelle in ganz Europa, tausend Meter davor angekündigt durch ein unübersehbares Schild mit der Aufschrift: »Achtung! Vor Ihnen ist die Staatsgrenze« – nämlich die zwischen der russischen Exklave des nördlichen Ostpreußens und der neuerdings unabhängigen, aber noch keineswegs unbedrohten Republik Litauen. Lange her ist die Trennung dieser und der beiden anderen baltischen Republiken von Rußland ja noch nicht.
Aus dem Grenzhäuschen guckt ein Posten hervor, ganz jung, Gewehr über – und nicht zu beneiden. Aber lieber nicht ansprechen, lieber nicht zu nahe.
Ich steige aus dem Wagen. Vogelgezwitscher, der Birkenwald rauscht im Wind, wie auch die nahe See, die nicht zu sehen, aber zu spüren ist.
Dann zurück, nach Westen, nun gegen die Sonne.

*

Aufbruch zu einer Bootsfahrt durch masurische Seen und Flüsse, frühmorgens.
Nachts hat es vom Himmel geschüttet, die Wälder dampfen. Es duftet nach sattgetrunkenem Humus und nach Pilzen, die die

Erddecke durchbrochen haben und ans Licht wollen. Über dem Asphalt ein sprühender Wasserflaum, böiger Wind biegt hinter Sawica eine Gruppe von Pappeln, wie schmiegsame Tänzerinnen in flirrendem Blattkleid.
Hoch in Richtung Mrągowo, durch den alten Ratzburger Forst, Hinweisschildern nach - erst »Babięta« (Babenten), dann »Piecki« (Peitschendorf).
Allmählich verbreitert sich der helle Streifen zwischen Baumwipfeln und unterem Rand der zerfransten Wolkengebirge, und da glitzert es auch schon durch die Bäume, strahlende Helle, jeder Stamm ein lidschlagschneller Schatten, als rase dahinter die Sonne entlang und nicht mein alter Ford davor.
Wieder die Alleen - grüne, steile Baumkathedralen; zu beiden Seiten der Straße hohes, mohnblumengesäumtes Korngewoge, und immer wieder, schimmernd, blau, Seeaugen.
In der Nähe von Dłużec (Langendorf) geht es aufs Wasser, liegt der Jezioro Dłużec (Langendorfer See) vor mir - die weite Fläche gekräuselt nur da, wo Windzungen auf sie niederfahren, sonst ist sie spiegelglatt. Lautlos gleitet das Faltboot ins Wasser.
Am Himmel keine Wolke mehr. Auf schwankenden Schilfhalmen dunkelblaue Libellen mit Doppelflügeln; schwimmende Teppiche von Seerosen; die Stille nur unterbrochen durch den Gesang der Vögel vom Uferwaldsaum her.
Ich bin im Garten Eden.
Über den Wipfeln, am linken Seeufer, ein Mäusebussard, reglos, als stünde er wider alle Gesetze der Schwerkraft in der Luft. Dann wiegt er sich, von Aufwinden getragen, läßt sich treiben, schwebt, einmal weiter, einmal enger kurvend. Gegen das Licht scheinen seine Flügel schwarz, kippt der Greifvogel aber ab, werden seine Schwingen, nun sonnenbeschienen, plötzlich hellbraun.
Vorbei an mächtigen Inseln, gleitet das Faltboot mit der Strö-

mung aus dem See in einen schmalen Flußlauf. Hunderte von winzigen Fischen unter der Oberfläche, in einem Wasser, so klar, daß der Grund sichtbar wird. Aber Vorsicht – Steine im Bett, greifendes Geäst von beiden Seiten, Baumstämme, gebeugt von einem Ufer zum anderen, ohne Äste und Blätter, Vegetationsgreise.

Auch hier Seerosen, mit gelben Blütenknollen, das Blatt flach wie ein Teller auf dem Wasser, über dessen Haut vielbeinige Insekten huschen. Überall die stahlblauen Libellen, darunter viele in Liebe verhakte Paare, als hielten sich Partner und Partnerin im Genick gepackt.

Auf den Wiesen rechts und links, unberührt, strotzend, füllig – Hahnenfüße, Wasserlilien, die ganze Pracht sich selbst überlassener Natur.

So sah es hier schon vor hundert Jahren aus, nichts hat sich seither geändert, der verbrecherische Gedanke an eine Kanalisierung oder Begradigung dieser Ufer nie auch nur gestreift. Unter einer Brücke hindurch, von der auf der anderen Seite eine Angelschnur herabhängt. Ehe das Boot die Stelle passiert hat, wird der Faden samt Wurm hochgezogen, aber den Angler sehe ich nicht – es wäre der erste Mensch gewesen, dem ich hier begegnete.

Kaum ist ein ungewöhnlicher großer und mit angewinkelten Flügeln erschreckend niedrig fliegender Storch vorbeigezogen, da sehe ich auf der Spitze eines Baumes und hoch darüber hinausragend, eine Rohrweihe – mit ihrem eleganten Kopf, dem langen Hals und dem dünnen Schnabel eine einzige Schlankheit. Als das Boot näher gleitet, wird sie unruhig, hebt mit langen Schwingen ab, zieht mit künstlerischer Bewegung den geschwungenen Hals ein, wird dadurch kürzer und ist bald verschwunden.

Geschöpfe von wunderbarem Weiß, Schwäne, in einem Meer von Grün – einer tief unter der Oberfläche gründelnd, ein ande-

rer majestätisch daneben, während ein Dritter vor mir herpflügt, als spiele er den Lotsen bei der Fahrt aus dem Fluß in den nächsten See, den Jezioro Białe (Weißsee).
Gleich vorn eine beunruhigende Wahrnehmung, eine Irritation. Ein Haubentaucher, keine zwanzig Meter entfernt - schwupps, ist er weg! Ein Bild, das ich in den letzten Stunden schon mehrfach beobachten konnte. Nur scheint es diesem da unten offenbar so zu behagen, daß er nicht, wie stets sonst, wieder an die Oberfläche kommt. Verwechselt sich der Taucher mit einem Fisch? Das würde er doch nur allzu bald am Luftmangel erkennen. Ich kann den ganzen See überschauen und warte. Aber der Taucher, ob's geglaubt wird oder nicht, der Taucher kommt nicht hoch, er bleibt da unten. Ich warte lange - und vergeblich. Der Vogel bleibt verschwunden. Wenn das eine Tiertragödie war, dann doch wohl eine seltene.
Ich lasse das Boot treiben, ohne Paddel. Die Sonne glitzert lange Goldstrahlen über das Wasser, die Wand des Waldes am rechten Ufer wird dunkler, die Stimmung elegischer. Der alte Fernsehmann wird in mir wach - die große Stunde des Lichtes, der Kamera ist gekommen.
Am Firmament der lange Kondensschweif einer nach Westen fliegenden Maschine, hier das einzige Zeichen der technischen Außenwelt. Es hat sich leicht bezogen.
Der See mündet in eine Schilflandschaft, durch die hindurch das Boot in einen Fluß treibt, der noch schmaler ist als der erste, kaum sechs Meter breit. Seine Strömung ist nur daran zu erkennen, daß sie von den Schilfhalmen filigran geteilt wird. Seerosen auch hier, mit Händen greifbar, jede einzelne ein Kunstwerk für sich, köstliches Weiß, aufgesprossen, lauter farbige Blütenexplosionen. Um sie herum, schwirrend, das Lackblau der doppelflügeligen Libellen.
Welch ein Tag, welch ein Land!
Verlust des Zeitsinnes - schon wirft der späte Nachmittag Ost-

preußens unverwechselbares Wolkendrama an den Himmel. Dazu vernehme ich – Musik in meinen Ohren! – Frösche quaken. Wann zuletzt habe ich in Deutschland solch himmlisches Konzert gehört? Das leichte Boot muß sich jetzt durchschlängeln, von beiden Ufern ragen Bäume über den Fluß, tief gebeugt und fast bis in seine Mitte, ausgestreckten Armen gleich, die sich berühren wollen, einige davon, wie am Ziel ihrer Sehnsüchte, bereits in struppiger Erfüllung miteinander verästelt.
Auf einem Zweig, zum Anfassen nahe, ein Vogel, schwarze Brust, schwarzer Kopf, furchtlos, vertrauensvoll – keine zwei Meter gleite ich an ihm vorbei.
Plötzlich schießt flach über dem Wasser eine Rohrweihe aus dem Dickicht, fliegt rauschend nach links, wo der Fluß eine Biegung macht, flieht ungestüm, verärgert und verschwindet – atemlose Stille hinterlassend.
Das Boot treibt ohne Ruderschlag dahin. Unter der Oberfläche, ganz nahe, wieder die winzigen Fische, wie aus Glas, scharenweise, Myriaden. Die Bäume spiegeln sich im Wasser bis hoch zu den Wipfeln mit fotografischer Genauigkeit, wie abgelichtet. Die Schatten fallen länger, ein kühler Hauch ist aufgekommen, ganz leise, kaum fühlbar.
Landung in der Nähe von Babięta (Babenten), Rückfahrt, noch das Schaukeln und Gleiten des Faltbootes in den Gliedern.
Eine Stunde vor Mitternacht, schon in Sawica angekommen, changiert im Westen der Horizont immer noch bunt, ehe schließlich der Mond grell und siegreich vom Himmel herabdröhnt.
Sommer in Masuren!

*

An den größten der ostpreußischen Seen, den alten Spirding, der heute Jezioro Śniardwy heißt!

Aber wer geglaubt hat, er käme leichten Fußes an die Ufer des »Masurischen Meers«, wie das riesige Gewässer zu deutschen Zeiten genannt wurde, der sähe sich getäuscht. Denn dahin zu gelangen, ist kaum weniger schwierig, als den Fuß an die Gestade des Starnberger oder des Ammer Sees zu setzen.
Von Karwik, von Süden her, scheitern alle Versuche. Auch die abenteuerlichsten Waldwege mit Schlaglöchern und Pfützen führen nicht zum Ziel. Entweder gerät einem der See ganz aus den Augen, oder es legen sich zwischen Straße und Wasser Schilfgürtel, Häuser, Gärten.
Es gibt allerdings eine unfehlbare Methode, jedenfalls in diesen heißen Monaten, dennoch dorthin zu gelangen - indem man den Spuren der Urlauber nachgeht. Und die sind in ihrer Vielfalt leicht verfolgbar - überfüllte Papierkörbe, achtlos zurückgelassener Müll, leere Blechdosen für Bier, für Fruchtgetränke, für Mineralwasser. Es herrschen große Ferien, auch über Ostpreußen, auch über Masuren ist der Massentourismus hereingebrochen.
Schon Mikołajki läßt nichts Gutes ahnen. Es hat mich immer, auch zu anderen Jahreszeiten, enttäuscht in seiner Verwahrlosung, an der auch der Stinthengst, das fischähnliche Wahrzeichen mit dem Drachenkranz auf dem Rücken, nichts ändern kann. Der Hafen, von der blauen Brücke mit der Doppelstele aus - auf dümpelnden Plastikyachten Wäscheleinen, Imbißstuben mit fürchterlichem Radiolärm, Boote, von riesigen Kränen an Land geholt oder zu Wasser gebracht.
Die Krönung aber ist eine Bettenburg mit über 300 Zimmern, Souterrain, Parterre, Hochparterre, hingeknallt auf eine Anhöhe, eine unglaubliche Verschandelung von Stadt und Landschaft. Vorn ein sinnloses Bassin, drinnen alles marmorausgelegt, ein Wintergarten mit Wasserfall, an den Säulen große Spiegel, endlose Gänge, eine Touristenoase von perverser Künstlichkeit.
Es ist nur die Ouvertüre.

Wohnwagen, Zelte, Campingplätze, wo immer im Süden das Ufer zu erreichen ist. Gibt es denn keinen Platz, wo ein ungestörter Blick auf den großen See möglich ist, wo sein volles Panorama auftaucht, nicht nur ein Ausschnitt, nicht nur eine Bucht?

Das gelingt erst nach drei Stunden Autofahrt, zunächst an der westlichen Seeseite, dann am Nordufer entlang. Schließlich, noch über Okartowo, das alte Eckersberg, hinaus, am alleröstlichsten Zipfel, wird endlich die ganze Herrlichkeit von einer kleinen Anhöhe vor Nowe Guty (Seegutten) sichtbar.

Da liegt er, der größte der über 3 000 masurischen Seen, der alte Spirding – und sogleich sind alle Verwünschungen und Flüche verflogen, dahin, nie ausgestoßen worden: schilf- und waldgesäumt, so weit das Auge reicht, und dahinter nichts als Wasser, Wasser, Wasser vor endlosem Horizont.

Ruhig liegt der See da, schlierig fast in der Hitze. Matt widerspiegeln sich in ihm Wolken, hinter denen sich die Sonne verkrochen hat. Wo der Wind die Oberfläche berührt, rauht sie leicht auf, ohne daß sich etwas von der ungeheuren Friedfertigkeit verliert, die hier über allem liegt.

In Nowe Guty durchquere ich einen Bauernhof und trete ans Wasser. Weit, weit nördlich ein dunkler Rand, das Gegenufer, hier vorn Möwen, Schwäne. Rechts, auf einer Weide, fällt eine Schar Gänse ein mit ohrenbetäubendem, zu sofortiger Flucht anregendem Geschnatter. Ich gehe durch das kopfsteingepflasterte Dorf und trete über eine Wiesenmatte noch einmal an den See. Am Strand ein schwacher Gischtsaum, verwehte Flokken; ein Boot, hochgezogen und an einem uralten, längst entrindeten Baumstamm befestigt; ein quietschender Holzsteg. Im See Schilfinseln mit Waldkern. Hierhin verirrt sich kein Tourist, und ein Urlaubsziel ist dieses Dorf auch nicht.

Aber nahe ist die Gefahr doch.

Weiß, ziemlich groß, zieht draußen auf dem See ein Schiff mit kraftvoller Bugwelle dahin. Daneben, kleiner, aber schneller, zwei Motorboote, die sich zu jagen scheinen, und auf einem Teil der Wasserfläche, einmal verstreut, dann wieder eng beieinander, Segelboote in großer Zahl.

Ich brülle mich innerlich das x-temal selbst an: Was willst du eigentlich? Was schiltst du hier herum? Die Menschen haben jedes Recht auf Erholung und Entspannung! Was Wunder, es ist Sommer, es ist Urlaubs-, es ist Touristenzeit! Wer kann, wer will, wer darf ihnen das nehmen? Als gehörte Masuren dir!

Aber dann, auf der Rückfahrt, sehe ich, was jetzt überall zu sehen ist: eine Armada von Motorbooten, von knatterbereiten Kapitänen gelenkt; die Parkplätze voller Autos, oft mit laufenden Motoren; die Yachten- und Segelbootgeschwader; die großen Campingplätze; die Zelte, die Plastik- und Schlauchboote, die unappetitliche Hinterlassenschaft von Lager- und Grillfeuern.

Unweigerlich drängt sich dabei die Horrorvision auf: Hier wird eine unvergleichliche Schönheit irreparabel geschädigt, wird sie bei lebendigem Leibe verstümmelt, wird ihr rohe Gewalt angetan!

Dabei ist der moderne Massentourismus nur eine von den drei Gefahrenquellen, die diese noch weitgehend intakte Landschaft ökologisch schwer bedrohen. Die beiden anderen sind: fehlende Klärwerke und die in Boden und Grundwasser einsickernden Dünge- und Pflanzenschutzmittel. Das eine ist ein das ganze Jahr über wirksamer, das andere ein auf das Frühjahr und den Herbst konzentrierter Vergiftungsfaktor - beide zusammen aber werden der Ruin der masurischen Seen und Flüsse sein, wenn nicht baldige Abhilfe kommt.

Alle Abwässer aus Dörfern und Städten der Region, weit voran die aus dem Ballungszentrum Giżycko, werden ungefiltert abgeleitet. Derzeit gefährdetstes Gewässer ist der wegen Sauerstoffmangels dicht vor dem Umkippen stehende Jezioro Niegocin

(Löwenthiensee) – mittlerweile blühen dort die Algen siebenmal im Jahr. In seiner Strömungsrichtung wird der gesamte Seenzug südlich der Wasserscheide des alten Lötzener Kanals verschmutzt bis hin zum »Masurischen Meer«.
Das nördliche Seensystem – Jezioro Dobskie (Dobensee), Jezioro Dargin (Dargeinensee) und Jezioro Mamry (Mauersee) – ist nicht so betroffen, wird es jedoch in etwa fünfzehn Jahren sein, wenn keine Gegenmaßnahmen ergriffen werden. In siebzig Prozent der Gewässer sind auch dort die Schadstoffe höher als normal.
Ebenso gefährdet sind die Wälder Ostpreußens. Der Feind ist der »saure Regen«, der mit den Winden von überallher kommt, aus dem eigenen Land, aus dem Osten, aus Skandinavien, aus Deutschland – ein »europäischer Austausch«, wie Fachleute sarkastisch kommentieren. Dabei ist die Situation hier im Norden immer noch besser als in den südlichen Gebieten Polens.
Das Land weist insgesamt schwere ökologische Belastungen auf, und das Bewußtsein der Nation dafür ist, wie mir von kompetenter Seite gesagt wurde, erst schwach entwickelt. Wohl gibt es Pläne für eine ökologische Landwirtschaft, für das »Grünland Polen«, für einen naturverträglichen Tourismus, aber keinen ökologischen Gesamtplan. Doch selbst eine Verwirklichung der Teilpläne wäre verbunden mit dem, was der polnische Staat nicht hat – mit Geld, Geld und nochmals Geld. Da auch ein »Masterplan« des Europäischen Parlaments in Straßburg nicht über das Stadium grauer Theorie hinausgekommen ist, dürfte Grund zu allergrößter Sorge bestehen.
»Sommer in den Masuren?« – »Welch ein Tag, welch ein Land«?
Da die Erfahrung am alten Spirding wenige Tage nach meiner Faltbootfahrt durch den Garten Eden stattfand, ist mir so etwas wie eine ganz persönliche Lektion von der Vertreibung aus dem Paradies erteilt worden.

Kaliningradskaja Oblast –
der doppelte Alptraum

Diese Sünde nehme ich auf meine Seele

Die Fahrt in den russischen Teil Ostpreußens beginnt mit einem Mißklang.
Der Journalistenkollege, Redakteur einer großen Kaliningrader Zeitung, der seine Begleitung wegen möglicher Schwierigkeiten beim Grenzübertritt angeboten hatte, erscheint nicht am Olsztyner Treffpunkt. Zu übersehen wäre er nicht gewesen, dieser Bär von einem Mann, gut für manche der Klischeevorstellungen, die sich Westeuropäer von Russen zu machen pflegen. Gab es doch gleich beim ersten Treffen mit ihm in der Redaktionsetage der »Gazeta Olsztyńska« Umarmung, Bruderküsse und massenhaft Toaste auf die Freundschaft zwischen der Föderativen Russischen Republik und dem neuen Einheitsdeutschland. Mag sein, daß den offensichtlich Trinkfreudigen meine Abstinenz geschreckt hat oder ihn mein Versäumnis, dann wenigsten für Wodkanachschub zu sorgen, verärgerte – nach halbstündigem Warten wird die Fahrt an die Grenze ohne ihn angetreten.
Die ist über Dobre Miasto, Lidzbark Warmiński, Górowo Iławieckie in der Herrlichkeit eines sonnentrunkenen ermländischen Sommermorgens noch vor Mittag erreicht – die Uhr zeigt 11.45 an.
Auf der polnischen Seite – eine Autoschlange, Pkw und Laster,

der Schlagbaum unten. Nichts tut sich. Immerhin erscheint bald ein Uniformierter und beordert meinen Wagen durch die Schranke bis zu einer Überdachung, unter der sich Schwalbenschwärme eingerichtet haben. Halt.

Links, auf der Gegenspur, ein Mann und drei Frauen, die aus dem russischen Teil kommen. Sie müssen Stück für Stück auspacken, jedes einzelne, restlos, auch den Inhalt des Handschuhfachs. Ob ich will oder nicht, Sarkasmus kommt in mir hoch: Europa – wo? Das große Nichtraucherschild besänftigt mich ein wenig.

Vor meinem Wagen warten zwölf andere, darunter auch zwei Elefanten der Landstraße, übergroße Trucks, in einer Schlange, die sich mit Zwischenstopps zentimeterweise vorschiebt. Schildkrötentempo.

Um 12 Uhr 30 werde ich der russischen Grenze in Form eines doppelflügeligen Metalltores ansichtig. Wenn ein Wagen durchgelassen worden ist, wird es sogleich wieder von einem Soldaten geschlossen.

Hier, noch auf polnischem Boden, werden sorgfältig neue Steinplatten gelegt. Links, über die Straße hinweg, stehen zwei grüne Häuschen, sehr improvisiert – Klos, Plumpsklos, wie eine Besichtigung ergibt. Wer da einbräche, wäre rettungslos verloren.

Um 13 Uhr 15 wird der letzte Lastwagen vor mir durchgelassen – und die beiden Torflügel hinter ihm sofort geschlossen. Eine halbe Stunde später sind es nur noch drei Grenzfahrer. Und dann, wie von Geisterhand geleitet, rutschen wir alle vier auf einmal durch, bis zu einer neuen Schranke. Ich bin im russischen Machtbereich.

Zwei Uniformierte, ein Mann und eine Frau – Koffer auf und Motorhaube hoch. Sie weisen Barbara Barlog und mich in eine Baracke.

»Wieviel Geld haben Sie mit?« Da ich nicht wußte, wie lange der Aufenthalt dauern würde, hatte ich vorgesorgt. Als ich die Summe nenne, zieht die Uniformierte die Luft durch die Zähne, während der Soldat erbleicht. Aber ich war gewarnt worden: Bei der Rückfahrt könnte es wieder eine Prüfung geben, bei der einem alle Moneten abgenommen würden, die über die bei der Ankunft genannte Geldmenge hinausgingen.

Was nun? Hat die Ehrlichkeit Folgen? Warten.

Ich fühle mich an die deutsch-deutsche Grenze von einst erinnert, an den Willkürspielraum, der innerhalb der Sperrforts immer spürbar war, an das lauernd Undurchsichtige, Anonyme, Ungewisse, nachdem die Papiere in den Händen eines Volkspolizisten verschwunden waren.

Hier werden meine monetären Angaben umständlich und sorgfältig aufgeschrieben, aber nicht nachgeprüft. Erst jetzt stellt sich heraus, daß der Soldat, vor kurzem noch in der DDR postiert, ein bißchen Deutsch spricht – die Atmosphäre entspannt sich etwas. Geschafft haben wir es aber noch nicht. Denn Barbara parliert mit etwas verdüsterter Miene eindringlich auf russisch, geht dann ein wenig abseits mit dem jungen Mann und kehrt offensichtlich erleichtert zurück. Was immer da gestockt hatte, wir können passieren mit Hilfe von zwanzig Deutschen Mark aus Barbaras Hand, die der Soldat mit dem Kommentar: »Diese Sünde nehme ich auf meine Seele« bekümmert eingesteckt hatte.

An einer endlosen Autokolonne vorbei – wie wird das bei der Rückfahrt? – geht es hinein nach Bagrationowsk (Preußisch Eylau), eine Stadt, über die nichts zu sagen ist. Tristesse. Es hat geregnet.

Auf dem Wege nach Kaliningrad, dem einstigen Königsberg. Russische Ortsnamen in kyrillischer Schrift. An den Straßenseiten verrostete Maschinen, verrottete Eisengerüste, kleine Hütten aus Holz, die Straße gut. In Ortschaften erschrockenes Staunen der Fußgänger, wenn ich anhalte und ihnen den Vortritt lasse.

Dann schnappt die große Stadt zu wie eine Falle, die sich hinter einem schließt. Über die große Trasse, den Leninprospekt, hinein ins Innere, noch orientierungslos, fremd, nur kurze Lichtblicke des Erkennens: die Alte Börse, die Domruine. Aber dann ist es auch schon da, das Hotel »Kaliningrad«, nein, die Wohnhöhle mit dem schlimmen Eingang aus Holztüren, ein Touristenschuppen schon auf den ersten Blick – wie gut, daß wir hier storniert haben.

Aber um den Mann zu finden, der die neue Adresse kennt und uns dorthin bringen soll, geht es über Hintertreppen hoch in Zimmer und Nebenzimmer, die meinen Eindruck einer zum Schneiden dicken Trostlosigkeit nur noch vertiefen können. Aus einem der Fenster kann ich die Domruine sehen, verloren in der verwüsteten Stadtlandschaft und doch erhaben vor einer Front öder Plattenbauhäuser.

Dann mit dem Ortskundigen zurück über den Pregel, vorbei an Schlaglöchern und randvollen Bussen hin nach Różnowo, ins alte Rosenau. Kopfsteinpflaster, lichtere Bebauung, freie, schrebergartenartige Flächen und mitten darin: das Hotel.

Schon von außen ein Anblick zum Erstarren – Türmchen, Erker, neckische Simse –, verschlägt einem erst das Innere wirklich den Atem: Auch die wüsteste Phantasie könnte auf diese Begegnung nicht vorbereitet sein. Kitsch, wohin das Auge fällt, und zwar vornehmlich in Pink – die Bestuhlung, die Sessel, Sofas und Tischchen; desgleichen die Vorhänge, Gardinen und Vasen. Im Zimmer ein Volant in Pink über dem Bett, Decken und Bettzeug schwer geblümt, ein Korb mit künstlichen Blumen, an den Wänden Pseudostuck, dazu Lämpchen, Kerzenständer und der Papierkorb bombastisch koloriert. Wie, um Himmels willen, soll man sie aushalten, diese Verunglimpfung jeglichen guten Geschmacks, wie längere Zeit hier leben?

Dann Ernüchterung, Selbstvorwürfe wegen der gerümpften Nase, Beschämung. Hat dieser ästhetische Fehltritt doch auch etwas Rührendes an sich, etwas von der Unschuld des Anfangs, einer eingestandenen Identifikation der Besitzerin mit ihren Vorstellungen von der großen, der westlichen, der kapitalistischen Welt da draußen. Nun um so vieles nähergekommen, sollen ihre Vertreter hier Vertrautes vorfinden, sollen sie sich wohl fühlen (auch wenn die Zimmer kein eigenes Bad haben) – ach ja.

Die Herrscherin über den Kitsch, die Dame des Hauses, entpuppt sich als resolute Person. Klein ist sie, zäh, mit wieselflinken Augen und aufgehaltener Hand, auf den Pfennig bedacht, voller Verachtung für Rubel und Zlotys und sehr stolz darauf, daß die Telefonverbindung nach Deutschland über Satellit direkt hergestellt werden kann. »Isn't it?« fragt sie, begleitet von meinem unausgesprochenen Argwohn, daß damit schon ihre Englischkenntnisse erschöpft seien. Aber wie auch immer, besonders nach der Beschnupperung des Hotels »Kaliningrad« – it is! Der Wagen steht im Stall, weg von der Straße, wo jedes ausländische Auto, auch Veteranen, wie es heißt, diebstahlgefährdet sei; die Matratze erweist sich, gegen alle Erwartung pfühliger Kuschelweichheit, als halbharte Liegewiese, wie ich es gern habe, und die Glühbirne reicht zum Lesen. Nur ein Hund bellt unheilvoll anhaltend und aus ziemlicher Nähe. Aber, würden meine Freunde sagen, die mich besser kennen als ich mich selbst, irgend etwas gebe es ja immer, wodurch ich mich gestört fühle.

Vor dem Einschlafen Heimsuchung durch seltsame Gefühle, wie immer, wenn Ankunft eingetreten ist, sich lang Ersehntes verwirklicht sieht.

Sind es doch, wenn auch mit Logis eher an ihrem Rande, der erste Tag und die erste Nacht meines Lebens auf dem Territorium der einstigen Metropole Ostpreußens – Königsberg.

Wie können sich diese Stahlsärge nur über Wasser halten?

Von allen deutschen Städten ist diese mir immer als die deutscheste erschienen.
Ich habe sie vorher nie gesehen, aber was mir an Bildern, Fotos, Stichen und Gemälden in die Hände oder vor die Augen kam, habe ich förmlich in mich hineingesogen. Dabei könnte ich die magische Anziehungskraft, die Königsberg seit je auf mich ausgeübt hat, nicht erklären. Kein Zweifel, ich habe es lange idealisiert, romantisiert, poetisiert, weil es für mich so etwas war wie die Krone der Städte (ausgenommen natürlich meine geliebte Vaterstadt Hamburg), eine Art Gral weit im Osten, eine fiktive Geographie, aber dann doch auch wieder sehr irdisch bei genauerem Hinschauen. Da hatte sich im Verlauf der Jahre und Jahrzehnte eine innere Optik angespeichert, hatten sich mir die kartographischen Umrisse der Stadt am Alten und am Neuen Pregel, ihr Atlasgesicht, tief eingeprägt.
Urzelle, Gründung der Deutschritter im Jahr 1255, war die Burg, in deren Schutz sich die Altstadt ausdehnte, bald gekrönt vom Anblick des Schloßdiadems und im Lauf der Zeit urban erweitert bis zu den Wallringen, mächtigen Festungsanlagen, Anfang des 17. Jahrhunderts errichtet und im 19. dann durch Gräben und Forts verstärkt – Konturen, die bis zur endgültigen Zerstörung der Stadt im April 1945 immer als das Herzstück Königsbergs zu erkennen waren.
Der lange, nasse Finger des Schloßteiches mit dem baumumstandenen Konzertbau, die Stadthalle, die eine der größten Orgeln barg; der schlauchartig geformte Oberteich mit seinen strotzenden Grünanlagen und den steinernen Seehunden auf Podesten am Ufer; die vornehme Front der Albertus-Universität mit ihren Säulen und Rundbögen, Stätte erst des Kummers, dann des Glanzes ihres berühmtesten Lehrers, Immanuel Kant; die monumentale Architektur der Stadtmitte, die Kneiphöfi-

sche Langgasse, Hauptverkehrsstraße, die in die Kantstraße mündete, Gebäude wie für die Ewigkeit errichtet.

Der Wasserbogen des Hundegatt, die Piers an der Bohlwerksgasse; die Speicher dort mit ihren Fachwerkfronten und die Fähre hinüber zur Junkersgasse auf der Kneiphöferschen Insel (die durch fünf Straßenverbindungen längst keine mehr war).

Die tempelartig anmutende Börse, ein Trumm von einem Bauwerk, das sich im Wasser zwischen der Grünen und der Köttelbrücke spiegelte; die Rotpracht des Brandenburger Tors mit seinen zwei Durchlässen.

Dann die Becken am Pregel, Freihafen, Industriehafen, Holzhafen - nicht zu vergleichen mit den Hamburger Dimensionen, aber ein Areal, dem ich, Kind der Elbestadt, mit besonderer Neugierde nachforschte, entzückt, daß Königsberg auch einen Floßhafen und eine Hamburger Straße hatte und es außerdem in der Nähe so lautmalerische Namen gab wie Nasser Garten und Vorstädtische Wiesen.

Und schließlich, über allem, die Wucht zweier Monumente: das Schloß mit dem stachelspitzigen Turm und den gewaltigen Rundsöllern seines Westflügels, und der Dom, eine Backsteinkathedrale mit gigantischen Pfeilern, Gewölben und Torbögen, von den einen heiß geliebt, von anderen als ungelungen geschmäht, aber angesichts einer Existenz von mehr als einem halben Jahrtausend und zweieinhalb Jahrhunderten Bauzeit (1325-1572) architektonisch längst jenseits von Gut und Böse.

Selbstverständlich stieß ich bei meinen fotografischen, malerischen und filmischen Erforschungen Königsbergs vom Knabenstadium an bis hinein in die Jünglingsära auch auf die Zeichen der »neuen Zeit«. Auf den Adolf-Hitler-Platz, eine protzige Fläche, gesäumt von dem Gerichtsgebäude, dem Polizeipräsidium (das auch die Geheime Staatspolizei beherbergte) und dem Nordbahnhof. Ebenso auf den Erich-Koch-Platz, benannt nach dem Gauleiter Ostpreußens, ein Aufmarschterrain

mit Stufen, Tribüne und Hochturm, wie ein Provinzverschnitt des Reichsparteitagsgeländes in Nürnberg anmutend.
Die langwallenden Hakenkreuzfahnen im Stadtbild, auch vom Schloßturm herab, sind mir so wenig verborgen geblieben wie Bilder von SA-Aufmärschen und frenetisch jubelnden Massen mit ausgestrecktem Arm – eine dem Nationalsozialismus weitgehend ergebene Stadt.
Ich lasse mir nicht ausreden, daß das, von Ausnahmen abgesehen, die politische Wirklichkeit war und daß Königsberg damals jenem Bilde glich, das ganz Deutschland bot, nicht mehr, aber auch nicht weniger. Und daß das die Haupterklärung – nicht die ganze – dafür ist, wie »meine« Stadt aller Städte, ihre Krone, diese sehnsüchtige Phantasmagorie eines frühen Lebensabschnittes, sich dem Zeitgenossen heute darbietet. Eine fundamentalere Ernüchterung als bei diesem Sightseeing kann es nicht geben.

*

Erste Station: der alte Hansaplatz, später Adolf-Hitler-Platz, jetzt Platz des Sieges.
Sie stehen kaum verändert da – das alte Polizeipräsidium, die glatte Fassade des Gerichtsgebäudes und die Mammutsäulen des Nordbahnhofs. Nur wird die Fläche nun beherrscht von einer mächtigen Leninstatue. Auf festen Metallbeinen steht er da, der Schöpfer der ganzen Sowjetmisere, im Mantel und die geballte rechte Faust entschlossen vor den Nabel gehalten. Musik dröhnt über den weiten Platz, den ein ununterbrochener Strom von Passanten und Autos umfließt.
Vor der Kolossalstatue rote Fahnen mit Hammer und Sichel, ein Podium mit Lautsprecher, ein Redner, vor ihm eine Schar meist älterer und alter Männern und Frauen, etwa hundert bis hundertzwanzig an der Zahl. »Unser Land ist aufgeteilt, es wird bela-

gert«, ruft der Redner ins Mikrofon, und fährt fort: »Es wird behauptet, wir lebten in Freiheit, aber das stimmt nicht, es stimmt ganz und gar nicht.«

Ich bleibe stehen.

Ein Mann aus der hinteren Reihe löst sich von der Menge, geht ein paar Schritte in meine Richtung, tapsig, wie Greise gehen, seine Brust ist übersät mit Orden aus dem Großen Vaterländischen Krieg gegen die deutschen Eindringlinge. Er kommt ganz nahe an mich heran, als wollte er prüfen, welchen Eindruck die Veranstaltung auf mich macht, zieht sich dann aber wieder zurück, als er begreift, daß mir die Rede übersetzt wird und ich also kein Russe bin.

Vorn hat ein anderer Mann das Wort ergriffen und appelliert an Studenten und Ingenieure, an die Gebildeten und die Arbeiter, kurz »an alle« – zu protestieren gegen den »Ausverkauf der Heimat, für die unsere Soldaten gefallen sind«.

Niemand von den Passanten kümmert sich um die Schar Unentwegter, und auch der Verkehr geht unbeeindruckt weiter. Die Szene da vorn unter der Leninstatue hat etwas Lächerliches, ja Groteskes an sich. Dennoch spüre ich beim Anblick der Kriegsveteranen einen Stich in der Milzgegend.

Über den Pregel ans Nordufer und von dort nach links über den alten Holsteiner Damm und seine beachtlichen Schlaglöcher in die Hafengegend.

Drüben die Piers, Kräne, ein Wald von Kränen, Helligen, Seeschiffe, auch auf dieser Seite, angetäut, ein von Kindheit an gewohnter Anblick für mich, wenn da nicht Hammer und Sichel an die Schornsteine gemalt wären und – ja, und wenn da nicht ein Grad von Verrottung wäre, auf den ich nicht vorbereitet war und den ich mir nicht hätte vorstellen können.

Ich traue meinen Augen nicht. Die langhalsigen Kräne, die Montur der Helligen, vor allem die wrackähnlichen Ungetüme hier vorn mit ihren zerfressenen Ankern und Ketten – das alles wirkt wie verreckt, ein schwimmender Schrottberg, ein vor sich hin modernder Schiffsfriedhof. Wie können sich diese Stahlsärge nur über Wasser halten?

Erst allmählich picke ich drüben, am Südufer und seinen Kais, Heiles heraus, intaktes, arbeitendes Gerät, dazu weit hinten, fast herausgehoben wie eine Erscheinung, ein Passagierdampfer, offensichtlich auf Kreuzfahrt.

Ich gehe in Richtung Priegolskij, des alten Groß-Holsteins, komme jedoch nach einer Weile nicht weiter – Sperre neben einem riesigen Gebäude, das völlig zerfallen ist, ein graues Ungetüm, ehemals vielleicht ein Lagerhaus, aber seit einem halben Jahrhundert sich selbst überlassen.

Zurück in die Stadt, geht es vorbei an der Hinterfront von Plattenbauten – elf Stockwerke hoch, alle Metallverkleidungen rostbeschädigt, jeder Balkon wäscheumflattert. Ich kenne den Anblick von Hongkong, eine Assoziation, die mir angesichts dieser Behausungsplantage unvermeidlich kommt, die aber ohne jenen Trost bleibt, den der Hinterhof der Merkantilmetropole des Fernen Osten bietet: Grünes vor den Fenstern, Grünes vor den Türen und auf den Balkons; Grünes an jeder Stelle, wo es nur möglich ist, gepflanzt, eingetopft, hängend – Hauptsache grün, grün, grün.

Vorn, am Moskovskijprospekt, ankern Hotelschiffe, die »Baltic« und die »Georgi Dimitroff«, davor Fahnen und ein Wagenpark mit vielen deutschen Nummern.

Ich trete noch einmal an den Rand des Hafenbeckens, schaue nach rechts, auf die Skelette der dümpelnden Seelenverkäufer, und fasse nicht, daß sie sich oberhalb der Wasserlinie befinden. Auch die strahlende Sonne kann hier nichts mildern, nichts schönen, im Gegenteil, ihr Schein macht das Elend nur noch eindringlicher sichtbar.

Weit hinten, in der Stadt, oder schon jenseits ihrer Grenzen, qualmt, nein, pufft es schwarz aus einem Schornstein in die Höhe, stoßhaft, giftig, eine dicke Materie, in einer langen, seewärts gesogenen Wolke immer fülliger, immer voluminöser gegen den Horizont treibend.

Es heißt, hier lägen immer Blumen, meist Rosen

Aber der Alptraum der Kaliningradskaja Oblast läßt, kaum glaublich, noch weitere Steigerungsmöglichkeiten zu. Ich spreche von jenem Gebäude, das an die Stelle des zerstörten Schlosses gesetzt worden ist, ein architektonisches Monstrum von unüberbietbarer Scheußlichkeit, das aussieht wie eine mißratene Tempelpyramide der Azteken und als das getreueste Abbild stalinistischer Unästhetik gelten kann – das Haus der Räte.

Das Monstrum steht da, wo sich früher der Friedrichsbau, der Nordflügel des Schlosses, erhoben hatte, ist unbewohnt, starrt mit unzähligen toten Fensteraugen in alle vier Himmelsrichtungen und sackt, von tiefen Rissen durchzogen, langsam, aber sicher in die Erde. Die Statiker haben gepfuscht, was jedoch zu spät erkannt wurde. Immerhin besteht dadurch die Hoffnung auf Abriß, denn einziehen wird dort niemand mehr. Da jedoch bis dahin, wenn es überhaupt so weit kommt, noch viel Zeit vergehen wird, macht die exponierte Lage der Sowjetruine ihren Anblick leider auf künftig unvermeidlich, ganz egal, ob man sich auf dem Moskauer oder dem Leninprospekt befindet, ob man die Stadt zu Fuß, im Bus oder mit der Straßenbahn durchquert – das Haus der Räte ist immer dabei! Die einzige Möglichkeit, seiner Optik zu entkommen, wäre, die Augen zu schließen (wozu jedoch angesichts der Verkehrssitten der Kaliningrader Kraftfahrzeughalter guten Gewissens nicht aufgefordert werden könnte).

Mit der Verdammung des Neuen allein ist zwar die Frage, warum es nur allzu häufig so überaus häßlich ist, während das Alte

einem fühlbar guttut, nicht beantwortet. Nur bestätigt der Vergleich mit dem in der Nähe gelegenen Domtorso wortlos, daß selbst zerstörte Schönheit noch mühelos über die betongegossene Perversität entseelter Architektur triumphiert.
Und das, obwohl hier die beiden schweren Angriffe britischer Bomber vom 26. auf den 27. und vom 29. auf den 30. August 1944 zusammen mit der fünfzigjährigen Restaurationslücke ganze Arbeit geleistet haben. Alle Waagerechten des Doms sind gefallen, am Boden zerschellt, im Lauf der Jahrzehnte atomisiert oder abgeräumt – was da hochsteilt in immer noch stolzer Gotik, sind allein die Senkrechten. Vor der sonnenbestrahlten Ruine liegen Massen von Ziegeln, wie auch drinnen. Holzgerüste deuten schüchterne Reparaturen an, können aber das Bild des Jammers nur vertiefen. Wie funktionslos ragen die Pfeiler in die Höhe, ohne zu tragen, wozu sie errichtet worden sind – Gewölbe, Decken, Dächer. Vom Turm der einstigen Königsberger Hauptkirche ist nur ein Stumpf geblieben.
An der Nordostecke des Doms: das Grabmal von Immanuel Kant, die Stoa Kantiana, mit dem Namensschild an der Wand und dem Geburts- und Todesjahr 1724-1804. Auf dem Sarkophag liegen Blumen. Es heißt, hier lägen immer Blumen, meist Rosen.
Wie unvergessen Kant ist, spürt man an der Albertus-Universität. Es war Marion Gräfin Dönhoff, die für den Neuguß einer alten Kantstatue gesorgt und die schwere Figur eigens hierhertransportiert hat, wo sie am 27. Juni 1992 feierlich eingeweiht worden ist. Nun steht der körperlich eher zierlich geratene große Philosoph wieder unter freiem Himmel vor der Stätte, der »Albertina«, die 1751 seine Bewerbung um eine außerordentliche Professur abgelehnt hatte, ein Wunsch, der erst 1770, also nach fast zwei Jahrzehnten Verspätung, mit den Fächern Logik und Metaphysik in Erfüllung ging. Wären sonst, bei abermaliger Ablehnung, die »Kritik der reinen Vernunft« (1781) und »Zum ewi-

gen Frieden« (1795) ungeschrieben geblieben? Fürchterliche Vorstellung!

Als Kant am 12. Februar 1804 starb, sollen, zeitgenössischen Berichten nach, die Straßen Königsbergs voll gewesen sein von trauernden Menschen.

Auch in der Universität steht seine Büste auf einem Sockel mit kyrillischer Schrift, davor ein Kranz von der Einweihung des Kantmuseums 1992. Das war zwar 1974 eröffnet worden, aber bis Russen und Deutsche aufeinander zugegangen sind, mußten fast zwanzig Jahre vergehen.

Nüchtern ist sie heute, die neue Universität, dort errichtet, wo sich einst der herrliche Renaissancebau des Liebenthalflügels (1844 bis 1861) von August Schüler erhoben hatte. Aber drinnen ist viel Zuneigung zu den Traditionen des deutschen Humanismus zu spüren, und das, scheint's, ohne Berührungsängste gegenüber lang Verfemtem aus deutscher Zeit. Da hängen Bilder vom alten Königsberg, Schiffe, Panoramen, und auf einem großen Sockel reckt sich Preußenkönig Friedrich Wilhelm III. Erleichtert nach dem Horror draußen, streife ich durch die Gänge und Zimmer und stoße dabei auf ein Relief von Simon Dach, 1639 bis 1659 Professor für Poesie und – Verfasser von »Ännchen von Tharau«, nicht der Komponist.

Wieder draußen, fragt man sich unwillkürlich, was denn eigentlich der Kaliningrader Alltag sagt zu Humanismus, Tradition, Pflege von durch eine mörderische Geschichte zerstörten Beziehungen, wo seine Kontakte sind zu Philosophie und Literatur in einer Gesellschaft, deren Mehrheit so offensichtlich ums Überleben kämpft wie diese?

Schon der Zustand der Straßen enthüllt einen unverbergbaren Bankrott, ihre aufgerissene Haut und die bodenlosen Schlaglöcher allein schon künden wortlos, aber überzeugend vom Grundgesetz des real existierenden Sozialismus, nämlich zugunsten der Machtverhältnisse einer verschwindend kleinen

Nomenklatura mehr Energien gebunden als zum Wohle der Bürgerinnen und Bürger mobilisiert zu haben, ausgenommen den Militärsektor – und das auch hier insgesamt fast ein halbes Jahrhundert lang.
Binnen kurzem hatte sich in mir ein Gefühl grenzenloser Bewunderung für die Kaliningrader eingestellt, die erstaunte Erkenntnis, mit welcher äußeren Würde und Disziplin sie diesen Alltag hinnehmen und ihm begegnen. Erfüllen die übervollen Straßenbahnen, die von innen her platzenden Busse nicht alle Voraussetzungen für eine kollektive, sich ständig selbst regenerierende Hysterie? Schließlich sind sie mir in bester Erinnerung geblieben, die notorischen Streitereien, die Anschreiereien, ja tätlichen Auseinandersetzungen in den stets überfüllten öffentlichen Verkehrsmitteln der autolosen deutschen Nachkriegsära. Die ging bekanntlich bei uns nur allzu bald vorüber – aber hier? Es ist mir der Bravheit fast zuviel. Denn daß, immer noch, der Mangel verteilt wird und daß das ein nerven- und gemütstötender Zustand sein muß, das geht aus vielem hervor, was hier zu beobachten ist.
In der Nähe des alten Dohnaturms, dieser gewaltigen Rundfestung im Herzen der Stadt, hocke ich mich auf einen steinernen Sims. Gegenüber hat ein Markt aufgemacht, oder genauer: das, was sich hier so nennt und an allen Ecken und Enden zu finden ist, improvisiert und rasch aufhebbar. Denn die Straße selbst ist der Tisch, auf dem das Angebot ausgebreitet wird: Zündkerzen, Metallringe, Flanschen, Nägel, Röhren, Bürsten, Heftzwecken, leere Bierdosen, alte Taschen, Fahrradpumpen, einzelne Zahnstocher, Legosteine, um nur eine winzige Auswahl der ausgebreiteten Sachen zu nennen.
Da sitzen oder stehen sie, die Anbieter, eine langgezogene Reihe, und bieten das Strandgut einer Armut in Notwehr an. Unter der großen Esche eine alte Frau. Angetan mit einem roten Kopftuch und trotz der Spätsommerhitze in einen Mantel gehüllt,

hat sie vor sich einen Pappkarton postiert. Darauf legt sie nun, Stück um Stück, irgendwelche Medikamente, lose Wattebäusche, ein paar Äpfel, einen Seifenriegel – und wartet.
Bilder, die man vor diesem Hintergrund nie vergessen wird: eine junge Frau mit zwei Rosen in der Hand, unberührt von ihrer Umgebung, eine einzige wandelnde Verliebtheit. Eine Babuschka mit schaukelndem Gang, bei jedem Schritt von einer auf die andere Seite schwankend, bleibt alle paar Meter stehen und beschaut interessiert die ausgebreitete Armseligkeit. Angehörige der russischen Marine, junge Kerle, schwarze Hose, weißes Hemd, die Mütze verwegen im Nacken, pfeifen Mädchen in atemberaubenden Miniröcken nach. Und der Mann dort am Rande des Markts, der aus einem winzigen, aber unergründlichen Auto Elektrogeräte hervorholt, ein Paket nach dem anderen, gut zwanzig davon, sie über eine Mauer hinweg irgendeinem Unsichtbaren reicht, von dem er dann seinerseits Pakete entgegennimmt, eines nach dem anderen, immer mehr, immer noch eines, ehe er dann das Schwarzmarkt- oder Mafiagut, niemand weiß wie, in seinem Kleinwagen unterbringt (übrigens ohne damit irgend jemandes Aufmerksamkeit erregt zu haben).
Unterdessen zieht ein nicht abreißender Strom von Passanten vorbei, rattert die Straßenbahn klirrend über die ausgeleierten Schienen, rüstet sich drüben der Ausverkauf an Selbsthilfe, dieser letzte Rettungsversuch vor dem sozialen Untergang, an einen nächsten Platz. Kaliningrader Studien an einem heißen Spätsommertag.
Wieder in dem Altrosenauer Plüschhotel angekommen, ist dort ein neuer Gast aufgetaucht, ein dicker Deutscher aus Buxtehude. Ich beschaue ihn – und habe kein gutes Gefühl. Der Mann gefällt mir nicht. Schließlich hatte ich Zeit genug, meinem diesbezüglichen Instinkt trauen zu lernen

Daß ich neben der Erforschung der Gegenwart immer darauf aus bin, nach Zeugnissen aus der deutschen Zeit, ihrer Kultur und Hinterlassenschaft, zu fahnden, sowohl im polnischen als auch im russischen Teil Ostpreußens, ist mir nirgends so bewußt geworden wie in Kaliningrad. Und gerade hier wird man am schwersten fündig.

Reste am Oberteich, der einstigen, heute völlig verwahrlosten Promenade – die vier steinernen Robben sind noch da, stumpfer geworden, sozusagen etwas verlebt, aber die runden Köpfe genau so hochgereckt, die Flossen so unternehmungslustig herunterhängend wie auf den alten Fotos. Auf der beschädigten Steinbrüstung sitzen zwei junge Männer, Arbeitslose, wie sich herausstellt, links von ihnen ein Angler, neben den sich ungeniert und vertrauensvoll eine Möwe niederläßt.

Teils noch im Wasser, teils auf dem Ufer, ragen gewaltige Klötze auf, sogenannte Tetrapoden, Vierfüßler aus Beton, die den Panzern der Roten Armee den Weg verlegen sollten. An dieser Stelle allerdings hätten die T-34-Ungetüme schon unmittelbar vor dem Dohnaturm gestanden, der letzten Kommandozentrale der »Festung Königsberg«, in der unverantwortlicherweise die Kapitulation der Stadt bis zum 9. April 1945 hinausgeschobenen wurde.

Mir ist, als hätte sich hier am Oberteich in dem halben Jahrhundert seither nichts verändert, außer daß sich Pulverdampf und Gefechtslärm verzogen haben. Der Eindruck des Stillstandes wird noch dadurch vertieft, daß ich nahe der Brüstung plötzlich vor einem gähnenden Abgrund stehe, einer Öffnung, die nur teilweise abgedeckt ist. Durch sie kann man weit unten in die hörbar rauschenden Eingeweide des Kaliningrader Röhren- und Abwässersystems schauen, aber gegebenenfalls, vor allem in der Dunkelheit, auch hinabstürzen. Kein Warnschild, keine

Sperre, die das verhindern könnten. Symptome wie diese geben mehr Aufschluß über die Verhältnisse, als es gelehrte Abhandlungen je vermöchten.

Die Luisenkirche sehe ich zum erstenmal in der Abendsonne, ihre filigranen Bögen und Säulen, den kupferoxidierten Turm, daneben helle Flächen, Grünes, ein Park.

Die von Fritz Heitmann erbaute und 1901 eingeweihte Kirche zu Ehren der vor Napoleon geflohenen und früh verstorbenen Königin, ist heute ein Puppentheater - Puppen hinter Glas, Puppen auf Konsolen, Puppen auf Stühlen, Puppen in jeglicher Phantasiefigur.

Eine Treppe hoch, im ersten Stock, ein roter Saal mit roten Stühlen, ein Jugendlicher, der auf einem Klavier übt - hier wird Puppentheater gespielt.

Als ich das Theater verlassen will, intoniert eine Studentengruppe das »Deutschlandlied«, mir zu Ehren, scheint es, aber ganz gewiß auch gespielt in der Erwartung einer Geldgabe. Einzubilden brauche ich mir nichts, denn so wird hier offenbar mit jedem Besucher aus Deutschland verfahren. Nicht deshalb jedoch muß ich mir einen Stoß geben, der unausgesprochenen Bitte einer sympathischen und ahnungslosen Jugend nachzukommen, sondern weil ich, unweigerlich und immer noch, nach dem letzten Ton der Nationalhymne das sich seinerzeit unter Hitler notorisch daran anschließende »Die Fahne hoch, die Reihen fest geschlossen« des SA-Barden Horst Wessel fest im Ohr habe.

Rechts neben der Luisenkirche lehnen Frauen an einem niedrigen Stakett, junge und alte, mit und ohne Kopftuch, und verkaufen Blumen. Einige Sträuße sind auf Tischen in Folie gewikkelt, andere in große Eimer auf der Erde gesteckt. Der Absatz ist reißend, dauernd kommen junge Männer vorbei, verharren einen Augenblick, überlegen und kaufen. Einer von ihnen hat es ganz besonders eilig - er schnurrt auf einem Motorrad heran, stellt das Fahrzeug in gefährlicher Schräglage ab und stürzt sich auf das größte Bukett. Ohne in der Bewegung innezuhalten, wirft er einen Schein hin, fegt zu seinem Zweirad zurück und prescht, eine Hand am Steuer, in der hocherhobenen anderen die Blumen, wie auf einem Wildpferd davon.

Während der ganzen Zeit reden die Frauen aufeinander ein, lachen, rufen, prusten, am allerwenigsten beschäftigt mit dem, was sie hierhergetrieben hat, kaum, daß sie das Geld prüfen, das ihnen für die Ware hingelegt wird. Kraft will ich darin entdekken, Unverwüstliches, und Gleichgültigkeit und Ratlosigkeit gleich daneben. In mir kommt ein schreckliches, aber doch präzises Wort hoch: Schicksalshinnahme.

Ob sie je einen Blick auf die Schillerstatue von Stanislaus Cauer geworfen haben, wie er da so steht – in der Rechten eine Schriftrolle, die Linke vor der Brust? Vielleicht nicht die ganze Zeit seit 1912 an derselben Stelle, denn die Figur wurde bei den Kämpfen um Königsberg beschädigt und ist später restauriert worden. Erhalten geblieben, ja wahrscheinlich überhaupt gerettet worden ist sie der Überlieferung nach dadurch, daß Rotarmisten mitten im Schlachtgetümmel an ihr ein Schild mit den Worten »Ein Monument für die Welt« befestigt hatten.

Gibt es aus den Jahren 1941 bis 1944 zwischen Leningrad und Odessa, Minsk und den Vororten von Moskau, denn so weit ist die Hitlerwehrmacht gekommen, ein einziges deutsches Pendant zu solcher Haltung?

Schiller gegenüber erhebt sich Königsbergs altes Neues Schauspielhaus, heute Kaliningrader Dramentheater. Die sechs imperialen Säulen an der Vorderfront sind hinzugefügt worden wie auch die Reliefs von Maxim Gorki, Wladimir Majakowski, Alexander Puschkin und Alexander Ostrowski. Nostalgisches kann hier nicht aufkommen.

Und das ebensowenig bei den »Kämpfenden Wisenten« des Tierplastikers August Gaul vor dem Hauptportal des alten Gerichtsgebäudes, dessen Front von Bäumen verdeckt ist – Fotos von früher ließen die Sicht auf die wilhelminische Architektur frei. Energieprotze sind die beiden Bullen auf dem steinernen Sockel, mit schweren Hoden, die mächtigen Köpfe ineinander verkeilt, die ganze Kraft nach vorn gestülpt und die steil abstehenden Schwänze an der Spitze rot gefärbt wie auch die blutunterlaufenen Augen. Die Farbpunkte auf der dunklen Bronze irritieren. Gibt es Leserinnen oder Leser, die dem Autor mitteilen könnten, ob die exponierten Stellen schon zu Zeiten des deutschen Ostpreußens koloriert waren?

Auf dem Areal des alten Volksparks bin ich auf einen Hügel geklettert. Hier in der Nähe hatte Königsbergs berühmtes – und beim Luftangriff vom August 1944 zerstörtes – Observatorium gestanden. Seinem Gründer, Friedrich Wilhelm Bessel (1784-1846), ist ein heute noch existierender Gedenkstein errichtet worden. Die nach ihm benannte Straße, die da unten verläuft, hatte zeitweilig anders geheißen, trägt aber heute wieder Bessels Namen.

Das Denkmal, das hier oben zur Erinnerung an den deutsch-französischen Krieg von 1870/71 errichtet worden war, ist bis aufs Fundament abgetragen worden.

Aber jetzt zeigt sich weiter unten ein erstaunliches Bild. Zwischen Hügelkuppe und Straße, auf dem Gelände des alten deutschen Friedhofs, gräbt eine Schar russischer Studenten nach Grabsteinen aus der deutschen Zeit. Nicht nach irgendwelchen, sondern nach solchen berühmter Leute, die hier über Jahrhunderte gelegen hatten, deren Gräber aber nach dem Krieg das Opfer völliger Zweckentfremdung, ja Zerstörung des Geländes wurden.

Da stehen die jungen Männer mit Schaufeln und spitzen Stangen, haben damit die Erde aufgewühlt, sind tief nach unten gedrungen, schütteln jedoch vor dem Freigelegten die Köpfe. Kein Wunder, denn was ich sehe, nachdem ich hinuntergestiegen und auf gleicher Höhe bin, erklärt die Ratlosigkeit: Ein gewaltiger Stein ragt aus dem Boden, kein Grabmal, wie erklärt wird, sondern ein anderes Friedhofsmonument, und so schwer, daß der Transport zu einem Problem wird. Die Steine sollen nämlich an einer bestimmten Stelle der Universität gelagert werden.

Dennoch wird weiter geschaufelt mit der Fröhlichkeit der Jugend, während der erfindungsreiche Leiter der Studenten für die Frage, wie der Koloß von hier weggeschafft werden könnte, bereits eine Lösung zu finden scheint. Die Arbeiter, die weiter unten dabei sind, mit schwerem Gerät eine Brücke zu reparieren, haben sich nach zunächst strikter Weigerung und darauffolgenden gutmütigen Scheingefechten bereit erklärt, »die Toten zu stören«.

Und dann Amalienau.

Das einstige Viertel bürgerlichen Wohlstandes und gediegener Kultur, Königsbergs vornehmes und den Bombennächten so gut wie entkommenes Villenkarree – längst ist es runzlig geworden, faltig, verfallen. Was sich schon auf den ersten Blick zeigt. Die Steinpfosten der Gitter vor den Häusern sind bis auf den Metallkern entblößt, quasi als sei die harte Materie dem organisierten Verfall der letzten fünfzig Jahre nicht gewachsen gewesen und abgefault bis auf das eiserne Skelett. Atembeklemmende Metamorphosen der Hausfassaden – aus Weiß wurde Gelb, aus Gelb Grau, aus Grau ein Ton, für den die Farbskala keinen Namen hat.

Die Straße im Herzen des einstigen Amalienau, in der ich bin, ist aufgerissen, Wäsche hängt an Leinen in den Vorgärten. Um mich herum ein karikaturistisches Abbild, eine letzte verschwimmende Ahnung, wie es einst hier ausgesehen hat.

Eine Vegetationsoase aber, immerhin, ist Amalienau geblieben. Sie sind weitergewachsen, die alten Bäume, ein dichtes, herrliches Dach aus Chlorophyll, als könnte das Blattgrün allen Gewalten trotzen und sie wuchernd überdauern. Die Sonne flirrt durch eine Baumwand hinter mir, beleuchtet die Szene, schont sie natürlich auch - ein wenig.

Auf der Straße Kinder, viele Kinder, Söhne und Töchter von Offizieren, doch auch aus Soldatenfamilien - das alte Amalienau ist ein Quartier der Militärs.

Zwischen den spielenden Jungen und Mädchen hier gibt es allerdings keine Rangunterschiede. Die Halbwüchsigen beiderlei Geschlechts zeigen reges Interesse an gegenseitiger körperlicher Berührung, die anderen, Kleineren, tollen auf einem offenen Lastwagen herum, springen, die Arme verschränkt und trotzdem geradezu künstlerisch behende, mit dem Tau, sie balgen, verrenken und freuen sich.

Die Kleinsten sind die gelenkigsten, mit Gummigliedern machen sie geradezu equilibristische Bewegungen, während zwei Mädchen, noch nicht schulpflichtig, eine Art Rokokotanz aufführen. Sie kommen von beiden Straßenseiten im Ballettschritt aufeinander zu, verneigen sich, die Hände wie Flügel aufwärts werfend, weichen mit ernsten Mienen zurück, fliegen wieder aufeinander zu und - fallen sich lachend in die Arme.

Barbara fragt die größeren Kinder etwas, auf russisch und nicht abgesprochen zwischen ihr und mir. Die Antwort: »Ja, die Häuser sind alt, darin wohnten einmal Deutsche. Aber jetzt sind wir hier.«

Auf dem Rückweg vorbei an einem Podest, das zu einem denkwürdigen Symbol, aber auch einem beängstigenden Orakel weit über Kaliningrads Grenzen hinaus geworden ist.

Darauf hatte einmal, sehr lange, eine Stalinstatue gestanden.

Dann, nachdem sie entfernt worden war, blieb die Stätte, vom Volksmund »Denkmal des unbekannten Führers« getauft, zwölf Jahre lang leer. Seit Anfang der neunziger Jahre posiert nun eine neue Figur darauf, betitelt »Mutter Rußland«. Skeptische Leute aber, so ist mir inzwischen zu Ohren gekommen, fragen sich,

wann die Babuschka von dort oben entfernt und die Öffentlichkeit erschreckt werden wird durch den Abguß von – Wladimir Schirinowski, dem russischen Faschisten.
Einen Bundesgenossen hätte er schon – den dicken Deutschen in der Rosenauer Kitschherberge.
Der hatte sich mittlerweile entpuppt, erstens, als Fachmann für Schlachtstraßen (die er in der Kaliningradskaja Oblast nicht zufälligerweise gerade für hier ansässige Wolgadeutsche einrichten will) und, zweitens, als das, wofür ich ihn von vornherein gehalten habe: für einen waschechten Nazi.
Das Dilemma zwischen uns nahm seinen Anfang, nachdem der Mann, Jahrgang 1935, mir morgens beim Frühstück unaufgefordert, aber brühwarm erzählt hatte, daß sein Vater gleich nach der »Machtergreifung« der Polizeihöchste von Buxtehude geworden sei und auf diesem Posten mit Begeisterung seine »Pflicht« getan habe. Daran an schloß sich, ungewarnt durch meine versteifte Haltung, eine Haßkanonade gegen Ausländer, Asylanten und die deutschen »Regierungsdurchstecher«, die den »Bimbos« noch Gold in den Hintern steckten und alles schleifen ließen, statt nun endlich »die Sau rauszulassen«, und das im übrigen auch gegen die »offenbar trotz allem unsterblichen Hebräer im Lande«.
Damit war der Punkt erreicht, den Redestrom des Dicken mit der lapidaren Feststellung zu stoppen: »Ich bin Jude.«
Dieser Einwurf hatte auf den Schlachtstraßenfachmann aus Buxtehude die gewohnte und deshalb erwartete Wirkung: Er habe nichts gegen Juden, absolut nichts, zähle »mehrere von ihnen« sogar zu seinen Freunden, aber – Israel und die Israelis! Die hätten in ihrem Umgang mit den Palästinensern ja bekanntlich »tüchtig von Adolf gelernt«.
Darauf ich, wie aus der Pistole geschossen: »Das kann nicht sein!«
Der Dicke: »Warum nicht?«

Ich: »Weil Sie sonst ein Freund der Israelis wären.«
Sein verblüfftes Gesicht wird mir noch lange in Erinnerung bleiben. Das ist das Herzige an den Nazis von heute – man kann sie mit ihrer »Logik« schlagen.
Ich habe den Buxtehuder danach nicht mehr gesehen, entweder weil er ausgezogen oder weil er abgereist war. Es wäre mir auch schwergefallen, mit diesem Zeitgenossen weiter unter einem Dach zu leben.
Aber interessant, wer alles in die Kaliningradskaja Oblast reist.

Bis dahin reichte die Vorderseite des Schlosses

Nach Friedrichstein.
Marion Dönhoff hatte mich neugierig gemacht, überhaupt die Geschichte dieser Sippe, die durch die Bücher der Gräfin nach dem Zweiten Weltkrieg zu einer Art Exempel für die ostpreußische Oberklasse geworden ist, für ihren Glanz und für ihr Elend. Untergegangen an ihren Stammsitzen, aus der Tiefe von Jahrhunderten kommend, in unserem, dem zwanzigsten, entwurzelt wie kaum eine zweite Schicht, phosphoreszieren ihre Wahrheiten und Mythen dennoch weiter, bis hinein in unsere Gegenwart mit ihrem empörenden Mangel an Romantik und der Überfülle ihrer technischen Banalitäten.
Genau diesem profanen Bild entspricht denn auch die Fahrt aus Kaliningrad heraus hin zu dem Platz, an dem das 1709 bis 1714 erbaute Schloß Friedrichstein gestanden hat.
Im Rückspiegel sehe ich die Silhouette der Stadt – ein qualmender Schornsteinhorizont, an dem sich, von mir schon bald nach der Ankunft mit Grausen entdeckt, einer der Schlote immer besonders hervortut: Aus seiner Öffnung quillt die Schwarzwolke seines Gifts so heftig hervor, als müßte der häßliche Riese durch den Druck von innen her gesprengt und in tausend Stücke aus-

einandergefetzt werden. Dieser Anblick jedoch wird noch überboten durch den der gesprengten Brücke über den Pregel an der ehemaligen Autobahnstrecke Danzig-Königsberg. In seinen Genuß komme ich nur, weil ich mich zunächst verfahren hatte auf die Nordseite des Flusses über beide Arme des Pregels.

Neben der neuen Brücke steilt die alte in einem Winkel von sechzig Grad hoch, weggerissen aus ihren Fundamenten am Ufer und auf dem ersten Pfeiler hochgekippt, ein Bruchstück ins Nichts, in den blanken Himmel hinein.

Ich hantele mich empor, nach oben, über eine Asphaltdecke, die sich aufgewellt hat, in sich verknautscht und verbogen durch ihr eigenes Gewicht und in der Mitte nach unten gerutscht in den fast fünfzig Jahren seit der Sprengung - die den Vormarsch der Roten Armee keine Sekunde hatte aufhalten können.

Ungeheure Klötze hat das Dynamit damals weggerissen, wie ich vom unteren, ufernahen Rand des Absturzes sehen kann, Betonbrocken von Hunderten Tonnen Gewicht, die sich seither nicht von der Stelle gerührt haben.

Von hier aus bietet sich die neue Brücke gleich nebenan von unten dar, und das ist ein Anblick, der wenig beruhigen kann. Da schrammen zerfurchte Risse über die volle Breite hin, bröckeln ganze Flächen weg, werden die stählernen Innereien im Betonleib sichtbar. Aber ich brauche die Augen nur ein wenig zu senken, wenn ich unter den dröhnenden, schwankenden Bögen hindurchschaue, fallen schon die Augen auf Schilf, auf Wiesen, eine auenhafte Szenerie zwischen den beiden Armen des Alten und des Neuen Pregels, als wenn es ringsum nichts gäbe als prangende, gesunde Natur.

Dann geht es über das ehemalige Jerusalem-Gut und Neuendorf auf der Straße nach Prawdinsk, dem alten Friedland, bis zur Abzweigung Rybnoje, dem einstigen Steinbeck. Bis dahin Eschenalleen im Spätsommerschmuck; Felder mit Hunderten von grasenden Rindern; große Schafherden; Ortschaften mit

Weihern, auf denen es grün blüht; im Hintergrund, wie immer, eine lange Waldkette.
Hinter Rybnoje wird die Fahrbahn zur Sandpiste, mit Schlaglöchern, Schlamm und Pfützen. Auf ihr schlittere ich viel zu weit ostwärts, bis zum ehemaligen Löwenhagen – also zurück und beim einstigen Amalienhof rechts ab.
Dann ein Dorf, und gleich am Eingang eine ältere Frau, in Stiefeln, Hosen, Sweater, Kopftuch. Ja, bestätigt sie, hier war Friedrichstein, heute Kamienka – und ist bereit, uns dahin zu führen, wo einst das Dönhoffsche Schloß stand.
Kamienka ist eigentlich kein Dorf, sondern eine Ansammlung von kleinen Backsteinhäusern, in deutscher Zeit offenbar Heimstatt für das Gutsgesinde und heute bewohnt von zehn russischen Familien, darunter, seit 1945, der weibliche Cicerone.
Da stapft die Frau vor uns her auf einen abenteuerlichen Übergang zu, eine heruntergebrochene Brücke, neben der, über eine flußdurchzogene Schlucht hinweg, ein provisorischer Steg gelegt worden ist. Links davor große Backsteingebäude mit mannshohen Löchern in den Wänden, auf dem weiten Hof verrostete Landmaschinen. Das alles einst wohl Stallungen, Scheunen, Heuböden, seither jedoch Sowchose, eine große landwirtschaftliche Produktionsgenossenschaft – »und so sieht es da auch aus«, sagt die Frau mit Verachtung in der Stimme.
Und dann: »Hier ist das Schloß.«
Wo? Ich sehe nur Relikte von Grundmauern, Backsteinreste, kurz über der Erde – sonst nichts. Natürlich, ich war darauf vorbereitet, ich wußte ja, daß hier kein Stein mehr auf dem anderen steht. Aber die herrliche Front des kunstgeschichtlich bedeutendsten der ostpreußischen Schlösser vor dem inneren Auge, und dann dieses Bild der Leere, der Zerstörung, der Verwüstung – das ist ein Schock.
Die Frau sagt: »Bis dahin reichte die Vorderseite des Schlosses« – Haufen von Ziegelsteinen, Brocken aus Natursteinen, alles wild

überwuchert. Erst 1954, so erzählt sie, war begonnen worden, das Schloß abzutragen, es auseinanderzunehmen und auszuschlachten, alles wegzuschaffen, was weggeschafft werden konnte, Bilder, Mobiliar, Lampen – »eben alles«.

Nur der See, der See liegt unversehrt da, wie damals, dunkel und umgeben von uralten Bäumen. Es ist unglaublich, aber ihm, seiner Schönheit, konnte nichts angetan werden. Wasser, denke ich, Wasser ist ein unzerstörbares Element. Schlage es, ja peitsche es, wie der Perserkönig Xerxes das wütende Meer beim Übergang über den Hellespont – und es wird sich zerteilen und wieder zusammenfließen. Bringe es in Wallung, heize es zu Dampf, laß es verdunsten und unsichtbar aufsteigen – es wird zurückkehren, so wie es war, und aller Vernichtungsabsicht spotten.

Glatt wie ein Spiegel liegt der See vor dem abgetragenen Friedrichstein, jetzt bräunlich in der Sonne des Sommernachmittags, unangreifbar, souverän, Triumphator über alle Zeit und Ewigkeit.

Irgendwo in der Nähe gluckert es. Ein steinernes Podest, Rückstand einer Mühle. Aus dem Gefälle schaut ein langes Rohr hervor. Davor Mauerwerk, einst wohl eine Sperre, aus der es grün sprießt.

Die Herrin des Schlosses, erfahren wir weiter, sei hier gewesen. Sie habe den Namen der Dame vergessen, aber vornehm sei sie gewesen, wie eine Königin. Auch andere Deutsche kämen hierher, kürzlich erst eine Gruppe, die alles fotografiert und gesagt habe, daß sie zehn Jahre brauchen würden, um das Schloß wieder aufzubauen, wie es einmal war.

Ich gehe auf die entgegengesetzte Seite des einst statuengesäumten Sees, der jetzt wie poliert daliegt. Vom Schloß konnte die »Gutsherrschaft« aus jedem der vielen Fenster an der Vorderseite seinen Anblick genießen.

Hinter dieser prächtigen Front mit dem säulenhaften Vorbau lagen sie, die Gemächer, die die Gräfin so pittoresk beschrieben

hat: der Gartensaal, die Mitte des Hauses, sein Herzstück, stuckverziert, sieben Meter hoch, mit dem turmartigen Kachelofen, zierlichen Stühlen und Chaiselongues; das Kabinett; die »rote Stube«; der »grüne Salon« mit den Gobelins aus dem Flandern des frühen 18. Jahrhunderts und das Eßzimmer mit den Bildern holländischer Maler, »Rahmen an Rahmen«.
Die kleinen Backsteinhäuser von Kamienka, in denen einst das Gesinde von Friedrichstein gewohnt hat, sind meist einstöckig, schmucklos. Von einem etwas größeren Haus stehen nur noch die Senkrechten, alle Waagerechten sind niedergebrochen. Es soll das Wirtshaus gewesen sein. Sonst sieht hier alles aus wie im Jahr 1945. Nichts ist hinzugebaut worden.
»Und so wird es auch weitergehen«, sagt die alte Frau mit den Stiefeln, den Hosen, dem Sweater und dem Kopftuch, »genauso wird es weitergehen, noch hundert Jahre.«

Soll touristisch genutzt werden …

Der Anblick des total abgetragenen Schlosses schien mir um so deprimierender, als es eine ehemalige Besitzung der Dönhoffs gibt, die ich schon vor der Fahrt nach Friedrichstein im polnischen Teil gesehen hatte: Quittainen (Kwitajny). Zwar befindet sich dieses viel kleinere Schloß in erheblich ramponiertem Zustand, läßt aber immerhin noch einen Abglanz der alten Herrlichkeit aufscheinen.
Das ockerfarbene Kwitajny, vor Morąg (Mohrungen), zeigt über den drei Fenstern seines Portals noch das alte Wappen – ein Rittervisier, darunter ein Wildschwein, links und rechts gesäumt von zwei Armen, die in dreifingerige Hände münden, soweit ich erkennen konnte. Auch die Diele und der Kachelofen unten stammen noch aus deutscher Zeit wie die Treppen und der Stuck an der Decke.

Sonst jedoch hat eine polnische Privatfirma, die Landwirtschaft betreibt, das kleine Schloß in einen banalen Bürobau verwandelt – Sekretärinnen, Schreibmaschinengeklapper, Geschäftigkeit. Das war einmal eine landwirtschaftliche Produktionsgenossenschaft, und entsprechend heruntergekommen sieht es hier auch aus.
Dennoch durfte ich mich nach Belieben umtun, ausgenommen in den Räumen, die verschlossen waren und blieben, ohne daß dafür ein Grund genannt worden wäre.
Im Zimmer des Direktors prangt der polnische Adler an der Wand, hoch über dem Schreibtisch. Die großen Fenster lassen den Blick frei auf einen weiten Rasen, auf Wasser, auf alte Bäume. Wasser auch auf der Rückseite des Gebäudes, dazu ein Weiher, auf dem Entenjunge herumpaddeln. Zwei verfallene Treppen an der Hinterfront münden in Sockeln mit dicken Steinkugeln. Das Dach trägt keine Schindeln, sondern ist mit einer verrosteten Metallhaut überzogen. Hier vorn, unten, steht ein sehr gepflegter und deshalb etwas deplaziert wirkender Rosenstock einsam herum, einen seltsamen Gegensatz bildend zur nahen Brüchigkeit.
Nur im Park dahinter, mit seiner sich selbst überlassenen Natur, könnte es geblieben sein wie damals – Eichen, Linden, Rotbuchen, Fichten, unverwüstlich, herrisch, in den ersten Farben des Vorherbstes.
Die alte Orangerie von Quittainen bot ein bejammernswertes Bild. Schutthaufen, zerbrochene Ziegel; drinnen der nackte Fußboden, die Türen herausgerissen oder an die Wände gelehnt; Schubkarren; Schaufeln, im Parterre wie auch im Oberstock. Nur steht diese Ausweidung nicht im Zeichen des Abbruchs, sondern der Restaurierung.
Das Schloß soll ein kleines Hotel werden, sich zu einer Touristenattraktion mausern, und in drei Jahren werde es soweit sein, wie die Firmenleitung versprach.

Das läßt die Hoffnung, daß wenigstens dem Verfall Einhalt geboten wird.
Die hatte es dann, etwas später, beim Anblick eines anderen, großartigeren Besitzes allerdings weit schwerer – des alten Lehndorffschen Gutes Steinort (Sztynort), malerisch gelegen zwischen zwei Seen, Mauersee (Jezioro Mamry)und Dargeinensee (Jezioro Dargin). Die Lehndorffs waren nahe Verwandte der Dönhoffs.
Zunächst – das Herrenhaus ist äußerst mühevoll zu erreichen. Der Weg zwischen dem alten Klein und Groß Steinort (Sztynort) war schlecht, Schlaglöcher überall, die Pfützen so tief, daß die Reifen vom Wasser bedeckt wurden. Noch vor der Ankunft dann allerdings mitteilenswert Entschädigung durch den Anblick eines unglaublich bizarren Baummonuments, nein, genauer: einer Baumgroteske. Das windet sich mit Ästen, blättertragenden und abgestorbenen, die ausgestreckt sind wie unzählige Arme, nach oben und unten in abenteuerlichen Windungen und klagendem Ausdruck, an das Haupt der Medusa erinnernd oder, noch treffender, an die antike Marmorgruppe des schlangenumwundenen Laokoon und seiner Söhne. Ursprünglich muß der Baum viel höher gewesen, der Hauptstamm irgendwann, vor langer Zeit, abgebrochen sein. Aber dann hat seine ungestüme Kraft nach Auswegen gesucht, hat in allen vier Richtungen neue Bäume aus dem Mutterstamm hervorgetrieben, hat nicht aufgegeben, sondern sein Wachstum in die Breite verlegt. So, wie es sich da reckt und dasteht, das Kuriosum, bleibt allen, deren Weg an ihm vorbeiführt, nichts als verblüffte Bewunderung über die unerschöpfliche Gestaltungsenergie der Natur.
Dann das Gut.
Steinort ist nicht so großartig wie das ehemalige Schloß Friedrichstein, aber pompöser, gestreckter als Quittainen – und noch verfallener.

Aus einiger Entfernung wirkt der Anblick des Gebäudes mit dem wuchtigen Mittelteil und den beiden Seitenflügeln so, wie ich ihn von Fotos aus der deutschen Zeit kenne. Die Auffahrt, das Portal mit dem Vordach, darüber die Fensterfront des ersten Stockwerks und die drei Spitztürme des oberen Geschosses. Aber näher gekommen, bieten sie ein deprimierendes Bild.

Überall fällt der Putz von den Fassaden, so daß das Mauerwerk darunter sichtbar wird. Der linke Flügel ist ganz ohne Schindeln, lediglich blechüberzogen, während das Mittelgebäude mit Ziegeln gedeckt ist, bis auf ein unteres Viertel, über das eine provisorische Plane gelegt wurde. Der rechte Flügel ist zwar von außen gestrichen, aber ein Blick nach innen offenbart ein Tohuwabohu sondergleichen - Leimtöpfe, Papierreste, zerlegtes Gestühl, heruntergerissene Tapeten. Tore schließen nicht, Fenster sind ohne Glas, Dachrinnen löchrig - der Wind kann durchpfeifen, wo und wie er will. Vor der Gutshausfront liegen Haufen von Dachpappe.

Hinter dem rechten Flügel ragt ein zylindrischer Turm hoch, darauf ein Storchennest, nun jedoch leer. Die einstigen Stallungen und der Gesindekomplex bilden ein Karree mit großen Toren, Ställen und Scheunen, Gebäuden mit Fundamenten aus Naturstein, alles wie verödet, leer, seit langem außer Betrieb. Natürlich war der alte Gutshof der Lehndorffs auch ein Quartier der polnischen Nomenklatura - Sztynort Duży -, aber getan worden war nichts, als gerade das Notwendigste zu erhalten. Und da diese Ära vorbei ist, scheint sich zunächst einmal gar nichts mehr zu regen. Es heißt allerdings auch hier, daß ein Hotel eingerichtet und der Komplex »touristisch genutzt« werden solle.

Ich machte die paar Schritte ans Wasser, hin zu einem kleinen Hafen - Stege, angekettete Boote, die Sonne glitzerte von Westen übers Wasser. Von hier aus ist das Herrenhaus gut zu erkennen, und so, von weitem, bekommt es etwas von seiner originären Ruhe und Gelassenheit wieder.

Das Schicksal seines letzten Besitzers war jedoch von allem anderen als von Ruhe und Gelassenheit bestimmt. Hier hat Heinrich Lehndorff gelebt, von seinen Freunden Heini genannt, ein unbestechlicher Feind des Nationalsozialismus. Gräfin Dönhoff hat die Passionsgeschichte dieses engen und von ihr hochbewunderten Verwandten in bewegten Worten geschildert.

Tief und lange verstrickt in die Verschwörungen gegen Hitler, wird Heinrich Lehndorff wenige Tage nach dem fehlgeschlagenen Attentat vom 20. Juli 1944 von der Gestapo auf Steinort festgenommen und am 4. September jenes Jahres, von unbeugsamer Haltung vor dem Freislerschen Volksgerichtshof, in Plötzensee hingerichtet.

Auch solche Menschen hat Ostpreußen hervorgebracht, und das sollte über dem exemplarischen Gegenteil nicht vergessen werden.

*

Das abgetragene, ausgeweidete, gleichsam weggeputzte Dönhoffsche Friedrichstein ist wie ein Symbol für Herrschafts- und Sozialverhältnisse, die in ihrer Art wahrscheinlich einmalig waren und nie wiederkehren werden – eben spezifisch ostpreußische.

Hier hatte sich mit einer evangelisch und deutsch geprägten adeligen Oberschicht von Offizieren, hohen Beamten und Großgrundbesitzern, den Junkern, am Rande des Reiches eine lang überkommene Tradition erhalten, die vor allem auf dem Lande ein halbfeudales, mehr von ungeschriebenen als von geschriebenen Gesetzen bestimmtes Herrentum konserviert hielt.

Dort regierten Codices zwischen »oben« und »unten«, zwischen

Herrschaft und Gesinde, mit stark paternalistischen Zügen und festgefügten Abhängigkeiten. Die »unten« konnten sich durchaus aufgehoben fühlen in organisch gewachsenen Schutzverhältnissen, die, ungeachtet ihres unverwischbaren Klassencharakters, auf beiden Seiten der Sozialskala tief verinnerlicht waren. Eben dafür standen Namen wie Dönhoff, Finkenstein, Lehndorff oder Dohna.

Und wieder muß Marion Gräfin Dönhoff zitiert werden, weil sie, trotz eigener tiefer Einbindung in diese Verhältnisse, die Grundbefindlichkeit der eigenen Herrenschicht scharfsichtig analysiert hat. Da wurde nach außen aufwendig repräsentiert, je nachdem wie die Bedeutung des Gastes oder der Gäste eingeschätzt wurde, gemäß einer genauen Hierarchie, von der die Art des Empfangs, des Menüs, der Unterbringung genauestens bestimmt wurde. Dabei stand der »Gotha« Pate, auch wenn das Nachschlagewerk adeliger Stammbäume nicht in jedem Herrschaftshaus vorhanden war. Trotzdem gab es feine Nuancierungen zwischen Ur- und Briefadel, zwischen gräflichen und freiherrlichen Ankömmlingen.

Diesem Aufwand stand seltsamerweise ein eher karger Alltag gegenüber mit fast spartanischen Gewohnheiten und Daseinsweisen. So waren die Schlafzimmer der Kinder, also des kostbarsten Gutes der Familien, nur mit dem Nötigsten versehen – Bett und Schrank, Kanne und Eimer. Es gab weder fließendes Wasser noch Badezimmer. Die sanitären Anlagen waren, nach dem selbstverständlichen Standard unserer Gegenwart, unter allem Niveau, die Speisekarte simpel. Hier wurde tiefgestapelt.

Und so stellt denn die Gräfin jene Frage, die jedem kommen muß, der sich mit der Sozialgeschichte der adeligen Herrenkaste Ostpreußens befaßt: nämlich, ob der Kontrast zwischen luxuriöser Repräsentation und persönlicher Beschränkung nicht inszeniert worden sei. Inszeniert, um ein schlechtes Gewissen abzubauen, das sich unweigerlich aufgrund der frappanten Privilegien ins Lebensgefühl eingenistet hatte. Im Gegensatz zu westlichen Standesgenossen und ihrem Verhältnis zu den Bediensteten war das im Osten wohl enger, manchmal sogar herzlich, aber auch weit serviler, »eine merkwürdige Mischung von institutioneller Distanz und persönlicher Vertrautheit« (Gräfin Dönhoff).

Das dürfte den Kern getroffen haben.

Es wäre gewiß ein falscher Schluß, diese Verhältnisse und ihren strengen Konservatismus mit der Aufklärung und der Moderne für unvereinbar zu halten - beides hatte natürlich auch in Ostpreußen Einzug gehalten. Daß die Strukturen und Besitzverhältnisse dort dennoch mancherlei Unzeitgemäßes mit großen politischen und sozialen Gefahren in sich bargen, das hat sich dann, wie weiter oben bereits dargestellt, durch den Lauf der Geschichte und seine verhängnisvolle Zustimmung zum Nationalsozialismus, gerade in Masuren, schon bald herausgestellt.

*

Zurück von Kamienka nach Kaliningrad.

Wolkentupfer, blauweißer Himmel, Gegenlicht, seltsame Atmosphäre.

Unterwegs, weit vor dem Pregelübergang, die Ruine einer Kirche.

Starke Seitenstreben aus dem mächtigen Bauwerk, auch hier, auf den ersten Blick, nichts als die Senkrechten, der Turm - ein Stumpf. Aber hinten erhebt sich, über eine hölzerne Treppe zu erreichen, ein riesiges Gerüst. Hier wird restauriert, wenn auch offensichtlich zaghaft, ein Anfang. Im Inneren ist ein Boden gezogen, man sieht die alten gotischen Kapitelle und erhaltene Gewölbe. Sonst jedoch ist auch hier oben noch alles im Zustand fortgeschrittener Verwahrlosung.

Dann, von einer bestimmten Stelle des Gerüsts, der Blick auf die wunderschöne Pregellandschaft. Der Fluß macht eine Biegung, sein Wasser ist blau, rechts und links grünt es, am nördlichen Horizont Wälder. Welch ein Kontrast.
Wieder unten angekommen, sehe ich Barbara vertieft in ein Gespräch mit einer abgerissenen, sehr alten Frau. Sie hatte gebettelt. Aus Moskau kommend und seit 1965 hier, sagt sie: Dies sei nicht ihre Heimat, sei fremde Erde, nicht die ihre. Dann schweigt sie und schaut einfach so vor sich hin. Sie hatte alles gesagt.
Es ist eine dieser Begegnungen, hinter denen, unbeschworen, wortlos und doch ungeheuer beredt, ein ungelebtes Leben sichtbar wird. Obwohl ich ihm auf Schritt und Tritt begegne, lassen sie mich immer noch jedesmal verstummen.
Wieder auf der Autobahn.
Die sollte einmal über Wilna nach Moskau führen, aber die Weltgeschichte hat den deutschen Planern einen Strich durch die Rechnung gemacht - gereicht hat es nur bis Tschernjachowsk (Insterburg).
25 Kilometer vor Kaliningrad verengt sich die Autobahn auf eine Spur, ehe sie ganz zur Landstraße wird.
Und nun wirft auch schon der Moloch da vorn seine Schatten voraus, reckt sich die bei Ein- und Ausfahrt ebenso unvermeidliche wie entsetzliche kettenbehangene Willkommenssäule mit dem Namen der Stadt als schaurige Silhouette in den erbleichenden Himmel, erscheinen an den Flanken plötzlich ihr ebenbürtige Hotels und malträtieren Schlaglöcher, in denen ganze Busse verschwinden könnten, die Achsen meines geliebten Veteranen. Vor allem aber taucht bald auch der Teufelsschlot wieder auf, das paffende, qualmende Umgetüm unter all den giftspeienden Schornsteinungetümen dieser Metropole am Alten und am Neuen Pregel.
Kaliningradskaja Oblast, der Alptraum, hat uns wieder.

Flucht ins Samland.
Vorher muß Benzin nachgefüllt werden, und das geht hier anders als gewohnt – Tankstellen, Zapfsäulen gibt es nicht.
Der Treibstoffbedarf wird gedeckt aus Kanistern, deren Inhalt am Straßenrand angeboten wird, oder aus großen Tankwagen, die sich irgendwo auf einer freien Stelle postiert haben und vor denen meist schon eine lange Autoschlange wartet. Der Liter kostet umgerechnet etwa vierzig Pfennig, bei einem Höchstwert von 92 Oktan. Natürlich kann niemand nachprüfen, ob der Stoff, der da eingefüllt wird, dieser Angabe auch wirklich entspricht.
Ich staune, wie schnell man sich an diese Art von Versorgung gewöhnt hat, wie geduldig man sich einordnet und wie interessiert man jedesmal, und lange bevor man selbst dran ist, auf den Kontrollfinger schaut, der sich im Uhrzeigersinn dreht und die abgeflossene Menge angibt – 26 Liter sind es diesmal, wofür ich 6 000 Rubel, etwa zehn Mark, zu zahlen habe.
Dann raus aus der Stadt, nach Westen. Durch das Brandenburger Tor hindurch, mit erlaubten siebzig Kilometer Geschwindigkeit immer neben dem alten Steinbett der doppelgleisigen Straßenbahn, deren Schienen nicht aufhören wollen, und weiter über die »Straße des Sieges« in Richtung Baltijsk. Es ist der Weg, den im Januar und Februar 1945 endlose Trecks gezogen sind in der Hoffnung, die See zu erreichen und sich dem Zugriff der Roten Armee zu entziehen.
Am Straßenrand hocken Polizisten, von denen ich unhöflicherweise den Eindruck gewinne, daß sie eher Wegelagerer als Ordnungshüter sein könnten. Aber dann beschämt mich vor Swetlyi (Zimmerbude) einer von ihnen dadurch, daß er den Wagen anhält, erklärt, ich sei zu schnell gefahren, er jedoch von einer Geldstrafe absehe, weil ich Deutscher sei.

So – denke ich an Deutschland in der Nacht! – kann man Fremde also auch behandeln.

Swetlyi entpuppt sich, wie so viele Ortschaften, als gesichtslos, mit einer Front häßlicher Kräne seewärts, angegammelten Plattenbauten und einem Straßenkreisel, von dem aus der Blick auf den eigentlichen Schöpfer der Tristesse fällt, auf die Personizifierung des gescheiterten Menschheitsbeglückungsversuches mittels staatlicher Gewalt im Namen des Fortschritts – Wladimir Iljitsch Lenin.

Erfreulicher Farbtupfer dagegen die zahlreiche Nachkommenschaft auf den Straßen, ganze Schulklassen, Mädchen und Jungen, von der selbstverständlichen Fröhlichkeit der Jugend, lachend, scherzend, rennend. Wohin, drängt sich einem unwillkürlich die Frage auf, wohin nur?

Auf der Weiterfahrt, rechts Zäune, Absperrungen, Wachttürme, ein Riesenareal von Militärobjekten. Die Ostsee, das »Meer des Friedens«. Hier, auf dem Weg zum alten Pillau, habe ich seit meiner Ankunft zum erstenmal das Gefühl, nicht in Ostpreußen zu sein, sondern ganz woandershin verschlagen.

Kälte kommt hoch.

Das Empfinden besänftigt sich dann auf dem Weg über das alte Bludau, das jetzt Kostrowo heißt, nach Primorsk (Fischhausen) – Alleen, lang entbehrt, herrliche Alleen, meist Linden, knorrig, teils ausgehöhlt, eine kollektive Baumphalanx, und doch jeder einzelne Stamm ein Individuum für sich. Das setzt sich in voller Pracht fort hinter dem, von dem einem nichts als der alte Wasserturm Fischhausens in freundlicher Erinnerung bleiben wird, und endet für mich an einem Schild, das die Weiterfahrt nach Baltijsk verwehrt – Sperrgebiet.

Davon hatte ich gehört, jedoch gehofft, dennoch irgendwie durchzukommen zu dem Hafen an der engen Durchfahrt zwischen Ostsee und Haff. Es gibt jedoch niemanden, der gefragt werden könnte, und hier Verbote zu übertreten will mir nicht

ratsam erscheinen. Also zurück bis Swetlyi, und von da nach Norden hoch, mit dem Ziel Swetlogorsk (Rauschen).
Und da hat einen das gewohnte, das geliebte Ostpreußen wieder, auf der Straße nach Jantarnyj (Palmnicken), das auch noch im Sperrgebiet liegt - kaum Verkehr, wie weltabgeschieden, Traumalleen, lauter Eschen, jede einzelne eineinhalb Meter über dem Boden mit einem selbst bei Tage leuchtenden Kreideanstrich versehen.
Nach dem alten Rauschen geht es nur über Umwege auf der größten Kopfsteinpflasterstrecke, die ich je durchfahren habe, und vorbei an ländlichen Idyllen, die an nostalgischer Bewahrung alles in den Schatten stellen, was ich bisher gesehen habe. Aber dann, mitten in der Stadt, vom Hochufer aus, der Blick auf die See - blau, mehr als ein halbes hundert Meter tiefer, mit leiser, kaum spürbarer Brandung, liegt sie da, in samtener, scheinheiliger Friedfertigkeit. Dabei weiß jeder, der die Ostsee nur ein bißchen kennt, daß sie zuschlagen kann mit Wellenpranken, die dem fast gezeitenlosen Binnenmeer kaum zuzutrauen sind, als rächte es sich da oben für seine - gemessen am Tiefseehochmut der Weltozeane - geradezu badewannenhafte Flachheit.
Weiter nach Pionjerskij, das einst Neu-Kuhren hieß, fast schon am Eingang zum Kurischen Haff, dem Kuršskij Zaliv. Momentaufnahmehaftes. Der Bahnhof: unten grün, in der Mitte weiß und oben gelb gestrichen, eine besonders schauerliche Farbzusammenstellung, Flucht vor so viel Augenschmerz. Wie halten das die armen Leute aus jeden Tag?
Am Strand dann - Fischerboote, Kräne, Schornsteine, eine einsame Frau im Sand, rechts ein Turm, längst ohne Bewacher. Tetrapoden, die sinnlosen Vierfüßler aus Beton, Kriegsrelikte auch hier. Das alles sieht nicht gut aus. Aber der Himmel ist wolkenlos, und am Horizont schwebt ein Schiff dahin wie eine Chimäre.
Landeinwärts quer durch das Samland.

Die Kirche des alten Pobethen, heute Romanowo, ist nur noch ein Skelett. Die Fenster sind mit Backsteinen zugemauert, die Schindeln heruntergefallen, wenn man auf sie tritt, zersplittern sie sofort. Hier ist gekämpft, schwer gekämpft worden, auch nach einem halben Jahrhundert noch so plastisch erkennbar, als müßten die Gegner jeden Augenblick hervorbrechen und die unnatürliche Stille mit ihrem Schlachtlärm zerreißen. Nur die Vegetation, die die geköpfte Ruine bis oben sieghaft überwuchert hat, zeugt von lange zurückliegender Vergangenheit.
Dann stoße ich auf eine Büste des Mannes, nach dem Pobethen umbenannt worden ist – Pjotr Iljitsch Romanow, Offizier der Roten Armee, gefallen im Großen Vaterländischen Krieg, dem hier eine Gedenkstätte errichtet worden ist. Kränze aus Papier, darunter einer auf deutsch, von der »Heimatgemeinschaft Pobethen« – »Den unbekannten Soldaten«.
Dann südlich an Kaliningrad vorbei, in Richtung Mamonowo (Heiligenbeil), hinweg über die Gleise der alten Strecke Berlin-Königsberg. Hinter Ladužkin (Ludwigsort) ein großes Mal für die gefallenen Rotarmisten mit den üblichen Tafeln, zwanzig an der Zahl, und voran auf der Straße nach Pjatidorožnoje, dem alten Bladiau, Alleebäume mit weit herabhängenden Zweigen, deren Blattwerk im Gegenlicht der schon tiefer stehenden Nachmittagssonne wie goldene Traubendolden wirkt.
In Mamonowo auf einer Bank. Mir kommt in den Kopf, was ich von diesem Ort, von Heiligenbeil, wußte: prußische Opferstätte; Fliehburg; 1301 vom Deutschritterorden nach Culmischem Recht angelegt; in unserem Jahrhundert stark industrialisiert – Maschinenfabriken, Dampfsägen, Leichtmetall, Reparaturwerkstätten für Flugzeuge.
Von diesem Status ist nichts geblieben.
An das Haff, nur drei Kilometer entfernt, durch eine Laubenkolonie mit freundlich bemalten Häusern. Auf einer ufernahen Weide Pferde, von kläffenden Hunden umtollt und wie in Scha-

bernack verfolgt. Durch einen Zaun gehe ich auf die See zu. Links ein Wasserarm, auf dessen gegenüberliegender Seite Schiffe liegen, aus Holz und aus Metall, an Land gezogen, ohne Schraube, nutzlos geworden, die dumpfe Ahnung einstiger Werftgeschäftigkeit.

Vorn ein kleiner Hafen, eine Mole, die die Aus- und Einfahrt bis auf einen schmalen Durchlaß sperrt. Davor ein Schiffswrack, Wanten und Rumpf ragen gespenstisch aus dem Wasser. Im Becken zwei Schwäne, gründelnd und hier völlig fehl am Platz in ihrer weißen Makellosigkeit. Vor meinen Füßen schlagen Wellen an den Strand, eine braune Brühe vor sich herschiebend. Das Wasser, auf dem sich eine Kolonie von Möwen niedergelassen hat, ist total verschmutzt. Drüben, überm Haff, die schmale Silhouette der Nehrung, weit, weit rechts. Rechts von mir am Ufer grasen die Pferde, nun ohne Hunde, mit ihren weichen Schnauzen das kurze Gras ab.

Noch einmal einen Blick auf die Mole, davor jetzt junge Menschen, die baden. Ich sehe, wie sie mit den Armen rudern, auf das Wasser schlagen, sich freuen. Gott sei Dank.

Wieder durch den Zaun zum Wagen. Holzhäuser, Holzverschläge, Kinder, die sich versammelt haben und mich neugierig anstarren. Wie wird es hier aussehen, wenn sie groß sind?

Über Kornjewo (Zinten) auf die alte Autobahn nach Königsberg, aber nicht etwa über eine Auffahrt, sondern von einem Sandweg mitten aus der Natur heraus – nach Süden etwa 2 Kilometer bis zur polnischen Grenze, nach Norden noch 35 Kilometer bis Kaliningrad.

Es wird eine der abenteuerlichsten Strecken meines motorisierten Daseins.

Die Bahn ist voller Schlaglöcher und stellenweise sandüberschüttet. Vor mir ein Lastwagen, der Heuballen geladen hat, aber bis zur Ankunft alles verloren haben wird, denn dauernd trudelt etwas von der Ladefläche auf die Straße herab und bleibt dort verkehrsgefährdend liegen, ohne daß der Chauffeur davon Notiz nimmt. Gefällte Bäume ragen mit ihren Kronen weit auf die Fahrbahn. Es gibt keinerlei Beschilderung. Brücken ohne Geländer. Die Schlaglöcher sind so tief, daß sie umfahren werden müssen.

Ab und zu sieht man an der Seite wirre, auseinandergerissene Betonungetüme, völlig ineinander verknäult, Befestigungen aus der Kriegszeit, auch sie sinnlos, immer gewesen, von Anfang an, und jetzt anzuschauen wie eines jener skurrilen Gebilde, wie sie beim Bleigießen entstehen und alle Phantasien mühelos überbieten können.

Dann, wie eine Halluzination, auf der anderen Fahrspur riesige Baumaschinen, Röhren, ausgehobene Gruben und eine endlose Sandtrasse. Ganz offensichtlich wird da eine ganz neue Autobahn gebaut, weil das weniger kostet, als die alte zu reparieren. Da kommt auch schon die Bestätigung, erste Schilder, die von dem Aufbruch künden, in Deutsch wie die Firmennamen auf den gewaltigen Maschinen und Bulldozern, die in Reih und Glied dastehen wie stählerne Soldaten auf Abruf. Eine imponierende Front technischer Kraft, die alles zu vermögen scheint, was mit ihr geplant wird.

Und dennoch mutet diese Anstrengung gespenstisch an angesichts des Verfalls auf dieser Seite der Autobahn, die sich von Kilometer zu Kilometer immer mehr aufführt wie der weltgeschichtliche Bankrott des real existierenden Sozialismus selbst, fortwährend die entsetzte Frage provozierend, was hier nächtens geschieht, da es doch keinerlei Fahrverbote gibt, keine Warnschilder, keine Beleuchtung.

Es ist keine tröstliche Ankunft in Kaliningrad.

Wer hier Zukunftvisionen entwirft, wird erst einmal vom Unheil der Gegenwart erdrückt. Änderung ist verknüpft mit weiter Sicht nach vorn. Ich entdecke mich bei Ziffern um die Mitte des nächsten Jahrhunderts, ja eher noch gegen sein Ende zu. Das

sind Dimensionen, die sich einem hier förmlich aufzwingen. Lange Spannen, viele Generationen werden dabei im Spiele sein, kurzfristige Prognosen von Besserung verbieten sich.
Wer glaubt, ich hätte bei meinen Schilderungen der Region übertrieben, der irrt. Weit eher ist das Gegenteil der Fall. Kaliningradskaja Oblast heute – das ist Symbol und zugleich Materialisation einer historischen Aufeinanderfolge von beispielloser Zerstörungskraft, nämlich des Hitlerismus und des Stalinismus, nicht als Addition, sondern als Multiplikation der beiden bisher destruktivsten Gewalten in der Menschheitsgeschichte, und das fast über unser ganzes außer Rand und Band geratenes Jahrhundert hin. Es ist die Verdichtung eines Alptraums, wie ihn sich selbst die ausschweifendste Phantasie kaum ausdenken könnte.
Aber es gibt, wie im Titel des Kapitels avisiert, nicht nur diesen einen, es gibt noch einen zweiten Alptraum: die Begehrlichkeit des deutschen Revisionismus, geweckt durch den Verfall des Sowjetimperiums, der ihm, so scheint's, plötzlich und unerwartet eine Beute zu Füßen legt, auf die er schon nicht mehr zu hoffen können geglaubt hatte.
Und eines der bereits aufgezäumten Trojanischen Pferde sollen die Rußlanddeutschen werden.

Diese Stimmen können uns nichts als schaden

Das Büro der »Landsmannschaft der Deutschen in Kaliningrad«, genauer: der Wolgadeutschen, im Gewerkschaftshaus der Stadt ist schmucklos – Schreibtisch, Schreibmaschine, Büroschrank, Tresor – und Viktor Leopoldowitsch S., 41, ein Mann, der so spricht, wie es der Umgebung entspricht: direkt und ohne Schnörkel.
»Am 26. August 1941 begann die Deportation, von heute auf morgen, etwa 300 000 Menschen, darunter meine Familie, de-

ren Heimat das Dorf Wiesenmühle war. Man durfte nur mitnehmen, was man tragen konnte. Dann ging es nach Osten, für die einen weit hinein nach Sibirien, für meine Familie nach Kasachstan. Da bin ich geboren, in Krasnojarsk.«

Stalins Motiv für die Massendeportation der Deutschstämmigen aus der Wolgarepublik nördlich von Stalingrad mit der Hauptstadt Engels: Gefahr der Kollaboration mit dem Feind, falls die Hitlerwehrmacht bis dahin vordringen würde. Sie schaffte es nie, weder in jenem Jahr noch 1942.

Knapper, aber informativer Nachhilfeunterricht in Geschichte der Wolgadeutschen aus dem Mund von Viktor Leopoldowitsch S.: Geholt von Zarin Katharina II. von Rußland, siedelten sich zwischen 1764 bis 1774 Deutsche an beiden Ufern der unteren Wolga in den Gouvernements Saratow und Samara an. 1924 erhielten die Wolgadeutschen den Status einer Autonomen Republik, in die sie jedoch auch nach ihrer offiziellen Rehabilitierung im Jahr 1964 nicht zurückkehren durften.

»Nach unseren Schätzungen gibt es auf dem Gebiet der ehemaligen Sowjetunion ungefähr noch 800 000 Deutschstämmige, darunter in Kasachstan etwa 190 000 ehemalige Wolgadeutsche. Die meisten von uns können jedoch nicht mehr richtig Deutsch sprechen, ich schätze um die siebzig Prozent. Es lag und liegt uns aber daran, die deutsche Sprache und Kultur zu erhalten. Um das zu erreichen, müßte ein Zentrum geschaffen werden. Mit dieser Hoffnung sind wir darangegangen, unsere alte Republik an der Wolga wieder zu gründen, nachdem die Voraussetzungen dafür durch den Zusammenbruch der Sowjetunion geschaffen schienen. Sie wissen, was dann geschah. Boris Jelzin, der Präsident in Moskau, hat uns hingehalten, und heute hat keiner von uns mehr die Hoffnung auf eine eigene Republik, obwohl sie uns immer noch das liebste wäre.«

»Wie sieht es denn überhaupt mit der Identität der Wolgadeutschen aus?«

»Nicht so gut, und zwar aus mancherlei Gründen. Viele von uns haben im Lauf der Zeit Russinnen geheiratet. Die Kinder sind mit der russischen Sprache als erster aufgewachsen, auch dort, wo zu Hause deutsch gesprochen wurde. Dazu leben wir in Kasachstan, also Mittelasien, in einer mehrheitlich islamischen Gesellschaft, in der wir, wie die Russen auch, keine Zukunft haben, zumal nach der Loslösung der Republik Kasachstan von Moskau. Dort gibt es keine einzige Schulklasse, in der Deutsch gelehrt wird. Darum sind etliche von uns, noch nicht sehr viele, hierhergekommen, nach Kaliningrad.«

Viktor Leopoldowitsch S. wird um eine Spur lebhafter.

»Hier können Gesellschaften gegründet werden, hier wird Deutsch gelehrt, von der ersten Klasse an, hier gibt es Kindergärten für Deutsche, hier kann sich Identität erhalten oder herstellen, und das mit der Hoffnung, daß unsere Kinder und Enkel noch Deutsch sprechen werden – neben der russischen Sprache natürlich.«

Aber dann beschattet sich, kaum merklich, Viktor Leopoldowitsch S. Gesicht wieder. »Es würden sehr viel mehr von uns aus Kasachstan kommen, wenn es hier Wohnungen gäbe. Aber die gibt es nicht. Das ist ein Jammer, denn hier ist alles offen für Betätigung, in der Industrie, im Handel, überall ist Bedarf. Doch wo bleiben, wo unterkommen? Die Situation ist verzweifelt, unwürdig, deprimierend.«

Viktor Leopoldowitsch S. spricht ein Deutsch, von dem er selbst sagt, er habe es erst in letzter Zeit »aufmöbeln« müssen im Umgang mit Deutschen, die hier etwas errichten wollen, oder mit Abgesandten der deutschen Regierung. Sozialminister der Länder und Finanzsenatoren seien hier gewesen, aber mit der staatlichen Hilfe für die Organisationen Deutschstämmiger sei es leichter gesagt als getan, auch weil bereits eine große Zersplitterung eingesetzt habe.

So gibt es, nach seinen Worten, in Kaliningrad noch weitere Organisationen Deutschstämmiger außer der »Landsmannschaft«, darunter eine, die »Einheit« heißt, während sich eine andere »Kulturgesellschaft Eintracht« nennt, dazu Vereine in Sowjetsk (Tilsit), in Gusjev (Gumbinnen), in Diwnoje (Trakehnen). Jeder wolle seine gesonderte Organisation haben. Und dann faßt er den eigenen Schluß aus dieser Zersplitterung in die verblüffende Frage: »Ist das deutsch?«

Mit deutscher Hilfe ist es offenbar leichter gesagt als getan. Die offiziellen Kontakte gehen über eine deutsch-russische Kommission, die zweimal im Jahr zusammenkommt. Sozial- und andere Landesminister haben vorgesprochen, auch Abgesandte der Bundesregierung, aber herausgekommen an unmittelbarer Hilfe ist nach den Worten Viktor Leopoldowitsch S. dabei nicht viel.

Er setzt seine Hoffnung auf private Verbindungen. Er sagt: »Schauen Sie sich die Straßen von Kaliningrad an, und nicht nur die, sondern überall. Haben Sie so was schon gesehen? Trottoirsteine müßten produziert werden, und da sind wir auch dran, Steine und noch mal Steine. Es genügt nicht, Handel zu treiben. Das machen hier schon 28 deutsche Firmen, mit Öl, mit Zucker, mit allem möglichen. Oft sind das Einmannbetriebe. Doch was Kaliningrad braucht, ist Produktion, Produktion und noch mal Produktion.«

Schweigen.

»Es wird schwer genug sein. Der Sozialismus hat vielen Menschen einfach das Arbeiten abgewöhnt, jede Selbständigkeit. Der einzelne will, daß ihm gesagt wird, was er machen soll. Ich habe den Untergang des Systems begrüßt und bin endlich ohne Furcht, wegen irgend etwas ins Gefängnis zu kommen. Das ist eine entscheidende Veränderung. Sie muß nur genutzt werden.«

Da tut sich was, denke ich, dies ist eine ermutigende Begegnung. Aber dann kommt Viktor Leopoldowitsch S. von selbst auf den zweiten Alptraum. Denn er setzt hinzu, wie in Gedanken, die ihn berunruhigen: »Nur die Stimmen, die davon reden, daß dies wieder deutsch wird ...«

Pause.

Dann weiter: »Die können uns nichts als schaden. Es gibt in Kaliningrad vielleicht fünf Prozent Deutsche. Wie denken die sich das? Wie kann man davon sprechen, daß dies wieder deutsch wird? Es wären dafür gar nicht genug Deutsche da. Und warum auch? Hier wohnen doch Menschen, deren Heimat Kaliningrad ist und die alle friedlich zusammenarbeiten und leben. Hilfe aus Deutschland – gern. Aber doch nicht um den Preis, daß dieser Frieden gestört wird.«

Soweit Viktor Leopoldowitsch S. von den Wolgadeutschen aus Kasachstan im Gewerkschaftshaus von Kaliningrad.

Wir kommen zurück, ohne Gewehr

Der deutsche Revisionismus ist kräftig dabei, den Frieden zu stören, und die Wolgadeutschen auf dem Territorium sind nur ein Hebel, mit dem er, weit über die Kaliningradskaja Oblast hinaus, versucht, ganz Ostpreußen wieder zu einer deutschen Provinz zu machen.

Die Fußtruppen des deutschen Rechtsextremismus haben auf der Suche nach Blut und Boden schon vorgefühlt und sind fündig geworden. Darunter Mitglieder der »Initiative Königsberg«, die nur deutschstämmige Umsiedler unterstützt, die selbständige Bauern sind. Am Werke sind ferner Angehörige der »Deutschen Volksunion« des Gerhard Frey und der Viking-Jugend, die sommerliche »Aufbaulager« bezogen haben und sich nicht entblödeten, vor der russischen Gebietsverwaltung aufzumarschieren und dort anzufragen, »wann die Russen denn endlich abziehen«.

Aber diese Militanz sieht sich nun keineswegs im Regen ihrer grotesken Träume allein gelassen, sondern beschirmt von einflußreichen Vertretern der Medien, der Wirtschaft, der Politik. So, wenn das in Hamburg erscheinende Landsmannschaftsorgan »Ostpreußenblatt« allen Ernstes die Nachricht kolportiert, das Gebiet des ehemaligen nördlichen Ostpreußens sei der deutschen Regierung für einen Milliardenbetrag zum Kauf angeboten worden, nur habe das Auswärtige Amt, leider und erwartungsgemäß, kein Interesse daran gezeigt, sondern erklärt, daß man angesichts der Kosten für die deutsche Einheit das Land an der Ostsee nicht einmal geschenkt haben wolle. So auch, wenn konservative Historiker in konservativen Zeitungen erklären, daß man in Deutschland und anderswo über die Zukunft Königsbergs und des ehemaligen Ostpreußens nachdenken müsse, »ohne alte und neue Gespenster zu wecken«, während CSU-Bundestagsabgeordnete und Vertreter der Vertriebenverbände erklären, die »Königsberg-Frage« dürfe weder eine deutsche noch eine polnische, russische oder litauische sein, sondern eine europäische. Die Rede ist von »neuen geopolitischen Parametern« und »prekären Ausnahmesituationen«, und heraus kommt dabei, daß unter dem Etikett eines hinterhältigen »Europagedankens« das Konzept einer geteilten Herrschaft publizistisch salonfähig geredet und seines revisionistischen Odiums Stück um Stück entkleidet wird. Dazu passen Printserien mit dem Titel »Wettlauf um Königsberg«, scharfe Angriffe auf das in diesen Fragen taktisch zurückgenommene Auswärtige Amt und die Forderung nach »Grenzkorrekturen gemäß dem zulässigen Völkerrechtsprinzip des friedlichen Wandels«.

Daran an fügt sich auch ein »Standortpapier« von Bundestagsabgeordenten der Union, das zwar eingangs bemerkt, daß die Region Kaliningrad völkerrechtlich zur Russischen Föderation gehören solle, dann jedoch der Regierung in Moskau nur die Alternative läßt zwischen einem wirtschaftlich-politischen »Brükkenkopf« oder der Aufrechterhaltung beziehungsweise Verstärkung Kaliningrads als militärischen Vorposten, »was bei den umliegenden Staaten unweigerlich zu Gegenreaktionen, ja zu unerwünschten Nachrüstungen führen muß«.

Plötzlich ist nicht allein von der »Freihandelszone Jantar« die Rede, sondern gerät die Kaliningradskaja Oblast nicht mehr nur zu einem ökonomisch, sondern auch politisch interessanten Raum von kontinentaler Bedeutung (»Bild«: »Wir machen aus Königsberg ein Hongkong der Zukunft«). Mit anderen Worten: Der deutsche Revisionismus schlüpft in die geopolitische Maske eines »Europäertums«, das die wahren Absichten seiner geistigen Urheber verschleiern soll.

Die machen es nicht unter der Devise, die »Stunde der Wahrheit« sei angebrochen, und das heißt: die Zukunft der russischen Exklave stehe auf der Tagesordnung. Dieser These applaudierte der »Deutsche Ostdienst« des Bundes der Vertriebenen nicht nur heftig, das Blatt erweiterte sie auch noch im Sinne jenes Ausgburger Parteitagsbeschlusses der »Republikaner«, der »die Vollendung der deutschen Einheit einschließlich der ehemaligen deutschen Ostgebiete« forderte.

Es geht dem deutschen Revisionismus also keineswegs um die »Europäisierung« Kaliningrads und der russischen Exklave allein, sondern wer aus dieser Ecke »Königsberg!« ruft, der meint, daß es auch noch eine gesamtostpreußische, eine sudetendeutsche, pommersche, neubrandenburgische und memelländische Frage zu »lösen« gebe.

Die bisherigen Reaktionen russischerseits auf diese Provokationen und gefährlichen Propheten sind eher moderat, was deutscherseits nicht zu falschen Schlüssen führen sollte. Solche Rückgabeforderungen könnten vielmehr schnell bestätigen, daß das Erinnerungsvermögen der ehemals deutsch besetzten Völker Europas, ungeachtet neuer Generationsfolgen, unter einer sehr dünnen Decke liegt und daß es gerade von den Ängsten in Osteuropa rasch stimuliert werden könnte. Wenn dann Reaktionen kommen, die den Revisionisten nicht in ihre Pläne passen – wie etwa die Nachricht, daß Moskau die russische Exklave durch eine mobile Streitkräftegruppe zu einem »Sonderverteidigungsgebiet« machen will –, dann beklagen sich charakteristischerweise am lautesten die Urheber der Forderungen nach Korrektur der Grenzen und der Geschichte.

Noch empfindlicher sind die Polen. Es war der damalige Stellvertretende Ministerpräsident und Leiter einer polnischen Delegation bei Gesprächen mit den Russen über wirtschaftliche Zusammenarbeit beider Länder, Henryk Goryszewski, der im Herbst 1992 in der Zeitung »Zycie Warszawy« unmißverständlich erklärte: »Wir wollen nicht zulassen, daß es im Gebiet Kaliningrad zur Wiedergeburt eines Ostpreußens kommt, wir wollen den Status quo beibehalten.«

Das wird die Gegenstimmen aus Deutschland nicht hindern, auch weiterhin Störfeuer zu legen, gemäß der historischen Grunderfahrung, daß gerade jene den Interessen der Nation und des Vaterlandes am meisten schaden, die sie am häufigsten im Munde führen.

Was sich hier zeigt, ist die Kontinuität einer politischen Gesinnung, die Deutschland stets als Opfer der Geschichte darstellt, daraus ihre Motivationen zieht und so die Tätertradition ungebrochen bis in unsere Gegenwart fortsetzt. Da nicht zu vermuten ist, daß Deutschland je wieder eine Militärmacht sein wird, die die ganze Welt herausfordern könnte, dürfte die Gefahr diesmal keine militärische sein. Wohl aber sind es die in zwei Weltkriege ausgelaufenen kriegerischen Aggressionen Deutschlands in diesem Jahrhundert *plus* seinem ungeheuren demographischen und ökonomischen Übergewicht gegenüber jedem seiner Nachbarn, was deren alte historische Ängste schürt.

Dabei ist es ein alter Selbstverteidigungstrick der Revisionisten, spöttisch anzufragen: »Revisionismus? Was ist das?«
Die Antwort könnte lauten: Der Wille, sich das durch eigene Schuld Verlorene ohne Schuldanerkenntnis zurückzuholen. Das ist, nach empirischer Beobachtung seiner nunmehr fast achtzigjährigen Aktivität seit dem Ende des Ersten Weltkrieges, das Prinzip des deutschen Revisionismus: Deutschland als das Daueropfer der Geschichte darzustellen. Die Taktik richtet sich dann ganz danach, ob die jeweiligen Gegebenheiten Theorie oder Praxis zulassen, also bloß Deklamation revisionistischer Forderungen oder praktische Möglichkeiten und Aussichten, sie auch zu verwirklichen. So gesehen, war die Ära der Weltmacht Sowjetunion mit ihrer Herrschaft bis an die Elbe fast über ein halbes Jahrhundert hin für den deutschen Revisionismus ein Stadium der Theorie, der Passivität, einflußlos auf die herrschenden Machtverhältnisse. Erst der Zusammenbruch des poststalinistischen Imperiums schuf eine Situation, bei der dem deutschen Revisionismus fast hörbar der Atem stockte. Erst recht die Folgen, die Hypothek des sowjetischen Gewalt- und Zwangssystems, seine bodenlos ruinierte Wirtschaft, der staatliche Zerfall in konkurrierende föderative Parzellen, all das schuf plötzliche und gänzlich unvorhersehbare Voraussetzungen, das Stadium der deklamatorischen Passivität in das politischer Aktivität umschlagen zu lassen.
Was der deutsche Revisionismus sich als Fernziel gesetzt hat, ist nicht mehr und nicht weniger als die kalte Regermanisierung des von Hitler und seinen Anhängern militärisch verspielten deutschen Ostens, die Revision der Ergebnisse des von Deutschland angezettelten Zweiten Weltkrieges und seiner Folgen. Aber diesmal nicht mit dem Militärstiefel, sondern mit der Übermacht der Wirtschaft und der Währung.
Das hat sich öffentlich selten so klassisch dokumentiert wie durch eine Fernsehsendung des Westdeutschen Rundfunks mit

dem Titel »Noch ist Polen nicht verloren« – wobei der verdienstvollerweise völlig kommentarlos gebrachte Inhalt der Sendung den patriotischen Sinn jener Zeile aus der Nationalhymne des östlichen Nachbarn ironisierend ummünzt in ein Polen, das für Deutschland »noch nicht verloren« ist.
Neben anderen Bekundungen unbelehrbar Gestriger aus organisierten Vertriebenenkreisen trat darin auch ein Einzelkämpfer auf, der östlich der Oder sieben Hektar Boden gekauft hatte und auf diesem Territorium – »Hier beginnt die Bundesrepublik!« – vor laufender Kamera folgendes Bekenntnis absonderte: »Wir kommen zurück, ohne Gewehr, wir kommen mit Dollar und Mark, wir kommen mit Geld, wir kaufen alles auf. Wir holen uns unser Eigentum zurück, ohne daß wir jemanden umbringen müssen. Du kaufst hier dein Gebiet billiger als zwei Kalaschnikows. Ist das nicht viel schöner?«
Selten ist das Programm des deutschen Revisionismus ungeschminkter eingestanden worden.
Kaliningrader Assoziationen

Soll es bei dieser bestürzenden Bilanz bleiben?

Die Leidensgeschichte Königsbergs ist lang, sie begann nicht in unserem Jahrhundert.
Seit seiner Gründung 1255 war der Deutsche Orden ständig in Kriege verstrickt – gegen Prußen, Litauer, Polen, Russen und Schweden. Königsberg wurde heimgesucht von Verschleppungen durch die Tataren im 17. Jahrhundert, von der Pest des Jahres 1709, von den Feldzügen Friedrichs II. und Napoleons I., vom großen Speicherbrand 1839 und der Hungersnot von 1867. Im Ersten Weltkrieg fanden die einzigen Schlachten auf dem Territorium des Deutschen Kaiserreichs, die von Tannenberg und

von Gumbinnen, auf dem Boden Ostpreußens und damit unmittelbar vor den Toren Königsbergs statt.
Aber alle diese Verheerungen, Niederlagen und Schicksalsschläge konnten die physische Existenz der Stadt nicht in Frage stellen.
Das geschah erst mit Hitler, erst der Nationalsozialismus beendete ihre Geschichte, und das für immer. Königsberg ist nicht mehr rekonstruierbar, es läßt sich nicht mehr restituieren. Auch andere deutsche Städte sind durch Luftkrieg und Bodenkampf heillos zerstört, bis zur Unkenntlichkeit umgepflügt worden, so Dresden, aber auch Hamburg, dessen Untergang im Juli 1943 Teil meines und meiner Familie Schicksals war. Aber keine von ihnen hat das Rasiermesser der Kriegsgeschichte so weggeschnitten wie Königsberg. Dem Feuer der Augustnächte 1944 aus dem Bomberhimmel folgte auf der Erde der Wahnsinn jener bis zum April 1945 währenden Verzögerung der Kapitulation, deren Inferno wohl niemand so wirklichkeitsnah geschildert hat wie Hans Graf von Lehndorff in seinem »Ostpreußischen Tagebuch«, erschütterndes Dokument eines kollektiven Untergangs, mit dem die individuelle Passion der verbliebenen Königsberger bekanntlich keineswegs endete.
Es heißt, nach allem, nach Flucht, Kampf, Vertreibung, habe es hier nur noch 25 Deutsche gegeben, und das sollen mit Russen verheiratete Frauen gewesen sein. Ich weiß nicht, ob das stimmt, ich weiß nur, daß von Königsberg zu wenig übriggeblieben ist, um in Kaliningrad noch deutsche Identität zu finden. Sie ist ausgelöscht, atomisiert. Schillers Statue, die Luisenkirche, der Botanische Garten, Kants Grabmal, die Ruine des Doms – sie genügen nicht als Spuren der Metropole von einst.
Königsberg-Kaliningrad, ich erlebe die Folge als einen unerbittlichen Aufruf, dem Ende einen Anfang folgen zu lassen. Ein Beginn, der nichts von dem unterschlägt, was einst war, der dem Schönen huldigt, ohne das Dunkle zu verdrängen; der eine

700-jährige Geschichte und ihre Erinnerung pflegt, Stolz rechtfertigt, Scham benötigt, Glück umschließt und – Verständnis fordert für Trauer.

Ja – für Trauer!

Leben ihrer bis heute doch noch viele, die sich die Einheimischen von einst nennen, Königsberger, die hierherkommen, wie in Trance einherwandeln und von denen es heißt: »Vor den verbeulten Briefkästen mit deutschen Lettern bleiben sie wie angewurzelt stehen. Sie halten an einer Straßenbiegung an, genau dort, wo es immer quietschte, wenn sie in die Kurve ging. Sie deuten mit dem Finger in die Luft, in der nichts zu sehen ist. Aber dort war die Praxis des Zahnarztes oder die Wohnung der Freundin.«

Oder: »Ihr Tagesprogramm ist hart, denn sie messen zu Fuß die Straßenzüge ab, in die sich sonst kein Fremder verirrt. Sie gehen im hohen Alter noch einmal die Schulwege ab, die sie als Kinder gegangen sind. Wo andere nichts ausmachen können, deuten sie auf die ›Pelikanklause‹. Beim Kaffee, den sie im Hotel ›Kaliningrad‹ einnehmen, ist noch etwas anderes im Spiel: die Abwesenheit des Gesekusplatzes, auf dem das Hotel heute steht.«

Oder: »Vom Schlittschuhlaufen auf dem Schloßteich sprechen sie mitten im Sommer. An den Hängen des alten Glacis kommt alten Leuten die Idee, daß man hier ganz gut rodeln könnte. Es ist die Rede von der Elefantendame Jenny und dem Elefantenbullen Hans im Tiergarten, als wären sie noch da. Sie sprechen von Straßenbahnhaltestellen, die es nicht mehr gibt, und verabreden sich an Straßenecken, die längst andere Namen haben. Sie suchen die Friedhöfe auf, die zu Parks geworden sind, und stehen vor der Kirche, die ein Puppentheater ist.«

Hat es je eine zärtlichere, je eine innigere Beschwörung wehmütiger Wiederkehr in die Kindheit, in die Jugend des eigenen Lebens gegeben als diese – um zu suchen, was nicht mehr da ist?

Sie entstammt der Feder des Berliner Publizisten und Historikers Karl Schlögel und findet sich abgedruckt in einer Novembernummer der »ZEIT« aus dem Jahr 1992.
Es ist das Verständnisvollste, das am tiefsten Mitempfundene, was ich je über eine verlorene Heimat gelesen habe, über einen unnennbaren Schmerz. Die ihn erleiden, verbergen ihn meist tief sich selbst, erschreckt über seine gebliebene Nähe und oft unfähig, dafür eigene Worte zu finden, die unartikulierbar da drinnen dröhnen.
Viele jedoch fanden und finden nicht die Kraft, sich den Ursprung des Unglücks bewußtzumachen, weichen diesem Schmerz aus, weil sie ihn sich selbst zufügen müßten, und verharren auf der Pein, die ihnen angetan worden ist, nicht auf dem Schmerz, den Deutsche vorher anderen Völkern bereitet haben.
Aber bevor Königsberg 1944 und 1945 brannte, hatte die Synagoge auf der Lomse gebrannt, 1938, und bevor die Stadt erlosch, war die jüdische Gemeinde erloschen, und beides steht in unauflösbarer historischer und politischer Kausalität zueinander. In Michael Wiecks Buch »Zeugnis vom Untergang Königsbergs – Ein ›Geltungsjude‹ berichtet« ist dokumentiert, was der jüdischen Minderheit angetan wurde, bevor die Mehrheit selbst von den Folgen jener Gewalt getroffen wurde, der die jüdische Minorität zum Opfer fiel.
Sind daraus die Lehren für unsere Gegenwart gezogen worden? Karl Schlögel schreibt in seinem Artikel zum Umgang mit der ostdeutschen Hypothek von Flucht, Vergewaltigung, Verschleppung und Vertreibung: »Die Vertriebenenfunktionäre sind an der Verwaltung des Traumas, nicht an dessen Auflösung interessiert – es ist ihr Beruf, sie beziehen daraus ihre Revenue. Beides ist obsolet. Für das Denken, das blockiert ist, und für die Mittel, die in alt gewordene Apparate fließen, gibt es längst neue Tätigkeitsfelder, auf denen es sich zu arbeiten lohne: Königsberg

(Kaliningrad) zum Beispiel. (...) Es ist die Begegnung, die den endgültigen Abschied, und der Abschied, der den Anfang nach dem Ende möglich macht. Es ist der zugespitzte Punkt, an dem sich erweist, ob eine Nation mit ihrer Geschichte, mit sich selbst ins reine gekommen ist und die Kraft besitzt, aus der Anerkennung des Verlustes etwas zu machen.«

Und dann, als bisheriges Resümee: »Aber in Deutschland ist man auf den Neuanfang nach dem Ende der Weltkriegsepoche nicht vorbereitet. Noch im unverhofft glücklichen Augenblick der Wiedervereinigung spielt man mit der polnischen Grenze, und gegen den deutsch-tschechoslowakischen Nachbarschaftsvertrag, der den Weg in das Europa nach dem Krieg ebnen soll, werden Eigentumsansprüche aus der Zeit vor dem großen Krieg geltend gemacht. Armes Deutschland!«

Soll es bei dieser bestürzenden Bilanz bleiben?

Ich lese den Artikel von Karl Schlögel in der letzten Kaliningrader Nacht wieder und wieder, seine Nähe zur Vergangenheit und sein Verständnis für das Leid, das sie auch über Deutsche brachte, ebenso wie die Aufforderung, endlich aufzubrechen in eine Zukunft ohne Arg und ohne Hintergedanken.

Ich liege da, inmitten der Pseudopracht von Putten und Stuck in der Altrosenauer Hotelbleibe, und bin randvoll gefüllt mit den Bildern von der eingesogenen, tief inhalierten Wirklichkeit dieser Stadt, von ihrer Öde und ihrer Vitalität, dem Horroranblick der stets überfüllten Busse und Straßenbahnen und der unnachahmbaren, ja geradezu beunruhigenden Würde, mit der die Menschen diesen Dauerzustand ertragen.

Ich liege da, erdrückt von dem doppelten Alptraum der Kaliningradskaja Oblast, und finde für den Weg in eine friedliche Zukunft kein schmerzenderes, aber auch kein hoffnungsvolleres, weit über seine geographische Einengung hinausweisendes Synonym als: Ostpreußen ade.

In dem Alter!

Höchste Zeit für die Abfahrt.

Die Nachrichten von stunden-, möglicherweise sogar tagelangem Warten an der Grenze zu Polen hatten sich gehäuft, hatten alarmierenden Charakter angenommen und scheinen sich nun voll zu bestätigen, je näher der Übertritt bei Bagrationowsk, dem alten Preußisch Eylau, rückt.

Schon die genüßlich wiederkäuende Kuhherde etwa auf der Hälfte der Strecke und mitten auf der Straße war kein gutes Omen, ebensowenig, wie der Polizist, der die Kelle schwenkte, um mir streng - und erinnerlicherweise zum zweitenmal - zu verkünden, ich sei zu schnell gefahren, und der mich dann wieder, wenn auch nach längerem martialischen Gehabe, laufenließ.

Mit derlei Rücksicht soll es nun jedoch hier an der Grenze offenbar endgültig vorbei sein. Denn lange, bevor ich ihrer ansichtig werde, ja Kilometer davor, wartet eine unübersehbare Schlange von Lastwagen und Pkw, deren Insassen hier ganz am Ende den Eindruck erwecken, als hätten sie die letzte Nacht bereits an Ort und Stelle zugebracht. Daran anzuschließen, zu warten, das, weiß ich, hielte ich nicht aus.

Also gegen alle Regeln der Höflichkeit und der Disziplin, ja selbst auf die Gefahr hin, als Ausländerfeind verdächtigt oder, schlimmer noch, des hochmütigen Deutschtums bezichtigt zu werden, presche ich links auf der schmalen Straße an der wartenden Schlange entlang. Tatsächlich komme ich auch widerstandslos ein gutes Stück voran, sehe mich dann aber auf derselben Seite einem unüberwindbaren Hindernis gegenüber - einem entgegenkommenden Bus aus Deutschland, dessen Rückspiegel an dem Rückspiegel eines wartenden Lasters nicht vorbeikommt, weil beide die gleiche Höhe haben und die Straße für ein Ausweichmanöver zu eng ist.

Der Busfahrer – seine stoische Miene, beredter als tausend Worte, kündet davon, daß ihm solche Situationen nicht unbekannt sind und er sie zu meistern weiß. Und in der Tat, er meistert sie, wenngleich es seine Zeit dauert – vor und zurück, zurück und vor, Millimeterarbeit. Dann aber, als es endlich geschafft ist, muß der Bus an mir vorbei, was nur dadurch geht, daß ich bis zum Abkippen an den abschüssigen linken Straßenrand gefahren bin und nun nicht nur die Riesenkutsche, sondern auch alle Wagen, die sich hinter dem Bus gestaut hatten, an mir vorbeiziehen lassen muß. Aber jetzt durch, am liebsten mit geschlossenen Augen, denn was alles kann bis zur Grenze auf dieser Straße noch geschehen!

Seltsamerweise geschieht nichts, außer dem Wunder, daß sie bis zum Posten frei bleibt und kein anderes Gefährt entgegenkommt. Nur – dort vorn regiert ein Soldat, vor einem großen Gitter, das in seiner Hand ist, wie alles und alle, die davor auf Durchlaß warten. Die Haltung des jungen Russen läßt nicht den geringsten Zweifel daran, wer hier der Herr ist, und sein Ausweis dafür ist die souveräne Ignorierung seiner Umgebung. Mich kann das nicht darüber hinwegtäuschen, daß der Grenzhüter sehr wohl mitbekommen hat: Hier hat sich jemand massiv und gegen die guten Sitten einen unzulässigen Vorteil ergaunert, was nicht ohne Ahndung bleiben kann. Also Buße, geldlich oder schlimmer? Oder gar Verbannung an den Schluß der Wagenkolonne, die mittlerweile wohl bis an den Rand von Bagrationowsk reichen dürfte?

Angesichts so abschreckender Visionen ergreift Barbara Barlog die Initiative, steigt aus, geht, des Russischen mächtig, auf den dieser befremdlichen Initiative wegen noch unnahbarer dreinschauenden Russen zu und erklärt – dazu von mir, wenn auch schlechten Gewissens, autorisiert: Im Wagen sitze ein schwer magenkranker Deutscher, der sich unbedingt in ärztliche Behandlung begeben müsse, da sonst ein Durchbruch oder ähn-

lich Tödliches zu befürchten sei – und eben sein Zustand sei der Grund für das unbotmäßige Verhalten gewesen.
Tatsächlich sind mir alle Höllen der Magenkranken bekannt, mit Rollkuren, Krankenhausaufenthalten, mit 300 von den 365 Nächten des Jahres, die ich knieend vor dem Bett verbrachte, statt darin zu schlafen, und all das jahrzehntelang. Wer in jenen Dezennien nach mir forschte, der brauchte nur der Spur der Quarktöpfe zu folgen, die ich hinterließ, um beim letzten mit Gewißheit auf den Gesuchten zu stoßen. Aber dann, nach 21 Jahren, waren mir zwei Drittel des Magens operativ entfernt worden, und von Stund an konnte ich futtern, was ich wollte, und fühlte mich wie zum zweitenmal geboren. Was mir hier an der Grenze nun ein schlechtes Gewissen suggerierte, war nicht allein meine totale Schmerzfreiheit, sondern mehr noch der Zeitpunkt, an dem ich sie durch die Operation erlangt hatte – nämlich im September 1980, also schon vor einer ganzen Weile.
Was hier geschah, das war einfach unethisch, das tat man nicht, auch um den Preis stunden- oder gar tagelangen Wartens nicht. Dennoch gab ich mir nun die größte Mühe, meine zerfurchtetste Leidensmiene aufzusetzen, um dem peinlichen Betrug wenigstens die erforderliche Glaubwürdigkeit zu geben – allerdings völlig umsonst. Denn ohne daß der junge Russe mich auch nur eines Blickes gewürdigt hätte, kam Barbara zurück und erklärte, wenngleich mit seltsam amüsiertem Blick, daß wir ohne Behinderung passieren könnten.
Ihre Aufgeräumtheit erläuterte sie mir auf meine neugierige Frage aber erst, als wir uns bereits auf polnischem Boden befanden. Danach hatte sich zwischen ihr und dem jungen Russen, dem sie meinen angeblich prekären Zustand dramatisch geschildert hatte, ein Dialog entwickelt, in dessen Kürze die Würze (wenn auch auf meine Kosten) lag und der im folgenden seiner Denkwürdigkeit wegen wortwörtlich wiedergegeben werden soll.
Der Russe, tonlos: »Wie alt ist der Kranke?«

Barbara, anerkennungsheischend: »Er ist über Siebzig!«
Darauf der Russe, nun aber mit den Anzeichen deutlich klinischen Interesses: »Und was macht er dann ausgerechnet hier? In dem Alter!«
Verdammt gut, mal wieder zu lachen.

Hier könnte ich den Rest meines Lebens zubringen, aber ...

Wieder im polnischen Teil.
Altvertraute Straßen, die Landschaft, trotz der Nähe zum russischen Teil Ostpreußens, wie verändert, auf Hinweisschildern lateinische Schrift – »Bartoszyce« (Bartenstein), keine zehn Kilometer mehr.
Hier, auf dem Weg zur Stammunterkunft in Sawica, ergreifen mich nach dem Aufenthalt in der Kaliningrader Exklave ganz seltsame Gefühle, Empfindungen, die ich vor mir selbst verbergen möchte, denen ich mißtrauisch und unsicher gegenüberstehe, die aber doch zu stark sind, um sie zu unterdrücken.
Diese Stimmen sagen: »Hier fühlst du dich sicher.« Sie sagen: »Wie schön, wieder da zu sein.« Und sie sagen: »Du bist – in Europa.«
Dabei kreide ich mir gerade das Gefühl ungeheurer Erleichterung als ausgesprochen uneuropäisch an und fahre doch selig durch die Alleen, trinke mich satt an ihrem Anblick, als wenn es sie nicht auch hinter der Grenze gegeben hätte, und kann doch nichts ändern an dem Gefühl, mich in einem Raum der Rechtssicherheit zu befinden, fernab von möglicher Willkür und unsichtbaren, aber präsenten Gefahren.
Ich verfluche mich, daß ich meine Erfahrungen im Bezirk Kaliningrad nun postum selbst mißhandle, daß es nichts dort Erlebtes gegeben hat, was ich zur Rechtfertigung meiner penetranten Erleichterung anführen könnte, die mich hier wie ein warmer

Strom durchfließt, kurz, daß ich allen, denen ich dort begegnet bin, Unrecht tue. Erst recht dem Polizisten, der mich wegen zu schnellen Fahrens angehalten hatte – wie oft hat sich dergleichen in Deutschland zugetragen.

Aber was nutzen diese Selbstvorhaltungen?

Da fahre ich zwischen Bisztynek (Bischofsheim) und Reszel (Rößel) – unter strenger Einhaltung der Geschwindigkeitsbegrenzungen – und entdecke, daß alle Versuche, solchen Fragen rational nachzubohren, nichts vermögen gegen das irrationale Wohlbefinden, das mich umfängt, und zwar desto greifbarer, je näher das Ziel rückt, das lang entbehrte – Sawica mit seiner Pension »Krystyna«.

Dann endlich ist sie erreicht, finde ich das Hexenhaus vor, wie ich es verlassen habe, und versinke darin in einem Rausch nahezu idiotischer Geborgenheit. Die von Tannen und Birken verdeckte Front des umgebauten Pferdestalls, aus der nur die Fensterfront meines Zimmers freien Blick durch das Grün nach draußen läßt; die schüttere Hollywoodschaukel an ihrem gewohnten Platz; drinnen, an den Wänden der Diele, des Eß- und Gästeraums die Jagdinsignien, wie gehabt, Geweihe, mit und ohne Kopf des Hirsches, kleinere und größere, das Wildschwein mit vollem Körperprofil, als klettere es an der Mauer hoch; die vielen köstlichen und völlig nutzlosen Gegenstände, die Klampfe mit den ausgeleierten Saiten, die Kerzenhalter und -ständer ohne Kerzen, die alten Bügeleisen, Petroleumlampen und zahlreichen Trockensträuße, die überall herumhängen oder angepinnt sind.

In meinem Zimmer, vor dem backsteinimitierten Hintergrund, das rote Bett, über seiner Kopfleiste die erbetene Klemmleuchte, weil die Nachttischlampen nur Funzellicht verbreiten; unter der Dachschräge der nischenhafte Duschraum, dessen Apparaturen nur dem Kundigen gehorchen, ohne daß das auch gleich schon zu einem regulierbaren Mischverhältnis zwischen kaltem und warmem Wasser führte – ein Geheimnis, das sich ebenfalls nur feinfühlig ertasten läßt. Ungebrochen wie am ersten Tag, auch immer noch die jeder Ordnung widerstrebenden Positionen der Stühle und Tische, auf denen meine Arbeitsutensilien malerisch ausgebreitet liegen, während die schwankenden Bretter des hölzernen Balkons nach wie vor schon bei sanfter Berührung jene Klagetöne von sich geben, die jeden Argwohn gegenüber seiner Stabilität rechtfertigen.

Im Garten und im Haus fast zu allen Tag- und Nachtzeiten rastlos anordnend – Frau Krystyna. In Hosen und Pullover, nun meist damit beschäftigt, Dependancen errichten zu lassen, neue Unterkünfte, mehr dem Waldsaum zu, aber noch auf eigenem Boden. Kräftige Holzbauten sind's mit dem Komfort der Moderne, westlichem Anspruch entgegenkommend, nicht billig und nur scheinbar von Zimmerleuten und Handwerkern, in Wirklichkeit aber von dem unbeugsamen Optimismus der Hausfrau hochgezogen. Man sieht sie dabei in freundlichem, aber stets bestimmtem Ton, dieser jedoch periodisch durchwachsen von Lachern, die bis nach vorn schallen.

Frau Krystynas Frühstück ist opulent, die Küche mit Fleisch, Gemüse, Kartoffeln und schweren Saucen für mich so deutsch wie eh und je, nur inzwischen noch angereichert durch eine Speise, die ich – an diesem Ort leichtsinnigerweise, wie sich rasch herausstellte – in den Rang eines Leibgerichts erhob: Bigos!

Da würde mancher die Nase rümpfen vor diesem simplen polnischen Nationalgericht, denn es ist in der Tat nichts anderes als Sauerkraut mit kleingeschnittenem Fleisch und Pilzen, eine Speise, bei der allerdings bestimmte, mir verborgen gebliebene Ingredienzen darüber entscheiden, ob es sich um echtes Bigos oder um bloße Nachahmung handelt. Kennengelernt hatte ich es bei Barbaras Eltern in Poznań, wenn dort auf dem Weg nach oder von Ostpreußen Station gemacht wurde, was heißt, daß

ich fast jedesmal mit Bigos empfangen oder entlassen worden bin.
Nachdem mir also hier in Sawica meine Vorliebe dafür entschlüpft ist – ich weiß nicht mehr, ob beabsichtigt oder nicht –, steht Bigos schon am nächsten Tag auf dem Speisezettel, allerdings für andere Gäste nur einmal, während es mir aufgetischt wird, wann immer mich danach verlangt. Ich brauchte, so Frau Krystyna, nur einen Piep von mir zu geben.
Mir ist dabei nicht entgangen, daß einige Gäste seither seltsame Blicke auf mich werfen.
Dann Charly und Bartos, die weichfellige Promenadenmischung und der stoffzerfetzende Dackel – beide haben nichts von ihren Unarten eingebüßt.
Charly, die über schmelzenden Augensternen langwimperige Kreatur, ist in den Circulus vitiosus seines widersprüchlichen Hundeherzens eher noch verstrickter als zuvor.
Seine rasende Gier nach Liebesbezeigungen und heftige Hingabe an jedermann, der darauf eingeht, werden nun abgelöst durch noch lautere Kläffkonzerte. Die jedoch scheinen Charlys schlechtes Gewissen über das eigene zügellose Treiben nur zu vertiefen, wird doch seine anschließende Abbitte gegenüber den unverdient Angeblafften von Mal zu Mal devoter. Wenn die dann aber, in der Regel Charlys Charme nicht gewachsen, sich wieder von ihm einwickeln lassen, wenn ihre Gunstbezeigungen Charly zu dicke tun, dann wird das von diesem unbelehrbaren Hundeanarchisten mit Aggressionsausbrüchen geahndet, die von Folge zu Folge ungestümer werden.
Um nun Charly, auf seine Weise, nicht nachzustehen, schlägt Bartos seine kleinen, aber kräftigen Zähne womöglich noch bösartiger in alle Stoffe, die ihm vor die Schnauze kommen, sei es in der Diele und im Gästeraum, sei es auch in den Zimmern, wenn ihm der Zugang gelingt – wobei er nicht den geringsten Unterschied zwischen dem Eigentum von Einheimischen und

dem von Fremden macht. Dabei wehrt er sich noch grimmiger als vorher, wenn seiner zerstörerischen Vorliebe für alle Arten von Textilien Paroli geboten wird, zeigt aber die gleiche Unnachgiebigkeit, wenn es gilt, sich wieder die Gunst seines Widersachers zu erbetteln.

Das führt zu dramatischen Szenen.

So konnte ich einmal, in wirklich letzter Sekunde, Bartos davor bewahren, mit seiner Nagewut eine Tischdecke samt Tassen und Tellern herunterzuzerren. Als er mir daraufhin in die Hand zu beißen suchte, scheuchte ihn mein entsetztes Gebrüll in eine Ecke, wo er lange liegenblieb. Das war der Anfang einer tagelangen Werbung, in deren Verlauf Bartos zu Körperwindungen fand, die jeder Schlange zur Zierde gereicht hätten. Bis der mordshäßliche Köter es endlich geschafft hatte, total verrenkt, aber glücklich, mit der Schnauze fest unter meiner Achselhöhle auf der Bank vor dem Kamin einzuschlafen.

Dieser Platz ist, ungeachtet des Kaliningrader Aufenthalts, meine unangefochtene Domäne geblieben – Herr des Feuers und der Scheite, mit der Fähigkeit, stundenlang in die prasselnden Flammen zu schauen und dem Flug der hochgerissenen Funken zu folgen, nachdem ich einen gewaltigen Vorrat Holz aus dem scheunenartigen Verschlag geholt und in der Wandnische rechts neben dem Kamin gestapelt hatte. Die Temperaturen sind gefallen.

Während alles schläft, hocke ich davor und starre ins Feuer, stehe dann und wann auf, um Flammenverzehr und Brennachschub erfahren zu regeln und die Glut mit den eisernen Gerätschaften zu bewahren, ehe mich, meist nach Mitternacht, von draußen ein Laut erreicht, der mich nach oben in mein Zimmer treibt.

Dort trete ich nach draußen auf die knarrenden Balken, schaue nach unten, und da weht es auch schon weiß aus dem Dunkeln heran, auf vier mächtigen Samtpfoten, eine wuchtige, aber sanfte Chimäre, ganz vorgetäuschte Wachsamkeit, die mir ein kurzes, gutmütiges »Wuff!« zubellt und dann im Hintergrund verschwimmt - das Prunkstück des Hauses, der Kuvasz, Frau Krystynas ungarischer Hirtenhund, die unvergleichliche Fellwolke Joy!

Danach nichts als der Scherenschnitt der Baumkronen und ihr leises Singen in der Nachtluft.

Hier könnte ich den Rest meines Lebens zubringen.

Aber da hat sich ein Schatten auf die Idylle gelegt.

Ein neuer Gast ist eingetroffen, ein Mann von kleiner Statur, aber dominantem Auftreten. Es stellt sich heraus, daß er im alten Ortelsburg, dem heutigen Szczytno, geboren worden ist, aus Gelsenkirchen kommt, der Partnerstadt von Szczytno, und der Vorsitzende einer Gesellschaft von 11 000 ehemaligen Ortelsburgern ist. Tagsüber hält er sich in der nahen Stadt bei Ämtern und Behörden auf, Fragen der Partnerschaft erörternd, wie seinen Worten zu entnehmen ist, abends überzieht er Frau Krystyna mit fotogespickten Suaden - und dabei geschieht es. Dabei dringen Redefetzen unfreiwillig an mein Ohr, die mich beunruhigen, ja, der Stätte den vertrauten Charakter zu rauben drohen: Hitler habe viel für Ostpreußen getan, höre ich, man dürfe die Dinge nicht einseitig sehen - ab '33 sei es den Deutschen gutgegangen ...

Ich spüre, wie sich mir die Kehle zuschnürt, wie ungewohnt es ist, mit einem solchen Zeitgenossen unter einem Dach zu wohnen, wie allergisch ich gegen diese Nähe bin.

Ist der Mann dabei, mir den Aufenthalt in der Pension »Krystyna« zu verleiden?

Unterwegs (4)

Kurz hinter Nidzica, auf Wielbark (Willenberg) zu.

Eine Wand aus Ahorn, langgezogene Baumpaletten, farbge-

fleckt, der Pelz in der Mitte noch grün, aber die Krone wie ein Heiligenschein aus Myriaden von Blättern, schon changierend. Unten, mit hängenden Köpfchen, Roter Mohn. Und überall, wie hingetupft, das grelle Gelb der Esche.
Ostpreußens Herbst setzt seine flammenden Leuchtzeichen in die grübelnde Landschaft!
Zu beiden Seiten der Straße aufgebrochene, wintersaatbereite Äcker. Auf Telegraphendrähten Scharen von winzigen Vögeln, fast kolibrihaft, und bis zum Horizont, schaukelnd im Wind, rund, mit hellem Kranz und braunem Kern - Millionen von Sonnenblumengesichtern.

*

Vor Biskupiec.
Die Alleen nun sanft angebräunt, schläfrig geworden vom verabschiedeten Sommer, das Astskelett schon sichtbar, aber erst teilentkleidet, noch nicht winternackt. Die Wolken ferner, der Wind kühler. Plötzlich Blitz und Donner, Regen, schwere Tropfen, tanzend auf dem Boden, platzend, trommelnd. Das Land unter einem Schleier und der Horizont scheinwerferhell. Bei der Rückkehr dann, vor Sawica, spät, plötzlich im Lichtkegel, spukhaft angestrahlt, eng beeinander, Nachttiere, ein verzaubertes Bild - drei Rehe.

*

Halt am Jezioro Juno.
Der Himmel weißgefiedertes Blau, der Waldsaum drüben okkerfarben, dunkelrot, vergehend grün. In der Luft ein Sperber, flügelschlagend, und der ufernahe Boden gewärmt von gefallenen Blättern. Da bricht die späte Sonne ganz durch und verzaubert einen einzelnen Baum mitten auf einem Acker in eine

goldgelbe Lohe – der Ahorn ist der König des ostpreußischen Herbstes!

*

Vor Morąg, hinter einer Brücke, steige ich aus, gehe hinunter an einen Bach, der stark strömt. Die Ufer unberührt, und rechts, flußauf, drei riesige Baumstämme, gestürzt. Der erste, vor langer Zeit gefallen, ist vollkommen entrindet, die leblosen Äste stoßen ins Wasser. Der zweite Stamm, ebenfalls ohne Borke, wie geschunden, versperrt die Hälfte des Bettes. Zum dritten schlage ich mich zwischen Brennesseln durch – da steht der Stumpf noch, am anderen Ufer. Aber mannshoch darüber ist es abgebrochen, das Baumungetüm, und quer über das Wasser hingestürzt, bis mir vor die Füße. Sperrung – hier kommt kein Boot, kein Schwimmer mehr durch.
Noch trägt er Rinde, der Stamm, und aus seinen vergreisten Ästen sprießt es noch hier und da, stummelhaft, wie verschnitten. Getrennt von der Kraft des Humus, ohne die Säfte des Erdreiches, fast schon mooserobert, ist auch sein Leben vorüber, um nun über weit längere Zeit, als es gewährt hat, dahinzumodern.
Leichter Wind kommt auf. Die Sonne ist dabei, ihre Kraft zu verlieren. Das Licht wirkt schwächer, milder, abgeklärter. Es fällt mir schwer, mich von dem Naturfresko der gestürzten Riesen zu trennen.
In ganz Deutschland gibt es ein solches Flußbild nicht mehr!

*

Südlich von Mikołajki (Nikolaiken) durch die Forsten zur Fähre über den Jezioro Bełdany (Beldahnsee), einen Seitenarm des großen Spirding. Sandwege, endlos. Plötzlich liegt ein Baum-

stamm quer über dem Waldpfad, ohne jede Möglichkeit, daran links oder rechts vorbeizukommen.
Ringsum riesige Fichten, keine Lücke zwischen ihnen wäre groß genug für den Wagen. Also zurück, um es an anderer Stelle zu versuchen? Aber da kommen, nach einigem hoffnungsfrohen Warten, zwei Männer, werfen ihre Motorsägen an und beginnen, den dicken Baum kunstvoll zu zersägen. Vorher warnen sie vor der tückischen Spannkraft des Baumes – sicherer Abstand sei besser.
In fünf Minuten ist alles vorbei. Mit dem zerkleinerten Holz könnte Frau Krystynas Kamin ein ganzes Jahr lang befeuert werden.
Zwei Kilometer noch, und da liegt die Fähre am anderen Ufer. Es ist mild, der Himmel ist höher geworden, es hat aufgehört zu regnen. Ich schätze die Wassertemperatur auf fünfzehn Grad Celsius.
Es ist der gottverlassenste Winkel in ganz Ostpreußen.
12 Uhr 10 soll die Fähre hier anlegen. Drüben rührt sich nichts. Wird der Fahrplan eingehalten?
Da, auf den Glockenschlag zur vollen Stunde, dringt von drüben Geknatter ans Ohr, und nun kommt das Trajekt herüber, langsam, Meter um Meter, als würde es gezogen. Aber womit und wie?
Das Geheimnis offenbart sich mir erst auf der Fähre.
Unter ohrenbetäubendem Lärm zieht sie sich selbst über Rollen an einem Metallseil unter Wasser von einem Ufer zum anderen – und retour. Der strapazierte Strang wird nur sichtbar zwischen der ständig von ihm zerrissenen Wasserfläche und den Rollen, die knirschen, als seien sie zuletzt von Napoleons Grenadieren geölt worden. Das tuckert knallend und fauchend dahin, aber mit Rettungsboot. An einer Leine außenbords befestigt, schwimmt es hüpfend daneben, von hüben nach drüben und von drüben nach hüben, mit kleiner Bugwelle, aber beruhi-

genderweise zu Lebzeiten des Fährmannes offenbar unbenutzt geblieben.
Autofahrer müssen den Wagen verlassen. Mehr als zwei Wagen könnte die Fähre nicht tragen. Heute begnügt sie sich mit der Hälfte. Die Überfahrt dauert zehn Minuten.
Unterwegs beginnt es zu tröpfeln, sacken die Wolken noch tiefer herab, färbt sich das Wasser zu schwärzlichem Grau, legt sich Dunst über die Fläche.
Masuren unterm Regenhimmel - melancholisch.

*

Hoch über dem Jezioro Nidzkie (Niedersee) ein ungeheures Gekrächze - Krähen. Nein, ganze Krähengeschwader, Krähenpulks, wie üblich in Fehde, jede gegen alle. Unter ihnen weg, wie auf der Flucht, flitzt ein wunderschön gefärbter Vogel in das schilfige Buschwerk hier am Ufer. Darin schwirren noch die Libellen, doppelflügelig und stahlblau, aber matter als im Sommer - auch sie nun daseinswelk und in verhaltenem Flug. Sterbend.
Auf den abgeernteten Feldern wird Heu zu großen, konusartigen Hügeln geschichtet. Auf einem von ihnen steht ein Mann, halsbrecherisch, und nimmt das Heu entgegen, das ihm von unten auf Gabelzinken hochgereicht wird. Er legt Bündel auf Bündel ab, trampelt darauf herum, nimmt unentwegt den Nachschub entgegen und stampft ihn fest. Dabei wächst und wächst das schwankende Gebilde, wird schmaler und schmaler, verharrt aber dennoch, wenn auch gegen alle Gesetze der Schwerkraft, in seiner stabilen Senkrechten. Wie um die Spannung auf die Spitze zu treiben, springt der Mann dann auch noch von da oben herunter, indem er mit dem Hintern seitlich aufsetzt, sozusagen etappenweise, drei-, viermal, ehe er den Boden so unversehrt erreicht, wie die Stele aus Heu dasteht.

Auf derselben Straße weiter.
Nach Turośl (Mittenheide) - Kopfsteinpflaster, durch den ganzen Ort. In Hejdyk (Heide) gediegene Häuser, meist aus Holz, die Dächer geschindelt, die Wände grün und weiß gestrichen, mit ockerfarbenem Vorbau und geschnitzten Streben, zierlich anzusehen. In Dłutowo (Fischborn) ein Panjewagen, heubeladen, davor ein blondmähniges Pferd. Vor Ciesina (Erdmannen) - eine Koppel, fünf Fohlen, die sich mit den Köpfen aneinanderreiben, sich beknabbern, sich hingebungsvoll ablekken, anstupsen, zärtlich mit den Hufen werben - das große Programm der Nächstenliebe.
Und auf der ganzen Strecke, auf dem Hinweg und dem Rückweg, Forsten, Forsten, Forsten. Bis ans Ende der Welt. Eindrücke auf einer Fahrt durch dic Johannisburger Heide (Puszcza Piska).

*

Durch den alten Hartigswalder und den Ramucker Forst noch einmal an den Jezioro Łańskie.
Überall die Brandfackeln des Ahorns, der gelbe Aufschrei der Eschen, die Linden, deren Grün sich machtlos gegen die Verfärbung wehren, während die ganze Herbstpracht noch einmal vom Lack der morgendlichen Sonnenstrahlen veredelt wird.
Weit vor Olsztyn geht es ab in den Wald, immer weiter hinein auf dem Asphaltband der alten Nomenklatura. Steile Fichten, kirchturmhoch, kaum Wind, das Blattwerk unbewegt, der Boden laubbedeckt, die Luft würzig und feucht - es riecht nach Pilzen.
Von der Fahrbahn mit wechselnder Höhe schimmert rechts immer wieder der See durch. Aber dann ist es weit, dann ist er da, der unglaubliche, diesmal aber erwartete Anblick, die Tertiärlandschaft der Gegenwart: aus dem stehenden Gewässer ragende Baumstümpfe; andere Stämme, deren Stelzen sich nach unten strecken, den Spiegel durchbohren und so aus dem Grund

in die morbide Vegetation hochwachsen; auf der Wasserfläche faulendes Grün, der Boden, auf dem das Schilf wachst, muddig, und im Beschauer dunkle Einnerungen an Schulbiologie, an Mollusken, an Pollen, Sporen, Foraminiferen - der Mangrovenwald des Nordens, Ostpreußens exostischste Stelle.

Und da ist auch sie wieder, die Schwanenfamilie vom Frühjahr - die Jungen groß geworden seitdem, der Flaum aber noch dunkel, wuselig abgehoben gegen die weiße Majestät des Elternpaars. Das schwebt, sichtlich verärgert über die lästigen Eindringlinge und die ganze Nachwuchsschar hinter sich herziehend, leicht flügelplusternd aus dem Blickfeld.

Diesmal will ich nicht auf der Straße stehenbleiben, will tiefer hinein, über eine laubbedeckte, glitschige Holzbrücke, deren bemoostes Geländer nur über eine Teilstrecke Geleitschutz gibt, dann aber jäh aufhört. Und so balanciere ich denn schwankend auf einem dünnen Balken weiter, ehe ich festen Boden erreiche. Stille, bis direkt neben mir ein Vogel mit blauen Flügeln und einem Wurm im Schnabel aufschwirrt und davonfliegt - ich hätte das Tierchen greifen können.

Durch eine Vegetationslücke ist der See zu sehen, wird übers Wasser hin der Blick frei auf eine Waldlandschaft, herbstdurchwirkt. Hier vorn, ganz nahe tummeln sich Enten. Sonst ist alles stumm - bis ein Specht seine hohlen Schläge in den Tag hämmert, rhythmisch im Aufschlag und in präzisen Abständen.

Auch in dieser Jahreszeit noch sind die Wasserläufer unterwegs, immer gegen die Strömung, hin und her huschend auf ihren kapillardünnen Beinchen. Wo sie die Oberfläche berühren, gibt es eine winzige Delle, ohne die nasse Haut zu verletzen.

Weiter vorn, im Dickicht, eine zweite Brücke in Form eines Baumstammes, auf den Bretter genagelt worden sind. Einige davon sind längst weggefault, nur die rostigen Nägel stechen noch hervor.

Der Specht hackt, unverdrossen, minuziös. Man könnte die Uhr danach stellen.

Dann zurück auf die Straße und weiter in Richtung des Hotels »Kormoran« am Ufer des Sees.
Die ehemalige Nobelherberge der polnischen Parteiführung sieht so öde und verlassen aus wie im Frühling schon, die Saison ist vorbei. Nur unten, vor einer langgestreckten überdachten Laube, sitzen zehn Männer und Frauen an einem Tisch. An ihrer Nationalität kann es keinen Zweifel geben, da sie ihren Stimmen keinen Zwang antun – es sind Deutsche. Auf dem Parkplatz Karossen der Marke Mercedes.
Immerhin kann man heute ins Hotel gelangen, die Eingangstür ist offen und ein Blick in die Zimmer erlaubt. Doppelbett, Bad – Dusche und Wanne. Nach hinten fällt der Blick auf ein anderes Wasser – das Hotel steht auf einem schmalen Landrücken zwischen dem alten Plautziger See, der heute Jezioro Pluszne heißt, und dem Lansker See.
Im Entree des Hotels Marmorfußböden. Es riecht überall ein wenig nach Lysol. Eine freundliche Frau teilt mit, daß noch einige Gäste hier wohnen, wobei sie nach draußen weist, wo die Deutschen sitzen. Die singen inzwischen laut.
Das Hotel ist total überheizt, in den Zimmer und auf den Fluren. Von den dienstbaren Geistern scheint das niemanden zu interessieren – realsozialistisches Erbe. Dafür wissen sie, daß es sich bei den Sängern um Jäger handelt.
Über eine steinerne Treppe auf einen Holzsteg an den See. Eine Esche breitet ihr Gelb weit über den Ufersaum hinaus. Das Wasser ist glasklar. Links ein ausgedehntes Schilffeld, der Himmel zu vier Fünfteln wolkenverhangen, durch Löcher aber Blaues.
Die Deutschen singen immer noch. Jetzt: »Und einer geht noch rein – ole, ole, ole!«
Müssen Jäger so sein?

*

Ich steige in Pasym aus und setze mich auf dem Platz im Zentrum auf eine Bank.
Hinter mir ein großes Gebäude, eine Art Pseudoburg, in der der Gemeinderat sitzt und die Polizei. Staketts, Blumenbeete. Der Platz wird von Linden gesäumt. Kopfsteinpflaster.
Vor mir eine große Tafel, eine graphische Legende, Schrift und Zeichnung, die Stadt und Umgebung - Pasym und seine Seen.
Rechts daneben hocken, von einer angestrengten Nachmittagssonne mild beschienen, drei alte Männer, einer von ihnen mit Krücke.
Von irgendwoher tönt Musik, ein schwarzer Hund läuft unbekümmert über den Platz. Drüben, an einem Stand, kaufen junge Mädchen Süßigkeiten. Aus den Linden zu beiden Seiten erhebt sich Vogelgezwitscher.
Mitten in der Stadt eine Baumwand, über deren Wipfeln ein markanter Turm ragt.
Ich gehe darauf zu und stehe bald vor einem Gitterzaun. Dahinter ein mächtiger, von Fenstern durchbrochener Bau, der oben schwer auswuchtet - so sehen fast alle Wassertürme in Ostpreußen aus. Dann auf der anderen, der Seeseite, Sandstrand. Drüben der Turm und die Kirche von Pasym.
Ich verharre, denke nach, sinne in die Zukunft, kenne sie nicht.
Ich weiß nur - das hier wird nie wieder, nie wieder deutsch.

*

In der Nacht hat es den ersten Frost gegeben, drei Grad unter Null. Und plötzlich ist die Landschaft wie verwandelt, ein Umschlag sondergleichen.
Zwischen Szczytno und Olsztyn.
Der sprühende Glanz des Herbstes ist verflogen, unsichtbar in die Luft verhaucht, wie verdunstet. Die Farben sind mürber geworden, ins Bräunliche, Trübe, Traurige spielend, die Blätter

lasch. Laub rieselt herab, altersbesiegt, manchmal aber noch verglimmendes Gold, wie eine letzte, vergebliche Sehnsucht, die Vergänglichkeit aufzuhalten. Baumgerippe werden sichtbar. Ein Höhepunkt ist überschritten.

Wehmut, eingestanden.

Ostpreußen ade

Er war ein ehrenhafter Mensch

Irgendwo nördlich der Johannisburger Heide im alten Pfeilswalder und Kruttinner Forst auf seinen Spuren.
Beiderseits der Straße seine Fichten, seine Kiefern im dunklen Grund. Hinweisschilder - Piecki (Peitschendorf), Krutyń (Kruttinnen), Ukta (Ukta), aber weit und breit kein menschliches Anwesen. Mögen andere findiger, ortskundiger sein, die Suche nach ihm ist schwieriger als erwartet.
Doch dann entdecke ich ihn, rechts ab von der Straße, ein bißchen zurückliegend, ein schmuckloser, gedrungener Bau, an der Vorderwand eine schwere schwarze Metalltafel, auf der in Polnisch steht:
»In diesem Haus wurde am 18. Mai 1887 Ernst Wiechert geboren, Autor von ›Wälder und Menschen‹, ›Die Jerominkinder‹, ›Der Totenwald‹. Er besang Masuren, war ein ehrenhafter Mensch, Antifaschist und Insasse des KZ Buchenwald.«
Vor mir liegt das Zentrum des »Kinderlands in den großen Wäldern«, das ehemalige Forsthaus Kleinort (Piersławek), wo der Vater seinen Beruf ausgeübt hat, und das zu einer Zeit, »in der die höheren Forstbeamten eigentlich nur von Wald umgebene Reserveoffiziere waren und die grüne Farbe allgemein eine soldatische und schneidige Färbung bekam, die ihr nicht gut tat.«

Da steht das Haus noch heute, äußerlich wohl nicht sehr viel anders als damals, mit neuen Türen und neuen Fenstern zwar, aber von ungeheurem steinernen Beharrungsvermögen. Es ist bewohnt, fünf Kinder stehen stumm davor und beobachten die unangemeldeten Besucher. Zwischen Haus und einem Holzverschlag ist eine Leine gespannt, an der Hemden, Hosen, Taschentücher, Röcke flattern. Dann und wann tritt eine Frau heraus, schaut gleichgültig in die Runde und verschwindet wieder im Haus. Hier sind Besucher nichts Ungewöhnliches, höchstens vielleicht zu dieser fortgeschrittenen Jahreszeit.

Über dem Parterre thront ein ausgebautes Dach mit zwei Kaminen. Efeu rankt sich zum Giebel hoch.

Mir ist seltsam zumute.

»Es war aus roten Ziegeln gebaut, mit einem roten Pfannendach. (…) Auch Waschhaus und Stall, die in einigem Abstand den Hofraum abgrenzten, hatten dasselbe solide Ansehen, und nur die Scheune in ihrem braunen Holzwerk hätte ebenso auf einem Bauernhof stehen können, desgleichen ein angebautes Holzhäuschen, in dem der Aufenthalt bei zwanzig Grad Frost nicht gerade zu einem ›Lob des Landlebens‹ begeisterte.«

So steht es am Anfang von Ernst Wiecherts »Wälder und Menschen. Eine Jugend«. Und weiter: »Zunächst trat man durch eine schwere Tür in den Hausflur, der einen Ziegelfußboden hatte und von dem zur Rechten eine Treppe von lebensgefährlicher Steilheit auf den Boden, die ›Lucht‹, und, von gleicher Beschaffenheit, in den Keller führte, die ich beide in jungen Jahren oft genug kopfüber ausgemessen habe.«

Diese Treppe ist noch da. Was sonst ist so geblieben, wie es war, was neu, was improvisiert dazugekommen?

Im selben Werk schildert Ernst Wiechert mit komischer Verzweiflung die Unbilden, denen er ausgesetzt war als lustloser Hüter eigenwilliger Rindviecher, unter denen es immer einen brüllenden Stier oder eine querfeldein davongaloppierende Kuh gab, die der Sohn des Försters von Kleinort meist ergebnislos verfolgte.

»Und kam ich dann manchmal nach Hause geschlichen, ohne Herde, ein pflichtvergessener Hirte, so konnte es sein, daß die Tiere, klüger als ihr Wächter, schon friedlich an dem Tränktrog neben der Pumpe standen, und somit war die ganze Tragödie umsonst gewesen.«

Diese Pumpe ist noch da – »Ortelsburg, W. Gallmeister jr.«, die Buchstaben sind deutlich zu erkennen, wie auch die riesige Kastanie, die älter sein muß als das Forsthaus, und wie der weite, weite Blick über die Wiesen hin zu jenem anderen Gehöft drüben vor dem dunklen Saum des Waldes, der das Grundstück von drei Seiten einschließt.

Die Kinder, alle fünf, schauen und tuscheln untereinander, während erwarteterweise ein spindelmagerer Köter ausdauernd und grundlos kläfft. Angekettet an einen Pfahl, versucht er, wenngleich vergeblich, das Schild zu legitimieren, das auf polnisch warnt: »Vorsicht, bissiger Hund«.

Die alte Scheune ist noch da, dazu ein Holzverschlag, vor dem ein Leiterwagen mit gummibereiften Rädern steht. Damals mag es hier nicht viel anders ausgesehen haben.

»Aus dem Hausflur, in dessen Dämmerlicht nur der Riegel mit den Gewehren eine leuchtende Insel des Begehrens war, kam man zur Rechten in die Küche und zur Linken in die ›gute Stube‹, die an der Seite noch ein kleines, wenig benutztes ›Kabinett‹ besaß. Dahinter lagen die Wohnstube und das Schlafzimmer der Eltern.«

In dem kleineren Teil des Hauses, den Besucher betreten können, ist von all dem wenig oder gar nichts mehr zu erkennen. Der größere ist ihnen ohnehin versperrt, weil dort die kinderreiche Familie wohnt.

Auf einem Tisch liegt ein Buch, in das Besucher sich eintragen können. Ich schlage es auf, nicht ohne Beklemmungen, und lese:

»Es ist sehr, sehr schön, Ostpreußen und die Heimat Ernst Wiecherts zu erleben.« – »Wir haben keine alte Heimat gesucht, aber ein herrliches Land gefunden.« – »Seit meiner Schulzeit begleitet mich der Dichter.«

Ich blättere.

Eine Reisegruppe der Landsmannschaft Ostpreußen aus Rautenberg:

»Wir waren alle sehr interessiert und begeistert von der masurischen Landschaft und hoffen auf eine gute Verständigung zwischen den ›alten‹ und neuen Einwohnern dieser herrlichen Landschaft.«

In das Gästebuch sind Konterfeis des Dichters eingeklebt und Fotos aus Zeitschriften und Zeitungen vom Haus, von der Plakette draußen.

Ich blättere weiter, erleichtert. Aber dann:

»Mit Freude haben wir die Gedenktafel für Ernst Wiechert gelesen, die allerdings dem Dichter deutscher Sprache erst gerecht werden kann, wenn sie auch in seiner Sprache zu lesen sein wird. Ein Beispiel ist die vor wenigen Tagen in der Hornstraße Königsbergs angebrachte Tafel für Agnes Miegel.

Kleinort, 31. 10. 92«.

Ach wirklich? Die Gedenktafel auch auf deutsch an der Außenwand des alten Forsthauses? O ja, aus vollem Herzen! Aber die von Hitler hingerissene Poetin Agnes Miegel in einem Atemzug zu nennen mit dem Autor des »Totenwalds«, dem Gefangenen von Buchenwald auf dem Ettersberg bei Weimar – das, sehr geehrter Herr Prof. Dr. G. B. aus Essen, empfinde ich als ein starkes Stück deutscher Unbelehrbarkeit und Verdrängung.

Ich habe Ernst Wiecherts epochale »Rede an die deutsche Jugend« vom 11. November 1945 im Münchener Schauspielhaus schon kurz danach, als 22jähriger, vor Augen bekommen, und es hat wenig gegeben, was mich tiefer berührt und stärker beeinflußt hat als diese zwar in Poesie getauchte, aber gerade wohl deshalb um so eindrucksvollere Anklage gegen den Nationalsozialismus und seine Anhänger.

Denn der Tenor dieses »J'accuse!« stand in völliger Übereinstimmung mit der von mir selbst erlebten historischen Grundwahrheit der Naziepoche, nämlich daß die Mehrheit der damaligen Deutschen Hitler gefolgt ist, und das nicht duldend, nicht geschoben, sondern willig und mit ungeheurer Leidensbereitschaft - dies die Voraussetzung, anderen Leiden zuzufügen:

»Und die Pauken und Trompeten dröhnten, die Arme hoben sich wie Arme von Automaten, und der Rausch der Masse ergriff Gesunde und Kranke. (...) Die erste Machtprobe war bestanden, und dem ›Übermenschen‹ war klar geworden, daß von diesem Volk nichts mehr zu befürchten war.«

Und dann Ernst Wiecherts Charakteristik des »Führers«, dem es hinterher lief:

»(...) begabt nur mit allen Fähigkeiten des Demagogen, den rednerischen, den gewissenlosen, den erbarmungslosen, geübt in allen Gesten, mit denen man Toren und Kinder betrügt, ein Dilettant aller Wissenschaften und Künste, außer der Kunst des Bösen, ein Marktschreier ohne Scham und Maß, ein von Stunde zu Stunde in das Wahnsinnige und Verbrecherische Wachsender.«

Daß ihm eine Majorität der Deutschen folgte, erklärt sich keineswegs nur aus den sozialen Nöten der krisengeschüttelten Ära heraus, sondern entblößt auch eine Deformierung der politischen Ethik, die zu begreifen die Vorstellungsfähigkeit der später Geborenen an ihre Grenzen stoßen läßt.

Zur Aufhellung werden nach dem Untergang des Dritten Reiches die Deformierten selbst nur ausnahmsweise beitragen. Mir ist selten ein Beispiel begegnet, das für die damaligen Deutschen so furchtbare Wahrheiten in eine so unangreifbare Sprache tiefster Innenverletzung gekleidet hat, wie sie an jenem Münchener Novembertag des Jahres 1945 nach außen trat. Die »Rede an die deutsche Jugend«, das ist die in Weltliteratur gefaßte Chronik eines Verlustes an humaner Orientierung, der auf den größeren Teil der damaligen Nation zutraf, aufgezeichnet mit Worten, die wie die Schläge eines Glockenklöppels hämmern und gleichzeitig der leisesten aller Federn zu entströmen scheinen – der schwerverwundete Humanist und Ankläger Ernst Wiechert in Konflikt mit dem großen Versöhner.

Ich kenne keine Stimme, die hymnischer und zugleich verhaltener der Menschen gedacht hätte, denen das eigene Überleben zu verdanken war, als die des ehemaligen Buchenwaldhäftlings Ernst Wiechert, keine würdigere Verneigung vor jenem Typus aus der deutschen Arbeiterschaft, ohne dessen Solidarität es für ihn keinen 11. November 1945 gegeben hätte:

»Er war es, der mein Leben rettete in dem Lager des Totenwaldes. Er war es, der mit einer Kameradschaft ohnegleichen den Zusammenbrechenden stützte, mit einer Zartheit des Herzens, die mich noch heute ergreift, Hochverräter, Sozialisten und Kommunisten, einer wie der andere, und Samariter, einer wie der andere, die sich niederbeugten und die Wunden wuschen, indes die anderen zur Seite blickten und weitergingen. Ja, die anderen, wo waren sie in den Jahren der Schande und der Zerstörung?«

Ja, wo?

Das wird gefragt, bitter und offen zugleich, so gnadenlos wie vergebungsbereit, je nachdem, welche Gruppe gegen alle Mythen der Zeit anvisiert wird. Die wahren Helden jener Jahre waren »die hinter Gittern und Stacheldraht zur Ehre des deutschen

Namens starben und verdarben, nicht die ›Dichter und Denker‹, die, statt ein Licht zu sein in tödlichster Nacht für die gemarterten, entstellten und erschlagenen Opfer, zusammentraten und öffentlich und vor aller Welt protestierten gegen die Verleumdung, daß das neue Regiment einen Rückfall ins Mittelalter bedeute.«

Am verächtlichsten spricht Ernst Wiechert von einer Generalität, die noch den späten Verschwörern aus den eigenen Reihen in den Rücken fiel, nachdem sie zuvor schon schweigend dem staatlichen Unrecht und Mord zugesehen hatte, darunter »wie einer der Ihren am 30. Juni 1934 von den Henkern des nunmehrigen Kriegsherrn mit seiner Frau ermordet worden war.«

Ernst Wiechert nennt hier das mörderische Datum, an dem Hitler seinen SA-Rivalen Ernst Röhm, nebst vielen anderen, töten ließ, aber nicht den Namen des Mannes, den er meinte: Kurt von Schleicher – Reichswehrgeneral, Politiker von großem Einfluß in der Weimarer Republik und Opponent des neuen Reichskanzlers Adolf Hitler.

Diese Abstinenz, Namen zu nennen, hält Ernst Wiechert die gesamte »Rede an die deutsche Jugend« streng durch. Ihm ist deshalb zuweilen der Vorwurf gemacht worden, damit die Täter geschont zu haben. Ich habe das nicht so empfunden, weder damals noch heute – weil die Anonymität von der Kraft des Wortes aufgehoben wird.

Aber es gibt noch andere Überlegungen für die Aussparung. Man bedenke den frühen Zeitpunkt, an dem sich erst schemenhaft die ungeheuerlichen Konturen des deutschen Vernichtungsapparates abzeichneten mit Tausenden und aber Tausenden von Mitwirkenden, ohne daß damals schon individuelle Verantwortlichkeiten unterhalb der höchsten Führungsebene herausgearbeitet worden sein konnten. Die von Ernst Wiechert gewählte Form, die Täter bis auf Hitler namenlos zu lassen, versehrt weder seine Treue zu humanen Prinzipien, noch macht sie

Konzessionen an die absichtsvollen Umkehrungsversuche des schlechten Gewissens, das in dem Moment über »Rache und Vergeltung« zu wehklagen beginnt, da die eigene Rolle unterm Hakenkreuz zur Rede steht. Ewig gleiche Reaktion der Täter: sie, deren Haß ohne jedes Rache- und Vergeltungsmotiv gemordet oder zum Mord beigetragen hat – sobald sie sich dafür verantworten sollen, rufen sie sich selbst lautstark zu Haßopfern aus.

Da lauerten gleich 1945 Gefahren, und wenn es jemanden gegeben hat, der mit ebenso starken wie unmißverständlichen Worten das einforderte, was man heute »Aufarbeitung« nennt, und zwar strafrechtlich wie moralisch, dann dieser sonst so sanfte Masure dort in München:

»Laßt uns die Henker auslöschen von unserer Erde, die Marktschreier, die falschen Propheten. Laßt es uns ohne Haß tun, wie der Pflug ohne Haß das Unkraut wendet, aber laßt es uns ohne Gnade tun, wie sie ohne Gnade waren. Wer Gnade mit dem Aussatz hat, verdirbt.«

Inzwischen kennen wir die Folgen der »Gnade mit dem Aussatz«, wissen wir, was geschieht, wenn sie geübt wird, hat ihre Gewährung zur furchtbarsten Bilanz dieses furchtbarsten aller Jahrhunderte geführt: nämlich zur Gewißheit der Täter, daß sie davonkommen, wenn ihr Gewaltregime durch den Rechtsstaat abgelöst wird. Alle Beispiele stehen dafür, daß der demokratische Nachfolger sich strafrechtlich, politisch und moralisch als unfähig oder unwillens erwiesen hat, mit dem Erbe des vorangegangenen Unrechtsregimes fertig zu werden, von Deutschland nach Hitler und Italien nach Mussolini über Japan nach 1945, Spanien nach Franco, Portugal nach Salazar bis hin zu den Nachfolgestaaten der Sowjetunion und der ehemaligen DDR.

Ich habe mir in den langen Jahrzehnten seit der Rede immer wieder vorzustellen versucht, was wohl Ernst Wiecherts Schlußfolgerung aus dieser entsetzlichen Wahrheit gewesen wäre, und

habe mir darauf immer wieder dieselbe Antwort gegeben: Es darf gar nicht erst dazu kommen, daß sich ein Gewaltregime etablieren kann! Es würde doch immer nur alles von vorne beginnen, die Leiden der Opfer, die Verbrechen der Täter und nach ihrem Abgang der vergebliche Wunsch nach Sühne und Gerechtigkeit.
Allerdings – daß die Forderung »Wehret den Anfängen!« fünfzig Jahre nach der militärischen Zerschmetterung des Dritten Reiches noch einmal eine so brennend aktuelle Bedeutung erfahren würde, wie das im vereinten Deutschland inzwischen der Fall ist, das würde wohl niemanden mehr erschreckt haben als den Autor des »Totenwaldes«. Doch blieben ihm Erkenntnisse wie diese erspart. Ernst Wiechert starb am 24. August 1950, weit entfernt von seiner geliebten masurischen Heimat, auf dem Rütlihof am Zürichsee.

Mentor meiner Unwirklichkeiten

Ich gehe um das alte Forsthaus Kleinort herum und hocke mich an einem Zaun an der Rückseite nieder. Der Boden ist bedeckt mit roten und gelben Blättern. Links liegt ein kleiner Garten, von Stacheldraht beschirmt, und in den Fenstern spiegelt sich das Licht einer späten Herbstsonne, die immer noch wärmt.
Es sind Schriftsteller gewesen, die mir entscheidende Lebensanstöße gegeben, ja Lebensweichen gestellt haben. So Thomas Wolfe, der große amerikanischer Epiker, mit seinem Erstling »Schau heimwärts, Engel!« für meine Hamburger Familiensaga »Die Bertinis«, oder Alexander und Margarete Mitscherlich mit ihrem Klassiker »Die Unfähigkeit zu trauern« für meine Auseinandersetzung mit dem Nationalsozialismus und seinem Erbe in der »Zweiten Schuld«. Das waren Trassen, auf denen ich Stück um Stück die Gleise meiner politischen Publizistik und Schrift-

stellerei legen konnte. Dabei kam Handfestes heraus, Greifbares und Meßbares, mit anderen Worten: Wirklichkeiten.

Ernst Wiechert dagegen hat keinen Einfluß auf mich als Autor, spielt aber dennoch eine mit keinem anderen Schriftsteller vergleichbare Rolle in meinem Leben – denn er ist der Mentor meiner Unwirklichkeiten. Er schlägt eine Saite in mir hinter dem Zoon politikon an, dem Menschen, der gar nicht gefragt wurde, ob er sich um Politik kümmern wollte oder nicht, sondern ohne freie Entscheidung von früh an in sie hineingeworfen worden ist. Wiechert sendet Appelle an den Idylliker, den Romantiker, den Melancholiker in mir und facht mit einem wahren Blasebalg meinen deutschen wie jüdischen Hang zum Meditieren an: über ein ersehntes, aber nicht praktiziertes oder gar praktizierbares Leben.

Das symbolische Bindewort ist »Wald«.

Ich meine diesmal nicht den »Totenwald«, denn von dem wußte ich genau, wie von allem, was das Schreckenswort symbolisiert. Ich meine vielmehr den Wald, der auch mein frühes Geheimnis war, schon als Kind, den ich aber nie hatte und der nie zu meinem Erlebnis wurde, während er Ernst Wiecherts Leben über eine lange Strecke erfüllte.

Nicht zufällig ist von seinem Gesamtwerk ein Buch zu meiner Intim- und Dauerlektüre geworden: »Wälder und Menschen. Eine Jugend«. Ich hatte es wieder und wieder gelesen, bevor es dann auch in meinem Sawicaer Hexenhauszimmer so manche Nacht die Lektüre bis zum Morgengrauen war. Dabei bin ich oft genug in aller Herrgottsfrühe nur deshalb nicht vom Gebell des Hundeduos Charly und Bartos geweckt worden, weil ich noch wach war.

Der Wald ruft in mir den Tagtraum von einem Dasein ohne die Erfahrung von Verfolgung und Bedrohung hervor, also von etwas mir Unbekanntem. Er weckt Rousseausche Sehnsüchte, macht mich zu einem Naturflüchter, aber hin zu, nicht weg von ihr. Der Wald berührt den Melancholiker in mir, dringt vor bis zu einem schwer zugänglichen, vor mir selbst meist verborgen gehaltenen Kern, der die Welt ganz anders haben möchte, als sie ist und erlebt wird. Der Wald aktiviert ein bukolisches Verlangen in mir, er inspiriert eine Ursehnsucht nach den Gefilden der Seligen, kurz, nach dem Paradies auf Erden. Was ein Synonym ist für: Natur, von einer friedlichen Menschheit behütet.

Das heißt, Ernst Wiechert gräbt aus mir Gedanken heraus, die mich in ihrer Realitätsgestörtheit entsetzen, deren köstliche und unerreichbare Gaukeleien mich jedoch entzücken. Dabei ist im Hintergrund immer die bohrende Frage: Hat es irgendwann in der Menschheitsgeschichte und irgendwo auf diesem Planeten, an ewig verlorenen Plätzen, nicht doch diese Pax humana gegeben, und das sogar dauerhaft?

Es verwundert ja nicht, daß es mancherlei mehr bedarf als früher, um mit über Siebzig noch stürmisch bewegt zu werden von Wünschen und Regungen. Aber Ernst Wiechert gelingt es immer wieder:

»Ich stehe mit der Sonne auf, und ihr Untergang findet mich noch tief in den Wäldern oder Mooren, oder an den Ufern der Seen, wo die Reiher zum nächtlichen Fang sich in das Schilf schwingen.«

Heute weiß ich, endlich, daß ich das nie erleben werde, daß mein Lebensgesetz es nicht zuläßt, daß solche Beschwörungen nie verwirklicht werden. Und so weine ich denn um das unerfüllte Alter ego – das ich dennoch, wie ich mit letzter Sicherheit weiß, nie hätte sein können.

Aber da bekanntlich Erkenntnisse wenig nutzen, gehen auch die Tagträume weiter – vom Refugium in der Lüneburger Heide, die dafür längst nicht mehr einsam genug wäre, oder von einem Schottland, das sich, trotz seiner realen geographischen Nähe, doch nur wieder als unerreichbar fern entpuppen würde. Wie denn auch die periodischen Heimsuchungen durch farbstrotzende Bilder von vegetationsplatzenden Regenwäldern, wo sich Anakonda und Tapir miteinander vertragen, nicht abklingen wollen.

Nicht, daß Ernst Wiechert allein solche verwunschenen Assoziationen in mir ausgelöst hätte, aber kein anderer hat es so intensiv und bleibend vermocht wie er.

Gewiß, seine Gottessuche bleibt mir verschlossen, sein tiefer (und natürlich konfessionsloser) Glaube kann nichts ändern an meiner Überzeugung, daß Gott eine Projektion des Menschen ist, geschaffen aus dem Bedürfnis nach einem übermächtigen Gegenüber, aber nicht existent außerhalb der menschlichen Vorstellungswelt. Dennoch – das Wohltuende, Tröstende daran, die Ruhe und die Stützung, die daraus kommen, all das hätte ich auch dann verstanden, wenn es weniger poetisch gefaßt wäre, als es ihm gelang.

»Ein leises Zittern geht durch den Grund, auf dem wir stehen, und es bleibt nichts, als uns in die Arme Gottes zu werfen oder den Helm noch fester zu binden, unter dem wir einmal den Tod bestehen wollen.«

Mag mir bis dahin, hoffentlich, noch eine Weile verstreichen – ohne daß sie je in mein Leben eintreten wird oder ich an sie glauben könnte, wünschte ich mir diese Wiechertsche Geborgenheit doch.

Da hocke ich also auf der Hinterseite des alten Forsthauses Kleinort, am späten Nachmittag eines späten Herbstages, vor mir die riesige Kastanie, im Rücken ein weites, freies Areal, Gras, Weiden, und an drei Seiten der Wald, *sein* Wald – es ist das Bild einer geradezu ungeheuerlichen Melancholie.

Meine Anfälligkeit dafür kommt von ganz innen her, und sie fängt sich wie nirgends sonst in der Naturverbundenheit dieses masurischen Schriftstellers mit dem universalen Horizont. Und so vereinen sich dank seiner meine weit über die Erde gestreuten Paradieshalluzinationen mit einem Zipfel Greifbarkeit,

einem Hauch von Materialisierung hier, in Ostpreußen, so spät und so endlich. Über allem aber steht, souverän und kostbar, die spirituelle Unzerstörbarkeit unserer Imaginationen, die wunderbare Unantastbarkeit allen Nichtseins.
Zeit zum Aufbruch. Die Allee bis zur Straße ist kurz, und sie prangt im vollen Schmuck des jahresreifen Ahorns. Ich gehe sie hinunter, mit dem Gesicht zum alten Forsthaus, unfähig, ihm in Sichtweite den Rücken zuzukehren.
Was doch die Dichter vermögen.

Dann es lieber so lassen, wie es ist

»Das Haus aus roten Ziegeln,
das mitten im Garten stand,
das war das Haus meiner Kindheit,
die ich so wunderschön fand.
Rundherum wuchsen Bäume
mit Kirschen, Äpfeln und Pflaum',
auch viele Gemüse und Blumen,
genau wie in meinen Träumen.«

Nein, das sind keine Verse von Ernst Wiechert, und mit dem Haus aus roten Ziegeln ist auch nicht sein Geburtsort gemeint.
Geschrieben hat das Gertruda T. aus Mrągowo, neben Hunderten und aber Hunderten anderen Niederschriften solcher Art, die sie »ihre Gedichte« nennt und die sie hütet und vorliest, heute so gern wie gestern, ohne das rechte Zeitmaß, so wie sie auch nicht die Chronologie der Ereignisse wahrt, wenn sie aus ihrem Leben erzählt.
Es ist, wie sie sagt, das Leben eines Menschen, »der in seiner Heimat geblieben ist, aber sein Vaterland verloren hat«. Diese

Heimat ist Ostpreußen, die engere Masuren, das Vaterland Deutschland.
Gertruda T. ist 1926 in Altallenstein bei Allenstein geboren, später nach Sensburg umgezogen und dann geblieben, ohne genau zu wissen, warum es nicht zur Ausweisung kam. Sie hat 1948 geheiratet, einen Polen, hat fünf Kinder geboren, ihren Mann 1968 begraben, ist mehrfache Großmutter und hält ihre Freud und ihr Leid, ihren Kummer und ihr Glück, ihre Angst und ihren Trotz auf unzähligen linierten Blätter fest. Sie schreibt alles mit der Hand, nicht immer firm in Interpunktion, Orthographie und Grammatik, wie die Zitate ergeben, holprig, simpel und bar aller Empfindungen für den Rhythmus der Sprache und ihre melodischen Wellenbewegungen. Aber das verliert seine Bedeutung, verlangt nach anderen Kriterien als denen hochmütiger Rezensenten, wenn ich aus ihrem Munde höre:

»In meiner Heimat sind auch jetzt noch
mit Bäumen besetzte Chausseen.
Etwas weiter glitzern herüber zu uns
die kristallenen Seen.

Auch gibt es hier Hasen und Rehe
Füchse und manches Getier.
Das ist ein Stück meiner Heimat
ich bin noch immer hier.«

Gertruda T. wohnt in einer öden, baumlosen Straße Mrągowos, und ehe man im Parterre des Hauses bis hinten zu ihrem Zimmer vorgedrungen ist, muß man die Wohnung ihres verheirateten Sohnes passieren, der mit seiner ebenso mürrischen Frau maulfaul vor dem Fernseher sitzt und sich nur schwer einen Gruß abringen kann.
Die dicke Luft im Vorderhaus tastet Gertruda T. aber offenbar

nicht an. Sie macht den Eindruck einer durch ihre Fülle zwar körperlich behinderten, sonst aber energischen und geistig äußerst regsamen Frau, die Mappe mit den Gedichten in den Händen und schon auf die kleinste Ermunterung hin nur zu bereit, daraus vorzutragen.

»Ich hatte eine Freundin,
warum ist sie nicht geblieben?
Ich hatte einen Freund,
warum hat er nicht geschrieben?
Ich hatte ein Vaterland,
warum hat man es mir genommen?«

Was steckt hinter diesen Zeilen, welche Geschichten, welche Not? Gegen Ende meiner Reise treibt es mich noch einmal zu den Deutschstämmigen, und mit Gertruda T. beginne ich. Sie ist zwar eine chaotische Erzählerin, aber ihr Erinnerungsvermögen, keine neue Erfahrung, reicht mit minuziöser Genauigkeit bis tief zurück in die Kindheit.
»Im Sommer war ich oft am Scharner See gewesen, habe da gebadet mit den anderen und am Strand und auf der Wiese gelegen. Im Winter bin ich mit dem Schlitten gefahren, hatte aber keine Schlittschuhe, weil ich mir den Fuß gebrochen hatte. Überall war Schnee, jedes Jahr, ganz anders als heute. Wir sind von den Hügeln heruntergerutscht und konnten nicht genug davon kriegen. Manchmal war die Bahn eingeschneit. Das war die Kleinbahn, die von Rastenburg nach Sensburg lief, aber manchmal kam sie nicht, weil der Schnee zu hoch lag.«
Während Gertruda T. spricht, blättert sie in der Mappe, holt dieses und jenes Blatt hervor, vertieft sich darin, ohne in ihrer Rede zu stocken, und schaut dann wieder auf.
»Ich war ein frohes Kind, obwohl wir ganz karg aufgewachsen sind. Mein Vater hatte Müller gelernt. Morgens und abends gab

es Mehlsuppe, zu Mittag Sauerkohl. Kartoffeln wurden extra gekocht, Rote Beete gerieben, in Suppe mit Knochen heiß gemacht, Sahne drauf – und dann das ganze über die Kartoffeln gegossen. Das ist echt masurisch und hat herrlich geschmeckt, ich konnte davon nicht genug bekommen.«

»Es war eine glückliche Kindheit
als alle
noch zusammen warn,
die Eltern, Bruder und Schwester,
die Großeltern, Onkel und Tanten
und andre Verwandten.«

»Wegen meinem gebrochenen Fuß bin ich ein Jahr später als normal eingeschult worden, in Neidenburg, 1933. Später ging ich dann in eine Sensburger Schule. Mein Vater war schon davor in die NSDAP gegangen, aber sie haben ihn bald wieder rausgeschmissen, ich weiß nicht, warum. Er hat danach keine gute Arbeit mehr gefunden. Ich habe die Zeit nicht in schlechter Erinnerung. Ich war Jungmädel, also die Vorstufe des Bundes Deutscher Mädel. Es gab Feste im Stadtwald, am 1. Mai wurden Volkstänze aufgeführt, wir haben gesungen, das war wunderschön.«

Gertruda T.s Mitteilungen erfolgen nicht so geordnet, wie sie hier wiedergegeben werden. Sie springt nur so durch die Jahre, bringt sogar Jahrzehnte durcheinander, blättert dabei unentwegt in ihren Gedichten, ohne den Redestrom zu unterbrechen, knüpft aber schließlich doch dort an, wo sie vor einiger Zeit gewesen ist. Tabus gibt es nicht, sie spricht frei weg von der Leber.

»Ich habe schon in der Schule nach Jungen geguckt, mit vierzehn, fünfzehn. Der Jakob, der war so hübsch. Mit siebzehn hatte ich dann die ersten Kavaliere. Ich habe niemandem erzählt, daß er mir gefallen hat, das durfte man als Mädchen nicht sagen.

Natürlich sind wir von unseren Eltern nie aufgeklärt worden. Ich war früh entwickelt, eigentlich frühreif, und als meine Periode eintrat, mit zwölf, da bekam ich einen Riesenschreck und hätte mir bald das Leben genommen. Ich dachte, ich sei krank oder würde von innen ausbluten. Es war unglaublich von den Eltern. Da sollte man alles ›richtig machen‹, nur wie – das wurden einem nicht gesagt. Besonders die Großmutter war streng. Wenn es nach ihr gegangen wäre, hätte ich überhaupt nicht raus gedurft, und ins Kino schon gar nicht.«

Acht Jahre Volksschule, drei Jahre Berufsschule, dann das sogenannte Pflichtjahr. Da war der Krieg schon ausgebrochen.

»Daran erinnere ich mich noch genau, an diesen 1. September 1939. Ein Flugzeug flog sehr dicht bei uns am Fenster vorbei, ein ganz kleines, es muß ein polnisches gewesen sein. Einen Monat vorher, am 1. August, ist mein Bruder geboren, und am 15. August haben sie den Vater eingezogen.«

In der Nähe waren Kasernen, in Sensburg immer viele Soldaten. »Da hat man manchen kennengelernt.« Besonders einen.

»Es stand eine Bank am Ufer des Sees,
auf der ich so gern mit dem Liebsten saß.
Die Wellen, die rauschten am Strande.
Wir gaben uns die Hände
und küßten uns auf den Mund.
Ich fühlte mich geborgen,
wir waren beide noch jung.«

Der Liebste kam ins Feld. Briefe hin und her, nicht lange, dann Schweigen.

»Ich denke an Dich,
du vielleicht auch an mich?
Vielleicht hast Du

noch ein Bild von mir
das ich einmal schenkte Dir.
Ich habe alles verloren,
als der Wirbel des Krieges uns pfiff um die Ohren.«

Der kam für Gertruda T. am 30. Januar 1945.
»Das war auf den Tag zwölf Jahre, nachdem Hitler an die Macht gekommen war und gesagt hatte: ›Gebt mir zwölf Jahre Zeit, und ihr werdet Deutschland nicht wiedererkennen.‹ Genau an dem Tag kamen die Russen. Bis dahin hatten wir vom Krieg selbst nichts gespürt. Einmal fielen Bomben in Sensburg, 1943, glaube ich, in der Nähe des Bahnhofs, aber das waren Blindgänger. Doch dann rückte die Front immer näher, bis wir sie hören konnten, da hatten wir große Angst. Am 27. oder 28. Januar kam der Bürgermeister und sagte, wir sollten packen. Aber wir haben nur die Handkoffer genommen. Dann ging es los, mit Mutter und Oma, dem dreijährigen Bruder und der zwölfjährigen Schwester, doch ohne den Vater, er war eingezogen.«
Weit kamen sie nicht, noch einen Tag und eine Nacht. Dann wurden sie von der Roten Armee eingeholt und kehrten um.

»Wo sind wir damals blos hineingeraten,
überall platzten die Granaten.
Es blieben nur Trichter von Bomben
und Trümmer nach Volltreffern zurück.
Flucht, Verschleppung und Schändung,
das war das Schicksal der Frauen.
Damit bezahlten auch sie für die Verblendung
am Ende des Krieges.«

Jetzt verliert die gesprächige Gertruda T. ihren Informationsdrang, reduziert sie sich selbst auf Stichworte. »Braut, Braut!« klingt da durch und »Gold, Gold!«, mehr Erinnerungsfetzen als zurückgeholte Realität. Die Bilder tauchen wie hinter einem Lackmusschleier auf. Die geschwärzten Gesichter der Großmutter und der Mutter; die mußte auch noch ihren Ehering hergeben; der Tochter, neunzehnjährig, wurden die Schuhe ausgezogen, »aber zum Glück hatte ich noch ein Paar Stiefel«. Die Andeutung einer Vergewaltigung – »Ich wusch mich gerade« – wird nicht vertieft, bleibt im Raume stehen. Die Apokalypse ist gegenwärtig, aber unverarbeitet. Sensburger Vergangenheit verklärt sich, die Zeit »davor« wird gemessen an der »danach«, an »heute«.

»Alles ist öd und lehr,
die alten Zeiten, die kommen nicht mehr.
Man kann nur noch denken an manches Jahr
als Herr Rabe damals noch Bürgermeister war.
Damals schwammen bunte Enten auf dem Schwanenteich
und Rosen blühten am Ufer
Schön war die Zeit
doch sie kommt nicht mehr
Es ist alles Vergangenheit und lange her.«

Der Vater überlebt den Krieg, darf aber nicht zurück und bleibt in der DDR. »Ich habe ihn nie wiedergesehen.«
Dann rollt ein Leben ab, das sich so stationär zugetragen hat, wie es erzählt wird. Der Pole, den Gertruda T. 1948 geheiratet hat, behielt von einem frühen Unfall ein steifes Bein zurück. Jämmerlicher Verdienst an einem Kiosk in Mrągowo durch prozentuale Beteiligung am Verkauf von Losen.
Als er 1968 starb, war Gertruda T. mit fünf Kindern zwischen neunzehn und drei Jahren allein. Eine Rente bekommt sie nicht, da ihr Mann nichts eingezahlt hat. Nachdem sie sich in Warschau beschwert hatte, wurde eine geringe Summe für den Jüngsten gewährt. Der ist inzwischen 28 Jahre alt, seit langem arbeits-

los, Vater dreier Kinder und lebt mit seiner fünfköpfigen Familie im vorderen Teil der Wohnung – eine Situation, die es rechtfertigt, Besucher mürrisch über sich ergehen zu lassen.
Die anderen Kinder der Gertruda T., zwei Söhne und zwei Töchter, sind längst aus dem Haus.
Die Mutter, inzwischen 67, sitzt in der kleinen Stube auf dem Bettrand da, hat ohne sichtbare Hemmung eingestanden, daß eine Krankheit ihr die Haare geraubt hat und sie nun eine Perücke trägt, und blättert, eine rötliche Kunststoffbrille vor den Augen, in ihren Gedichten.
Dabei berichtet sie, daß sie Mitglied der »Bärentatze« ist, einer Organisation der Deutschstämmigen in Mrągowo; daß sich seit 1989 vieles geändert hat, aber noch immer niemand wagt, das Schild »Bärentatze« draußen aufzuhängen; daß sie nach wie vor die polnische Sprache nicht wirklich beherrscht, was jedoch das Verhältnis zu ihrer Umgebung nicht stört. »Wir leben zusammen mit den Nachbarn, wir halten zusammen, sitzen zusammen, gehen gemeinsam an den See. Die Jungen haben sich Polinnen zur Frau genommen, die Mädchen Polen zu Männern.«
Gertruda T. kommt von allein auf die Nazizeit, absolut unfähig, sich zu verstellen. Ich bin sicher, sie hat das nie erwogen. »Wir haben an Hitler, an den Sieg geglaubt, auch wenn sich die Deutschen zurückgezogen hatten – kein Gedanke, daß die Russen kommen würden. Wir waren hitlerbesoffen. Wir haben nicht gefragt, als das mit den Juden geschah. Es gab in Sensburg eine ganze Anzahl von ihnen – Moses, der hatte im Zentrum, wo jetzt die vielen Autos stehen, ein großes Kleidergeschäft. Da war auch ein jüdischer Richter, dessen Tochter meine Mitschülerin war, ein wunderhübsches Mädchen. ›Kauft nicht bei Juden!‹ hieß es. Plötzlich waren sie weg. Aber wir haben nicht gefragt, wohin. Inzwischen wissen wir mehr, wissen wir auch, was im besetzten Osten geschehen ist. Und als die Russen dann hierherkamen ... Ich kann sie heute besser verstehen.«

Gertruda T. sitzt mit ihrem schweren Körper auf der Kante des Bettes, rückt dann und wann ihre Perücke zurecht und blättert. In der Ecke des Zimmers wuchtet ein mächtiger Kachelofen, braun und glänzend, und in einem Bord über dem Bett stehen Bücher, deutsche Bücher, in zwei Reihen übereinander.
In diesem Zimmer hat Gertruda T. den weitaus größten Teil ihres Lebens zugebracht. Über ihre Lippen ist kein einziges Wort direkter Klage gekommen. Aber unter den Kopien ihrer Gedichte, die sie mir überreicht hat und die ich mitnehmen darf, lese ich:

»Versiegt sind Tränen, die Hoffnung
auf ein bescheidenes Glück.
Wir sind alt geworden
in unserm Heimatland
und denken oft an die Vergangenheit zurück.«

Und lese noch einmal von jenem Soldaten, dem sie vor mehr als fünfzig Jahren begegnet war – die flüchtige Begegnung blieb die Sehnsucht eines ganzen Lebens:

»Auf dem vergilbten Briefpapier,
las ich einen Brief von Dir,
den Du einmal schriebst zu mir,
in ganz jungen Jahren.
Wie bin ich froh, daß ich ihn konnt bewahren.

Du schriebst viel schöne Worte mir
und daß ich sollt treu bleiben Dir
bis ans Lebensende.
Doch es kam auch bald der Mai,
das Vaterland, es brach entzwei.«

Dann hat Gertruda T. ihren Besuch vergessen. Sie blättert und blättert – und schweigt dabei. Manchmal hält sie diesen, manchmal jenen Bogen in der Hand, murmelt etwas, liest leise und sagt plötzlich: »Natürlich möchte ich, daß Ostpreußen wieder deutsch wird, klar möchte ich das. Aber ich sehe ein, daß das unmöglich ist. Ohne Blutvergießen würde das nicht abgehen. Dann es lieber so lassen, wie es ist.«
Sie blättert wieder, schweigt lange, schaut auf und sagt plötzlich, stockend und seltsam singend, so, wie sie ihre Gedichte vorträgt: »Der Krieg hat uns alles kaputtgemacht und hat uns alles genommen. Wie soll man da den Krieg nicht hassen?«
Und nach einer Weile, in der gleichen Tonart: »Mein Vaterland ist Deutschland, meine Heimat Ostpreußen. Das eine habe ich verloren, das andere behalten.«
Später, nach Köln zurückgekehrt, finde ich diese Worte wieder in dem Versekonvolut, das ich mitgenommen habe, ein Packen von über sechzig Einzelblättern. Ich werde ein jedes von ihnen sorgfältig hüten, obwohl ihr Inhalt kunstlos ist, fehlerhaft in Orthographie, Grammatik und Interpunktion, ohne die geringste Kenntnis von der Melodik und der Rhythmik des Wortes, holpernd und stolpernd aneinandergefügt und nur mit größter Silbennot zu zitieren. Aber dafür sind diese Gedichte für mich eine der erschütterndsten Überlebensaufzeichnungen, die mir je untergekommen sind, ein »document humain« sondergleichen.
Sie sind der Atem, der Gertruda T.s Erstickungstod verhindert hat.

Hier gibt es ja nun wieder alles

»Nach Deutschland zurück? Da hätte ich doch *nuscht* gehabt!«
Das ruft, in der niedrigen Bauernstube neben mir auf einem

Stuhl, ein rüstiger Greis aus – kahler Schädel, lebhafte, fast ungestüme Gestik, leichte Sprechschwierigkeiten. Uns gegenüber, auf einem zerschlissenen Sofa, klein, die Augen gerötet und sehr kurzsichtig, aber von hervorragendem Gehörsinn, seine Frau. Alois G., 87, und Ladwiga G., 84, sind die beiden ältesten Einwohner des Olsztyner Vororts Gutkowo, der einst Göttkendorf hieß.

Die obige Frage und die sogleich darauf selbst gegebene Antwort bezieht sich auf das Jahr 1948, dessen erste fünf Monate Alois G. noch auf einem Bauernhof in der Nähe von Rinteln im Weserbergland erlebte. Dann trieb es ihn zurück, hierher, wo er am 25. Oktober 1905 geboren worden war als Sohn von deutschen Bauern, einem Geschlecht, das schon immer Bauern hervorgebracht hat. »Die Eltern quälten sich hier auf ihrer Wirtschaft, ich wollte sie nicht allein lassen.« (Im Verlauf des Gesprächs bekomme ich heraus, daß mit »Wirtschaft« der bäuerliche Hof gemeint ist.) Weihnachten 1948 kommt Alois G. hier an, hinter sich eine wahre Kriegs- und Nachkriegsodyssee.

1940 eingezogen und fünf Jahre lang an verschiedenen Fronten unverwundet kämpfend, trifft ihn im März 1945 ein Granatsplitter im Fuß. Lazarett bei Tilsit, Transport nach Königsberg, Kapitulation am 10. April, russische Gefangenschaft. Aber dabei bleibt es nicht. Nach neun Monaten geht es mit Entlassungspapieren über Frankfurt an der Oder in die britische Zone. Munsterlager. »Die Russen wollten uns nicht haben, wir Ostpreußen durften nicht in unsere Heimat zurück, auch nicht nach Schlesien und Pommern. Wir sollten Adressen angeben, wohin wir wollten. Da ich keine Verwandte im Westen hatte, kam ich nach Munsterlager.«

Von da dann zu dem Bauern in der Nähe von Rinteln.

Alois G. gestikuliert beim Sprechen, streicht sich immer wieder fahrig über die Glatze, winkt seiner Frau ab, wenn sie diesen oder jenen Zwischenruf macht, ist in seinem Fahrwasser und nicht mehr zu bremsen. Er nimmt mein Aufnahmegerät in die eigenen Hände und hält es nahe vor den Mund.

»Als ich hier ankam auf der elterlichen Wirtschaft, war alles verwüstet. Übriggeblieben waren ein paar Hühner, eine Ziege, ein Schaf. Sonst nuscht, rein nuscht. Auch keine Kuh. Aber in kurzer Zeit hatte ich mich hochgearbeitet – mit Sterken, verstehen Sie, mit Sterken!«

Ich verstehe nicht, erfahre dann aber, was Sterken sind: tragende Kühe.

»Es mußten Tiere ran. Und da in Allenstein kein Markt war, ging ich nach Hohenstein. Aber dort waren die Kühe jämmerlich, die hatten Euter, nur so groß wie meine Faust. Ich wollte schon weg, da kam ein Pole und sagte, er habe zu Hause gute Kühe. Das stimmte, sogar mit Herdbuch*. Ich kaufte eine davon, zog Kälber, und daraus enstand dann eine Zucht. Für eine Sterke bekam ich so viel Geld wie für vier Kühe!« Alois G. wendet sich mir triumphierend zu, spricht aber gleich weiter in das Gerät.

»Ich habe dann auch Bullen verkauft, nach Bulgarien, Italien, in die Türkei und die DDR. Ich habe viel verdient, glauben Sie mir, eine Masse Geld.«

Wo ist das geblieben?

In der Stube ist alles ärmlich, nichts ist je erneuert worden. In der Küche nebenan werkt eine noch junge Frau herum, deren Funktion mir nicht klar ist. Sie kocht, kommt in die Stube, wischt, verschwindet gleich wieder, klappert mit den Töpfen, gehört aber offenbar nicht zur Familie.

Inzwischen erfahre ich, daß ein Kalb neun Monate braucht, ehe es das Licht der Welt erblickt, ein Fohlen dagegen elf. Aber auch, daß in die von Deutschen entleerte Gegend von Gutkowo viele »Wilniaki« kamen, Polen aus Wilna, andere aus den zentralen Teilen des Landes und außerdem noch Ukrainer.

* Stammbuch beziehungsweise Zuchtregister

Wie gewohnt, geht es auch hier thematisch und zeitlich kunterbunt durcheinander, dennoch schälen sich aus der vehementen Suada des Alois G. und den seltenen, von ihm reflexhaft abgewehrten Einwürfen seiner Frau langsam doch biographische Konturen heraus.

1949 hatten sie geheiratet, eine Verbindung, der keine Kinder entsprossen. Für Ladwiga G. ist es die zweite Ehe – ihr erster Mann war 1944 gefallen als Volkssturmangehöriger. Von der Austreibung waren sie und Alois G. offenbar nie ernsthaft bedroht gewesen. Ladwiga G.: »Als die gesehen haben, daß wir besser wirtschaften können, da haben die geguckt und waren still, ganz still waren die.«

Obwohl er gegen diese Aussage inhaltlich offenbar nicht das geringste einzuwenden hat, winkt Alois G. barsch ab, ohne in ihre Richtung zu blicken, und fährt, inzwischen ein wenig heiser geworden, in seiner Schilderung fort.

Nach dem Tod der Eltern Anfang der fünfziger Jahre wird er der Hofbesitzer, vergrößert seine Herde, kommt jedoch auf keinen grünen Zweig – der hohen Steuern und anderer Auflagen wegen. »Ich mußte drei Schweine übers Jahr abliefern, dazu Getreide, Milch, Kartoffeln, alles zu den niedrigen Einkaufspreisen des Staates. Bis Gierek kam, da wurde es besser.«

Auf Pump und internationalen Kredit, und deshalb ist Alois G. auf den einstigen 1. Sekretär der Polnischen Vereinigten Arbeiterpartei, Edward Gierek, auch nicht gut zu sprechen. »Wir haben damals besser gelebt, stimmt, aber die Schulden werden noch künftige Generationen belasten.«

1975 verkauft Alois G. seine »Wirtschaft« an den polnischen Staat. Die Gegenleistung für sich und seine Frau – eine lebenslange Rente. Die ist kümmerlich genug, umgerechnet zusammen etwa 160 Mark im Monat. »Davon müssen 26 Mark an die Pflegerin gezahlt werden«, sagt Alois G. und weist mit einer wegwerfenden Bewegung zur Küche hin – womit auch dieses

Geheimnis gelüftet ist. Die junge Frau nebenan kommt vom Sozialamt, täglich vier Stunden, von neun bis dreizehn Uhr, wofür der Staat ihr monatlich umgerechnet 80 Mark gibt. Davon müssen aber, wie gesagt, die beiden Alten fast ein Drittel selbst entrichten. Für sie hat sich die Situation seit 1989 eher verschlechtert, und das kurioserweise durch Verwandte, die ihnen das Leben vorher erleichtert hatten.

Ladwiga G. hat eine Schwester, die in Deutschland verheiratet ist, Mutter von sieben Kindern und mehrfache Großmutter, mit ihrem Mann wohnhaft bei Hanau in Hessen. Von dort kamen jährlich acht bis zehn Pakete, zu Weihnachten Extrageschenke. Aber dann, als die Verwandten zu Besuch in das demokratische Polen gekommen waren und erkennen mußten, daß es in Olsztyn sogar Südfrüchte gibt, hatten sie freudig ausgerufen: »Hier gibt es ja nun wieder alles!« und daraufhin ihre Samariterdienste eingestellt.

Alois G. kommt ganz nahe an mich heran und fragt dann, sichtlich konsterniert: »Können Sie das verstehen? Das haben die wörtlich gesagt. Richtig – hier gibt es wieder alles ...«

»... nur Geld nicht«, kräht Ladwiga G. von ihrem Sofa her, sogleich bedacht mit der üblichen Reflexbewegung ihres Mannes. Die bricht Alois G. diesmal allerdings mitten in der Bewegung ab, um unwirsch zu bestätigen: »Da hat sie recht!«

Dann beginnt der fast Neunzigjährige ohne Übergang, fahrig über seine Glatze streichend und mit strahlenden Augen, von seiner Jugend zu berichten.

»Mit 21 Jahren, 1926, wurde ich nach meinem Besuch der Landwirtschaftlichen Schule so etwas wie ein Gutsinspektor. Ich kam da auf eine Wirtschaft von tausend Morgen, trug Schlips und Kragen und wurde mit ›Herr‹ angeredet. Morgens hat mir der Kutscher das Pferd gebracht, und dann ging es mit dem Gaul aufs Feld. Meine Aufgabe war, aufzupassen, daß die Leute arbeiteten. Ich bin dann bei denen aufgetaucht mit langen Stiefeln und in Reithosen und habe dabei immer geguckt, wie die Mädchen auf mich reagierten. Die Arbeiter kamen aus Sensburg, das waren Deutsche, aber sie sprachen Polnisch, ich meine das masurische Polnisch. Ich konnte die Sprache, habe aber so getan, als ob ich nichts verstehen würde. Nach einem Jahr haben sie das aber rausgekriegt, und da haben sie nur noch geflüstert, wenn ich kam. Obwohl sie das doch gar nicht nötig hatten. Der Gutsbesitzer, der übrigens Katholik war, meinte immer, ich sei viel zu gut zu den Menschen, besonders zu den Polen. Die müsse man nur hart anpacken. Ich konnte das nicht, wollte es auch nicht.

Dann kam Hitler, und da war ich 28.«

»Und wie war das, als er kam?«

»Wie das war? Wir haben alle geklatscht. Wir waren alle von Hitler begeistert, nur wenige waren dagegen. Wir dachten nur das Beste von ihm. Ich war auch für Hitler. Es waren alle für ihn, Große, Kleine, alle schrien ›Heil! Heil! Heil!‹«

»Uns ging's glänzend!« ruft Ladwiga G. von ihrem Sofa, kurzsichtig, aber hellhörig.

»Er hat hier gut gewirtschaftet«, sagt Alois G., »nur das mit den Juden, das hätte er nicht machen sollen.«

»Was hat er denn mit ihnen gemacht?«

»Beim Hirschfeld standen zwei SA-Männer, das waren reiche Juden, wo Gold hatten. Da standen also zwei SA-Männer, weil man nicht bei Juden kaufen sollte.«

»Ich ging trotzdem rein«, Ladwiga G. kommt etwas hoch aus ihrem Sitz, schlägt dann ein Kissen zurecht, legt es sich in den Rücken und wiederholt: »Ich ging trotzdem rein.«

Die Pflegerin betritt den Raum, fragt etwas auf polnisch, nickt und schließt die Tür.

»Die hätte auch noch die letzten fünf Minuten aushalten können«, knurrt Alois G., vergißt seine gewohnte Reaktion auf die Einwürfe seiner Frau vom Sofa und sagt dann: »Wir haben von *nuscht* gewußt, höchstens einmal. Da hat mein Nachbar, der bei der Polizei in Allenstein war, mir was ins Ohr geflüstert – daß sie Geisteskranke nach Soldau gebracht und dort umgebracht hätten.«

Meine Tonbandkassette ist voll, es klickt, und Alois G. hält mir das Gerät hin. Als würde er dergleichen täglich machen, schweigt er professionell und fährt nach dem Kassettenwechsel fort: »Wir sind ja trotzdem nicht auf den Gedanken gekommen, daß wir den Krieg verlieren würden. Bei Stalingrad, Anfang 1943, da sind mir Bedenken gekommen, aber als im August 1944 ein Pole meinte, Deutschland würde den Krieg verlieren, da habe ich geantwortet: ›Du bist verrückt!‹«

Und dann sagt Alois G.: »Wer hätte gedacht, daß Hitler uns so irreführt. Der Schuft! Der hat uns ins Feuer getrieben. In Königsberg standen Offiziere auf der Straße und schossen auf Deutsche, stellen Sie sich das mal vor. Und so ein Schnösel von zwanzig Jahren, der wollte mich vors Kriegsgericht bringen, als ich die Einheit gewechselt hatte, vors Kriegsgericht! ›Fahnenflucht‹, hat er gesagt.«

Alois G. keucht so stark, daß man ihm sein Alter nun doch anmerkt.

Ich sage: »Also Hitler allein war es offenbar nicht. Waren da nicht auch noch ein paar andere beteiligt an der Irreführung?«

Alois G. wendet sich mir zu, gibt mir das Bandgerät zurück und sagt, flau: »Na ja ...«

Von draußen scheint die Sonne in das Zimmer. Auf dem Fenstersims liegt Schnee, gestern nacht hat es geschneit, zum erstenmal in diesem Jahr und nicht viel, aber es ist kalt geworden. Hier im Zimmer sorgt ein großer Kachelofen für Wärme.

»Sie wollten also nie nach Deutschland?« nehme ich die Anfangsfrage wieder auf.

»Nein«, sagt Alois G., »nie. Das hier ist meine Heimat, trotz allem. Wenn Deutsche uns besucht haben, dann habe ich immer gesun-

gen.« Er singt: »Nach der Heimat möcht' ich wieder, nach dem teuren Vaterort, wo man singt die frohen Lieder, wo man sagt ein trautes Wort – teure Heimat . . .« Er bricht ab, die Stimme schwankt, ich weiß nicht, ob vor Rührung oder Anstrengung. »Das habe ich ihnen immer vorgesungen. Und wenn sie abfuhren dies (er singt wieder): ›Muß i denn, muß i denn zum Städtele hinaus, Städtele hinaus, und du, mein Schatz, bleibst hier . . .‹«
Lagwiga G. fällt mit ein und beendet die Strophe ohne Beanstandung durch den Hausherrn.
»Als ich einmal in Stettin (Szczecin) war, also in einer großen Stadt«, sagt er, »da konnte ich gar nicht schnell genug wieder nach Hause kommen. Als ich hier ankam, sind meine Beine immer schneller gegangen. Hier ist meine Heimat, hier bin ich geboren, wie meine Eltern und Großeltern. Und wir werden auch hier sterben.«
Ladwiga G. nickt, sagt aber nichts.
Die beiden haben außer der kleinen Rente keine Einnahmen. Sie reicht gerade für das Elementarste an Nahrung. Wenn einer von ihnen stirbt, muß er oder sie sich mit der Hälfte des Geldes begnügen. Sie haben sich seit Jahren kein Stück Kleidung gekauft. »Aber was braucht so ein alter Mensch denn auch schon?« stellt er eine Frage, auf die er keine Antwort erwartet.
Im vorigen Jahr war die Tochter von Ladwiga G.s Schwester hier. »Wir hätten sie gern hierbehalten, um uns zu pflegen. Aber das wollte sie nicht«, sagt Alois G. »Also müssen wir uns hier mit Fremden herumquälen. Wenn ich das alles in meiner Jugend gewußt hätte, als das noch deutsch war . . .«
Darauf Ladwiga G. vom Sofa her, blitzschnell: »Das wird wieder deutsch!«
Er wendet sich überrascht zu ihr hin, schluckt, sagt: »Pah, das glaubst du ja selbst nicht« und fährt sich dann über die Glatze mit einer Miene, als sei soeben etwas gänzlich Verbotenes ausgestoßen worden.

Dann ruft Alois nach dem Essen.
Es ist Mittag geworden. Das kleine backsteinerne Haus liegt in der fahlen Sonne da, geduckt, ärmlich, fest. Ladwiga G. schaut nach draußen, aber hinter der Gardine. Es schneit wieder. Auf dem Dach, auf dem Weg zum Tor glitzert Schnee, auch auf der Straße, aber sie ist befahrbar.
Abends höre ich das Gesprochene noch einmal ab, bis zum Ende, und füge hinzu: »Welch ein Schicksal.«

Wir hoffen, daß es noch einmal ganz anders kommt

Willi K. ist 1917 als Sohn eines Landarbeiters in Fasten bei Sensburg geboren, von 1923 bis 1931 in die achtklassige Schule des Dorfes gegangen, alle Schülerinnen und Schüler in einem Raum, und hat von früh an sowohl Masurisch als auch Deutsch gesprochen.
Das erzählt Willi K. während eines Besuches bei ihm und seiner Frau in Mrągowo, wo sie im Haus eines ihrer Söhne das geräumige, mit hellem Holz ausgebaute Dachgeschoß bewohnen.
Ich bin hier, um mehr über die Organisationen der Deutschstämmigen zu erfahren. Willi K. ist der stellvertretende Vorsitzende der »Bärentatze«, aber alle Arbeit lastet auf ihm – der Vorsitzende beherrscht die deutsche Sprache nicht fließend.
Vorerst erzählt er noch von seinen frühen Jahren, vom sozialdemokratischen Vater, der ihn aus konspirativen Gründen pro forma in die Hitlerjugend eintreten ließ, damit er »eine gewisse Arbeit« verrichtete, nämlich nachts die Wahlplakate der Nazipartei zu überkleben, eine Tätigkeit, die er nach dem 30. Januar 1933 nicht fortgeführt hat. Der Vater wird stellenlos, bekommt Schwierigkeiten, ohne verhaftet zu werden, findet dann aber als Hüter großer Viehherden neue Arbeit.

Bei den Schilderungen von Willi K. fällt mir auf, daß er, wenn er Hitler erwähnt, nur von »Adolf« spricht, ohne einen distanzierenden oder ironisierenden Unterton und ohne daß ich diesem Umstand schon eine andere Reaktion als meine übliche innere Befremdung entgegenbringe.

Willi K. heiratet 1938, der Ehe entsprießen noch vor Kriegsausbruch zwei Kinder. Dann folgen für ihren Vater die üblichen Stationen seines Jahrgangs – Stellungsbefehl bei Kriegsausbruch, nach Bartenstein zum Ersatzbataillon des 44. Regiments; Einmarsch in Holland und Belgien; Sieg über Frankreich; Quartier bei Biarritz. Von dort geht es 1941 an die Ostfront – Wolchow, Ladogasee, Schlüsselburg. In Kurland verwundet, entkommt Willi K. am 24. Februar 1945 mit dem letzten Schiff nach Rügen. Die Brüder werden vor Stalingrad vermißt, der Vater und sein Vieh sind ins Innere der Sowjetunion getrieben worden. Er wird nicht wiederkommen.

Am 18. Mai 1945 trifft Willi K. in Sensburg ein und findet Mutter, Frau und beide Kinder unversehrt an. Der Rest der Familie bleibt.

Willi K. beherrscht bald die polnische Sprache, dann auch die russische, leitet rasch ein großes Warenlager – Lebensmittel, Kleidung. Er hat nie einen Ausreiseantrag gestellt. 1951 war zu den beiden Söhnen ein dritter gekommen. »Es wäre nicht gut gewesen, die Kinder zu verpflanzen«, sagt Willi K., und seine Frau nickt. »Dies ist unsere Heimat.«

Willi K. hatte über lange Jahre einen Platz im Rat des Kreises Mrągowo und war eine Zeitlang auch stellvertretender Landrat gewesen. Er hat eine ganze Schachtel voll polnischer Auszeichnungen, Broschen, Kreuze, Spangen, die er mit einer Mischung aus Stolz und Reserve vorzeigt. Die Orden haben ihm zwanzig Prozent mehr Rente eingebracht.

Jetzt, als Pensionär, hat er Zeit, sich um die Belange der Deutschstämmigen zu kümmern. In Mrągowo gibt es noch eine zweite

Organisation, die »Masurische deutsche Minderheit«, aber die »Bärentatze« ist von beiden die bedeutendere.
Ihr Ziel ist, die Deutschen, die geblieben sind, zu sammeln und zu registrieren, da dies jetzt möglich ist. Bisher sind es etwa 600 Mitglieder im ehemaligen Kreis Sensburg, der bis Rastenburg nach Norden und Nikolaiken nach Südosten reichte. Die Mitglieder entstammen meist gemischten Ehen. Aufgenommen wird, wer den deutschen Ursprung von Eltern und Großeltern nachweisen kann, aber da, wo es gewünscht wird, auch der polnische Partner oder die Partnerin. »Es ging nicht anders«, sagt Willi K., »es hätte sonst unlösbare Probleme in den gemischten Ehen gegeben.«
Die »Bärentatze« gehört nicht zu dem in Olsztyn gegründeten Dachverband West- und Ostpreußen. Es gab Zwistigkeiten, wie sie nach meinen bisherigen Erfahrungen charakteristisch sind für die Verbände der Deutschstämmigen hier.
Alle schauen nach Deutschland. Aber von dort kommt offenbar nicht das, was Willi K. und seine Organisation erwartet haben. Mehr als die Hälfte der Mitglieder ist in seinem Alter, unterstützungsbedürftig und ohne Rente. Mit Remscheid, seit 1952 Patenstadt von Mrągowo, gibt es eine Übereinkunft, daß dortige Ehrenmitglieder der »Bärentatze« mit ihren Beiträgen materielle Hilfe leisten, zum Beispiel, um Kohlen zu kaufen. Die Erwartungen sind aber nicht erfüllt worden. »Wir haben 5 000 Mark bekommen, benötigten aber das Drei- bis Vierfache.« Auf einem Treffen der ehemaligen Sensburger erklärte der Bürgermeister von Remscheid, die Stadt habe keine Mittel übrig.
»Wegen der Rezession. Dabei brauchen wir diese Unterstützung. Hier wird eine Kläranlage gebaut, die viel Geld kostet. Das Rathaus, die Häuser, die Altstadt, sie müßen renoviert werden, um das Bild des alten Sensburg zu erhalten. Wir dachten, es wird uns unter die Arme gegriffen. Aber da haben wir uns verrechnet.«

Alltagssorgen eines Organisators der Deutschstämmigen im Ostpreußen des ausgehenden Jahrhunderts. Dabei ist das erfreuliche, so Willi K. zuvor, daß die Zusammenarbeit mit dem polnischen Bürgermeister von Mrągowo gut ist, daß man miteinander über die gegenseitigen Probleme spricht, Räume für die Organisation zur Verfügung gestellt werden und die Johanniter-Unfallhilfe dabei ist, eine Sozialstation zu errichten.
Der Umschlag kommt unvermittelt, ein unerwarteter, schroffer Klimawechsel, ausgelöst durch die Frage: Ob sie überhaupt gehofft hätten, daß es so weit wie heute kommen würde?
Die Frau von Willi K. sagt: »Wir hoffen, daß es noch einmal ganz anders kommt.«
Und dann, Schlag auf Schlag, einmal er, einmal sie: Nach den deutsch-polnischen Verträgen ist »der Pole« dreist geworden, hat sich erst dann, nicht vorher, richtig als Eigentümer gefühlt und mit Investitionen begonnen. Sie: »Wir sind verkauft worden.« Er: »Genscher hat uns an die Polen verschenkt.« Und weiter: »Jeder hatte gehofft, daß die Grenzfrage noch einmal geklärt wird zugunsten der Deutschen.«
Ich: »Aber inzwischen leben hier Millionen Polen, was sollte mit ihnen geschehen?«
Sie: »Freiwillig werden die bestimmt nicht gehen.«
Willi K.: »Einfach wäre das Problem nicht zu lösen. Aber wenn die Europäisierung zustande kommt, gibt es ohnehin keine endgültigen Grenzen.«
Seine Frau: »Die Polen können eigentlich dem lieben Gott danken, daß es so gekommen ist. Wenn es keinen Krieg gegeben hätte, würden sie heute noch in ihren alten Grenzen wohnen.«
Ich: »Und Sie in einem deutschen Ostpreußen.«
Sie lacht verblüfft.
Wieder ich: »Mit anderen Worten: Die Polen müßten den Deutschen noch dankbar sein für den Überfall vom 1. September 1939?«

Willi K.: »Es ist noch nicht geklärt, wer den Krieg begonnen hat. Es heißt, der Pole war schon vorbereitet, Hitler sei ihm nur zuvorgekommen. Man liest so viele Geschichten.«
Sie: »Der Haß ist immer noch da.«
»Welcher Haß?«
»Der Haß der Polen auf uns Deutsche, hauptsächlich bei den Älteren. Das können Sie zum Beispiel auf dem Kommunalfriedhof spüren, wo Deutsche und Polen zusammen bestattet werden. Das ist denen ganz deutlich anzumerken. Da ist ein Haken geblieben.«
»Wäre das nicht verständlich nach allem, was während der deutschen Besatzung geschehen ist? Haben Sie sich darüber einmal Gedanken gemacht?«
Sie lacht.
Ich: »Wäre es heute nicht das wichtigste, daß man versucht, das Leid des anderen zu verstehen, Deutsche das polnische im Krieg, Polen das deutsche danach?«
Sie, laut, heftig: »Niemand versteht unser Leid, niemand.«
Und dann sagt Willi K.: »Es gibt ein Sprichwort: ›Solange Deutschland und Polen sind, wird der Deutsche dem Polen, der Pole dem Deutschen kein Bruder sein.‹«
Dieses Gespräch, dessen wichtigste Bestandteile ich hier nach meinem Tonbandgerät wiedergebe, findet in Anwesenheit der Polin Barbara Barlog statt. Sie hatte vor unserem Besuch öfter mit Willi K. telefoniert, auf polnisch und auf deutsch, das Ehepaar weiß also, daß sie Polin ist und daß sie beide Sprachen beherrscht, ihr also nicht verborgen bleibt, was hier auf deutsch gesagt wird. Ich gestehe eine Art Betäubung ein, vielleicht auch, weil ich solchen Ausbruch nicht erwartet hatte nach allem, was zuvor gesagt worden war, jedenfalls außer dem wiederkehrenden »Adolf«, wenn Adolf Hitler gemeint war.
Mir war während der ganzen Zeit, vom ersten Tag in Ostpreußen bis zu dieser Stunde in der Wohnung der K.s, bei Begegnungen

mit Deutschstämmigen Revisionismus nur selten begegnet. Das galt auch für nahezu alle Gespräche, die ich im Lauf dieser nunmehr fast eineinhalb Jahre mit Touristen aus Deutschland geführt hatte. Eher war das Gegenteil der Fall, eher war eine große Ruhe das Typische an diesen oft älteren Menschen, die ich dort aufsuchte, wo sie sich ballten, so in den großen Hotels von Olsztyn und Mrągowo. Es waren die exemplarischen Heimwehtouristen, häufig mit Söhnen und Töchtern. Gerade bei ihnen habe ich nichts von dem gespürt, was Deutsche im Ausland oft so unheimlich macht: die falschen Betonungen, die auffällige Lautheit, das krampfhafte Auftreten als Ausdruck demonstrativer Entkrampftheit. Hier wurde Trauer eher ungesagt spürbar, eine nach innen gerichtete Erschütterung, spracherschwerend und ohne ostentative Bekundungen nach außen. Die Aura um sie schien mir seltsam gedämpft, obwohl die meisten von ihnen, die Älteren eingeschlossen, sonst einen agilen Eindruck machten. Ich habe niemanden unter ihnen getroffen, der zurück wollte, liegt ihre materielle und soziale Existenz doch längst in Deutschland. Um so mehr aber bewegte mich das, was da ohne große Worte, ohne alles Getue sichtbar wurde: Heimat nicht mehr als Lebenswelt, wohl aber als große, daseinslang durchgehaltene Erinnerung. Nicht, daß ich auf gar keine Stimme gestoßen wäre, die von »polnischer Wirtschaft« gesprochen hätte, von der Verwahrlosung und Verrottung in Stadt und Land. Aber gleich daneben und aus den eigenen Reihen kamen dann rasch die Hinweise auf das arbeitsfeindliche System, das hier beinahe ein halbes Jahrhundert geherrscht und das Seine dazu beigetragen hatte, nur allzu vieles in Grund und Boden zu wirtschaften. Ganz eindeutig bestimmte der Wunsch nach Vernunft, nach Versöhnung, nach ruhigem Umgang miteinander die Atmosphäre.

Ich habe die Begegnungen als wohltuend empfunden nach allen Erfahrungen mit dem einmal offenen, dann wieder latenten, immer aber notorischen Revisionismus aus der Führungsetage

der Vertriebenverbände und der Landsmannschaft samt ihrem Hamburger »Ostpreußenblatt«.
Hier, bei Willi K. und seiner Frau, stoße ich auf einen tief verinnerlichten Stillstand, auf eine Hortung alter Vorurteile und Geschichtsinterpretationen, die das Deutschland unseres Jahrhunderts zum ewigen Opfer stilisieren. Das, was vor 1945 unter deutscher Herrschaft geschehen war, haben sie praktisch nicht wahrgenommen, geschweige denn Schlußfolgerungen daraus gezogen, und das Feindbild, das sich während der langen Phase stalinistischer Unterdrückungspolitik gegenüber Minderheiten aufgebaut hatte, bezweifelte ohnehin alles, was von dieser Obrigkeit kam. Also auch die Berichte, die Filme, die Dokumentationen, die Literatur über die Naziverbrechen, wobei die Verdrängungsbercitschaft das Ihre tat, jede Korrektur der eigenen Sicht zunichte zu machen.
Das ist der Kokon, in den eingesponnen ich Willi K. und seine Frau antreffe, eine bestürzende Personifikation nicht nur dafür, daß fast fünfzig Jahre an Menschen unseres Jahrhunderts wie Wasser auf einer Regenhaut abträufeln können, sondern ebenso dafür, daß sich gerade jene unglückseligen Infiltrationen hartnäckig bewahren, die in der deutschen Geschichte auch zum Verlust Ostpreußens beigetragen haben.
Und es wird die späte Lehre meines hiesigen Aufenthalts sein, daß sich dieser Virus nicht auf die großelterliche Generation beschränkt.

In einem freien Europa ohne Grenzen ist es sowieso egal

Auf die Generation der Söhne stoße ich in Gestalt von Reinhold P., Jahrgang 1945, und Jozef Z., Jahrgang 1938, beide Mitglieder im »Verein der deutschstämmigen Bevölkerung vom Elbinger Landesgebiet« in Elbląg.

Das Treffen findet in der Wohnung von Reinhold P. statt. Es kommt gleich und knüppelhageldick in der offenbar stillschweigend von vornherein feststehenden Überzeugung, daß jeder Besucher aus Deutschland genauso denken und mitziehen würde.
Wie?
Die Polen, die nach dem Krieg hierhergekommen seien, so Reinhold P., hätten aus Nachttöpfen gegessen, und die Russen, weiter nördlich, in ihrem Teil Ostpreußens, hätten nicht einmal Nachttöpfe gehabt. Und so sei es geblieben. Es sei deshalb gut, wenn an der Spitze eine Person mit deutscher Ordnung stände.
Reinhold P.s Frau nickt. Sie ist einige Jahre jünger und Polin. Auch Jozef Z. bestätigt die Ansichten seines Freundes, ebenfalls bekräftigt von seiner Frau – sie sind beide deutschstämmig. Gesprochen wird Polnisch.
Offenbar ist hier gleich anfangs so etwas wie ein programmatisches Glaubensbekenntnis unter Gleichgesinnten abgelegt worden. Denn als von meiner Seite keine Resonanz erfolgt, werden die Beschimpfungen zwar gestoppt, aber das nicht unter dem Eindruck einer ablehnenden oder gar gegnerischen Auffassung des Gastes. Auf diesen Gedanken scheint man hier überhaupt nicht zu kommen.
Antworten auf Fragen nach der Familienbiographie ergeben, daß Reinhold P.s Vater vier Jahre Soldat war an der Ostfront, wo ihm ein Bein abgeschossen wurde. Er starb 1969 an einer Lungenentzündung.
Reinhold P. sagt: »Er hat mir immer eingebleut, ich solle nicht glauben, was über die Wehrmacht und die Morde in Rußland erzählt wird. Er war ja selbst Soldat und hat immer davon berichtet, wie er den russischen Kindern Schokolade und Brot gegeben hat.«
Ich: »Was heißen soll, die deutschen Soldaten kamen als Wohltäter?«

»Ja«, sagt Reinhold P., »der Vater hat auch erzählt, wie sie Juden vor Ukrainern geschützt haben. Dafür hat er eine militärische Auszeichnung erhalten.«

»Für die Rettung von Juden?«

»Ja. Und überhaupt – denken Sie an Katyń. Da sind Tausende polnischer Offiziere umgebracht worden von den Russen, nicht von den Deutschen.«

»Das ist richtig. Und darüber muß gesprochen werden. Wie über Babi Jar.«

»Babi Jar?«

»Das ist eine Schlucht in der Nähe von Kiew. Dort sind in wenigen Tagen 30 000 Juden ermordet worden – von Deutschen.«

Jozef Z.: »Jetzt schreibt und spricht man viel darüber. Aber wie man heute weiß, sind all diese Verbrechen von Russen begangen worden, man sagt – 58 Prozent.«

Hier geschieht etwas Denkwürdiges, und es gilt für alle vier Beteiligten, für beide Männer und ihre Frauen: Babi Jar, und all das, wofür dieser Name steht, erreicht sie nicht. Sie nehmen weder den Namen auf noch das Grauen, das sich mit ihm verbindet. Es ist, als wäre ein innerer Wall in ihnen errichtet, der sie davor schützt.

In der nächsten Stunde versuche ich mühsam und vorsichtig herauszubekommen, was der Vater von Reinhold P. dem Sohn in den 24 Jahren bis zu seinem Tod sonst noch berichtet hat. Aber da war nichts, außer Schilderungen von Kämpfen an der Ostfront.

Immer, wenn gefragt wird, was vor 1945 war, kommen Reinhold P. und Jozef Z. sofort, wie automatisch, auf die Zeit danach zu sprechen. Sie selbst spüren den Mechanismus gar nicht, der da in ihnen arbeitet. Ich habe einen Nachmittag lang Gelegenheit, einem restlos verinnerlichten Blackout beizuwohnen. Mit einer Ausnahme: Die Flucht von Reinhold P.s Mutter und Großmutter im Januar und Februar 1945 wird breit ausgesponnen. Da

wird es lebendig, da erscheint plötzlich belichtete Vergangenheit, kommen Einzelheiten hoch, die für mich nach nunmehr fast eineinhalb Jahren Buchrecherchen zwar nichts Neues mehr bieten, als Ausdruck eines stark verfestigten Verdrängungssystems aber erschreckend sind.
Es folgen Wünsche für Gegenwart und Zukunft, die sich vereinfachen lassen auf die Formel: »Deutschland den Deutschen, die Türkei den Türken!« Dann: »Die meisten Deutschen hier möchten, daß Ostpreußen wieder deutsch wird in dem Sinne, daß Ordnung geschaffen wird, Arbeit, und daß überhaupt alles besser klappt. Das hoffen jedenfalls die Älteren von uns.« Und schließlich, von mir mit quasi eingezogenem Kopf längst erwartet: »In einem freien Europa ohne Grenzen ist es sowieso egal, wer woher kommt und wohin geht.«

*

Der Generation der Enkel begegne ich am selben Tag, und sie stammen aus derselben Familie.
Es handelt sich um Maciej P., Jahrgang 1970, den Sohn von Reinhold P., jenen jungen Mann, den ich seinerzeit bei dem Treffen der Deutschstämmigen in Olsztyn kennengelernt hatte, als es um die Gründung des Dachverbandes West- und Ostpreußen ging. Maciej P. ist ein hochgewachsener Mensch, Kind eines deutschen Vaters und einer polnischen Mutter. Wie mit den Eltern, wird auch das folgende Gespräch ausschließlich auf polnisch geführt. Er versteht selbst einfache und kurze Sätze auf deutsch nicht.
Dennoch fühlt sich Maciej P. als »hundertprozentiger Deutscher«, wie er sagt, der aber hierbleiben und nicht nach Deutschland umziehen will.
»Aber das nicht als halber Pole oder halber Deutscher. Man ist entweder das eine oder das andere. Dabei spielt die Blutsher-

kunft keine Rolle, sondern das nationale Bewußtsein im Zusammenhang mit der Kultur, zu der man sich hingezogen fühlt, die einem nahesteht und mit der man sich identifiziert. Und das ist in meinem Fall die deutsche.«

Es stellt sich heraus, daß dabei nicht Reinhold P., sondern die evangelische Großmutter väterlicherseits die Bezugsperson für Maciej P. ist. Sie ist 1921 in Braniewo (Braunsberg) geboren und hat ihm vom deutschen Leben vor 1945 erzählt. »Alles, was ich aus der deutschen Zeit Ostpreußens weiß, das weiß ich von ihr.« Kenntnisse über den politischen Alltag zwischen 1933 und 1945 hat der Enkel dadurch nicht gewonnen. Obwohl in seiner Erinnerung an diese Gespräche das Hakenkreuz nicht vorkommt, muß untergründig Sympathisierendes mit ihm eingeflossen sein. Denn Maciej P. sagt: »Wer sich damals als Deutscher fühlte, konnte Hitler doch nur unterstützen. Er hat auf jeden Fall wirtschaftlich etwas getan nach der großen internationalen Krise und die Arbeitslosen von der Straße geholt.«

Das Gespräch findet nicht in der elterlichen Wohnung statt, sondern in einem Hotel von Elbląg. Von draußen dringt der Lärm der Straße und das Gedröhne von Musikboxen lautstark in das Zimmer.

Maciej P. verzieht das Gesicht und fährt dann fort: »Hitler hat aber auch die militärische Situation für Deutschland verbessert und es wieder zum starken Staat in Europa gemacht, nachdem 1918 alles verloren war.«

Als wenn er nicht in falschen Verdacht geraten will, fügt er rasch hinzu: »Faschismus ist schlimm und darf sich nicht wiederholen. Ich stelle die Schäden nicht in Frage. Ich interessiere mich selbst dafür, was die Menschen damals dazu gebracht hat, so zu handeln.«

»Und warum hilft Ihnen Ihre Großmutter gerade dabei nicht?«

Maciej zuckt die Schultern. »Es ist nicht dasselbe, ob man sich dafür interessiert oder ob man es selbst erlebt hat.«
Wenig später berichtet er ausgiebig, was die Großmutter ihm über die Flucht der Familie im Winter 1945 erzählt hat – darunter gräßliche Einzelheiten, die geschahen, als die Russen sie eingeholt hatten und den Weg nach Westen blockierten.
Auch hier ist die Teilung zwischen dem deutsch verursachten und dem eigenen Leid perfekt verlängert worden, hat die Großmutter keine Verbindung zwischen beiden hergestellt, teilt sich die Weltgeschichte säuberlich in Idylle und Grauen.
Ich schaue mir Maciej P. an, diesen 23jährigen Mann, sehe sein offenes junges Gesicht, das Intelligenz verrät, so, wie seine Bewegungen von Tatkraft und seine Sprache von Zuversicht zeugen. Und doch ist da etwas Dunkles geblieben, etwas, das nicht von ihm kommt, sondern das Ergebnis einer Übertragung ist. Mag sich das Lebensgefühl des Jüngeren in manchem von dem des Vaters und der dominanten Großmutter unterscheiden, es wird dennoch von beiden beschattet. Hier wächst eine Zwischengeneration auf mit Schlagseite nach gestern.
Dabei will Maciej P. hier leben mit seinen Freunden und Bekannten, die fast alle Polen und Polinnen sind. Er hat Abitur gemacht und arbeitet derzeit in der Stadtverwaltung, will aber Ökonomie studieren, nicht an der Universität, sondern in Abendkursen. Er will eine Familie gründen, Arbeit und eigene Wohnung finden und die deutsche Sprache lernen. Das deutsche Fernsehen kann er empfangen, aber seine Sprachkenntnisse sind noch so gering, daß ihm die Zusammenhänge verlorengehen.
Spannungen werden sichtbar, aber auch Akzeptanz der Realität. Maciej P. sagt: »Es gibt heute keine Schwierigkeiten mehr, sich hier als Deutscher zu bekennen. Natürlich, wenn ich auf die Straße gehen und schreien würde: ›Seht her, ich bin Deutscher!‹ oder gar ›Hier soll wieder Deutschland sein!‹ – dann würde es Schwierigkeiten geben und Schlimmeres.«

»Wollen Sie denn, daß Ostpreußen wieder deutsch wird?«
»Auf keinen Fall mit Krieg. Aber angenommen, die wirtschaftliche Lage Polens würde sich entwickeln wie in Spanien, und Polen käme dann in das freie Europa, ein Europa ohne Grenzen, in dem die Menschen selbst entscheiden könnten, wo sie leben wollen – dann gäbe es doch gar keine Frage mehr, ob Ostpreußen, Westpreußen oder Schlesien ...«
Als Maciej P., der Enkel, das sagt, sträuben sich mir die Haare, nicht so stark wie bei der Europabeschwörung seines Vaters, Willi K.s oder der Landsmannschaften.
Aber sie sträuben sich.

Vom Rochus des Walter Angrik

»Die Wettersituation bei uns hat sich geändert, etwa in den letzten zwanzig Jahren. Im Frühling und im Sommer regnet es mehr als früher, und in der kalten Jahreszeit gibt es weniger Schnee.« Das sagt Walter Angrik auf dem Balkon des Hauses der Allensteiner Gesellschaft Deutscher Minderheit in der Ulica Knosały von Olsztyn und zeigt auf die Straße. Die hat der brausende Alltagsverkehr schneefrei gewalzt, nur an den Rändern liegen noch Haufen von schmutzigem Gelb, während draußen die Landschaft, wie auf der Herfahrt zu beobachten war, nach wie vor von einer weißen Decke überzogen ist.
Der Vorsitzende der »Gesellschaft« mit immer korrektem Habitus – Anzug, Schlips und Kragen –, Walter Angrik, ist mein Gewährsmann geblieben. Unvergessen unsere erste Begegnung vor fast achtzehn Monaten und mein Dialog mit ihm, der aus Deutschland gewarnt worden war, ich würde Böses planen:
»Stimmt das?«
»Ja, ich will ein Buch über Ostpreußen schreiben.«
»Nein, ich meine, ob Sie Übles im Schilde führen?«

»Urteilen Sie selbst, wenn Sie das Buch gelesen haben.«
»Schicken Sie es mir?«
»Wenn Sie mir vertrauen, sind Sie der erste, der es bekommen wird.«
Walter Angrik hat mir vertraut. Wieder und wieder habe ich ihn in dem Haus mit den drei dicken Säulen, den vier Dacherkern und der stuckziselierten, aber dauerverschlossenen Fronttür aufgesucht. Habe ihn um Rat gefragt vor der großen Ostpreußenkarte an der Wand des Büros und der schwarzrotgoldenen Fahne daneben mit dem Spruch »Der Heimat verpflichtet«, die auch in dem Versammlungsraum ein Stockwerk höher prangt. Habe teilnehmen können an Zusammenkünften und Beratungen und hatte hier, neben den Wimpeln des Bundesinnenministeriums und des Patenlandes Bayern, einen festen Platz für Interviews mit deutschstämmigen Partnern. Ich konnte mich in allen Fragen und zu jeder Zeit an Walter Angrik wenden, der wahrlich nicht an Unterbeschäftigung litt und doch stets sprechbereit und von ausgeglichenem Gemüt war.
Ich hatte ihn schätzengelernt, den Mann mit dem unauffälligen Äußeren und der bemerkenswerten inneren Statur, widerborstig, eingestandenermaßen lernfähig und unbeirrbar auf seinem spät gewonnenen Kurs der Versöhnung zwischen Deutschen und Polen. Das hat ihn zum Schrecken so manches Regierungsabgesandten aus Bonn oder den Landeshauptstädten wie auch von Vertretern der Landsmannschaft Ostpreußen gemacht.
Durchaus noch seine Ankündigung von einem speziellen Rochus im Ohr, war nicht ich es, der Walter Angrik gegen Ende der Reise daran erinnern mußte – er tat es selbst, nachdem er mich in sein Haus am Rande von Olsztyn gebeten hatte. Eine solche Einladung, sagte man mir, sei sehr selten.
Der Ort, an dem Walter Angrik den Repressalien des Woiwodschaftssekretärs, dessen Drohungen gegen den Sohn und den Einschüchterungsversuchen der Sicherheitspolizei standgehal-

ten hat, ist äußerlich so unscheinbar wie sein Besitzer, aber aus Steinen, die Generationen überdauern werden.
Drinnen, in der Wohnstube, erster Stock, alte Fotos, ein Vorfahre als kaiserlicher Soldat, Hochzeitsbilder, auch eines von der Schwiegermutter. Deren Tochter, Walter Angriks Frau, arbeitet im Olsztyner Gericht und ist jetzt, am frühen Nachmittag, noch nicht zurückgekehrt. »Jemand muß ja das Geld verdienen«, sagt er lachend. Ein Blick aus dem Fenster, hinter dem Haus der Garten - Obstbäume, Beete, alles kahl zu dieser Jahreszeit. Da unten bellt uns ein kleiner Hund von undefinierbarer Rasse an, wird mit einer Handbewegung hochdirigiert und hereingelassen. Dann kommt Walter Angrik zur Sache.
Sein Rochus gilt dem »Projekt Betriebsberatung und Betreuung der deutschen Minderheit«, genauer: dem Innenministerium in Bonn, das diese Pläne entwirft, am meisten aber richtet er sich gegen die sogenannten »Berater«, die ausgesandt werden, um die Pläne zu realisieren.
Hier setzt der Zorn des Vorsitzenden der Allensteiner Gesellschaft Deutscher Minderheit in Olsztyn und des Dachverbandes West- und Ostpreußen ein, und das mit einem Unterlagenmaterial, das einem in der Tat den Atem verschlagen kann.
»Sie müssen sich das mal anschauen, an einem konkreten Beispiel: Betriebsberatung von Handwerk, Handel und Gewerbe für Deutsche in den Woiwodschaften Allenstein, Danzig, Stettin und Bromberg - 178 280 Mark für die Herren Berater!«
Walter Angriks Hand zittert, als er mir das Konvolut übergibt, er ist aufgebracht und kann es nicht verbergen. »Man muß sich mal diese Summen vorstellen hier in einer Situation, in der bei unseren Leuten hundert Mark, nein, fünfzig schon eine Menge Geld sind.«
Ich lese: »Es soll in Allenstein, Danzig und Stettin an jeweils 10 Tagen im Monat bei insgesamt 8 Monaten pro Jahr je ein Berater tätig sein. Insgesamt stehen als Beraterteam 5 Personen zur

Verfügung, die sich entsprechend abwechseln.« Es folgen Namen – von Unternehmern, Diplomvolkswirten, Ärzten, Handwerkern.
»Jeder von denen kriegt am Tag 400 Mark als Honorar«, sagt Walter Angrik, »das sind bei dreien also 1200 Mark am Tag, insgesamt 96 000 Mark. Dazu kommen die Hotelrechnungen, 16 800 Mark, und Transportkosten, hier . . .« – Walter Angrik zeigt mit dem Finger auf die Zeile: »Für Fahrzeug und Fahrer, geschätzt 1 Mark pro Kilometer, bei 1000 Kilometern sind das 36 000 Mark. Verstehen Sie?« seine Stimme kippt. »Das sind astronomische Summen, bei denen unseren Leuten hier die Augen übergehen.«
Es hält ihn nicht auf seinem Stuhl. Der Hund kläfft, wird zurechtgewiesen, der Hausherr faßt sich mühsam – die Angelegenheit geht ihm zu Herzen. »Die Gegensätze, die hier zusammenprallen, sind zu groß. Wenn nur ein Bruchteil dieser Gelder in die Ortsvereine und Gesellschaften gehen würde! Wir hier haben das alles ehrenamtlich gemacht, aus Liebe zu unserer Heimat, darum tun wir es. Aber wo ist bei diesen Leuten aus Deutschland Liebe im Spiel? Was sich da tut, ist ein Skandal, der veröffentlicht werden müßte. Das sind Betrüger, die hierherkommen, Haie, denen müßte das Handwerk gelegt werden.« Dann, nach einer Pause: »Außerdem, was reden die von Allenstein, Danzig, Stettin, Bromberg? Als wenn das noch deutsch wäre. Wo leben die eigentlich?«
Jetzt spüre ich wieder – der Mann ist nicht gesund. Walter Angrik verzieht das Gesicht, winkelt den rechte Arm an, führt ihn gegen die linke Brustseite und drückt mit der Hand dagegen.
Ich frage: »Wenn ich das veröffentliche, was ich hier erfahre und was Sie mir sagen – kriegen Sie dann Schwierigkeiten? Ich möchte Ihnen gegenüber loyal bleiben, tue es also nur, wenn Sie mich dazu autorisieren?«
»Ich glaube nicht, daß ich Schwierigkeiten bekäme. Und wenn

schon? Ich will das ja selbst in Deutschland vortragen und habe denen bereits eine entsprechende Stellungnahme zugeschickt. Ich lasse das alles ganz genau ausarbeiten, und dann mache ich in Bonn ein großes Kontra.«

Wieder diese Bewegung zur linken Brustseite. Und dann, noch einmal: »Schauen Sie, wir hier machen alles so gut wie umsonst. Wir kriegen keine hundert Mark. Wir tun das aus Liebe, verstehen Sie? Aus Liebe. Und da kommen die, mit dicken Wagen und dicken Geldern.« Walter Angrik zögert eine Weile, als wollte er zurückhalten, was ihm gerade einfällt, sagt dann aber doch: »Ich kenne Fälle, da fliegen die hohen Herren von München nach Danzig. Dort warten Wagen mit Chauffeuren auf sie, die den gleichen Weg auf der Straße zurückgelegt haben. Dann werden die Herren hier in der Gegend herumgefahren, darauf wieder nach Danzig gebracht, von wo sie nach München zurückgeflogen werden, während die Chauffeure die 1400 Kilometer auf der Erde zurückkutschieren müssen.«

*

Mein Einblick in die Situation der deutschstämmigen Minderheit in Ostpreußen und ihrer Vereine und Gesellschaften über einen Zeitraum von eineinhalb Jahren hin, hat in mir einen dreifachen Eindruck hinterlassen: von großer Not, von großer Redlichkeit und von großer Zerstrittenheit.

Ich habe allen Versammlungen, zu denen ich Zutritt hatte, mit Beklommenheit und Anteilnahme beigewohnt, habe das Gehemmte empfunden, das über der Gemeinschaft lag, die Schwierigkeit und die Unbeholfenheit, öffentlich aufzutreten, zu sprechen, sich zu artikulieren.

Geradezu greifbar war für mich aber vor allem die ungeheure Melancholie, die über diesen schwer geprüften Menschen liegt, deren Mehrzahl nicht verantwortlich ist für ihr Schicksal, in der

eigenen Heimat Fremde zu sein und eine Hypothek zu tragen, an deren Zustandekommen die meisten von ihnen nicht beteiligt waren.
Ich habe jedoch auch Erlebnisse gehabt und Erfahrungen sammeln können, die keinen Zweifel daran lassen, wie tief Eifersucht, Neid, Rivalitäten und pure Selbstsucht das Gemeinwohl versehren können. Ich bin dabei auf obskure Organisationen gestoßen, die von obskuren Zeitgenossen geleitet werden; auf Machenschaften von Menschen, die unter dem Deckmantel der Solidarität und der Altenhilfe skrupellos in die eigene Tasche wirtschaften, aus aller Welt im Namen der gebliebenen Ostpreußen Geld zusammenbetteln, aber keinerlei Kontrolle der Einnahmen und des organisatorischen Geflechts zulassen. Mir lag bei der Begegnung mit solchen Leuten mehr als einmal das Wort vom »wilden Osten« auf der Zunge, in vollem Bewußtsein, wie schwer es sein würde, die trübe Praxis beweissicher aufzudecken. Immer wieder aber war ich auch konsterniert über die Ignoranz, mit der Bonner Ministerien die Zügel schleifen lassen und die Augen schließen vor einem Treiben, dessen offen zutage liegende Kriminalität der Sache der deutschstämmigen Minderheit nur schweren Abbruch tun kann.
Angesichts solcher Kenntnisse und Erkenntnisse war mir Walter Angrik im Lauf der Zeit so etwas geworden wie ein Vorbild an politischer Aufrichtigkeit und dem Willen zu guten Beziehungen zwischen Deutschen und Polen. Ein Mann, von dem ich vieles gelernt habe über Ostpreußen und seine deutsche Minderheit, ein Mensch, dessen Vertrauen mich ehrte und das ich ihm uneingeschränkt zurückzugeben versuchte.
Mein Versprechen jedoch, ihm als erstem dieses Buch zu überreichen, konnte ich nicht wahrmachen – Walter Angrik ist am 3. November 1993 in Olsztyn gestorben.
Ich betrauere seinen Tod.

Meine Beklemmungen gegenüber dem gebürtigen Ortelsburger und jetzigen Gelsenkirchener, Gast in der Pension »Krystyna«, erweisen sich nach seinem Bekenntnis, unter Hitler hätten Zucht und Ordnung geherrscht, binnen kurzem als nur zu berechtigt. Der Mann liefert ein Psychogramm von prototypischer Qualität, das um einer bestimmten Pointe willen ein wenig ausführlicher behandelt werden soll.

Hier eine Quintessenz seiner Äußerungen, zunächst über die Phase bis zum Kriegsausbruch:

Nachdem Hitler demokratisch gewählt worden war, blühte im Dritten Reich alles auf, es gab außenpolitische Erfolge, und der Versailler Vertrag wurde abgeschafft. Hitler war sehr volkstümlich und immer von Kindern umgeben. Viele waren fasziniert von ihm, auch Papst Pius XII. In Hitler war eine ungeheure Tatkraft. Er hat nur vier Stunden geschlafen, hat tierisch gearbeitet und sich selbst um alles gekümmert.

1939 wollte Hitler eine Landverbindung zwischen dem Reich und dem abgeschnittenen Ostpreußen schaffen und am Anfang des Krieges nur deutschen Boden zurückhaben. Polen hatte früher als Deutschland mobil gemacht. Die Engländer haben Hitler am 3. September 1939 ein Ultimatum gestellt, er solle seine Truppen aus Polen zurückziehen, sonst müßten sie militärisch eingreifen. Als das geschah, war Hitler sehr überrascht, weil er geglaubt hatte, die Großmächte würden sich auf Proteste beschränken.

An den Angriff auf Polen kann er sich nicht erinnern, wohl aber daran, daß im Rathaus von Ortelsburg ein großes Bild von Hitler hing.

Über die Juden: Wenn es um sie geht, so muß man die Psyche Hitlers in seiner Jugendzeit untersuchen. Er kam aus Österreich und hatte dort negative Erfahrungen und Eindrücke von den

Ostjuden gesammelt. Die Bevölkerung hat die Judenverfolgung nicht gutgeheißen, aber es stand dagegen so viel Gutes. An sich taten einem die Juden leid, aber was sollte man machen? »Ich erinnere mich an eine arme Frau mit Judenstern in einem Geschäft bei uns in Ortelsburg. Ich habe auch einen Mitschüler als Juden wahrgenommen.«
Die Juden sind dann nach Madagaskar zwangsausgesiedelt worden, später in die Gettos Polens, ehe dann auf der Wannseekonferenz ihre Vernichtung beschlossen wurde. Von den Vernichtungslagern wußten die Deutschen nichts, man wußte nur, daß es Arbeitslager gab. Aber Hitler muß von der Vernichtung der Juden gewußt haben, anders wäre der schwerwiegende Beschluß nicht denkbar.
Die tatsächlichen Opfer der Epoche waren die deutschen Soldaten und die deutsche Bevölkerung.
Soweit die Bekundungen des Mannes, der darauf besteht, anonym zu bleiben, als er begreift, daß ich Schriftsteller bin. An seinen Ansichten ändert das nichts, er tut sie weiter kund. Sie erreichen das Ohr eines jeden, der in der Nähe ist.
Unter denen, die morgens beim Frühstück oder zu anderen Tageszeiten im Gästeraum zu Zeugen seiner Thesen werden, gehört außer Barbara Barlog und mir seit einigen Tagen auch das Ehepaar R., Vera und Alek, alte Leute, jüdische Emigranten, beide aus Polen stammend und beide auf abenteuerlichen Wegen vor dem Zugriff der Deutschen nach England entkommen.
Alek R. ist in Krakau geboren, wo er inzwischen mehrere Male war, während Vera R.s Geburtsort in dem 1945 der Sowjetunion zugeschlagenen Teil Polens liegt und von ihr nicht wieder aufgesucht worden ist. Alek K. ist Rentner, schwerkrank, von hinfälligem Aussehen, aber deutlichem Lebenswillen – sie klein, wach und rührend um ihren Mann besorgt. Beide sind unauffällige, leise Menschen. Eines Abends nimmt Vera K. mich beiseite und sagt, vorsichtig, sehr zurückgenommen: Sie fühle sich beunru-

higt durch die Ansichten dieses Mannes, obwohl sie nicht alles verstehe. Aber was sie begreife, mache ihr und ihrem Mann den Aufenthalt schwer.

Mir auch. Ich möchte, aber komme an dem Mann nicht vorbei, weil er auf seine Weise eine musterhafte Schizophrenie personifiziert, eine innere Spaltung von exemplarischer Dimension.

Er hat sich ausgewiesen als Angehöriger jener heute älteren oder alten Generation, deren Ansichten und Wertvorstellungen von der nationalsozialistischen Urerziehung bestimmt worden ist mit all den Argumenten, die für die Verdrängung der NS-Periode charakteristisch sind. Daneben aber gibt es Einsichten in historische Tatbestände, die anzuerkennen schwergefallen sein muß, so der von ihm eingestandene Völkermord an den Juden im deutsch besetzten Europa während des Zweiten Weltkrieges. Eine innere Beziehung zum Holocaust jedoch, oder überhaupt zu den Millionenopfern des Vernichtungsapparates, wird dadurch nicht hergestellt. Es bleibt bei der Spaltung in einen »guten« und einen »schlechten« Nationalsozialismus. In diesem Schema wird den »Goldfasanen«, also den Nazibonzen, die Note »sechs« verpaßt, während der eigentliche große Unglücksbringer, die Wehrmacht, das Prädikat »sehr gut« erhält. Die gleiche Spaltung erfährt der einstige Übervater Hitler – in den Wohltäter Deutschlands, der mit den Arbeitslosen aufgeräumt und den Deutschen wieder Selbstbewußtsein eingepflanzt hat, und in den anderen Hitler, den Schöpfer von Auschwitz, dessen Existenz nicht bezweifelt wird. Aber der Gelsenkirchener sagt auch, plötzlich, wie nebenbei: »Ich habe meine Heimat durch Hitler verloren.«

Lebens- und Familiendaten bleiben spärlich. Der Vater war Landrat gewesen, Fachmann für Bewässerungssysteme, dann Soldat und aus russischer Gefangenschaft zurückgekehrt. Die Mutter mit ihren sieben Kindern hatte Ortelsburg schon 1944 verlassen und auf Rügen Unterkunft gefunden.

Der 1928 geborene Sohn kommt nun hierher zurück, nach

Szczytno, als Vorsitzender einer Gesellschaft von angeblich 11 400 ehemaligen Ortelsburgern, die überall in Deutschland und der Welt verstreut sind und zusammentreffen, um – so drückt er es aus – »ihre Heimat wiederzugewinnen und die Spuren ihrer Jugend zu suchen«.

Ganz offenbar ist das nicht revisionistisch oder gar revanchistisch zu verstehen. Denn gleich darauf heißt es: »Nach vierzig Jahren Leben in Deutschland kann man nur noch sagen: Alte Bäume verpflanzt man nicht. Ich bin Ortelsburger, hier geboren, aber ich weiß, heute ist es Szczytno. Man toleriert natürlich durch den zeitlichen Abstand, daß heute hier andere Menschen ihre Heimat gefunden haben, daß hier jetzt Polen ist, aber ohne daß man die Heimat aufgeben will.«

Und dann: »In Deutschland leben viele Polen, wieso sollten hier keine Deutschen leben können? In Zukunft wird Polen in Europa eingegliedert, dann werden auch die gleichen Gesetze gelten.«

Am Ende dieser Begegnung beschäftigen mich drei Fragen:

Erstens – welches Europa meint ein Zeitgenosse, bei dem so viele Wertvorstellungen aus dem Jahr 1944 mit denen des Jahres 1994 in Übereinstimmung gebracht werden können?

Zweitens – welches Verständnis für Demokratie und Humanität waltet hier eigentlich vor?

Und drittens – dies die Pointe nach der Mitteilung, er sei nach sechzehn Jahren Dienstzeit 1988 als Oberst der Bundeswehr pensioniert worden:

Was hat der Mann seine Soldaten gelehrt?

*

Wechselbad der Gefühle und Erlebnisse.

In der Pension »Krystyna« sind neue Gäste eingetroffen, Käthe M. und ihr Bruder.

Ich sitze über meinen Aufzeichnungen auf dem knarrenden Holzbalkon vor meinem Zimmer im oberen Stock des Hexenhauses und werde Ohrenzeuge eines Gesprächs, das Käthe M. mit Frau Krystyna führt.
Sie kommt gerade aus dem Ort, wo sie 1932 geboren wurde, Kuschainen im Kreis Mohrungen (Morąg). Dort sind sie und der Bruder durch ihr Elternhaus geführt worden von den Polen, die schon lange darin wohnen. Es waren seltsame Gefühle, aber man hat sich gut verstanden. »Ich wohne in Norddeutschland«, sagt Käthe M., »und werde da bleiben. Doch Ostpreußen ist meine Heimat.«
Sie war dreizehn Jahre, als die Mutter mit ihr und dem Bruder floh am 21. Januar 1945. Ein älterer Bruder war Soldat, der Vater beim Volkssturm und mußte bleiben. Von Tieffliegern oft angegriffen, waren sie mit Pferd und Wagen in Richtung Weichsel gezogen, nach Westen, immer nach Westen, wobei es im Oderbruch über Knüppelwege ging, von denen abzukommen das sichere Ende bedeutet hätte.
Ich höre mit halbem Ohr zu, staune abermals über das minuziöse Gedächtnis, das hier aufgeblättert wird, erfahre, wie es über Mecklenburg nach Lübeck weiterging – »wo wir keineswegs liebend empfangen worden sind!« –, und falle in ein akustisches Loch. Denn plötzlich ist es lange still.
Und dann berichtet Käthe M., heute 61, von einem Erlebnis, das sie offenbar ihr ganzes Leben über verfolgt hat: von einer Gruppe KZler, die ihr damals begegnet ist, bewacht von SS-Männern mit Hunden, und so hinfällig, »daß sie über einen Strohhalm gestolpert wären«.
Wieder Stille.
Einer der Häftlinge, so Käthe M. stockend weiter, ist an die Mutter herangetreten und hat um Brot gebeten. »Und dann haben sie den Mann niedergeschlagen, mit Gewehrkolben, und haben die Hunde auf ihn gehetzt und ihn noch einmal niedergeschla-

gen, und dann wieder die Hunde ... Ich kann das nicht vergessen.« Die Frau weint.
Ich trete zurück ins Zimmer, schließe die Tür. Wie geht das? Was ist das für eine Nation, diese deutsche? Was ist das für ein Volk, das sowohl jenen Oberst a. D. hervorgebracht hat wie auch Käthe M.?
Und schließlich, nicht zu vergessen, ebenfalls mich.

Noch einmal Pension »Krystyna«

Sawica, das alte Sawitzer Mühle, sein Hexenhaus, seine rastlose Herrin, ihre dicken Soßen, das köstliche Bigos, die schwere Küche überhaupt – sie sind Sieger geblieben. Sieger geblieben über die Befürchtung, es könnte mir schließlich doch noch alles verdorben werden durch eine, sagen wir – schwierige Nachbarschaft.
Nein, nichts vermochte den Zauber des Sammelsuriums an den Wänden des Eß- und Aufenthaltsraums aufzuheben, der struppigen Wildschweindecken und ausgeleierten Zupfinstrumente, der alten Haushaltsgeräte auf Simsen und Brettern, das Plätteisen, die Petroleumlampen und Kerzenleuchter aus prähistorischer Zeit.
Nichts hat mich auch von dem Gefühl stallwarmer Geborgenheit in der umgebauten Pferdeunterkunft trennen können, nicht der Wackelkontakt in der Nachttischlampe, nicht die Fenster, die schwer schließen und durch die es bei lebhaften Lüften zieht, und nicht das Wasser, das selbst entschied, wann es warm oder kalt sein wollte. Nicht einmal Bartos und Charly, die beide mit schöner Regelmäßigkeit gerade dann anfingen zu jaulen, wenn ich sanft und selten genug die Phase des Tiefschlafes erreicht hatte.
Die Pension »Krystyna« und ihr Ambiente, sie waren einfach in mich eingezogen, waren ein Teil von mir selbst geworden.

Nach dem »Wuff« von Joy, dem Kuvasz, der weißen Fellwolke zu später Stunde, konnte man die Uhr stellen, ein so pünktlicher Auftritt wie der von meinem gefährlich knarrenden Holzbalkon aus über den südlichen Baumwipfeln vom Kalender präzis vorausgesagte Anblick eines gelbflüssigen Mondes, dessen Kitsch ich als zügellos beschimpft hätte, wenn nicht die Natur selbst sein unvergleichlicher Schöpfer gewesen wäre.
Unvergleichlichstes aller Erlebnisse hienieden aber bleibt der prasselnde, von mir mit wachsendem Geschick genährte Kamin, die gereifte, ja geradezu perfektionierte Fähigkeit, die eisernen Stocher- und Schürgeräte zu bedienen, besonders jetzt, zur kälter gewordenen Jahreszeit. Das prasselt und knallt in dem ebenerdigen Schlund, wenn die Hölzer so gelegt sind, daß sie von den Flammen überall beleckt werden können. Bis sich endlich die Glut durch alle nachgelegten Scheite gefressen hat und der Rest funkensprühend in sich zusammenfällt.
Meist ist dann Mitternacht vorbei, ohne daß ich jedoch schon schlafen gehen könnte. Entweder hat sich Charly, nach völlig unmotivierter und bald in sich zusammengebrochener Bellorgie, so auf meinen Füßen hingestreckt, daß ich die kuschelige Promenadenmischung unweigerlich wecken würde, wenn ich aufstünde. Oder aber ich finde Bartos, erschöpft von seinen schwer gerügten Reiß- und Nageversuchen an jedem erreichbaren Stück Textil, zwecks versuchter Wiedergutmachung so unlösbar zwischen meinen Arm und meine Hüfte geklemmt, daß ich keinen anderen Ausweg sehe, als ihn gegen alle Regeln des Hauses mit in mein Zimmer hinaufzunehmen, um mich dort im Lauf der Nacht von dem schlangenhaften Dackelgeschöpf freizukämpfen.
Oft aber trete ich noch einmal unbehindert aus der Tür hinaus, horche auf die Geräusche der Nacht, deren Temperaturen nun die Zähne klappern lassen, und denke: Der Abschied von Ostpreußen – das wird vor allem ein Abschied von Sawica sein.

Ein Abschied von diesem Fleckchen Erde und allem, was auf ihm steht und geht, was da kreucht und fleucht und was von mir zurückgelassen werden wird wie eine unglaublicherweise wahr gewordene Halluzination.

Ostpreußen ade

Im Spätherbst 1941 kommt Marianne Günter, eine 21jährige aus Köln, als Lehrerin nach Gertlauken. Das ist ein winziges Nest zwischen Laukischken im Norden und Wehlau im Süden, nahe dem Flüßchen Nehne, gut zweieinhalb Bahnstunden östlich von Königsberg und heute zum russischen Teil gehörig.
Vom 1. November 1941 bis zum 17. Januar 1945 schreibt sie an ihre in Köln gebliebenen Eltern Hunderte und aber Hunderte von Briefen, die sie, inzwischen verheiratet, 1985 als Marianne Peyinghaus unter dem Titel »Stille Jahre in Gertlauken – Erinnerungen an Ostpreußen« veröffentlichen wird.
Obwohl die Autorin nicht von dort stammt, gibt es kaum ein anderes Buch, das mir das tägliche Leben eindringlicher und unmittelbarer geschildert hätte als dieses. Läßt sich Marianne Günter doch fortwährend aus über Alltägliches, eher Banales: über Kochen und Backen und Essen, das übrigens mit rückhaltlos eingestandener Freude an kulinarischen Genüssen; über die Freuden und Leiden ihres Berufes, über ihre Schülerinnen und Schüler und über den unausstehlichen Schulrat auch. Ihre Schilderungen schließen Besuche in Königsberg, Dampferfahrten zur Kurischen Nehrung, Hochzeiten, Geburten, Krankheit und Tod ein. Deutlich wächst in der Rheinländerin ein Gefühl tiefer Zugehörigkeit zu den Menschen Ostpreußens. Dazu wird sie verzaubert durch die Schönheit der Landschaft, und beides zusammen beschert der lebenslustigen jungen Frau etwas Kostbares: Geborgenheit in Frieden.

Der bleibt zwar nicht unbeschädigt, doch was ihn versehrt, das kommt von außen, von den Luftangriffen auf Köln, denen die Eltern ausgesetzt sind, vor allem aber von den Ängsten um den Bruder. Der hatte sich, zum Entsetzen des sozialdemokratischen Vaters, freiwillig zur Waffen-SS gemeldet und kämpfte an verschiedenen Fronten. Seither taucht in fast jedem Brief die geschwisterliche Sorge um ihn auf, eher karg, aber von unverhohlener Zärtlichkeit (er wird Ende 1944, Anfang 1945 irgendwo an der Westfront fallen).

Die Lektüre ist so spannend, weil Marianne Günter einen exemplarischen Frauentypus der NS-Zeit verkörpert – trotz des kritischen Vaters ganz befangen in den Auffassungen des Nationalsozialismus, Vaterland und die Naziherrschaft ohne auch nur die Andeutung eines Zweifels miteinander identifizierend, aber unfanatisch und eher mit einer Haltung, die man unpolitisch nennen kann.

Sie ist im BDM, nimmt auch an Versammlungen der Nazipartei teil, bewahrt sich aber trotz ihrer Integration eine Portion Distanz und Klarheit. Sie macht mit, ohne große Begeisterung, da sie überhaupt nur schwer hinzureißen ist. Ein ähnliches Bild entwirft sie auch von den ostpreußischen Menschen, mit denen sie zusammenkommt und deren Gastfreundschaft und Herzlichkeit sie immer wieder beschreibt. Ungewollt und unbewußt entsteht mit der Mischung aus Nüchternheit und Anteilnahme ein soziokultureller Mikrokosmos, in dem sympathische Menschen die unsympathischen weit überwiegen. An der Einbettung der Autorin in den Zeitgeist ändert das gar nichts, offenbart aber eine subjektive Grenze ihres politischen Engagements. Was sich trotz der sich häufenden Widrigkeiten und Beunruhigungen wieder und wieder in diesen erstaunlichen Briefen anfindet, ist das Fluidum eines geradezu märchenhaften Friedens, der sich aus Lebensweise, geographischer Lage und der noch anhaltenden Gunst des Kriegsverlaufs ergibt.

Wirkliche Störungen, massive Veränderungen im Bewußtsein der anschwellenden Gefahr für Leib und Leben setzen erst im Herbst 1944 ein, als das Grollen der zurückweichenden Ostfront auch in die Stille Gertlaukens dringt. Aber die Macht des Friedens, der so lange in diesem ausgesparten Teil Deutschlands geherrscht hatte, wehrt sich bis zuletzt gegen seine Aufhebung. Dem Umschlag nicht nur in Krieg, sondern auch in eine Orgie von Gewalt gegen Zivilisten, wie sie mit der sowjetischen Winteroffensive vom 12. Januar 1945 dann hinter den vorrückenden Linien ausbricht, entkommt Marianne Günter mit knapper Not. Ihr letzter Brief an die Eltern aus Ostpreußen ist vom 17. Januar, der nächste, vom 27. Januar, aus dem sächsischen Ort Penig. Von dort geht es nach Köln zurück.

Der hohe dokumentarische Wert dieser Briefe ergibt sich aus ihrer Unbefangenheit. In ihnen wird nicht taktiert, kein einziges Mal tauchen darin Gedanken an andere politische Herrschaftsverhältnisse auf. Was sich hier ohne jede Fremd- und Außenbestimmung ehrlich reflektiert, ist ungefiltertes eigenes Erleben.

In den Briefen der Marianne Günter widerspiegelt sich die selbstverständliche Akzeptanz des Nationalsozialismus durch die überwältigende Mehrheit der damaligen Deutschen, und das bis hinein in den militärischen Untergang. Hier fehlen völlig die inneren Hemmungen, von denen bald schon die Antworten auf Fragen nach dem Alltag im nationalsozialistischen Deutschland und der eigenen Rolle in ihm bestimmt und entwertet werden, sind sie noch gänzlich unbekannt, die Mechanismen einer dann nahezu perfektionierten Verdrängungsleistung, die bei phänomenalem Erinnerungsvermögen genau sortiert, an was sich erinnert werden soll und an was nicht.

Von allen Erkenntnissen, die ich aus dem Buch »Stille Jahre in Gertlauken« gewinnen konnte, war eine der erschütterndsten: Die Welt, die darin geschildert wird, ihre Menschen, ihre Ver-

hältnisse, ihre Kultur, ihre Lebensluft, ihr Alltag und ihr Sonntag – dieses Ostpreußen gibt es nicht mehr!
Es ist dahin, verschwunden, hat einem anderen Planeten angehört. Von ihm bleiben nur die Erinnerungen derer, die ihn einst gekannt haben, von denen aber bald schon niemand mehr leben wird. Die winzige Minderheit der Deutschstämmigen kann nichts daran ändern, daß dies polnisches Land geworden ist, seine Dörfer, seine Städte, seine Felder und Wälder.
Hundertmal hat das auf mich eingehämmert, wieder und wieder, mit immer neuen Bestätigungen.
In Świętajno, einst Altkirchen, ist die Kirche geöffnet – gelblicher Unterbau, großes Schindeldach, auf der Spitze eine Krone. Draußen ein Schild, auf deutsch: »Mein Haus – Haus des Gebets«. Drinnen noch die einstige protestantische Schmucklosigkeit, alte Bänke. Auf ihnen sitzen, murmelnd, mit geschlossenen Augen, zwanzig Männer und Frauen – polnisch und katholisch.
In Dżwierzuty, vormals Mensguth, ein kleiner Ort vor Biskupiec (Bischofsburg). Ein freier Platz, an seinem Rand parkende Autos. An der Straße dösende Pferde vor einem Panjewagen. Ein riesiger roter Lastwagen mit Anhänger karrt Bausteine heran, hält, wird von zwei jungen Burschen entladen, die dabei fortwährend lachen. Ein Markt hat aufgemacht, Buden, Zelte – Kleider hängen aus, alte und neue, Menschen drängen sich. Dazwischen das Gelbrot gehäufter Apfelsinen. Es liegt ein gleichbleibendes Summen in der Luft.
Viel größer und jeden Tag geöffnet – der »Russenmarkt« in Szczytno. Glaswaren, Bürsten, Glühbirnen, Sandalen, viel Plastik. Kleider, mit Wäscheklammern an Leinen aufgehängt, Jeans mit Fotodruck. Ein bärtiger Mann kauft einen Hund. Autos, auf deren Kühlern Geknüpftes und Gesticktes liegen, Teppiche und Wolldecken, diese in den scheußlichsten Farben. Neben Gartengeräten, Schaufeln, Harken und Korbwaren ist eine komplette Rettungsinsel ausgestellt. Die »Puppe in der Puppe« liegt in un-

zähligen Variationen aus. Die Stände haben Nummern, die zeigen, daß die Stadtverwaltung den Warenverkauf gebührenpflichtig genehmigt hat. Es wimmelt von Menschen. Ein ungeheurer Lärm liegt über dem Platz. Man nennt ihn »Manhattan«.

Das unerträgliche Gehupe vor dem Rathaus von Olsztyn; der Geruch über dem Fischmarkt; die raunende Allee unter der alten Johannesbrücke; die quirlige Staromiejskastraße; der Blick von der gotischen Stiftskirche über die Ziegeldächer der Stadt, im Hintergrund die Phalanx der Neubauten, wabenhaft, endlos, wahre Behausungsplantagen. Und irgendwo dort, mitten in diesem Dschungel blinkender Fenster, versteckt sich die Zweieinhalbzimmerwohnung Robert Trabas, meines Freundes, Historiker und Vorsitzender der Vereinigung »Borussia«, der es um den deutsch-polnischen Ausgleich geht. Irgendwo dort lebt er mit seinen Kindern, Aleksander und Sebastian, Zwillingen, dem Nachkömmling Krysztof und Frau Elżbieta – bei schmalem Einkommen die überwältigendsten Gastgeber, die ich jemals kennengelernt habe.

Soll ich fortfahren mit solchen Schilderungen?

Bilder, Momentaufnahmen, unverwischbare Eindrücke wie diese haben sich in mir gespeichert, haben mich immer aufs neue mit den widerstreitendsten Gefühlen erfüllt. Visionen, wie Ostpreußen wohl heute aussehen würde, wenn es deutsch geblieben wäre; schlafloser Zorn über die, die es verspielt haben, Hitler und seine Anhänger; kein Tag ohne Verständnis für die Trauer über das Verlorene, über die Wunde, die selbst über ein ganzes Menschenleben hin nur schwer, wenn überhaupt, vernarben kann. Und über allem doch auch die Gewißheit, daß dieses Land polnisch geworden ist und nie, nie wieder deutsch werden wird.

Daran wird auch das Trojanische Pferd des deutschen Revisionismus nichts ändern können – jene hinterhältige Auslegung von »Europa«, die immer wiederkehrt und unter der Maske falscher Einheitlichkeit an deutsche Vorherrschaft in östlichen

Beutestaaten denkt, diesmal gestützt auf die Übermacht der Ökonomie und ganz ohne Gewehr.

Europa? Ja und dreimal ja. Aber dieses nicht.

Ich bin sicher, sie werden nicht triumphieren, die deutschen Revisionisten, aber sie werden auf lange Zeit das bleiben, was sie immer waren: ein erheblicher, möglicherweise gar stärker werdender innen- und außenpolitischer Unruhefaktor.

Ihr Motor ist jener rückwärtsgewandte Ungeist, jene unheilige Kontinuität aus dem Schoß der deutschen Geschichte, gegen die in Siegfried Lenz' großem Masurenepos Zigmunt Rogalla sich nicht anders zu wehren weiß, als das geliebte »Heimatmuseum« anzuzünden – er will sein Lebenswerk nicht in die Hände des einstigen und, wie sich gezeigt hat, auch unverbesserlichen NS-Statthalters von Lucknow und seiner Gesinnungsgenossen fallen lassen.

Gespenstisch am Ende des Riesenmonologs die Wiederkehr der Gestrigen zu Macht und Ansehen, die ersten Nachkriegsjahre als brauner Epilog; gespenstisch die erbärmliche Dialektik einer tief restaurativen Bundesrepublik, die es den Verderbern des Vaterlandes nach kurzem Vergeltungsschock erlaubt, sich wieder als dessen Anwälte, Hüter und Retter aufzuspielen. Und nicht zuletzt gespenstisch, wie der ehemalige Obernazi von Lucknow unaufhaltsam und wie selbstverständlich zum Vorsitzenden des »Heimatvereins« und damit auch des »Heimatmuseums« zu avancieren droht.

Da soll denn gründlich »ausgesondert«, »ausgeräumt«, »durchforstet« und »neu organisiert« werden – weg mit NS-Emblemen, weg mit dem Hakenkreuz. Der Museumsinhalt – »entsorgte Geschichte«, ganz im Stil jener selektiven Wahrnehmung, die alles zu verschleiern versucht, was zu Flucht, Vertreibung und Verlust der Heimat geführt hat.

Sie hatten ihn schon einmal enteignet, indem sie ihm die Heimat nahmen, sein geliebtes Ostpreußen, sein Masuren. Gegen

dicsc zweite Enteignung setzt Zigmunt Rogalla - Sprachrohr des Romanautors - Feuer. Aber nicht nur als Warnung vor den eigentlichen Brandstiftern, sondern als Signal für Versöhnung, für Vernunft, für Frieden - ganz, wie ich mein Buch verstanden wissen will.
Und seinen Titel.

Unterwegs (5)

Winter in Ostpreußen!
Am Jezioro Nidzkie (Niedersee), in der Nähe von Karwica (Groß Kurwien). Von einer Anhöhe aus schaue ich über die vollständig vereiste Fläche. Drüben, am anderen Ufer, eine weiße Waldwand, hier vorn Reet, dessen kalte Spitzen leicht im Wind schwanken. Am Himmel ein zartes, fernes Wolkengeflecht.
Das Eis gibt Töne von sich, es grummelt und grunzt, ohne daß ich gleich den Ursprung für das unheimliche Geräusch erkannt hätte. Aber die Temperaturen ziehen an, und sie zerren und reißen da unten heftig.
Das Licht ist mittagsgrell. Vor mir unbehinderte Sicht. Über dem See lastet eine ungeheure Stille. Weit draußen auf der gefrorenen Fläche hocken drei Angler, klein, puppenhaft. Jetzt steht einer von ihnen auf und schlägt sich mit beiden Armen warm.
Zwei junge Männer gehen einträchtig über das Eis, Schritt für Schritt auf das rechte Ufer zu. Das ist noch weit, es wird wohl eine halbe Stunde dauern, bis sie es erreicht haben. Aber unentwegt miteinander redend und gestikulierend, in schweres Zeug gehüllt, streben sie darauf zu. Die Färbung des Eises ist unterschiedlich und wohl von der Dicke abhängig.
Es stöhnt fürchterlich von dort unten.

*

Noch einmal an den Jezioro Śniardwy, den großen Spirding. Birkenalleen. Die Sonne wie ein schwerer Ball, flirrend durch das filigrane Geäst, als würde sie fliehen, weg von mir, in Fahrtrichtung, ehe sie, plötzlich frei, wieder die unumschränkte Herrscherin am Himmel ist, um die sich alles dreht.
Durch Mikołajki an das Nordufer, über harte Pisten bis nach Dziubiele (Zollerndorf), ein kleiner Ort, in dem ich wieder keinen Menschen entdecke, dafür aber von vielen Hunden bellend empfangen werde.
Und dann liegt es vor mir in seiner winterlichen Majestät, mit starkem Eis, das sich am Ufer verfärbt, wenn ich darauf trete, die riesige Fläche dahinter dunstig vernebelt und lautlos begraben – das »masurische Meer«.
Ich verweile lange, lange unter den frierenden Birken hier an seinem Rand, spüre selbst aber von der Kälte nichts.

*

An einem anderen Wintertag auf dem Weg von Mrągowo nach Olsztyn.
Frühe Dämmerung, ein rotgesäumter Westen, in dessen Farben hinein die Baumwipfel längs der Straße zu stechen scheinen. Aus einem Schornstein Rauch, der blaß verweht.
Jetzt beginnt der Horizont zu changieren, von Violett in Rot, als wollte er die Spitzen der Äste versengen. Die Landschaft lakenweiß, darüber flache Wolkenbänke, eine davon abgespalten wie ein flüchtiger Riesenvogel.
Dann, näher und näher an Olsztyn, Farben, wie ich sie nie gesehen habe, nicht in den Tropen und nicht in der Arktis. Der Himmel im Westen – eine millionenfache Wunderkerze, die ihre Schönheit funkelnd und grenzenlos in das Universum versprüht, während hier auf Erden die Stadt sich in die Flammen

eines kosmischen Hochofens getaucht sieht, dessen Glut all ihre Silhouetten einzuschmelzen droht.

*

Auf dem Weg nach Guzowy Piec (Gusenofen), auf der Strecke zwischen Olsztyn und Ostróda, links ab von der vereisten Straße in den Wald hinein. Es schneit, vor mir eine einzige Flockenwand, Millionen gefrorener Tropfen.
Guzowy Piec – eine Ansammlung von Dorfhäusern, dazwischen auch Datschen, die wie Fremdkörper aussehen. Sämtliche Verschläge sind geschlossen. Auf allen Dächern liegt Schnee. Wenn Wind aufkommt, fegt er stäubend eine Schicht von oben weg.
An einem alten Baum hängt ein roter Briefkasten mit einer weißen Haube. Aus einem Gehöft schießt ein zottiges Fellbündel hervor und kläfft sich die Hundeseele aus dem Leib. Es ist ein richtiger alter Bauernhof, mit Leitern, Taubenverschlag und frosterstarrtem Misthaufen. Aber aus der Mauer ragt ein Parabolspiegel in die klirrende Luft.
Neben dem Anwesen ein Gewässer, in dem sich der Himmel spiegelt – graue Wolkengebilde, dazwischen große blaue Flekken.
Es soll ein Marsch von Guzowy Piec nach Mańki (Manchengut) werden, eine Wanderung von wenig mehr als drei Kilometern durch eine besonders schöne, aber mit ihren Höhen und Schluchten bei Schnee schwierige Waldlandschaft.
In hohen Gummistiefeln geht es los auf dem verschneiten Weg, der bald nicht mehr zu erkennen ist. Das Dorf ist schon nach wenigen Metern verschwunden, es geht tief hinab.
Jeder Atemzug wird zu einem Dunstgewölk, ich sinke kniehoch ein, die Anstrengung macht warm. Aber es geht nur Schritt um Schritt vorwärts. Ein bißchen Bedenken, was da auf mich zu-

kommen könnte. Auf der nächsten Höhe kann ich über die Landschaft blicken, ein weißes spurenloses Tuch gleich hinter den Fichten und Birken hier vorn, ausgebreitet bis zu einem Waldrand weit drüben. Hinab in eine Schlucht, auf deren Grund ein Bach die Schneedecke durchzieht, glasklar und dunkel, und dann wieder hinauf. Lieblicher, wegefreier, unbehinderter Sommer.

Von Norden ist eiskalter Wind aufgekommen – und nach vierzig Minuten Mańki immer noch nicht in Sicht. Eine schwache Sonne scheint von rechts durch die Stämme auf ein freies Feld, aus dem nur die Spitzen der Sträucher ragen. Zwangsvorstellungen, die Richtung verfehlt zu haben und erst im nächsten Frühling in dem aufgetauten Winterwald als Frostleiche entdeckt zu werden.

Auf jeden Fall werden es die längsten 3 500 Meter meines Lebens sein. Aber dann schließlich, nach gut eineinhalb Stunden – Mańki, an der Straße nach Olsztynek. Hier werde ich in ein altes Haus eingeladen, in dem auch alles andere alt wirkt – die Frau, die 1946 aus Ostpolen hierhergekommen ist, der Küchenschrank, die Gerätschaften, Kelle, Schöpflöffel, Raspeln, der Herd samt dem Kessel, in dem bald das Teewasser kocht. Nur der Kühlschrank ist aus diesem Jahrhundert. Die Decke ist niedrig. An der Wand ein Kalender mit dem Papst, an der Tür ein Kreuz. Die letzten deutschen Nachbarn, sagt die alte Frau, haben das Dorf 1978 verlassen.

Draußen hat es wieder zu schneien begonnen.

*

Am Tag vor der Abreise, auf dem Weg zu »meinem« See, dem ersten, an dem ich vor anderthalb Jahren bei der Ankunft östlich von Barczewo ausgestiegen war – dem Jezioro Dąbrąg, für den ich auch auf alten Karten keinen deutschen Namen fand, nur

den Ort Debrong in der Nähe, der dann wohl dem See die polonisierte Bezeichnung gab.
Ich trete auf sein Eis – es würde die Last von Elefanten aushalten. Links der hölzerne Steg mit dem überdachten Ende, das wie ein weißer Schild leuchtet, hier vorn, nahe dem Ufer, Äste auf der harten Fläche. Es tönt dumpf, wenn ich darübergehe. Die Helligkeit tut den Augen weh.
Die Temperatur ist seit gestern um weniges gestiegen, an den bewaldeten Ufern des Sees ist die Erde verschneit, aber von den Ästen der Tannen und Laubbäume rieselt leise Eisflaum herab. Die Stämme sind farbhalbiert, der Wind hat den Schnee nur an eine Seite geheftet. Es ist noch nachmittags, aber die Sonne schon hinter dem Horizont versunken. Die gefrorene Fläche verwandelt langsam ihr Aussehen – während sie hier vorn licht bleibt, verdunkelt sie sich nach hinten ins Bläuliche. Nach einer Stunde ist es kalt, als griffe Sibirien weit nach Westen aus. Aber ich kann mich nur schwer trennen von »meinem« See.

*

Am nächsten Morgen ist Ostpreußens Winter förmlich explodiert, ist das Land buchstäblich zu einem Naturmärchen geworden, will Masuren zeigen, was immer noch in ihm steckt – in der vergangenen Nacht hat es geschneit wie seit zwanzig Jahren nicht!
Das ist keine dünne Decke mehr wie über lange Strecken der kalten Jahreszeit hin, auch nicht die kniehohe Lage wie auf jenen beschwerlichen dreieinhalb Kilometern vor einer Woche. Es ist ein Wolkenbruch, ein Monsun aus Schnee, der hoch hinauf reicht, alles in eine unwirkliche Stille hüllt, die Geräusche bis zur Gehörlosigkeit dämpft und die Welt zu Watte macht.
Vor Ostróda, schon in der Nähe der alten Grenze, halte ich an, steige aus und gehe in den Wald.

Weiße Fronten, wie von Künstlerhand modelliert. Jeder Ast, jeder Zweig eisverzuckert, die Stämme sind an einigen Stellen dunkel, sonst nichts als die Grelle des Pols. Auf hölzernen Vogelhäuschen ruhen glitzernde Kronen, und auf den Boden hat sich ein dicker weicher Teppich gelegt, von nichts versehrt als von den Spuren des Wilds und meiner durchnäßten Schuhe. Bis hinauf in die Wipfel liegt der gefrorene Regen, und das so schwer, daß sich selbst starke Äste biegen, und die unteren, die ich erreichen kann, hochschnellen, wenn ich an ihnen rüttele und sie ihrer pulvrigen Last entledige. Kaum spürbar, stiebt es kalt auf mein Gesicht herab.

In diese kristallene Herrlichkeit hinein sage ich, laut: »Ostpreußen ade!«

Aber nur, um süchtig nach ihm zurückzukehren.